KB182100

Accelerated

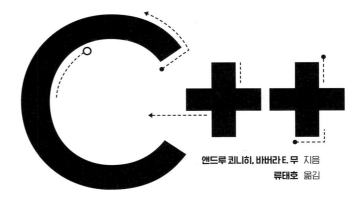

앤드루 코니히, 바버라 E. 무 지음

류태호 옮김

Accelerated C++ C++를 C++답게 배우는 16가지 방법

초판 1쇄 발행 2018년 11월 5일

지은이 앤드루 쾨니히, 바버라 E. 무 / **옮긴이** 류태호 / **펴낸이** 김태헌
펴낸곳 한빛미디어(주) / **주소** 서울시 서대문구 연희로2길 62 한빛미디어(주) IT출판사업부
전화 02-325-5544 / **팩스** 02-336-7124
등록 1999년 6월 24일 제 25100-2017-000058호 / **ISBN** 979-11-6224-130-1 93000

총괄 전태호 / **책임편집** 김창수 / **기획 · 편집** 이중민 / **교정** 박선영
디자인 표지 박정화 내지 김연정
영업 김형진, 김진불, 조유미 / **마케팅** 송경석, 김나예, 이행은 / **제작** 박성우, 김정우

이 책에 대한 의견이나 오탈자 및 잘못된 내용에 대한 수정 정보는 한빛미디어(주)의 홈페이지나 아래 이메일로
알려주십시오. 잘못된 책은 구입하신 서점에서 교환해드립니다. 책값은 뒤표지에 표시되어 있습니다.

한빛미디어 홈페이지 www.hanbit.co.kr / 이메일 ask@hanbit.co.kr

지금 하지 않으면 할 수 없는 일이 있습니다.
책으로 펴내고 싶은 아이디어나 원고를 메일(writer@hanbit.co.kr)로 보내주세요.
한빛미디어(주)는 여러분의 소중한 경험과 지식을 기다리고 있습니다.

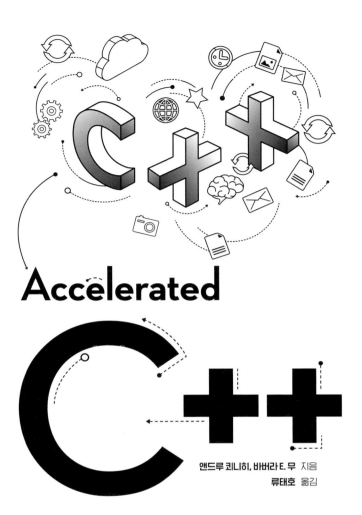

Accelerated

C++

앤드루 쾨니히, 바버라 E. 무 지음

류태호 옮김

Addison-Wesley　한빛미디어
Hanbit Media, Inc.

지은이 · 옮긴이 소개

지은이 앤드루 쾨니히

AT&T 섀넌(Shannon) 연구실의 대규모 프로그래밍 연구 분과에서 일했으며 C++ 표준 위원회의 프로젝트 책임자입니다. 30년 이상의 경력이 있는 프로그래머로 C++에 대한 150편 이상의 논문을 발표했고, 세계 각지에서 강연도 했습니다. 지은 책으로 『C Traps and Pitfalls』, 『Ruminations on C++』 등이 있습니다.

지은이 바버라 E. 무

소프트웨어 분야에서 20년을 일한 독립 컨설턴트입니다. AT&T에서 15년을 일하면서 C++로 만든 최초의 상용 제품 중 하나를 개발했습니다. 이때 AT&T의 첫 번째 C++ 컴파일러 프로젝트를 관리했으며, 월드넷 인터넷 서비스 사업을 지휘하기도 있습니다. 지은 책으로 『Ruminations on C++』가 있습니다.

옮긴이 류태호

한국항공대학교에서 컴퓨터정보공학을 공부하고 기업에서 물류 데이터 분석 업무를 했습니다. 궁금하고 재미있는 일을 찾아 프리랜서로 전향 후 다년간 교육 컨설턴트로 활동했고 현재 번역가로 영역을 넓히고 있습니다.

옮긴이의 말

이 책은 C++ 프로그래밍을 학습한 적이 있다면 한 번쯤 들어보았을 정도로 국내외에 잘 알려져 있으며 과거에 이미 한국어로 번역된 적도 있습니다. C++ 프로그래밍을 배울 때 이 책의 번역서를 접했던 한 사람으로서 전작의 아쉬운 부분을 조금이라도 해소해야겠다는 부담감을 느끼고 번역을 시작했습니다. 또한 새로운 내용을 담은 책이 아니라서 결과적으로 같은 이야기를 반복하는 셈이지만 시간이 흘러온 만큼 그 이야기가 조금이나마 더 세련되고 명확하게 전달되면 좋겠다는 마음으로 번역했습니다.

이 책은 C를 몰라도 시작할 수 있는 C++ 프로그래밍을 표방합니다. 따라서 C++ 프로그래밍을 배우고 싶은 누구에게도 추천할 수 있는 책입니다. 단, 프로그래밍을 완전히 처음 접하는 분보다는 프로그래밍 언어를 한 번이라도 학습한 적 있는 분, STL을 사용하여 C++ 프로그래밍의 속도를 높이고 싶은 분에게 가장 잘 어울리는 책이라고 생각합니다.

개인적으로 이 책을 좋아하는 이유는 C++를 빠르게 학습할 수 있기 때문입니다. 이 책은 다른 책에서 1,000쪽에 걸쳐 다루는 내용을 500쪽 분량으로 설명합니다. 그런데도 학습 구조가 잘 갖춰져 있어 독자가 C++의 핵심을 파악할 수 있도록 이끌어줍니다. 또한 이 책은 C++ 및 표준 라이브러리의 기능 파악에 초점을 둔 프로그램을 다루는 것이 아닙니다. 특정 문제를 해결하는 프로그램을 작성하는 과정 각각에 도움이 되는 C++ 및 표준 라이브러리의 기능을 소개하는 독특한 방식을 취합니다. 이 책이 처음 출간되었던 시기에는 이러한 방식으로 프로그래밍 지식을 제공하는 책이 거의 없었습니다. 그래서 이 책에서 제시하는 학습 방법은 의문의 여지가 없을 만큼 현대적이라고 평가할 수 있습니다.

이 책에는 저자들이 여러 해 동안 스탠퍼드 대학 학생들에게 C++ 프로그래밍을 가르치며 쌓은 노하우가 반영되어 있습니다. 따라서 다른 입문서와는 달리 독자들이 중도에 포기하는 일이 없게끔 학습 과정을 잘 다듬었습니다. 예를 들어 클래스를 사용하는 것이 클래스를 작성하기보다 훨씬 쉬우므로 책 초반부에 클래스 사용법을 보여주고 나중에 클래스 설계를 논합니다.

게다가 이 책의 저자들은 벨 연구소에서 비야네 스트롭스트룹과 긴밀히 협업했던 훌륭한 프로그래머입니다. 이들이 안내하는 C++ 프로그래밍의 학습 기회를 잡으시기 바랍니다.

끝으로 이 책의 번역을 결심하기까지 큰 영향을 준 윤인성 님과 예정보다 늦어진 원고를 기다리며 고생하신 한빛미디어 이중민 님께 깊은 감사를 전합니다.

C++ 프로그래밍에 대한 새로운 접근법

이 책은 C++ 프로그램을 작성하는 방법을 빠르게 배우고 싶은 분을 위해 C++의 가장 유용한 부분을 골라 담았습니다. 먼저 전문적인 데이터 구조를 다루고 이후에 이러한 데이터 구조를 기반으로 하는 기초 내용을 설명합니다. 이러한 학습 방법은 C++의 기반이 되는 C를 배우지 않고도 자연스럽게 C++ 프로그램을 작성할 수 있도록 돕습니다.

또한 이 책은 언어 및 라이브러리의 기능을 파고들기보다는 문제 해결에 집중하는 접근법을 다룹니다. 기능을 설명하려고 프로그램을 소개한다기보다 프로그램을 뒷받침하는 방법으로 기능을 설명하는 것입니다.

보통 C++를 처음 접한 분들은 현실에서 발생하는 문제에 언어를 적용하는 방법이 아닌, 언어의 동작과 기능을 익힙니다. 하지만 이 책은 C++의 기능뿐만 아니라 C++로 프로그래밍하는 방법을 알려줍니다. 이미 C++를 배운 경험이 있거나 이미 배웠더라도 더 자연스럽고 효과적으로 C++를 다루기 원하는 분에게 적합합니다.

초보자와 숙련자를 포함한 모든 프로그래머에게 적합한 접근법

매년 여름 미국 스탠퍼드 대학에서 1주일간 'C++ 집중' 과정 수업을 진행했습니다. 학생들이 이미 C를 안다는 가정 아래 클래스 정의부터 전통적인 접근법을 적용하여 체계적으로 가르쳤습니다. 학생들은 쓸만한 프로그램을 작성하기까지 약 이틀 동안 혼란스러워하거나 좌절감을 느꼈고, 시간이 좀 지나서야 학습 속도가 빨라졌습니다.

이 경험 때문에 학생들을 위한 C++ 교안을 준비하면서 새로운 표준 라이브러리를 지원하게끔 전체 과정을 수정했습니다. 새 과정은 처음부터 라이브러리를 이용해서 유용한 프로그램을 집중적으로 만듭니다. 학생들 스스로가 프로그램을 능숙하게 다룰 때까지 충분히 학습할 수 있기 때문입니다. 이후의 세부 단계는 이러한 과정을 거친 후 학습하도록 구성했습니다.

결과는 매우 인상적이었습니다. 학생들은 예전 강의 방식으로 배웠을 때 일주일 가까이 프로그램과 씨름했습니다. 하지만 새 강의 방식으로 배웠을 때는 바로 다음 날부터 어려움 없이 프로그램을 만들기 시작했습니다.

추상화로 달라진 학습법

새로운 학습법은 C++의 진화를 충분히 고려한 결과입니다. 과거의 C++ 프로그래머가 중시한 저수준low-level이라는 개념을 무시합니다.

이는 성숙 단계에 접어든 기술들의 특징입니다. 예를 들어 과거의 자동차는 너무 자주 고장 나서 모든 운전자가 어설프게나마 정비 기술을 알아야만 했습니다. 자동차가 고장 났을 때 해결 방법을 모르는 채로 운전한다는 것은 무모한 일이라고 생각했죠. 하지만 오늘날에는 상세한 자동차공학 지식 없이 자동차를 운전해도 큰 문제가 일어나지 않습니다. 간혹 다른 이유로 자동차공학 지식을 배울 수도 있지만, 과거에 자동차공학 지식을 배워야 했던 이유와는 완전히 다릅니다.

추상화는 인접한 작업과 관련 있는 개념에 집중하고 그 외의 모든 것은 무시하므로 '선택적 무시'라고 정의하기도 합니다. 이는 모던 프로그래밍 환경에서 가장 중요한 개념입니다. 좋은 프로그램을 만들려면 해결할 문제 중 어떤 부분을 고려하고 어떤 부분을 무시할지 알아야 합니다. 모든 프로그래밍 언어는 추상화를 구현하는 수단을 지원하며, 좋은 프로그래머들은 이러한 수단을 능숙하게 사용합니다.

추상화는 이 책의 존재 이유라고 해도 무방할 정도로 아주 유용한 개념입니다. 물론 추상화는 여러 형태로 존재하는 개념입니다. 함수, 데이터 구조, 클래스, 상속 등으로 구분하여 설명할 수 있습니다.

잘 설계된 추상화는 내부가 어떻게 동작하는지 이해하지 않아도 아무 문제 없이 사용할 수 있습니다. 자동차를 운전하려고 자동차 정비공이 될 필요가 없듯이, C++를 사용하려고 C++의 모든 것을 알아야 할 필요는 없으니까요.

이 책의 범위

C++ 프로그래밍을 진지하게 공부하고 싶다면 이 책의 모든 내용을 읽어야 합니다.

다만 이 책에서는 C++ 프로그래밍의 모든 것을 알려주지 않습니다. 프로그래머 입장에서 알아야 할 것과 애플리케이션 관점에서 알아야 할 것은 서로 다른 지식입니다. 그래서 이 책의 분량으로는 C++의 모든 것을 담을 수 없습니다. C++의 모든 내용을 알고 싶다면 비야네 스트롭스트룹^Bjarne Stroustrup이 쓴 『The C++ Programming Language 한국어판, 4판』(에이콘출판사, 2015) 같은 책을 참고하기 바랍니다.

이 책은 프로그래머의 생산성과 관련해 보편적으로 중요한 부분을 집중해서 설명합니다. 이 책만으로도 아주 다양한 프로그램을 만들 수 있습니다. 실제로 C++로 작성한 대규모 상용 시스템의 수석 프로그래머는 이 책을 검수한 후 업무 중에 사용하는 필수 기능을 모두 다룬다고 평가했습니다.

이러한 기능들을 사용하면 (C를 포함해서) 다른 프로그래밍 언어를 기반으로 둔 C++ 프로그램이 아닌 진정한 C++ 프로그램을 만들 수 있습니다. 일단 여러분이 이 책의 내용을 완전히 깨우친다면, 앞으로 무엇을 어떻게 더 배워야 하는지 충분히 알 것입니다. 처음부터 6인치 거울을 만드는 것보다 3인치 거울을 만들어 본 다음 6인치 거울을 만드는 것이 더 쉬운 방법인 것과 같은 이치입니다.

이 책은 상업적인 확장 기능을 제외한 표준 C++만을 다룹니다. 따라서 여러분이 이 책을 읽으면서 만든 프로그램들은 어떤 환경에서나 동작한다는 장점이 있습니다. 반면 GUI 환경에서 실행되는 프로그램을 만드는 방법을 언급하지 않습니다. 이는 특정 환경이나 업체와 연관되어 있으므로 이 책의 방향과는 맞지 않습니다. 그렇다고 해서 책을 덮을 필요는 없습니다! 이 책을 먼저 읽고서 GUI 애플리케이션 관련 도서를 참고하면 됩니다.

숙련된 C 및 C++ 프로그래머를 위하여

새로운 프로그래밍 언어를 배울 때라면 다른 프로그래밍 언어를 배우면서 몸에 밴 습관대로 프로그램을 만들려고 할지도 모릅니다. 이 책에서는 처음부터 C++ 표준 라이브러리의 고급 추상화를 사용하므로 그러한 유혹을 피할 수 있습니다.

단, 숙련된 C 및 C++ 프로그래머라면 이러한 접근법이 좋을 수도 있고 나쁠 수도 있습니다.

여러분은 지금껏 쌓아온 지식 중 극히 일부분만 C++를 이해하는 데 도움이 된다는 사실에 놀랄 것입니다. 처음에는 배울 것이 많겠지만 결과적으로 더 빠르게 C++를 배울 것입니다. 특히 C와 C++를 순서대로 학습했다면 C에 기반을 둔 C++ 프로그래밍 방식을 선호할지도 모릅니다. 그렇다 할지라도 사실 아무 문제가 없지만, 이 책의 접근법은 기존 방식과 매우 다르므로 C++의 새로운 모습을 볼 것입니다.

C++ 문법의 세부 사항에 관한 설명은 상당 부분이 비슷할 수밖에 없습니다. 하지만 이 책은 여러분이 경험한 것과는 완전히 다른 방식으로 주요 개념을 다룹니다. 예를 들어 10장까지는 포인터나 배열을 언급하지 않습니다. 심지어 printf와 malloc조차도 절대 언급하지 않습니다. 1장부터 표준 라이브러리 문자열 클래스를 다룹니다. 바로 이것이 앞서 언급한 새로운 접근법입니다.

이 책의 구조

이 책은 크게 두 부분으로 나눌 수 있습니다. 첫 번째 부분은 7장까지고 표준 라이브러리 추상화를 사용한 프로그램을 만드는 데 중점을 둡니다. 8장부터 시작하는 두 번째 부분은 사용자가 정의하는 추상화를 다룹니다.

표준 라이브러리를 먼저 다루는 것이 이상할 수 있지만 올바른 방법이라고 생각합니다. C++의 상당 부분(특히 어려운 부분)은 개발자가 C++를 편리하게 이용하려고 만든 라이브러리를 주로 사용합니다. 라이브러리를 사용하면 책의 두 번째 부분을 배우기 전까지 어려운 부분을 알 필요가 전혀 없습니다. 즉, 표준 라이브러리 사용법을 먼저 배우면 기존 접근법보다 훨씬 더 빠르게 유용한 C++ 프로그램을 만들 수 있습니다. 또한 두 번째 부분을 읽고 라이브러리 사용 방법을 이해하면 라이브러리를 구축하는 데 사용한 저수준 기능으로 자신만의 라이브러리를 작성하는 방법을 학습할 준비가 마치는 셈입니다.

이 책은 기존의 C++ 책보다 얇은 편이지만 모든 주요 개념을 최소 두 번 이상, 핵심 개념은 그보다 더 많이 다루고자 노력했습니다. 따라서 책의 많은 부분이 서로를 참조하는 구성으로 이루어져 있습니다. 예를 들어 39.4.3/857p과 같은 표기는 857쪽 39.4.3의 내용을 참조한다는 의미입니다. 어떤 개념이 처음 등장할 때는 굵은 글씨로 표기하여 보기 쉽게 구분했습니다.

마지막 장을 제외한 모든 장은 핵심 정리로 마무리합니다. 핵심 정리에서는 각 장에서 소개한 개념들을 쉽게 기억하도록 돕고, 궁극적으로 알아야 할 내용을 추가로 다룹니다. 이 책을 처음 읽을 때는 핵심 정리는 건너뛰거나 대충 훑고, 나중에 필요할 때 다시 참고하길 추천합니다.

부록 A와 B는 프로그램을 만들 때 유용하게 사용할 수 있는 C++ 및 라이브러리의 주요 부분을 자세히 요약하고 설명합니다.

이 책을 최대한 활용하기

프로그래밍에 관한 모든 책에는 예제 프로그램이 수록되어 있습니다. 이 책도 마찬가지입니다. 프로그램의 동작을 이해하려면 컴퓨터에서 실행하는 것 이외의 방법은 없습니다. 컴퓨터의 종류는 다양하고 성능이 계속 개선되므로 책 안에서 컴퓨터에서 C++ 프로그램을 실행하는 방법을 소개하는 것은 현실적이지 않습니다. 따라서 C++ 프로그램을 컴파일하고 실행하는 방법을 아직 모른다면 인터넷 검색으로 현재 자신이 사용하는 컴퓨터 환경에 맞는 방법을 참고하기 바랍니다.

감사의 글

이 책을 출판하는 데 도움을 준 분들께 감사드립니다. 로버트 버거[Robert Berger], 다그 브루크[Dag Brück], 아담 부크바움[Adam Buchsbaum], 스티븐 크레미지[Stephen Clamage], 존 칼브[John Kalb], 제프리 올덤[Jeffrey Oldham], 데이비드 슬레이튼[David Slayton], 비야네 스트롭스트룹[Bjarne Stroustrup], 알버트 텐부쉬[Albert Tenbusch], 브루스 테텔만[Bruce Tetelman], 클로비스 톤두[Clovis Tondo] 등 검수자분께 감사드립니다. 티렐 알바[Tyrrell Albaugh], 버니 에임스[Bunny Ames], 마이크 헨드릭슨[Mike Hendrickson], 데보라 래퍼티[Deborah Lafferty], 캐시 오할라[Cathy Ohala], 시몬 페이먼트[Simone Payment] 등 출판에 참여한 많은 분께도 감사드립니다. 알렉산더 치리스[Alexander Tsiris]는 13.2.2/375p에서 그리스 어원을 확인하는 데 도움을 주었습니다. 마지막으로 수년에 걸쳐 고수준의 프로그램으로 C++를 배우는 방법을 발전시키는 데 도움을 준 수백 명의 수강생들과 의견을 교환한 수천 명의 사람들에게 감사드립니다.

앤드루 쾨니히, 바버라 E. 무
뉴저지 주 질레트에서
2000년 6월

CONTENTS

CHAPTER 0 C++ 시작하기

CHAPTER 1 문자열 사용

CHAPTER 2 반복문과 카운팅

CHAPTER 3 데이터 일괄 처리

CONTENTS

CHAPTER 4 프로그램 및 데이터 구조화

CHAPTER 5 순차 컨테이너와 문자열 분석

CONTENTS

CHAPTER **8** 제네릭 함수

CONTENTS

CHAPTER **11 추상 데이터 타입**

CONTENTS

CHAPTER **12 값처럼 동작하는 클래스 객체**

CONTENTS

CHAPTER **16 앞으로 나아갈 방향**

APPENDIX **A C++ 세부 사항**

CONTENTS

C++ 시작하기

간단한 C++ 프로그램을 하나 살펴봅시다.

```cpp
// 간단한 C++ 프로그램
#include <iostream>

int main()
{
    std::cout << "Hello, world!" << std::endl;
    return 0;
}
```

흔히 Hello, world! 라고 하는 프로그램입니다. 직접 컴파일과 실행을 해봅시다. 이 프로그램을 실행하면 화면에 창 하나가 열리고 표준 출력으로 다음과 같은 메시지가 보입니다.

```
Hello, world!
```

만약 혼자서 해결할 수 없는 문제가 생겼다면 C++을 잘 알고 있는 주변 분에게 도움을 요청하기 바랍니다.

이 프로그램은 여러분의 코드 입력 실수가 아니라면 문제를 일으킬 여지가 없을 정도로 매우 간단합니다. 게다가 이 프로그램을 철저하게 이해하는 것만으로도 C++의 기초 중 많은 부분을 배울 수 있습니다. 지금부터 프로그램의 각 행을 자세히 살펴봅시다.

0.1 주석

프로그램의 첫 행은 다음과 같습니다.

```
// 간단한 C++ 프로그램
```

//는 한 행의 끝까지 이어지는 **주석**comment의 시작을 의미합니다. 주석은 프로그램을 사람에게 설명하는 용도로 사용되므로 컴파일러는 주석의 내용을 무시합니다.

0.2 #include

C++에서 입출력을 포함한 많은 기본 기능은 **기본 영역**core language[1]이 아닌 **표준 라이브러리**standard library에 속해 있습니다. 기본 영역에 속한 기능은 모든 C++ 프로그램에서 늘 사용할 수 있습니다. 하지만 표준 라이브러리의 기능은 반드시 명시적으로 요청해야 사용할 수 있습니다.

표준 라이브러리의 기능을 요청할 때는 **#include 지시문**directive을 사용합니다. 이러한 지시문은 일반적으로 프로그램의 시작 부분에 등장합니다. 현재 다루는 예제 프로그램은 표준 라이브러리 중에서 입출력 부분만을 다루므로 다음과 같이 요청합니다.

```
#include <iostream>
```

iostream은 순차적 또는 연속적인 입출력을 지원합니다. #include 지시문에서 iostream이 **꺾쇠괄호**angle brackets(<, >)로 묶여 있을 때는 **표준 헤더**standard header라는 C++ 라이브러리 일부분을 참조합니다.

C++ 표준에서는 각 헤더의 명칭과 동작을 정의합니다. 그런데 표준 헤더가 무엇인지 정확히 알려주지는 않습니다. 프로그램에 표준 헤더를 포함하면 관련 라이브러리 기능을 사용할 수 있다는 것만 알아두기 바랍니다. 라이브러리의 구체적인 구현까지는 생각하지 않아도 됩니다.

----

1 옮긴이_ 라이브러리 없이 사용할 수 있는 C++ 언어 자체의 기능을 뜻합니다. 핵심 언어라고도 합니다.

0.3 main 함수

함수^{function}는 프로그램의 일부분에 이름을 붙인 것으로서 프로그램의 다른 영역에서 **호출**^{call}하거나 실행할 수 있습니다. 모든 C++ 프로그램은 반드시 main 함수를 포함하며, C++ 구현체는 main 함수를 호출해서 프로그램을 실행합니다.

main 함수는 프로그램이 성공적으로 실행되었는지 알리려고 정숫값을 반환합니다. 0 이외의 값은 문제가 있음을 의미합니다. 지금부터 int 타입 값을 반환하는 main 함수를 정의해봅시다.

```
int main()
```

여기서 int는 정수를 나타내려는 용도로 미리 정의된 이름입니다. main 뒤의 괄호 안에는 함수가 실행되면서 받는 매개변수가 들어갑니다. 지금 살펴보는 예제에서는 매개변수가 없으므로 괄호 사이가 비어 있습니다. main 함수에서 매개변수를 다루는 방법은 10.4에서 살펴볼 것입니다.

0.4 중괄호

이어서 **중괄호**^{curly braces}로 묶인 **실행문**^{statement}을 살펴보도록 합시다.

```
int main()
{       // 왼쪽 중괄호
        // 실행문
}       // 오른쪽 중괄호
```

C++에서는 프로그램 실행 시 중괄호 사이의 내용을 하나의 단위로 취급합니다. 예제의 main 함수를 보면 왼쪽 중괄호는 실행문의 시작을 표시하고 오른쪽 중괄호는 실행문의 끝을 표시합니다. 즉, 중괄호는 그 사이에 있는 모든 실행문이 하나의 함수에 속해 있음을 나타냅니다.

앞 예제처럼 중괄호 안에 2개 이상의 실행문이 있으면 작성한 순서대로 실행됩니다.

0.5 표준 라이브러리를 사용한 출력

중괄호 안 첫 번째 실행문은 예제 프로그램의 주된 역할인 출력 동작을 실행합니다.

```
std::cout ≪ "Hello, world!" ≪ std::endl;
```

이 실행문은 표준 라이브러리의 **출력 연산자**output operator인 ≪을 사용하여 Hello, world!를 출력하고, 이어서 std::endl의 값을 출력합니다.

이름이 std::로 시작하는 코드는 해당 이름이 std라는 **네임스페이스**namespace에 속해 있음을 나타냅니다. 네임스페이스는 관련 있는 기능을 하나의 이름 아래 모아놓은 것입니다. std는 표준 라이브러리가 정의한 모든 기능이 속한 네임스페이스인 것이죠. 예를 들어 iostream 표준 헤더는 cout과 endl을 정의하며 이를 참조하려면 std::cout과 std::endl로 표기해야 합니다.

std::cout은 **표준 출력 스트림**standard output stream을 참조하는 이름입니다. C++ 구현체에서 프로그램의 일반적인 출력 기능이 필요할 때 사용합니다. GUI 기반 운영체제에서 이 실행문을 사용하면 프로그램과 연관된 창에 실행문에서 정한 내용을 출력합니다.

표준 출력 스트림에 std::endl을 넣으면 현재 행에서 더 어떤 내용을 출력하지 않습니다. 따라서 프로그램에서 추가로 생성하는 출력 내용은 새로운 행에 나타납니다.

0.6 반환문

이어서 반환문을 살펴봅시다.

```
return 0;
```

반환문은 해당 함수의 실행을 끝내고 함수를 호출한 프로그램에 return과 세미콜론 사이의 값(예제에서는 0)을 반환합니다. 반환 값은 함수가 반환할 것이라고 명시한 타입과 일치해야 합니다. main 함수의 경우 반환 타입이 int이고 반환 대상은 main 함수를 호출한 C++ 구현체입니다. 즉, main 함수의 반환문은 구현체로 전달할 정숫값 표현식을 반드시 포함해야 합니다.

물론 프로그램을 종료하는 지점이 여러 군데일 수도 있습니다. 그러한 프로그램은 여러 개의 반환문이 있을 수 있습니다. 함수 정의에서 해당 함수가 특정 타입의 값을 반환할 것이라 명시했다면 함수의 모든 반환문은 반드시 적합한 타입의 값을 반환해야 합니다.

0.7 더 깊이 살펴보기

예제 프로그램에는 표현식과 범위라는 두 가지 추가적인 개념이 있습니다. 앞으로 이 개념들을 더 많이 다룰 것이지만 우선 몇 가지 기본적인 사항을 살펴보도록 합시다.

표현식expression은 프로그램에 무언가를 계산하도록 요청합니다. 표현식을 실행했을 때는 **부수적으로 발생하는 결과**side effects가 프로그램이나 구현체의 상태에 간접적으로 영향을 줄 수 있습니다. 예를 들어 3 + 4는 결과로 7을 반환하며 부수적으로 발생하는 결과가 없는 표현식입니다. 하지만 다음 표현식은 부수적으로 발생하는 결과로 표준 출력 스트림에 Hello, world!를 넣고 현재 행을 마칩니다.

```
std::cout << "Hello, world!" << std::endl
```

표현식은 연산자와 피연산자를 포함하며 형태가 다양합니다. 방금 살펴본 Hello, world! 표현식에서 2개의 << 기호는 연산자고, std::cout, "Hello, world!", std::endl은 피연산자입니다.

모든 피연산자는 **타입**type이 있습니다. 간단히 설명하자면 데이터 구조와 해당 데이터 구조에 적합한 연산이 무엇인지 나타내는 것입니다. 연산자의 역할은 피연산자의 타입에 따라 달라집니다. 여러분은 앞으로 타입에 관해 더 많은 내용을 다룰 것입니다.

타입에는 이름이 있습니다. 예를 들어 프로그래밍 언어의 기본 영역은 정수를 표현하는 타입의 이름을 int라고 정의합니다. 그리고 라이브러리는 스트림 기반 출력을 제공하는 타입의 이름을 std::ostream이라고 정의합니다. 예제 프로그램에서 std::cout은 std::ostream 타입입니다.

<< 연산자는 2개의 피연산자가 있습니다. 예제에서는 2개의 << 연산자와 3개의 피연산자를 볼수 있습니다. 이는 << 연산자에 **왼쪽 우선 결합성**left-associative이라는 성질이 있기 때문입니다. 쉽게 말해서 하나의 표현식에 << 연산자가 두 번 이상 나타날 때 각 << 연산자는 자신을 기준으로 왼쪽의 모든 부분과 오른쪽의 최소 부분을 피연산자로 사용합니다. 예제 코드를 살펴보면 첫 번째 << 연산자의 오른쪽 피연산자는 "Hello, world!"이고 왼쪽 피연산자는 std::cout입니다. 두 번째 << 연산자의 오른쪽 피연산자는 std::endl이고 왼쪽 피연산자는 std::cout << "Hello, world!"입니다. 괄호를 사용하여 피연산자와 연산자의 관계를 명확하게 보여주는 출력 표현식은 다음과 같습니다.

```
(std::cout << "Hello, world!") << std::endl
```

각 << 연산자는 피연산자의 타입에 따라 동작이 다릅니다. 첫 번째 << 연산자는 std::ostream 타입인 std::cout을 왼쪽 피연산자로 갖습니다. 그리고 '알 수 없는 타입'의 문자열 리터럴을 오른쪽 피연산자로 갖습니다('알 수 없는 타입'은 10.2/284p에서 다룰 것입니다). << 연산자는 왼쪽 피연산자에 해당하는 스트림에 오른쪽 피연산자의 문자들을 넣습니다. 그리고 그 결과는 다시 왼쪽 피연산자가 됩니다.

따라서 두 번째 << 연산자의 왼쪽 피연산자는 std::ostream 타입인 std::cout을 반환하는 표현식이고 오른쪽 피연산자는 **조작어**manipulator인 std::endl입니다. 스트림에 조작어를 넣으면 문자를 넣는 것과는 다른 동작을 실행함으로써 스트림을 조작합니다. << 연산자의 왼쪽 피연산 자가 std::ostream 타입이고 오른쪽 피연산자가 조작어라면 << 연산자는 주어진 스트림에 관한 조작어의 동작을 실행하고 해당 스트림을 반환합니다. std::endl이 실행하는 동작은 현재 행에서 출력을 마치는 것입니다.

결국 전체 표현식은 std::cout을 값의 형태로 반환하고 부수적으로 발생하는 결과로 표준 출력 스트림에 Hello, world!를 넣고 현재 행의 출력을 끝냅니다. 표현식을 세미콜론으로 끝내면 표현식이 반환하는 값을 구현체가 무시하게 만듭니다. 이러한 동작이 적절한 이유는 이 표현식의 목적이 오로지 부수적으로 발생하는 결과로 Hello, world!를 출력하는 것이기 때문입니다.

범위scope는 해당 이름의 문맥적 의미가 유지되는 프로그램의 영역을 말합니다. C++에는 여러 종류의 범위가 있으며 예제 프로그램에서는 두 가지를 발견할 수 있습니다. 첫 번째 범위는 네임스페이스입니다. 앞에서 살펴본 것처럼 네임스페이스는 관련 있는 기능들을 모아놓은 것입니다. 표준 라이브러리는 std라는 네임스페이스에 속한 모든 기능을 미리 정의합니다. 따라서 여러분이 일부러 std를 정의하지 않는다면 std에 속한 기능들과 여러분이 자체적으로 정의할 기능들이 충돌하는 일은 없을 것입니다. 표준 라이브러리가 정의한 기능을 사용한다면, 해당 기능이 라이브러리에 속한 기능이라는 것을 명시해야만 합니다. 예를 들어, std::cout은 std라는 네임스페이스에 정의된 기능인 cout임을 의미합니다.

std::cout이라는 이름은 **정규화된 이름**^{qualified name}으로 :: 연산자(**범위 연산자**^{scope operator})를 사용합니다. :: 연산자의 왼쪽에는 범위의 이름이 있는데, std::cout의 경우 범위의 이름은 std라는 네임스페이스입니다. :: 연산자의 오른쪽에는 왼쪽의 범위에서 정의한 이름이 있습니다. 따라서, std::cout은 '네임스페이스 std 범위에 있는 cout이라는 이름'을 의미합니다.

예제 프로그램에서 발견할 수 있는 두 번째 범위는 중괄호입니다. main 함수를 포함한 모든 함수의 본문은 그 자체가 하나의 범위입니다. 앞서 살펴본 예제처럼 크기가 작은 프로그램에서는 범위의 개념을 뚜렷하게 확인할 수 없지만 앞으로 다루게 될 거의 모든 함수는 범위를 뚜렷하게 확인할 수 있습니다.

0.8 핵심 정리

이 장에서 살펴본 프로그램은 단순하지만 따져보면 많은 부분을 다루었습니다. 앞으로 살펴볼 내용들은 이 장에서 소개한 것들에 기반을 두므로 다음 내용을 살펴보기에 앞서 이 장을 완전히 이해하는 것이 중요합니다.

여러분의 학습을 도우려고 16장을 제외한 모든 장을 핵심 정리와 연습문제로 마무리합니다. 핵심 정리에서는 기본적으로 각 장의 내용을 요약하지만 때로는 확장된 내용을 다루기도 합니다. 책에서 다룬 내용을 제대로 기억하려면 각 장의 핵심 정리를 살펴봐야 합니다. |

프로그램 구조

C++ 프로그램은 일반적으로 **자유 형식**^{free form}입니다. 즉, 인접한 기호들이 함께 실행되는 것을 방지할 때만 공백이 필요합니다. 특히 행 바꿈은 공백의 한 종류며 특별한 의미는 없습니다. 프로그램에 공백을 두면 가독성이 훨씬 좋아지므로 가독성을 높이려고 들여쓰기를 지향합니다.

자유 형식이 아닌 세 가지 독립 요소들은 다음과 같습니다.

- 문자열 리터럴(string literals): 큰따옴표로 묶인 문자들은 여러 행에 작성할 수 없습니다.
- #Include 이름: 하나의 행으로 명시해야 합니다.
- 주석(//): // 이후에 오는 모든 내용이 주석이며 현재 행의 끝에서 끝납니다.

/*로 시작하는 주석은 자유 형식이며 짝을 이루는 */가 등장할 때까지 여러 행으로 작성할 수 있습니다.

타입

데이터 구조 및 해당 데이터 구조의 연산을 정의합니다. C++에는 크게 두 가지 종류의 타입이 있는데 int처럼 프로그래밍 언어의 기본 영역 안에서 정의한 것과 std::ostream처럼 프로그래밍 언어의 기본 영역 밖에서 정의된 것이 있습니다.

네임스페이스

관련 있는 기능들을 모아놓은 것입니다. 표준 라이브러리의 기능들은 std라는 네임스페이스에 정의됩니다.

문자열 리터럴

큰따옴표(")로 시작하고 끝납니다. 각 문자열 리터럴은 행 하나에 완전히 표시되어야 합니다. 문자열 리터럴의 일부 문자는 앞에 역슬래시(\)가 있을 때 특별한 의미를 지닙니다.

- \n: 행 바꿈 문자
- \t: 탭 문자
- \b: 백스페이스 문자
- \": 큰따옴표를 문자열의 경계가 아닌 문자열 일부로 취급합니다.
- \': 문자 리터럴과의 일관성을 위해 문자열 리터럴에서의 '와 같은 의미로 취급합니다(1.2 참고).
- \\: \를 문자열 일부로 취급하고 다음에 오는 문자를 일반 문자로 처리합니다.

10.2와 A.2.1.3에서 문자열 리터럴을 자세히 살펴볼 것입니다.

정의문과 헤더

C++ 프로그램이 사용하는 모든 기능은 저마다 정의문이 있습니다. 표준 라이브러리는 헤더에 이름들을 정의하며 프로그램은 #include 지시문으로 헤더에 접근합니다. 그러므로 기능을 사용하기 전에 이름이 정의되어 있어야 합니다. 따라서 #include 지시문은 헤더에 있는 기능들을 사용하기 전에 먼저 등장해야만 합니다. 예를 들어 ⟨iostream⟩ 헤더는 라이브러리의 입출력 기능을 정의합니다.

main 함수

모든 C++ 프로그램은 int 타입을 반환하는 main 함수를 반드시 하나만 정의해야 합니다. 구현체는 main 함수를 호출해서 프로그램을 실행합니다. main 함수에서 0을 반환하면 성공, 0이 아닌 값을 반환하면 실패를 나타냅니다. 일반적으로 모든 함수는 적어도 하나의 반환문을 포함해야 하며, 함수 끝에 도달한 것이 함수의 종료를 의미하지는 않습니다. 예외적으로 main 함수는 반환문을 생략할 수 있습니다. 이때 구현체는 0이 반환되었다고 가정합니다. 하지만 반환문을 명시하는 것이 좋은 습관입니다.

중괄호와 세미콜론

눈에 띄지 않지만 C++ 프로그램에서 중요한 기호들입니다. 쉽게 간과할 수 있으며 실수로 작성하지 않으면 이해하기 복잡한 컴파일러 진단 메시지가 출력되므로 중요한 기호들입니다.

중괄호로 묶인 0개 이상의 연속된 실행문들을 **블록**block이라 하며 각각 순서대로 실행됩니다. 함수의 본문이 단 1개의 실행문으로 구성되더라도 반드시 중괄호로 묶어야 합니다. 중괄호 안 실행문들은 하나의 범위를 구성합니다.

세미콜론으로 끝나는 표현식은 실행문입니다. 이를 표현식으로 만든 **실행문**expression statement이라고 합니다. 부수적으로 발생하는 결과를 얻기 위해 표현식을 실행하는 것이며 표현식이 반환하는 결과는 무시합니다. 실행문에 표현식을 사용하는 것은 선택 사항이며 이를 생략하여 세미콜론만 남겨두면 아무 효과가 없는 **null문**null statement이 됩니다.

출력

std::cout ≪ e를 실행하면 표준 출력 스트림에 e의 값을 쓰고 연속적인 출력 동작을 위해 ostream 타입인 std::cout을 반환합니다.

연습문제

0-0. 25쪽 Hello, world! 프로그램을 컴파일하고 실행해보세요.

0-1. 다음 실행문은 어떤 동작을 실행할까요?

```
3 + 4;
```

0-2. 다음 문자열을 출력하도록 프로그램을 작성해보세요.

```
This (") is a quote, and this (\) is a backslash.
```

0-3. 문자열 리터럴 '\t'는 탭 문자를 나타냅니다. 서로 다른 C++ 구현체들은 다양한 방식으로 탭을 출력합니다. 여러분이 사용하는 구현체는 어떻게 탭을 처리하는지 알아보세요.

0-4. Hello, world!를 출력하는 프로그램을 작성해보세요.

0-5. 다음 프로그램이 올바르게 동작하는지 판단해보세요.

```
#include <iostream>

int main()    std::cout << "Hello, world!" << std::endl;
```

0-6. 다음 프로그램이 올바르게 동작하는지 판단해보세요.

```
#include <iostream>

int main()    {{{{{{ std::cout << "Hello, world!" << std::endl; }}}}}}
```

0-7. 다음 프로그램이 올바르게 동작하는지 판단해보세요.

```
#include <iostream>

int main()
{
```

```
        /* 이것은 여러 행에 걸쳐 나타나는 주석입니다.
            시작과 끝 구분 기호로 /*와 */를 사용하기 때문입니다. */
        std::cout << "Does this work?" << std::endl;

        return 0;
    }
```

0-8. 다음 프로그램이 올바르게 동작하는지 판단해보세요.

```
#include <iostream>

int main()
{
    // 이것은 여러 행에 걸쳐 나타나는 주석입니다.
    // 각 행의 시작 부분에 //를 사용하여 /*와
    // */을 대신했습니다.
    std::cout << "Does this work?" << std::endl;

    return 0;
}
```

0-9. 길이가 가장 짧고 유효한 프로그램은 무엇일까요?

0-10. 공백이 있는 모든 지점을 행 바꿈으로 대체하여 Hello, world! 프로그램을 다시 작성해 보세요.

CHAPTER 1

문자열 사용

0장에서 간단한 프로그램을 통해 주석, 표준 헤더, 범위, 네임스페이스, 표현식, 실행문, 문자열 리터럴, 출력 등의 기본적인 C++ 개념을 살펴보았습니다. 1장에서는 문자열을 사용하는 간단한 프로그램으로 계속해서 기본적인 C++ 개념을 살펴보겠습니다. 여기서는 선언, 변수, 초기화, 입력, string 라이브러리를 학습할 수 있습니다. 또한 이 장에서 다루는 프로그램은 제어 구조가 필요하지 않을 정도로 단순합니다(제어 구조는 2장에서 살펴봅니다).

1.1 입력

프로그램을 작성하는 법을 터득했다면 그것을 읽을 줄도 알아야 합니다. Hello, world! 프로그램을 특정 사람에게 인사하는 프로그램으로 수정해봅시다.

```cpp
// 이름을 묻고, 인사를 건넴
#include <iostream>
#include <string>

int main()
{
    // 이름을 물음
    std::cout << "Please enter your first name: ";
```

```
    // 이름을 읽어 들임
    std::string name;
    std::cin >> name;

    // 인사말 작성
    std::cout << "Hello, " << name << "!" << std::endl;

    return 0;
}
```

프로그램을 실행시키면 다음과 같은 메시지를 출력합니다.

```
Please enter your first name:
```

Vladimir라고 입력하면 다음과 같은 메시지를 출력합니다.

```
Hello, Vladimir!
```

무슨 일이 일어나는지 살펴봅시다. 입력한 내용을 전달받으려면 이를 저장할 장소가 있어야 합니다. 그러한 장소를 **변수**variable라고 합니다. 변수는 이름이 있는 **객체**object입니다. 객체는 타입이 정해진 컴퓨터 메모리의 일부입니다. 객체와 변수의 구분은 중요합니다. 왜냐하면 3.2.2/88p, 4.2.3/116p, 10.6.1/295p에서 볼 수 있듯이 이름 없는 객체가 존재하기 때문입니다.

변수를 사용하려면 구현체에 변수 이름과 타입을 알려줘야만 합니다. 변수 이름과 타입을 모두 지정하면 구현체는 예제 프로그램의 기계 코드를 더 효율적으로 만듭니다. 또한 컴파일러가 변수 이름 중에서 오탈자(오탈자가 프로그램에서 사용하는 이름 중 하나와 우연히 일치하지 않는 한)를 탐지할 수 있습니다.

예제 프로그램에서 변수 이름은 name이고, 타입은 std::string입니다. 0.5/28p와 0.7/31p에서 보았듯이 std:: 뒤에 오는 이름 string은 프로그래밍 언어의 기본 영역이 아닌 표준 라이브러리의 일부라는 뜻입니다. std::string과 관련된 헤더인 <string>이 있으므로 #include 지시문을 프로그램에 적절하게 추가했습니다. 첫 번째 실행문을 봅시다.

```
std::cout << "Please enter your first name: ";
```

첫 번째 실행문은 사용자의 이름을 묻는 메시지를 출력합니다. 여기서 중요한 점은 조작어 std::endl이 존재하지 않는 것입니다. std::endl을 사용하지 않았으므로 메시지를 출력한 후 행 바꿈을 하지 않습니다. 대신에 동일한 행에서 입력을 기다립니다.

다음 실행문을 살펴봅시다.

```
std::string name;
```

이것은 std::string 타입 변수 name의 **정의문**definition입니다. 이 정의문이 함수 본문에 있으므로 name은 중괄호 안에서만 존재하는 **지역 변수**local variable입니다. 컴퓨터가 '}'에 도달하면 변수 name은 **소멸**destroy하고 변수가 차지하던 메모리를 반환합니다. 지역 변수의 수명이 제한적이므로 변수와 그 외의 객체를 구별하는 것이 중요합니다.

참고로 객체의 타입에는 **인터페이스**interface 개념이 포함되어 있습니다. 인터페이스는 어떤 타입의 객체로 할 수 있는 동작들의 모음입니다. 예를 들어 문자열 변수(이름 붙여진 객체) name의 정의문은 문자열(string)에서 사용할 수 있는 모든 라이브러리를 name에서 다룰 것임을 암묵적으로 언급한 것입니다. 그리고 name의 동작 중 하나는 문자열을 **초기화**initialize하는 것이 있습니다.

문자열 변수를 정의하면 암묵적으로 변수가 초기화됩니다. 왜냐하면 표준 라이브러리에서는 모든 문자열 객체가 값을 갖는다고 정해놓았기 때문입니다. 여러분이 원하는 값을 넣어 문자열을 만들 수 있지만, 이 동작이 없다면 문자열은 문자를 전혀 갖지 않습니다. 이러한 문자열을 '**빈**empty **문자열**' 또는 '**null 문자열**'이라고 합니다. 그다음 코드를 살펴봅시다.

```
std::cin >> name;
```

출력 시 << 연산자와 std::cout을 사용하는 것처럼 입력 시에는 >> 연산자와 std::cin을 사용합니다. 이 예제에서 >> 연산자는 표준 입력으로 문자열을 읽어서 name이라는 객체에 저장하는 역할을 합니다. 문자열을 읽도록 라이브러리에 요청하면 **공백**whitespace **문자**(스페이스, 탭, 백스페이스, 행 바꿈)를 무시하고 다음 공백 문자나 **EOF**End Of File이 나타날 때까지 문자들을 읽기 시작하여 변수 name에 넣습니다. 따라서 std::cin >> name을 실행하면 표준 입력에서 문자열을 읽고 문자열을 구성하는 문자들을 name에 저장합니다.

방금 살펴본 입력 동작에는 부수적으로 발생하는 결과로 사용자의 이름을 묻는 메시지가 컴퓨터의 출력 장치에 표시됩니다. 일반적으로 입출력 라이브러리는 출력 작업을 최적화하려고 **버퍼**buffer라는 내부 데이터 구조를 사용합니다. 각 출력 요청에 효율적으로 응답하려고 라이브러리는 버퍼를 사용하여 출력할 문자를 모읍니다. 그리고 필요할 때만 버퍼에 저장한 내용을 출력하고 버퍼를 비웁니다.[1] 이러한 방법으로 여러 번의 출력 작업을 효율적으로 처리합니다.

시스템이 버퍼를 비우는 상황은 세 가지가 있습니다. 첫 번째, 버퍼가 가득 차 있으면 라이브러리는 자동으로 버퍼를 비웁니다. 두 번째, 라이브러리가 표준 입력 스트림으로 입력 내용을 요청받으면 라이브러리는 버퍼가 가득 차기를 기다리지 않고 즉시 버퍼를 비웁니다. 세 번째, 개발자가 명시한 코드로 버퍼를 비울 수 있습니다.

버퍼의 동작을 확실하게 이해하도록 예제 프로그램에 적용해봅시다. cout를 사용하여 메시지를 출력할 때, 출력 내용은 표준 출력 스트림과 관련된 버퍼에 저장됩니다. 그다음으로 cin을 사용하여 입력을 받습니다. 이 작업은 cout 버퍼를 비우므로 메시지가 화면에 출력되는 것을 볼 수 있습니다.

이어지는 실행문에서는 라이브러리가 버퍼를 비우도록 명시적으로 지시하는 것을 살펴볼 수 있습니다. 이는 메시지를 출력하는 첫 번째 실행문보다 약간 더 복잡할 뿐입니다. 문자열 리터럴 "Hello, " 다음에 문자열 변수 name 값, 마지막으로 std::endl을 작성합니다. std:endl 값이 출력되면 이 행에서 해야 할 작업이 끝나므로 버퍼를 비웁니다. 이때 시스템은 버퍼의 내용을 출력 스트림에 강제로 즉시 반영합니다.

출력 버퍼를 적절한 순간에 비우는 것은 실행 시간이 긴 프로그램을 만들 때 중요한 사항입니다. 프로그램의 일부 출력 내용을 버퍼에 저장한 후 출력 장치로 보여지기 전까지 (시스템의 버퍼에) 오랫동안 갇혀 있는 상황은 비효율적이기 때문입니다.

1.2 테두리

지금까지 배운 출력 프로그램이 따분했을지도 모릅니다. 다음처럼 좀 더 요소를 넣어 출력하도록 바꿔봅시다.

----

1 옮긴이_ 버퍼를 플러시(flush)한다고 표현하기도 합니다.

```
Please enter your first name: Estragon
********************
*                  *
* Hello, Estragon! *
*                  *
********************
```

프로그램은 다섯 개의 행을 출력할 것입니다. 첫 번째 행은 테두리의 시작입니다. * 문자의 순차열은 입력한 이름의 문자 개수, 인사말("Hello, ")의 문자 개수, 양 끝에 하나씩 존재하는 *과 공백의 개수만큼의 길이를 갖습니다. 그다음 행은 양 끝에 하나씩 존재하는 *과 첫 번째 행과 같은 길이가 되도록 공백을 줍니다. 세 번째 행은 *, 공백, 메시지, 공백, * 순서입니다. 마지막 두 행은 각각 두 번째 행과 첫 번째 행의 반복입니다.

하나씩 차근차근 구현해봅시다. 먼저 이름을 입력받아 인사말을 구성하고, 인사말을 사용하여 출력될 각 행을 구현합니다. 이러한 방법으로 만든 프로그램은 다음과 같습니다.

```cpp
// 이름을 입력받아 테두리로 묶인 인사말을 생성
#include <iostream>
#include <string>
int main()
{
    std::cout << "Please enter your first name: ";
    std::string name;
    std::cin >> name;

    // 출력하려는 메시지를 구성
    const std::string greeting = "Hello, " + name + "!";

    // 인사말의 두 번째 행과 네 번째 행
    const std::string spaces(greeting.size(), ' ');
    const std::string second = "* " + spaces + " *";

    // 인사말의 첫 번째 행과 다섯 번째 행
    const std::string first(second.size(), '*');

    // 모두 출력
    std::cout << std::endl;
    std::cout << first << std::endl;
    std::cout << second << std::endl;
    std::cout << "* " << greeting << " *" << std::endl;
```

```
        std::cout ≪ second ≪ std::endl;
        std::cout ≪ first ≪ std::endl;

        return 0;
}
```

먼저 프로그램은 사용자의 이름을 입력받아 변수 name에 넣습니다. 그런 다음 출력하려는 메시지가 들어 있는 상수 greeting을 정의합니다. 다음으로 greeting의 문자 개수만큼 공백을 넣는 상수 spaces를 정의합니다. 인사말의 두 번째 행을 포함하는 상수 second는 상수 spaces를 사용하여 정의합니다. 그리고 변수 second의 문자 개수만큼 *을 포함하는 상수 first를 정의합니다. 마지막으로 한 번에 한 행씩 인사말을 출력합니다.

이미 살펴본 #include 지시문과 처음 3행의 실행문은 설명하지 않아도 이해할 것이니 건너뛰겠습니다. 인사말을 정의하는 부분부터 나오는 새로운 개념 세 가지를 살펴봅시다.

첫 번째 개념은 변수를 정의하면서 변수에 값을 넣을 수 있다는 것입니다. 변수의 이름과 세미콜론 사이에 = 기호와 변수에 넣을 값을 명시하면 됩니다. 변수와 값이 서로 다른 타입이면 구현체는 넣은 값을 변수의 타입으로 **변환**convert합니다. 10.2/284p에서 문자열과 문자열 리터럴의 변환을 살펴볼 수 있습니다.

두 번째 개념은 + 기호를 사용하여 1개의 문자열과 1개의 문자열 리터럴을 **결합**concatenate하거나 2개의 문자열끼리 결합할 수 있다는 것입니다. 2개의 문자열 리터럴 사이에서는 기호를 사용한 결합 관계가 성립하지 않습니다. 여러분은 0장 연습문제에서 3+4가 7인 것을 알았습니다. 하지만 이번 예제에서 + 기호는 완전히 다른 의미입니다. + 연산자는 피연산자의 타입에 따라 실행하는 연산이 다릅니다. 연산자가 다양한 타입의 피연산자에 따라 다른 의미로 동작하는 것을 연산자의 **오버로드**overload라고 일컫습니다.

세 번째 개념은 상수를 정의할 때 사용하는 const입니다. const는 소멸할 때까지 값을 변경하지 않겠다는 약속입니다. 사실 예제 프로그램에서는 const를 사용하지 않아도 괜찮습니다. 그러나 프로그램을 훨씬 쉽게 이해하려면 값이 변경되지 않는 상수를 지정하는 것이 좋습니다.

const로 정의한 상수는 나중에 값을 변경하지 못하므로 정의할 때 반드시 초기화해야 합니다. 초깃값이 그 자체로 상수일 필요는 없습니다. 예제 프로그램에서는 name 값을 입력한 뒤에 greeting 값을 결정합니다. name의 값은 프로그램을 실행하기 전까지는 정해져 있지 않으므로 name은 상수가 아닙니다.

연산자의 의미가 달라져도 변하지 않는 한 가지 속성이 있습니다. 연산자의 결합성입니다. 이미 0장에서 std::cout << s << t는 (std::cout << s) << t와 같은 의미라는 것으로 << 연산자가 왼쪽 우선 결합성이 있다고 배웠습니다. + 연산자도 왼쪽 우선 결합성을 가집니다. 참고로 >> 연산자도 마찬가지입니다. 따라서 "Hello, " + name + "!"의 값은 "Hello, "와 name을 먼저 결합한 뒤 다시 "!"와 결합한 결과와 같습니다. 예를 들어 변수 name이 Estragon이라는 값이 있으면 "Hello, " + name + "!"은 Hello, Estragon!이 됩니다.

이제 여러분이 건네고자 하는 인사말을 변수 greeting에 저장했습니다. 다음 작업은 인사말을 묶을 테두리를 만드는 것입니다. 다음 실행문에서 세 가지 개념을 살펴봅시다.

```
const std::string spaces(greeting.size(), ' ');
```

상수 greeting을 정의할 때는 = 기호를 사용하여 초기화했습니다. = 기호를 사용하면 변수가 가져야 하는 값을 명시적으로 지시할 수 있습니다. 상수 spaces는 쉼표로 구분하고 괄호로 묶인 2개의 표현식을 사용하여 초기화합니다. 괄호를 사용함으로써 표현식을 거쳐 상수를 생성하도록 구현체에 지시합니다. 방금 살펴본 실행문을 이해하려면 2개의 표현식으로 문자열을 생성하는 과정을 알아야 합니다.

상수나 변수의 생성 방법은 타입에 따라 다릅니다. 무엇으로 문자열을 만드는 것이며 2개의 표현식은 어떤 의미가 있는지 살펴봅시다.

첫 번째 표현식 greeting.size( )는 **멤버 함수**^member function를 호출하는 방법입니다. 결론적으로 greeting이라는 객체는 size라는 구성 요소가 있습니다. 이 구성 요소는 함수이므로 값을 얻으려고 호출할 수 있습니다. 상수 greeting은 std::string 타입이며 greeting.size( )로 greeting의 문자 개수를 나타내는 정수를 얻을 수 있습니다.

두 번째 표현식 ' '은 **문자 리터럴**^character literal입니다. 문자 리터럴은 문자열 리터럴과는 완전히 다릅니다. 문자 리터럴은 항상 작은따옴표로 묶고 문자열 리터럴은 항상 큰따옴표로 묶습니다. 문자 리터럴은 기본 타입인 char입니다. 문자열 리터럴의 타입은 훨씬 더 복잡하며 10.2/284p에서 더욱 자세히 언급합니다. 문자 리터럴은 단일 문자를 나타냅니다. 문자열 리터럴 안에서 특수한 의미가 있는 문자는 문자 리터럴에서도 같은 의미입니다. 따라서 '나 \는 앞에 \를 써서 사용해야 합니다. '\n', '\t', '\"' 등의 형태는 0장에서 살펴본 것과 비슷한 의미가 있습니다.

마지막으로 상수 spaces의 정의를 살펴봅시다. 정숫값과 문자값을 받아 정숫값만큼의 횟수로 문자값을 복사해 문자열을 만듭니다. 예를 들어 std::string stars(10, '*');라고 변수 stars를 정의한다면 stars.size( )는 10이고 stars는 **********이라는 값을 갖습니다. 따라서 spaces에는 greeting과 같은 개수의 공백 문자가 들어갑니다.

상수 second와 first의 정의문은 지금껏 살펴본 내용을 바탕으로 쉽게 이해할 수 있습니다. "* ", 문자열 spaces, " *"을 결합하여 second를 정의하고, second의 문자 개수만큼 *가 있는 first를 정의합니다.

예제 프로그램의 나머지 부분에서는 1.1/37p에서 살펴본 것과 같은 방식으로 문자열을 출력합니다.

1.3 핵심 정리

다음과 같은 사항들을 잘 기억해둡시다.

문자 타입

문자 다음은 다음 두 가지를 알면 좋습니다.

- char: 구현체가 정의한 기본 타입이며 일반 문자를 저장합니다.
- wchar_t: 한국어 같은 언어의 문자를 표현할 만큼 크기가 큰 '확장 문자'를 저장하는 기본 타입입니다.

문자열 타입

표준 헤더인 <string>에 정의되어 있습니다. 문자열 타입 객체는 0개 이상의 문자로 이루어진 순차열을 갖습니다. 정수를 n, 문자를 c, 입력 스트림을 is, 출력 스트림을 os라고 한다면 문자열 연산의 종류는 다음과 같습니다.

- std::string s: std::string 타입의 변수 s를 정의하며 변수 s는 빈 문자열로 초기화됩니다.
- std::string t = s: std::string 타입의 변수 t를 정의하며 변수 t는 s에 있는 문자들의 복사본으로 초기화됩니다. s는 문자열 또는 문자열 리터럴입니다.
- std::string z(n, c): std::string 타입의 변수 z를 정의하며 변수 z는 문자 c의 복사본 n개를 포함하여 초기화됩니다. c는 문자열 또는 문자열 리터럴이 아닌 char 타입이어야만 합니다.

- os ≪ s: os가 가리키는 출력 스트림에 s에 포함된 문자들을 서식 변경 없이 출력합니다. 표현식의 결과는 os입니다.
- is ≫ s: 공백 외의 문자가 등장할 때까지 is가 가리키는 스트림에서 문자들을 읽고 버립니다. 그런 다음 is가 가리키는 스트림에서 새로운 공백이 등장할 때까지 연속된 문자들을 s로 읽어 들입니다. 이때 기존의 s 값이 무엇이든 상관없이 덮어씁니다. 표현식의 결과는 is입니다.
- s + t: 이 표현식의 결과는 s에 있는 문자들의 복사본과 t에 있는 문자들의 복사본을 결합한 std::string 객체입니다. s 또는 t 중 하나가(둘 다는 아님) 문자열 리터럴이거나 char 타입의 값일 수 있습니다.
- s.size( ): s에 있는 문자들의 개수입니다.

변수

변수는 다음 세 가지 방법 중 한 가지로 정의할 수 있습니다.

1 std::string hello = "Hello";: 초깃값을 명시하여 변수를 정의
2 std::string stars(100, '*');: 타입과 주어진 표현식에 따라 변수를 생성
3 std::string name;: 타입에 따라 암묵적인 초기화로 변수를 정의

한 쌍의 중괄호 내부에 정의된 변수는 중괄호 내부의 코드를 실행할 동안에만 존재하는 지역 변수입니다. 구현체가 }에 도달하면 구현체는 변수를 소멸시키고 변수가 차지하던 메모리를 시스템에 반환합니다.

const로 상수를 정의하면 소멸할 때까지 값을 바꾸지 않겠다는 의미입니다. 나중에 값을 바꾸지 못하므로 정의하면서 반드시 초기화해야 합니다.

입력

std::cin ≫ v를 실행하면 표준 입력 스트림에 있는 모든 공백을 무시한 후에 표준 입력의 내용을 변수 v에 넣습니다. 연속적인 입력 동작을 하려는 목적으로 istream 타입인 std::cin을 반환합니다.

연습문제

1-0. 이 장에서 살펴본 프로그램들을 컴파일하고 실행하여 결과를 확인해보세요.

1-1. 다음 상수의 정의문이 올바른지 판단해보세요.

```
const std::string hello = "Hello";
const std::string message = hello + ", world" + "!";
```

1-2. 다음 상수의 정의문이 올바른지 판단해보세요.

```
const std::string exclam = "!";
const std::string message = "Hello" + ", world" + exclam;
```

1-3. 다음 프로그램이 올바르게 동작하는지 판단해보세요.

```
#include <iostream>
#include <string>

int main()
{
    {
        const std::string s = "a string";
        std::cout << s << std::endl;
    }
    {
        const std::string s = "another string";
        std::cout << s << std::endl;
    }
    return 0;
}
```

1-4. 다음 프로그램이 올바르게 동작하는지 판단해보세요. 끝에서 세 번째 행의 }}를 };}로 변경해보고 결과를 판단해보세요.

```
#include <iostream>
#include <string>

int main()
{
    {
```

```
        const std::string s = "a string";
        std::cout << s << std::endl;
        {
            const std::string s = "another string";
            std::cout << s << std::endl; }}
    return 0;
}
```

1-5. 다음 프로그램이 올바르게 동작하는지 판단해보세요. 오류가 있다면 올바르게 고쳐보기
바랍니다.

```
#include <iostream>
#include <string>

int main()
{
    {
        std::string s = "a string";
        {
            std::string x = s + ", really";
            std::cout << s << std::endl;
        }
        std::cout << x << std::endl;
    }
    return 0;
}
```

1-6. 'Samuel Beckett'처럼 한 번에 2개의 단어를 입력할 때의 결과를 예상해본 후 프로그램
을 실행해보세요.

```
#include <iostream>
#include <string>

int main()
{
    std::cout << "What is your name? ";
    std::string name;
    std::cin >> name;
    std::cout << "Hello, " << name << std::endl << "And what is yours? ";
```

```
    std::cin >> name;
    std::cout << "Hello, " << name << "; nice to meet you too!" << std::endl;
    return 0;
}
```

CHAPTER 2

반복문과 카운팅

1.2/40p에서는 테두리로 둘러싸인 인사말을 출력하는 프로그램을 만들었습니다. 이 장에서는 기존 프로그램을 조금 수정해 사용자가 테두리의 크기를 변경할 수 있는 프로그램을 만들어봅시다.

먼저 C++의 산술 연산을 배우고 반복과 조건을 어떻게 다루는지 살펴볼 것입니다. 반복문 안에서 항상 참인 상태를 유지하는 루프 불변성의 개념도 살펴볼 것입니다.

2.1 해결해야 하는 문제

1.2/41p에서 다룬 프로그램은 테두리로 둘러싸인 인사말을 출력합니다. 예를 들어 사용자가 Estragon이라는 이름을 입력하면 프로그램은 다음과 같은 결과를 출력합니다.

```
*********************
*                   *
* Hello, Estragon! *
*                   *
*********************
```

이 프로그램은 한 번에 한 행씩 출력합니다. first와 second라는 상수를 정의하여 출력의 첫 번째 및 두 번째 행을 출력하고 양 끝에 문자를 결합한 인사말을 세 번째 행에 출력합니다. 네 번째 및 다섯 번째 행은 각각 두 번째 행과 첫 번째 행의 반복이므로 별도의 상수 정의가 필요하지 않습니다.

이러한 프로그래밍 방식은 큰 단점이 있습니다. 각 행을 출력할 때마다 상응하는 변수나 상수가 존재하므로 인사말과 테두리 사이의 공백을 줄이는 것처럼 출력 형태를 간단히 바꿀 때도 프로그램을 새롭게 만들어야 합니다. 이번에는 여러 상황에 대처할 수 있도록 지역 변수나 상수에 각 행을 저장하지 않는 출력 형태를 만들어봅시다.

이를 위해 인사말을 제외한 문자 출력 각각을 별도로 구현할 것입니다. 여기서 짚고 넘어가야 할 점은 문자의 출력 형태를 재사용하지 않으므로 출력 문자를 변수나 상수에 저장할 필요가 없다는 것입니다.

2.2 전체적인 구조

먼저 이전 장에서 다룬 예제 프로그램에서 다시 작성하지 않아도 되는 부분을 검토해봅시다.

```cpp
#include <iostream>
#include <string>

int main()
{
    // 이름을 물음
    std::cout << "Please enter your first name: ";

    // 이름을 입력
    std::string name;
    std::cin >> name;

    // 출력하려는 메시지 구성
    const std::string greeting = "Hello, " + name + "!";

    // 다시 작성할 부분
    return 0;
}
```

이 프로그램에서 변수 name, 상수 greeting, 표준 라이브러리로 다룰 수 있는 요소로 '다시 작성할 부분'이라는 주석에 해당하는 부분을 새로 구현해봅시다. 지금부터 한 부분씩 차근차근 구현해가면서 2.5.4/66p에서 새로운 버전의 프로그램을 완성해봅시다.

2.3 주어진 개수만큼 행 출력하기

한 번에 한 행씩 출력해야만 하는 직사각형 모양으로 나열된 문자들을 생각해봅시다. 행 개수를 알 수는 없지만 행 개수를 계산할 수는 있습니다.

인사말과 위아래 테두리는 각각 한 행을 차지하므로 행의 개수는 총 3개입니다. 인사말과 한쪽 테두리 사이에 남겨 둘 공백 개수의 2배에 방금 언급한 3개 행을 더한다면 출력할 행의 전체 개수를 구할 수 있습니다.

```cpp
// 인사말과 한 쪽 테두리 사이의 공백 개수
const int pad = 1;

// 출력할 행의 전체 개수
const int rows = pad * 2 + 3;
```

pad는 인사말과 한 쪽 테두리 사이의 공백 개수를 저장하는 상수입니다. pad를 사용하여 출력하고자 하는 행의 전체 개수를 제어하는 상수 rows의 값을 계산합니다.

기본 타입인 int는 정수를 다루기에 알맞은 타입이므로 상수 pad 및 rows의 타입을 int로 선택했습니다. 또한 const를 이용해 상수로 정의한 것은 1.2/42p에서도 볼 수 있듯이 pad 및 rows 값을 변경하지 않겠다는 약속을 의미합니다.

앞서 살펴보았듯이 테두리로 둘러싸인 인사말 구성에서 상하 공백 개수와 좌우 공백 개수는 같습니다. 따라서 상수 pad 하나로 상하좌우에 모두 적용할 수 있습니다. 이 상숫값을 변경하는 것만으로 공백 개수가 변경되어 테두리의 크기를 조절할 수 있습니다.

지금까지 출력할 행의 전체 개수를 계산했습니다. 이제 다음 단계로 넘어가봅시다.

```
// 입력과 출력을 구분
std::cout ≪ std::endl;

// rows만큼의 행을 출력
int r = 0;

// 불변성: 지금까지 r개 행을 출력
while (r != rows) {
    // 하나의 행을 출력(2.4/56p에서 설명)
    std::cout ≪ std::endl;
    ++r;
}
```

우선 1.2/41p에서 살펴본 형태처럼 입력 부분과 출력 부분 사이에 빈 행 하나를 출력합니다. 그 외 나머지 부분에서는 자세히 살펴보아야 할 새로운 개념들이 많습니다. 이를 이해한 후 각 행을 출력하는 방법을 살펴보도록 합시다.

2.3.1 while문

여러분이 작성한 프로그램은 while문을 사용하여 출력할 행의 개수를 제어합니다. while문은 주어진 조건이 참일 때 실행문을 반복 실행합니다. while문은 다음과 같은 형식입니다.

```
while (조건)
    실행문
```

'실행문'을 while문의 **본문**body이라고도 합니다.

while문은 조건을 판별하는 것으로 시작합니다. 조건이 거짓이면 본문을 전혀 실행하지 않습니다. 반면에 조건이 참이면 본문을 한 번 실행한 후 다시 조건을 판별합니다. while문은 조건이 거짓일 때까지 조건 판별 및 본문 실행을 반복합니다.

쉽게 말해서 예제 프로그램의 while문은 r 값이 rows와 같지 않은 동안 중괄호 안에 있는 모든 내용을 실행하라는 의미입니다.

while문의 본문을 별도의 행에 들여쓰기한 것은 프로그램의 가독성을 높이기 때문입니다. 물론 다음처럼 while문을 작성해도 상관없습니다.

```
while (조건) 실행문
```

그러나 이러한 방식으로 코드를 작성하면 여러분이 작성한 프로그램을 다른 사람들이 해석할 때 어려움을 겪을 수도 있다는 점을 고려해야 합니다.

방금 살펴본 형식에서 '실행문' 뒤에 세미콜론이 없는 것을 주목해보세요. '실행문'은 실제로 실행문 하나이거나 하나의 **블록**block(중괄호로 둘러싸인 0개 이상의 실행문)입니다. 실행문 하나라면 세미콜론으로 끝날 것이므로 '실행문' 뒤에 세미콜론이 필요하지 않습니다. 하나의 블록이라면 } 기호로 끝날 것이므로 마찬가지로 '실행문' 뒤에 세미콜론이 필요하지 않습니다. 블록은 중괄호로 둘러싸인 연속된 실행문입니다. 따라서 하나의 블록은 하나의 범위입니다.

while문은 **조건**condition을 판별하는 것으로 시작합니다. 조건은 진릿값을 반환하는 표현식입니다. 표현식 r != rows를 살펴봅시다. **비항등 연산자**nequality operator인 !=를 사용하여 r과 rows를 비교합니다. 표현식의 결과는 bool 타입입니다. bool 타입은 진릿값을 나타내는 기본 타입입니다. bool 타입은 참true 또는 거짓false을 값으로 갖습니다.

예제 프로그램에서 새로 살펴볼 또 다른 개념은 본문 마지막 실행문에서 살펴볼 수 있습니다.

```
++r;
```

++는 **증가**increment **연산자**이고 변수 r 값을 1만큼 증가시킵니다. 다음처럼 작성할 수도 있지만 증가 연산자를 사용하는 것이 일반적인 표기법입니다.

```
r = r + 1;
```

게다가 5.1.2/136p처럼 어떤 값을 바로 뒤이은 값으로 변경하는 개념은 임의의 값을 구하는 것과는 전혀 다르며 추상 데이터 구조의 필수 요소입니다. 이러한 이유만으로도 증가 연산자와 같은 특수한 표기법은 꼭 알아두어야 합니다.

2.3.2 while문 설계하기

while문에서 사용할 조건을 바로 정하기는 쉽지 않습니다. 또한 특정한 while문의 역할이 무엇인지 정확하게 이해하기 어려울 수 있습니다. 2.3/52p의 while문은 rows 값에 해당하는 개수만큼의 행을 출력하라는 명령이라고 쉽게 알 수 있습니다. 그러나 이 프로그램이 출력할 행의 개수가 그만큼이라는 것을 어떻게 확신할 수 있을까요? 예를 들면 출력할 행의 개수가 rows일지 rows − 1일지 rows + 1일지 아니면 완전히 다른 숫자일지 어떻게 알 수 있을까요? while문을 손으로 짚어 따라가며 각 실행문이 프로그램의 상태에 미치는 영향을 살펴볼 수도 있겠지만 그 과정에서 작성자가 실수하지 않았다는 것을 어떻게 알 수 있을까요?

while문을 작성하고 이해하는 데 유용한 두 가지 주요 개념을 살펴보도록 합시다. 하나는 while문의 정의와 관련된 내용이고, 다른 하나는 일반적인 프로그램의 동작에 관련된 내용입니다.

첫 번째, while문이 종료할 때 조건은 반드시 거짓이어야 합니다. 예를 들어 2.3/52p의 while문이 종료할 때는 r != rows이 거짓일 때, 즉 r이 rows와 같은 값일 때입니다.

두 번째, while문 내부에서 항상 참인 **루프 불변성**loop invariant입니다. 의도한대로 프로그램이 동작할 수 있게 불변성을 정해야 하고 적절한 때 불변성이 참이 되도록 프로그램을 작성해야 합니다. 불변성은 실제로 실행하는 코드가 아닌 주석 형태며, 프로그램의 작은 부분에 불과하지만 프로그램을 설계할 때 공을 들여야 하는 아주 중요한 개념입니다. 구현할 수 있는 모든 while문은 저마다의 불변성이 있습니다. 주석 형태로 작성한 불변성으로 while문을 이해할 수 있습니다.

2.3/52p의 while문을 다시 살펴보도록 합시다. while문 바로 전의 주석(지금까지 r개 행을 출력)에서 while문의 불변성이 무엇인지 알려줍니다. 해당 불변성에 논리적 오류가 없는지 확인하려면 여러분은 while문이 조건을 판별할 때마다 불변성이 참인지 확인해야 합니다. 즉, 2개의 특정 지점에서 불변성이 참인지 검증해야 합니다.

첫 번째 지점은 while문이 처음으로 조건을 판별하기 바로 전입니다. 예제 프로그램에서는 해당 지점에서 불변성을 검증하기 쉽습니다. 아직 어떠한 행도 출력하지 않았으므로 r을 0으로 설정한 것은 당연히 불변성을 만족시킵니다.

두 번째 지점은 while문의 본문이 끝나기 바로 전입니다. 이 지점에서 불변성이 참이면 이후 조건을 판별할 때 불변성이 참입니다. 따라서 while문의 불변성은 항상 참일 것입니다.

이러한 두 가지 요구 사항을 충족하도록 프로그래밍을 작성한다면 여러분은 while문의 조건을 판별할 때뿐만 아니라 while문이 끝난 후에도 불변성이 참이라고 확신할 수 있습니다.

지금까지 살펴본 것들을 정리해본다면 다음과 같습니다.

```
// 불변성: 지금까지 r개 행을 출력
int r = 0;

// r을 0으로 설정하면 불변성은 참
while (r != rows) {
    // 이 지점에서 불변성은 참
    // 하나의 행을 출력하면 불변성은 거짓
    std::cout << std::endl;

    // r을 증가시키면 불변성은 다시 참
    ++r;
}
// 따라서 이 지점에서 불변성은 참
```

여기에서 살펴본 while문의 불변성은 지금까지 r개 행을 출력했다는 것입니다. r을 정의할 때 초깃값은 0입니다. 그리고 아직 아무것도 출력하지 않은 상태입니다. 즉, r이 0일 때 불변성이 참이므로 첫 번째 요구 사항을 충족합니다.

두 번째 요구 사항을 충족하려면 while문의 조건 판별에서 불변성이 참일 때마다 while문의 조건과 본문을 거쳐 본문의 끝에 도달했을 때 불변성이 참인지 검증해야 합니다.

하나의 행을 출력하면 r 값은 출력한 행 개수와 달라지므로 불변성은 거짓이 됩니다. 출력된 행을 반영하려고 r 값을 증가시키면 불변성은 다시 참이 됩니다. 이렇게 하면 불변성이 while 문의 끝에서 참이 되므로 두 번째 요구 사항을 충족합니다.

두 가지 요구 사항이 모두 참이므로 while문 실행이 끝나면 r개 행을 출력했다는 것을 알 수 있습니다. 게다가 while문이 끝났으므로 r == rows라는 것도 알 수 있습니다. 이 두 가지 사실은 rows가 출력한 모든 행 개수라는 것을 의미합니다.

지금 while문을 이해하려고 사용한 전략은 앞으로 많은 상황에서 유용하게 사용할 수 있습니다. 반복문에 있는 변수와 밀접한 속성을 명시하는 불변성을 찾는 것(지금까지 r개 행을 출력), 반복문 실행을 완료하도록 해당 변수가 유용한 값을 갖는 조건을 사용(r == rows)하는 것이 일반적인 개념입니다. 반복문 본문의 역할은 적절한 변수를 조작하여 불변성이 참인 상태를 유지하며 결국 조건을 거짓으로 만드는 것입니다.

2.4 행 출력하기

주어진 개수만큼 행을 출력하는 방법을 이해했으므로 이제 행을 하나씩 출력하는 방법을 살펴볼 차례입니다. 2.3/52p에서 소개한 '하나의 행을 출력'이라는 주석 부분을 채워봅시다.

처음으로 살펴볼 것은 출력할 각 행이 모두 '같은 길이'라는 점입니다. 직사각형 모양의 배열로 생각하면 각 행의 길이는 배열의 열 개수에 해당합니다. 해당 개수는 인사말의 길이에 두 번의 공백과 별표 2개를 더해서 계산할 수 있습니다.

```
const std::string::size_type cols = greeting.size() + pad * 2 + 2;
```

쉬운 부분부터 살펴봅시다. cols는 const로 정의했으므로 cols 값이 변경되지 않도록 약속합니다. 이해하기 어려운 부분은 std::string::size_type처럼 익숙하지 않은 타입으로 cols를 정의한 것입니다. 첫 번째 ::은 범위 연산자이고, std::string은 std라는 네임스페이스에 속한 string이라는 기능을 의미합니다. 두 번째 ::은 string이라는 클래스에 속한 size_type이라는 기능을 사용하겠다는 것을 의미합니다. 네임스페이스나 블록과 마찬가지로 클래스는 자체적인 범위가 있습니다. std::string 타입은 size_type을 문자열의 문자 개수를 보유하는 데 적합한 타입으로 정의합니다. 문자열의 길이를 담는 지역 변수가 필요할 때마다 해당 변수의 타입으로 std::string::size_type을 사용해야 합니다.

cols를 std::string::size_type 타입으로 지정하는 이유는 cols에 greeting의 문자 개수를 길이와 상관없이 담으려는 것입니다. cols를 단순히 int 타입으로 지정할 수도 있습니다. 그렇게 해서 실제로 정상적으로 동작할지도 모릅니다. 하지만 cols 값은 입력 내용의 길이에 따라 다르고 입력 내용의 길이를 제어할 수 없습니다. 누군가 아주 긴 문자열을 입력해서 int 타입의 수를 초과한 문자를 담은 문자열을 만들 수도 있습니다.

행 개수는 오직 여러분이 제어하는 pad 값에 따라 결정되므로 rows의 타입은 int로도 충분합니다. 모든 C++ 구현체에서는 int 타입의 변수에 적어도 32,767까지의 값을 저장할 수 있어야 하며 이는 일반적으로 값을 담기에 충분합니다. 그렇지만 특정 데이터 구조의 길이를 저장하는 변수를 정의할 때는 라이브러리에서 목적에 맞게 정의한 타입을 사용하는 것이 좋은 프로그래밍 습관입니다.

문자열 길이는 음수가 될 수 없습니다. 따라서 std::string::size_type은 **부호 없는**unsigned **타입**입니다. 부호 없는 타입의 객체는 음수값을 포함할 수 없습니다. 이러한 속성은 8.1.3/230p에서 중요하게 다룰 것입니다.

얼마나 많은 문자를 출력할지 알아냈다면 또 다른 while문을 사용하여 그것을 출력할 수 있습니다.

```
std::string::size_type c = 0;

// 불변성: 현재 행에서 c개 문자를 출력
while (c != cols) {
    // 하나 이상의 문자를 출력
    // 불변성을 참으로 유지하려고 c 값을 변경
}
```

이 while문은 한 가지 차이점을 제외한다면 2.3/52p의 while문과 비슷하게 동작합니다. 이번에는 2.3/52p에서처럼 정확히 하나의 행을 출력하는 대신에 '하나 이상의 문자를 출력'이라고 명시했습니다. 이는 매번 while문의 본문을 거치는 형태로 한 문자씩 출력할 필요가 없음을 의미합니다. 최소 하나 이상의 문자를 출력하는 과정에서 반드시 해야 할 일은 현재 행에서 출력하는 문자의 전체 개수가 정확히 cols 값과 같은지 확인하는 것입니다.

2.4.1 테두리 문자 출력하기

어떤 문자를 출력할지 생각해봅시다. 첫 번째 행 또는 마지막 행이나 첫 번째 열 또는 마지막 열은 별표가 출력되어야 합니다. 그리고 루프 불변성을 사용해서 별표의 출력 여부를 결정할 수 있습니다.

예를 들어 r이 0이면 불변성 때문에 아직 출력한 행이 없다는 것을 알 수 있습니다. 즉, 첫 번째 행을 출력하는 중임을 의미합니다. 또한 r이 rows - 1이면 이미 rows - 1번째 행을 출력한 것이므로 이제 마지막 행을 출력하는 중임을 의미합니다. 이와 비슷한 추론을 해봅시다. c가 0이면 첫 번째 열을 출력하는 중이고 c가 cols − 1이면 마지막 열을 출력하는 중입니다. 이 개념을 사용해서 프로그램의 빈자리를 채워봅시다.

```
// 불변성: 현재 행에서 c개 문자를 출력
while (c != cols) {
    if (r == 0 || r == rows - 1 || c == 0 || c == cols - 1) {
        std::cout << "*";
    } else {
        // 하나 이상의 테두리 외 문자를 출력
        // 불변성을 참으로 유지하려고 c 값을 변경
    }
}
```

앞 코드에서 사용한 새로운 개념을 이어지는 내용에서 자세히 살펴봅시다.

2.4.1.1 if문

while문의 본문은 if문을 포함하는 하나의 블록(2.3.1/52p)으로 구성되며 별표를 출력할지 결정하려고 if문을 사용합니다. if문은 다음 두 가지 형식 중 한 가지를 사용할 수 있습니다.

```
if (조건)
    실행문

if (조건)
    실행문1
else
    실행문2
```

while문과 마찬가지로 '조건'은 참 또는 거짓을 반환하는 표현식입니다. '조건'이 참이면 프로그램은 if 이후의 실행문을 실행합니다. if문의 두 번째 형식에서는 '조건'이 거짓이면 else 이후의 실행문을 실행합니다.

while문의 형식에 관한 설명과 마찬가지로 if문을 설명하려고 사용한 형식은 단지 일반적인 예일 뿐입니다. 실제로는 더 다양한 형식이 존재합니다. 하지만 이 책에서 사용하는 코드 형식을 따르는 것이 더 이해하기 쉽습니다.

2.4.1.2 논리 연산자

지금부터는 조건으로 사용한 코드를 살펴봅시다.

```
r == 0 || r == rows - 1 || c == 0 || c == cols - 1
```

이 조건은 r이 0 또는 rows - 1이거나 c가 0 또는 cols - 1이면 참입니다. 여기에서 2개의 새로운 연산자인 == 연산자와 || 연산자를 사용합니다. C++ 프로그램은 할당 연산자인 =가 아닌 == 기호를 사용해서 **항등**equality 여부를 판별합니다. 따라서 r == 0은 r 값이 0인지 나타내는 bool 값을 반환합니다. **논리합**logical-or **연산자**인 ||는 피연산자 중 하나가 참이면 참을 반환합니다.

관계 연산자는 산술 연산자보다 **우선순위**precedence가 낮습니다. 둘 이상의 연산자를 포함한 표현식에서 우선순위는 피연산자를 나누는 방법을 정의합니다. 예를 들어 r == rows - 1은 (r == rows) - 1이 아닌 r == (rows - 1)과 같습니다. 산술 연산자 - 는 관계 연산자 ==보다 우선순위가 높기 때문입니다. 즉, rows에서 1을 뺀 결과를 r과 비교하는 것입니다. 우선순위를 무시하려면 단일 피연산자로 사용할 하위 표현식을 괄호로 묶어야 합니다. 예를 들어 (r == rows) - 1을 실제로 실행하려면 표시한대로 괄호를 추가하면 됩니다. 이 표현식은 r과 rows를 비교한 결과에 1을 뺀 것이므로 r이 rows와 같은지에 따라 0 또는 -1을 반환합니다.

논리합 연산자는 피연산자 중 하나가 참인지 판별합니다. 형식은 다음과 같습니다.

```
조건1 || 조건2
```

늘 그렇듯이 '조건1'과 '조건2'는 진릿값을 반환하는 조건 표현식입니다. || 표현식은 bool 값을 반환하며 조건 중 하나가 참이면 참을 반환합니다.

|| 연산자는 관계 연산자보다 우선순위가 낮으며 대부분의 C++ 이진 연산자와 마찬가지로 왼쪽 우선 결합성이 있습니다. 다른 C++ 연산자와 다른 속성이 있다면 ||의 왼쪽 피연산자가 참일 때 프로그램은 오른쪽 피연산자의 진릿값을 전혀 구하지 않는 것입니다. 이러한 속성을 흔히 **간략 평가법**short-circuit evaluation이라고 합니다. 5.6/152p에서 더 자세히 설명할 것이며 프로그램을 작성하는 데 중요한 영향을 주는 속성입니다.

||의 왼쪽 우선 결합성과 ||, ==, - 사이의 상대적인 우선순위를 고려하여 모든 하위 표현식을 괄호로 묶어봅시다.

```
r == 0 || r == rows - 1 || c == 0 || c == cols - 1
```

앞 코드는 다음 코드와 같은 의미입니다.

```
((r == 0 || r == (rows - 1)) || c == 0) || c == (cols - 1)
```

앞 표현식에 간략 평가법을 적용하기 위해 프로그램은 우선 가장 바깥쪽 ||의 왼쪽 피연산자가 반환하는 진릿값을 구합니다. 가장 바깥쪽 ||의 왼쪽 피연산자는 다음과 같습니다.

```
(r == 0 || r == (rows - 1)) || c == 0
```

같은 과정을 앞 표현식에 적용해봅시다. 가장 바깥쪽 ||의 왼쪽 피연산자는 다음과 같습니다.

```
r == 0 || r == (rows - 1)
```

마지막으로 한 번 더 간략 평가법을 반복 적용하면 원래의 조건은 다음과 같은 의미입니다.

```
r == 0
```

즉, r이 0이면 다음의 모든 표현식은 반드시 참입니다.

```
r == 0 || r == (rows - 1)
(r == 0 || r == (rows - 1)) || c == 0
((r == 0 || r == (rows - 1)) || c == 0) || c == (cols - 1)
```

만약 r이 0이 아니면 다음 단계로 r과 rows - 1을 비교합니다. 비교 결과가 거짓이면 프로그램은 c와 0을 비교하고 만약 이것도 거짓이면 c와 cols - 1을 비교해서 조건이 반환하는 진릿값을 결정합니다.

따라서 여러 개 ‖ 연산자로 구분하는 일련의 조건을 작성하면 프로그램이 각 조건을 차례대로 판별하도록 요청합니다. 하위 조건 중 하나라도 참이면 조건 전체는 참입니다. 그렇지 않으면 조건 전체는 거짓입니다. 각 ‖ 연산자의 왼쪽 피연산자가 참인 즉시 이후의 조건은 판별하지 않습니다.

지금까지 예제 프로그램을 이해하는 데 필요한 새로운 개념을 살펴보았습니다. 동등함을 판별하는 4개 조건 표현식은 컴퓨터가 출력하는 것이 첫 번째 행, 마지막 행, 첫 번째 열, 마지막 열 중에서 무엇인지 확인하는 의미라고 이해해야 합니다. 즉, if문은 출력하는 것이 맨 위 또는 맨 아래 행이거나 첫 번째 또는 마지막 열일 때 별표를 출력합니다. 그렇지 않고 모든 조건 표현식이 거짓이면 여러분은 다른 과정을 정의해야 합니다.

2.4.2 테두리 외 문자 출력하기

이제 2.4.1/58p의 프로그램 중 다음 주석에 해당하는 실행문을 작성할 차례입니다.

```
// 하나 이상의 테두리 외 문자를 출력
// 불변성을 참으로 유지하려고 c 값을 변경
```

해당 실행문은 테두리에 속하지 않는 문자를 처리해야 합니다. 이 문자는 인사말의 일부이거나 공백입니다. 여기에서 해결할 한 가지 사항은 공백과 인사말을 구분하고 각각 어떤 동작을 실행할지 파악하는 것입니다.

먼저 인사말의 첫 번째 문자를 출력할지 판별해야 할 때를 생각해봅시다. 현재 문자를 출력하는 지점이 정확하게 인사말의 첫 번째 문자를 출력해야 하는 행과 열이라는 것을 알아내면 됩니다. 행 위치는 별표만으로 이루어진 첫 번째 행의 다음 행부터 pad만큼의 행을 더해서 찾을 수 있습니다. 열 위치는 별표를 출력하는 첫 번째 열의 다음 열부터 pad만큼의 공백을 더해서 찾을 수 있습니다. 불변성을 적용하면 r이 pad + 1이고 c가 pad + 1인 위치가 인사말의 첫 번째 문자를 출력할 위치입니다.

즉, 인사말의 첫 번째 문자를 출력하려면 r과 c가 모두 pad + 1과 같은지 확인해야 합니다. 그 결과에 따라 인사말을 출력하고 그렇지 않다면 공백을 출력합니다. 두 가지 모두 c를 적절하게 바꿔야 합니다.

```cpp
if (r == pad + 1 && c == pad + 1) {
    std::cout << greeting;
    c += greeting.size();
} else {
    std::cout << " ";
}
```

if문 조건에서는 **논리곱**logical-and **연산자**를 사용합니다. ¦¦ 연산자처럼 && 연산자는 두 조건을 판별하여 진릿값을 반환합니다. 또한 왼쪽 우선 결합성이 있으며 간략 평가법을 따릅니다. ¦¦ 연산자와 달리 && 연산자는 두 조건이 모두 참일 때만 참을 반환합니다. 두 조건 중 하나라도 거짓이면 &&의 결과는 거짓입니다. 두 번째 조건은 첫 번째 조건이 참일 때만 판별합니다.

조건의 판별 결과가 참이면 인사말을 출력할 차례입니다. 인사말을 출력하면 c 값이 더 이상 현재 행에 출력한 문자 개수와 같지 않으므로 불변성에 오류가 생깁니다. 따라서 c 값에 출력한 인사말의 문자 개수를 더하여 불변성을 다시 참으로 만들어야 합니다. c 값을 변경하는 표현식에서는 **복합 할당**compound-assignment **연산자**라는 새 연산자를 사용했습니다. 복합 할당 연산자는 좌변과 우변을 더한 결과를 좌변에 넣는 과정을 줄여 쓴 것입니다. 즉, c += greeting.size( )는 c = c + greeting.size( )와 같은 의미의 실행문입니다.

인사말을 출력했지만 아직 행의 경계, 즉 테두리에 도달하지 않았습니다. 이제 공백을 출력하고 불변성을 다시 참으로 만들도록 c 값을 증가시켜야 합니다. 이 과정은 if문의 else 분기에서 실행합니다.

2.5 프로그램 완성하기

지금까지 예제 프로그램 전체를 다루었지만 전체 코드를 확인하기 힘들 정도로 부분 코드를 다뤘습니다. 전체적으로 다시 한번 살펴봐야 합니다. 그리고 불필요한 코드가 있는지도 확인해야 합니다. 우선 세 가지 방법으로 전체 프로그램을 살펴보면서 불필요한 코드가 있는지도 확인해 봅시다.

첫 번째 방법은 단 한 번의 선언으로 표준 라이브러리에서 가져온 모든 기능을 다루는 것입니다. 이 장의 예제 프로그램이라면 모든 곳에서 일일이 std::이라고 표기하지 않아도 됩니다.

두 번째 방법은 일반적인 while문을 축약해서 작성하는 것입니다. 세 번째 방법은 c 값을 두 군데가 아닌 한 군데에서 증가시키는 것입니다.

2.5.1 std::의 반복 사용 줄이기

지금까지는 귀찮을 정도로 표준 라이브러리에서 가져온 모든 이름 앞에 std::을 붙였습니다. 이렇게 std::을 명시하는 것은 표준 라이브러리에서 가져온 기능임을 나타냅니다.

하지만 이제는 더욱 편리한 방법을 찾아봅시다. C++에서 특정 이름을 항상 특정 네임스페이스에서 가져온 것이라고 해석하는 것에 착안한 방법입니다. 예를 들어 다음처럼 코드를 작성한다고 생각해봅시다.

```
using std::cout;
```

cout라는 기능을 std::cout와 같은 의미로 사용할 것이고, cout라는 이름을 갖는 무엇도 정의하지 않을 것이라는 약속입니다. 이제 std::cout 대신 cout라고만 작성해도 됩니다.

이러한 선언을 **using 선언**using-declaration이라고 합니다. using 선언한 이름은 다른 이름과 비슷하게 동작합니다. 예를 들어 중괄호 안에서 using 선언으로 정의한 이름은 그 지점부터 중괄호가 끝날 때까지만 유효합니다. 앞으로는 using 선언으로 프로그램을 효율적으로 작성하기 바랍니다.

2.5.2 while문 대신 for문 사용하기

2.3/52p에서 살펴본 프로그램의 제어 구조를 떠올려봅시다. 프로그램의 가장 바깥쪽 구조만 본다면 다음과 같습니다.

```
int r = 0;
while (r != rows) {
    // r 값을 변경하지 않는 부분
    ++r;
}
```

앞 while문은 흔히 볼 수 있는 형태입니다. while문 실행을 시작하기 전 while문의 조건에서 다룰 지역 변수를 정의하고 초기화합니다. while문의 본문에서 변수 r 값을 바꾸므로 결국 조건은 거짓이 됩니다. 일반적으로 이런 종류의 제어 구조를 사용하므로 프로그래밍 언어는 다음처럼 더 간단하게 작성합니다.

```
for (int r = 0; r != rows; ++r) {
    // r 값을 변경하지 않는 부분
}
```

앞 for문은 본문을 거칠 때마다 r은 0부터 rows - 1까지 연속된 값을 갖습니다. 0은 범위의 시작이고 rows는 범위의 **마지막보다 하나 큰 값**off-the-end value입니다. 이러한 범위를 **반 개방 범위**half-open range라고 하며 '[시작 값, 마지막보다 하나 큰 값)'으로 표기합니다. 의도적으로 범위가 비대칭인 것을 보여주려고 짝이 맞지 않은 괄호들인 [ )를 사용합니다. 예를 들어 [1, 4) 범위는 1, 2, 3을 포함하지만 4는 포함하지 않습니다. 같은 방법으로 r이 [0, rows) 범위의 값이 있다고 표현할 수 있습니다.

for문for statement의 형태는 다음과 같습니다.

```
for (초기실행문 조건; 표현식)
    실행문
```

첫 번째 행은 **for 헤더**for header입니다. for 헤더는 실행문으로 이루어진 **for 본문**for body을 제어합니다. '초기 실행문'은 정의문(1.1/39p)이거나 표현식(0.8/33p)이어야 합니다. '초기 실행문'과 '조건' 사이에 세미콜론이 없는 것은 정의문 혹은 표현식과 같은 실행문이 자체적으로 세미콜론을 갖고 실행을 끝내기 때문입니다.

for 헤더의 '초기 실행문' 부분은 for문이 시작할 때 한 번만 실행합니다. 일반적으로 '초기 실행문'은 '조건'의 일부인 반복 제어 변수를 정의하고 초기화합니다. '초기 실행문'에서 정의한 변수는 for문 밖에서 소멸하므로 for문 이후의 코드에서는 접근할 수 없습니다.

프로그램은 for문을 반복 실행하면서 '조건'도 반복해서 판별합니다. 조건이 참을 반환하면 for문의 본문을 실행합니다. 그 이후에 헤더의 '표현식'을 실행합니다. 그런 다음 조건 판별을 반복하면서 조건이 거짓을 반환할 때까지 본문과 헤더의 '표현식'을 계속해서 실행합니다.

일반적으로 for문을 while문으로 바꾸면 다음과 같습니다.

```
{
    초기 실행문
    while (조건) {
        실행문
        표현식;
    }
}
```

여기에서 '초기 실행문'과 while문을 분리해 '초기 실행문'에서 선언하는 모든 변수의 수명을 제한합니다. 특히 세미콜론의 유무에 주의하기 바랍니다. '초기 실행문'이나 '실행문'은 자체에 세미콜론이 있으므로 세미콜론을 표기하지 않았습니다. '표현식'은 실행문으로 만들려고 세미콜론을 붙였습니다.

2.5.3 중복 연산 줄이기

2.4/57p에서 '하나 이상의 문자를 출력'이라는 주석 부분을 구현한 코드는 각각 별표, 공백, 인사말을 출력하는 세 부분으로 나눌 수 있습니다. 예제 프로그램에서는 별표 하나를 출력하고 불변성을 유지하려고 c 값을 바꿉니다. 또한 공백 하나를 출력했을 때도 불변성을 유지하려고 c 값을 바꿉니다. 이렇게 하는 이유는 둘 이상의 같은 실행문을 하나로 합해 프로그램을 바꿀 때를 고려하는 것입니다.

여러분이 나눈 세 부분은 상호 배타적인 관계라서 순서가 어떻든 상관없습니다. 인사말을 출력하는 부분을 첫 번째 순서로 둔다면 다른 두 부분은 불변성을 유지할 수 있도록 c 값을 증가시키는 코드를 하나로 줄일 수 있습니다.

```
if (인사말을 출력하는 위치) {
    cout << greeting;
    c += greeting.size();
} else {
    if (테두리를 출력하는 위치)
        cout << "*";
    else
        cout << " ";
```

```
        ++c;
    }
```

증가 연산을 하나로 줄이면 블록 2개가 단일 실행문이 되므로 중괄호 두 쌍을 없앨 수 있습니다. ++c;는 들여쓰기 깊이와 테두리의 출력 여부에 상관없이 실행된다는 사실에 주의하세요.

2.5.4 완성된 프로그램

나눠서 살펴본 모든 코드를 모아서 프로그램을 최적화하는 줄이는 세 가지 방법을 적용하면 다음처럼 프로그램을 정리할 수 있습니다.

```cpp
#include <iostream>
#include <string>

// 표준 라이브러리에서 가져와서 사용할 이름을 언급
using std::cin; using std::endl;
using std::cout; using std::string;

int main()
{
    // 사용자의 이름을 물음
    cout << "Please enter your first name: ";

    // 이름을 읽음
    string name;
    cin >> name;

    // 출력하려는 메시지 구성
    const string greeting = "Hello, " + name + "!";

    // 인사말을 둘러싼 공백의 개수
    const int pad = 1;

    // 출력할 행과 열 개수
    const int rows = pad * 2 + 3;
    const string::size_type cols = greeting.size() + pad * 2 + 2;

    // 입력 부분과 출력 부분을 구분하려고 한 행을 건너뜀
    cout << endl;
```

```
        // rows개 행을 출력합니다.
        // 불변성: 지금까지 r개 행을 출력
        for (int r = 0; r != rows; ++r) {
            string::size_type c = 0;

            // 불변성: 현재 행에서 c개 문자를 출력
            while (c != cols) {
                // 인사말 출력 여부를 판별
                if (r == pad + 1 && c == pad + 1) {
                    cout << greeting;
                    c += greeting.size();
                }
                else {
                    // 테두리 출력 여부를 판별
                    if (r == 0 || r == rows - 1 ||
                        c == 0 || c == cols - 1)
                        cout << "*";
                    else
                        cout << " ";
                    ++c;
                }
            }
            cout << endl;
        }
        return 0;
    }
```

2.6 카운팅

C++ 프로그래머의 흔한 습관이 있습니다. 바로 숫자를 셀 때 늘 1이 아닌 0부터 시작하는 것입니다. 앞서 완성한 프로그램의 for문을 예로 들어봅시다.

```
for (int r = 0; r != rows; ++r) {
    // 하나의 행을 출력
}
```

이것은 다음처럼 작성할 수도 있습니다.

```
for (int r = 1; r <= rows; ++r) {
    // 하나의 행을 출력
}
```

0부터 숫자를 셀 때는 비교 연산자로 !=를 사용하고 1부터 숫자를 셀 때는 비교 연산자로 <=를 사용합니다. 둘 모두 for문을 반복하는 횟수는 같습니다. 그렇다면 C++ 프로그래머 대부분이 0부터 시작하는 작성문을 선호하는 이유는 무엇일까요?

숫자를 셀 때 0부터 시작하는 것은 변수의 변화 폭을 비대칭 범위로 표현할 수 있기 때문입니다. [1, rows]를 범위로 사용하는 두 번째 for문보다 [0, rows)를 범위로 사용하는 첫 번째 for문이 더 자연스럽습니다.

대칭 범위보다 비대칭 범위를 사용하는 것이 일반적으로 더 쉬운 이유는 한 가지 중요한 특성 때문입니다. [m, n) 형태의 범위는 n – m개의 요소가 있고, [m, n] 형태의 범위는 n – m + 1개의 요소가 있습니다. 예를 들면 [0, rows)는 요소 개수(rows – 0 또는 rows)를 한눈에 알 수 있지만 [1, rows]는 상대적으로 그렇지 않습니다.

이러한 비대칭 범위와 대칭 범위의 차이는 요소가 없이 비어 있는 범위를 나타낼 때 확실하게 드러납니다. 비어 있는 범위를 비대칭 범위로 나타내면 [n, n), 대칭 범위로 나타내면 [n, n – 1]입니다. 범위의 끝이 시작보다 작다면 프로그램을 설계할 때 문제가 생길 수 있습니다.

숫자를 셀 때 0부터 시작하는 또 다른 이유는 루프 불변성을 더 쉽게 표현할 수 있기 때문입니다. 예제 프로그램에서는 0부터 숫자를 셈으로써 불변성을 '지금까지 r개 행 출력'이라고 바로 표현할 수 있습니다. 만약 1부터 숫자를 센다면 불변성을 어떻게 표현해야 할까요?

1부터 숫자를 센다면 'r번째 행 출력'이라는 문장은 불변성이 될 수 없습니다. while문이 마지막으로 조건을 판별할 때 r은 rows + 1이지만 실제로는 row번째 행까지만 출력하기 때문입니다. 따라서 'r번째 행 출력'이라는 문장은 참이 아니므로 불변성이 될 수 없습니다. '지금까지 r – 1개 행 출력'이라는 문장을 불변성으로 명시할 수는 있지만 그럴 바에는 r을 0부터 시작해서 불변성을 '지금까지 r개 행 출력'이라고 단순화하는 것이 낫습니다.

마지막 이유는 비교 연산자로 <= 대신에 !=를 선택할 수 있기 때문입니다. 두 가지 비교 연산자 사이의 차이는 별 것 아닌 것처럼 보이지만 반복문 실행이 끝났을 때 프로그램의 상태 정보에 다른 영향을 미친다는 차이가 있습니다. 예를 들어 조건이 r != rows라면 반복문 실행이 끝났을 때 결괏값은 r == rows입니다. 불변성을 'r개 행 출력'이라고 명시했으므로 정확히 rows개 행을 출력했음을 알 수 있습니다. 반면에 조건이 r <= rows라면 여러분이 알 수 있는 것은 적어도 rows개 행을 출력했다는 사실이 전부입니다. rows개보다 더 많은 행을 출력했을지도 모릅니다.

0부터 숫자를 센다면 r != rows를 조건으로 사용하여 정확히 rows번 반복 실행하거나 r < rows를 조건으로 사용해서 반복 실행 횟수가 rows 이상일 때를 판별할 수 있습니다. 1부터 숫자를 센다면 r <= rows를 조건으로 사용해서 최소한 rows번 반복 실행하게 만들 수 있습니다. 반복 실행 횟수를 정확히 rows로 하려면 r == rows + 1과 같이 조건을 더 복잡하게 만들어야 합니다. 하지만 조건이 복잡하면 효과적인 프로그래밍을 하기 힘듭니다.

2.7 핵심 정리

다음과 같은 사항들을 잘 기억해둡시다.

표현식

C++는 C의 풍부한 연산자 집단을 그대로 사용할 수 있습니다. 그 중에는 이 책에서 이미 사용한 것도 있습니다. 또한 C++ 프로그램은 입력 및 출력 연산자에서 살펴본 것처럼 기본 연산자를 클래스 타입의 객체에 적용하는 것이 무엇을 의미하는지 정의하는 것으로 프로그래밍 언어의 기본 영역을 확장시킬 수 있습니다. 복잡한 표현식을 정확하게 이해하는 것은 효과적인 C++ 프로그래밍의 기본 전제 조건입니다. 복잡한 표현식을 이해하려면 다음 사항들을 이해해야 합니다.

- 표현식에 사용된 연산자의 우선순위와 연관성에 따라 피연산자를 구분하는 방법
- 피연산자를 다른 타입으로 변환하는 방법
- 피연산자를 판별하는 순서

연산자 각각은 우선순위가 다릅니다. 할당 연산자, 조건 연산자, 단일 인수가 있는 연산자는 오른쪽 우선 결합성을 지니며 이를 제외한 대부분의 연산자는 왼쪽 우선 결합성을 지닙니다.

여기에 이 장에서 사용한 연산자들을 포함하여 가장 일반적으로 사용하는 연산자들을 표로 소개합니다. 가장 높은 우선순위부터 가장 낮은 우선순위 순서로 분류하였고, 같은 우선순위의 연산자 집단 그룹 사이는 두 줄의 선으로 구분했습니다.

연산자	설명
x.y	객체 x의 멤버 y
x[y]	객체 x에서 인덱스가 y인 요소
x++	x를 증가시키고 기존 x 값을 반환
x--	x를 감소시키고 기존 x 값을 반환
++x	x를 증가시키고 증가된 값을 반환
--x	x를 감소시키고 감소된 값을 반환
!x	논리 부정이며 x가 참이면 !x는 거짓
x * y	x와 y의 곱
x / y	x를 y로 나눈 몫이며 두 피연산자가 모두 정수라면 결과도 정수. 구현체가 0 또는 $-\infty$로 반올림할지 선택
x % y	x를 y로 나눈 나머지며 x − ((x / y) * y)와 같음. x와 y는 반드시 정수
x + y	x와 y의 합
x − y	x에서 y를 뺀 결과
x >> y	정수 x, y에 한해서 x를 y비트만큼 오른쪽으로 이동(y는 음수가 아님). 만약 x가 istream이면 x에서 y로 읽어 들임
x << y	정수 x, y에 한해서 x를 y비트만큼 왼쪽으로 이동(y는 음수가 아님). 만약 x가 ostream이면 y를 x로 출력
x relop y	관계 연산자는 관계의 참과 거짓을 나타내는 bool 타입 값을 반환.[1] 관계 연산자의 종류는 <, >, <=, >=
x == y	x가 y와 같은지 나타내는 bool 타입 값을 반환
x != y	x가 y와 같지 않은지 나타내는 bool 타입 값을 반환
x && y	x와 y가 모두 참인지 나타내는 bool 타입 값을 반환. x가 참일 때만 y를 판별
x ‖ y	x 또는 y가 참인지 나타내는 bool 타입 값을 반환. x가 거짓일 때만 y를 판별
x = y	y 값을 x에 할당하고 결과로 x를 반환

---

1 옮긴이_ relop는 관계 연산자(relational operator)의 줄임말입니다.

연산자	설명
x op= y	복합 할당 연산자이며 x = x op y와 같음.[2] op는 +, -, *, /, %, &, |, ^, 《, 》중에 한 가지
x ? y : z	x가 참이면 y를 반환하고 그렇지 않으면 z를 반환. y와 z 중 하나만 선택

표현식에서 피연산자를 판별하는 순서가 항상 같지는 않습니다. 따라서 하나의 피연산자가 다른 피연산자의 값에 의존하는 단일 표현식 작성을 피하라는 규칙을 꼭 기억해야 합니다. 4.1.5/109p에서 한 가지 예를 살펴볼 것입니다.

피연산자는 변환할 수 있는 적절한 타입으로 변환됩니다. 일반 표현식이나 관계 표현식에서 숫자 피연산자는 A.2.4.4/477p에서 자세히 설명하는 **일반 산술 변환**usual arithmetic conversion에 따라 변환됩니다. 일반 산술 변환은 정밀도를 보존하는 쪽을 지향합니다. 작은 크기의 숫자 타입은 더 큰 숫자 타입으로 변환되고 부호가 있는 타입은 부호가 없는 타입으로 변환됩니다. 산술값은 bool 타입으로 변환될 수 있습니다. 0은 거짓, 0이 아닌 값은 참으로 간주합니다. 클래스 타입의 피연산자는 타입이 지정한대로 변환됩니다. 이러한 변환을 다루는 방법은 12장에서 살펴볼 것입니다.

타입

특별한 타입의 종류에는 다음과 같은 것이 있습니다.

- bool: 참 또는 거짓 중 한 가지 진릿값을 표현하는 기본 타입
- unsigned: 음수가 아닌 값만 포함하는 정수 타입
- short: 최소 16비트인 정수 타입
- long: 최소 32비트인 정수 타입
- size_t: 모든 객체의 크기를 저장할 수 있는 부호 없는 정수 타입. 〈cstddef〉 헤더에 정의됨
- string::size_type: 모든 문자열의 크기를 저장할 수 있는 부호 없는 정수 타입

반 개방 범위

하나의 종점을 포함하며 두 종점을 모두 포함하지 않습니다. 예를 들어 [1, 3) 범위는 1과 2를 포함하며 3은 포함하지 않습니다.

---

2 옮긴이_ op는 연산자(operator)의 줄임말입니다.

조건

진릿값을 반환하는 표현식입니다. 조건에 사용된 산술값은 bool 타입으로 변환됩니다. 0이 아닌 값은 참으로 변환되고 0은 거짓으로 변환됩니다.

실행문

실행문의 종류에는 다음과 같은 것이 있습니다.

- using 네임스페이스-이름::이름;: '네임스페이스-이름'의 동의어로 기능 '이름'을 정의합니다.
- 타입-이름 이름;: '타입-이름' 타입으로 기능 '이름'을 정의합니다.
- 타입-이름 이름 = 값;: '값'의 복사본으로 초기화된 '타입-이름' 타입의 기능 '이름'을 정의합니다.
- 타입-이름 이름(인수);: 주어진 '인수'에 적합하게 생성된 '타입-이름' 타입의 기능 '이름'을 정의합니다.
- 표현식;: 부수적으로 발생하는 결과로 '표현식'을 실행합니다.
- { 실행문 }: 블록을 호출합니다. 0개 이상의 연속된 '실행문'을 순서대로 실행합니다. '실행문'이 오는 곳 어디서나 사용할 수 있습니다. 중괄호 내부에 정의된 변수 범위는 블록 안으로 제한됩니다.
- while (조건) 실행문: '조건'이 거짓이면 아무것도 안 합니다. '조건'이 참이면 '실행문'을 반복 실행합니다.
- for(초기-실행문 조건; 표현식) 실행문: '실행문'이 continue문이거나 continue문을 포함하지 않는 한 { 초기-실행문 while (조건) {실행문 표현식; } }과 동일한 의미입니다.
- if (조건) 실행문: '조건'이 참이면 '실행문'을 실행합니다.
- if (조건) 실행문 else 실행문2: '조건'이 참이면 '실행문'을 실행합니다. '조건'이 거짓이면 '실행문2'를 실행합니다. 각 else문은 가장 가까운 if문과 짝을 이룹니다.
- return 값: 함수를 빠져나오면서 함수를 호출한 지점으로 '값'을 반환합니다.

연습문제

2-0. 이 장에서 살펴본 프로그램을 컴파일하고 실행해보세요.

2-1. 이 장에서 소개한 예제 프로그램을 인사말과 테두리를 따로 출력하지 않는 상태로 테두리로 둘러싸인 인사말을 출력하도록 바꿔보세요.

2-2. 이 장에서 소개한 예제 프로그램에서 테두리로 둘러싸인 인사말을 출력할 때 상하 공백과 좌우 공백의 크기가 다르도록 바꿔보세요.

2-3. 이 장에서 소개한 예제 프로그램에서 테두리로 둘러싸인 인사말을 출력할 때 사용자가 테두리와 인사말 사이의 공백을 입력하도록 다시 만들어보세요.

2-4. 이 장에서 소개한 예제 프로그램은 테두리와 인사말을 구분하는 공백을 한 번에 하나씩 출력합니다. 단일 출력 표현식을 사용하여 필요한 모든 공백을 출력하도록 바꿔보세요.

2-5. '*' 문자로 정사각형, 직사각형, 삼각형의 형태를 출력해보세요.

2-6. 다음 코드는 어떤 동작을 실행할까요?

```
int i = 0;
while (i < 10) {
    i += 1;
    std::cout << i << std::endl;
}
```

2-7. 10에서 −5까지 카운트다운하는 프로그램을 작성해보세요.

2-8. [1, 10) 범위에 있는 숫자들의 곱을 만드는 프로그램을 작성해보세요.

2-9. 사용자가 입력한 2개의 숫자 중 어떤 것이 더 큰지 알려주는 프로그램을 작성해보세요.

2-10. 다음 프로그램에서 각 std:: 의 쓰임새를 설명해보세요.

```
int main() {
    int k = 0;
    while (k != 10) { // 불변성: 지금까지 k개 별표를 출력
        using std::cout;
        cout << "*";
        ++k;
    }

    std::cout << std::endl; // std::가 필요
    return 0;
}
```

CHAPTER 3

데이터 일괄 처리

1장과 2장에서는 하나의 문자열을 입력받고 꾸민 다음 다시 출력하는 프로그램을 살펴보았습니다. 하지만 문제 대부분은 여러분이 살펴본 단순한 프로그램으로 해결할 수 있는 수준보다 더 복잡합니다. 프로그램을 복잡하게 만드는 가장 일반적인 이유 중 하나는 여러 개의 비슷한 데이터를 처리하려는 것입니다.

앞서 여러분은 하나의 문자열이 여러 개 문자로 구성된다는 점에 기초하여 프로그램을 다루었습니다. 몇 개인지 모르는 문자를 하나의 단일 객체(문자열)에 넣는 기능으로 프로그램을 쉽게 작성했습니다.

이 장에서는 학생의 시험 및 과제 점수를 입력받고 최종 점수를 계산하는 프로그램을 작성하여 데이터를 일괄 처리하는 방법을 살펴볼 것입니다. 그리고 점수 개수에 관계없이 모든 점수를 저장하는 법을 배울 것입니다.

3.1 학생의 최종 점수 계산하기

한 과목에서 중간시험 20%, 기말시험 40%, 평균 과제 점수 40%의 가중치를 두어 각 학생의 최종 점수를 구성할 때를 생각해봅시다. 학생들이 자신의 최종 점수를 계산하는 데 도움을 주는 첫 번째 프로그램은 다음과 같습니다.

```cpp
#include <iomanip>
#include <ios>
#include <iostream>
#include <string>

using std::cin; using std::setprecision;
using std::cout; using std::string;
using std::endl; using std::streamsize;

int main()
{
    // 학생의 이름을 묻고 입력받음
    cout << "Please enter your first name: ";
    string name;
    cin >> name;
    cout << "Hello, " << name << "!" << endl;

    // 중간시험과 기말시험의 점수를 묻고 입력받음
    cout << "Please enter your midterm and final exam grades: ";
    double midterm, final;
    cin >> midterm >> final;

    // 과제 점수를 물음
    cout << "Enter all your homework grades, "
        "followed by end-of-file: ";

    // 지금까지 입력된 과제 점수의 개수와 합
    int count = 0;
    double sum = 0;

    // 입력을 위한 변수
    double x;

    // 불변성: 지금까지 count개 점수를 입력받았으며 입력받은 점수의 합은 sum
    while (cin >> x) {
        ++count;
        sum += x;
    }

    // 결과를 출력
    streamsize prec = cout.precision();
    cout << "Your final grade is " << setprecision(3)
        << 0.2 * midterm + 0.4 * final + 0.4 * sum / count
        << setprecision(prec) << endl;
```

```
    return 0;
}
```

앞 프로그램은 필요한 라이브러리 기능을 사용하려고 #include 지시문과 using 선언문으로 시작합니다. <iomanip>와 <ios>는 아직 살펴본 적 없는 라이브러리입니다. <ios>는 입출력 라이브러리에서 전송된 문자 수나 버퍼 크기를 나타내려고 사용하는 타입인 streamsize를 정의합니다. <iomanip>는 출력 결과의 유효 자릿수를 결정하는 조작어인 setprecision을 정의합니다. 또 다른 조작어인 endl은 자주 사용하므로 <iomanip>가 아닌 <iostream>이 정의합니다.

처음에 학생 이름, 중간고사 및 기말고사 점수를 묻고 입력받습니다. 그다음 학생의 과제 점수를 묻고 EOF 신호를 만날 때까지 계속 값을 입력받습니다. 다양한 C++ 구현체들은 각자 방식으로 프로그램에 EOF 신호를 보냅니다. 가장 일반적인 방식은 새로운 행을 입력하는 것, [Ctrl] + [Z]를 누르는 것(마이크로소프트 윈도우), [Ctrl] + [D]를 누르는 것(유닉스 또는 리눅스 시스템)입니다.

프로그램이 과제 점수를 입력받는 동안 count를 사용해서 입력한 점수 개수를 추적하고 누적 점수를 sum에 저장합니다. 모든 과제 점수를 입력받으면 인사말을 출력하고 학생의 최종 점수를 보여줍니다. 이 과정에서 평균 과제 점수를 계산하려고 count와 sum을 사용합니다.

이 프로그램의 상당 부분은 이미 익숙한 코드입니다. 지금부터는 새롭게 살펴보아야 할 몇 가지를 설명하겠습니다. 첫 번째 새로운 개념은 학생의 시험 점수를 입력받는 부분입니다.

```
cout << "Enter your midterm and final exam grades: ";
double midterm, final;
cin >> midterm >> final;
```

첫 번째 실행문은 이제 익숙해질 때가 되었습니다. 프로그램을 사용하는 학생이 무엇을 해야 하는지 알려주는 메시지를 출력합니다. 그다음 실행문은 midterm과 final을 double 타입으로 정의합니다. double은 8바이트(64비트)의 정밀도인 부동 소수점을 나타내는 기본 타입입니다. 4바이트(32비트)의 정밀도인 부동 소수점을 나타내는 타입인 float도 있습니다. 부동 소수점 계산 대부분은 float보다는 double을 사용하는 것이 낫습니다.

float와 double은 현재보다 메모리 가격이 훨씬 높았던 시절부터 존재하던 타입입니다. 시간이 흐르면서 정밀도가 6자리(10진수) 정도인 float는 쓰임새가 줄어들 수밖에 없었습니다. double 타입은 최소 10자리의 유효한 자리를 나타낼 수 있습니다. 그리고 모든 구현체는 15자리까지의 유효 자리를 표현할 수 있습니다. 최근 컴퓨팅 환경에서는 일반적으로 double이 float보다 훨씬 더 정확합니다. 연산 속도도 큰 차이가 없습니다. 오히려 double이 더 빠를 때가 있습니다.

변수 midterm과 변수 final을 정의했다면 값을 입력받습니다. 출력 연산자(0.7/29p)와 마찬가지로 입력 연산자는 왼쪽 피연산자를 결과로 반환합니다. 따라서 출력 작업을 연결한 것처럼 입력 작업을 연결할 수 있습니다.

```
cin >> midterm >> final;
```

즉, 앞 코드는 다음 코드와 같습니다.

```
cin >> midterm;
cin >> final;
```

두 가지 형태 모두 표준 입력에서 순서대로 숫자를 읽어 각각 midterm과 final에 넣습니다.

그다음 실행문에서는 과제 점수를 입력받습니다.

```
cout << "Enter all your homework grades, "
     "followed by end-of-file: ";
```

이 부분을 주의 깊게 보면 2개의 문자열 리터럴을 출력하지만, 단 하나의 <<를 사용한다는 것을 알 수 있습니다. 공백으로 분리된 2개 이상의 문자열 리터럴은 자동으로 결합되기 때문입니다. 따라서 이 실행문은 다음 코드와 같은 의미입니다.

```
cout << "Enter all your homework grades, followed by end-of-file: ";
```

출력문이 너무 길 때 문자열 리터럴을 2개로 쪼개면 프로그램의 가독성이 좋아집니다.

다음은 입력받는 정보를 유지하는 데 사용할 변수를 정의합니다.

```
int count = 0;
double sum = 0;
```

count와 sum의 초깃값은 각각 0입니다. 0이란 값은 int 타입입니다. 즉, 구현체는 sum을 초기화하려면 0을 double 타입으로 변환해야 합니다. sum을 0이 아닌 0.0으로 초기화하면 이러한 변환을 하지 않아도 되지만 실질적인 차이는 없습니다. 구현체는 컴파일 중에 변환을 실행하므로 런타임 오버헤드가 발생하지 않습니다. 따라서 결과는 완전히 같습니다.

방금 살펴본 코드에서 타입 변환보다 더 주목해야 할 것은 변수에 초깃값을 할당하는 일입니다. 변수의 초깃값을 지정하지 않으면 암묵적으로 **기본 초기화**default-initialization 단계를 따르고, 이러한 초기화는 변수 타입에 따라 결과가 다릅니다. 클래스 타입인 객체를 따로 초기화하기 않았다면 클래스 자체에서 정한 초기화 방식을 따릅니다. 예를 들어 1.1/39p처럼 명시적으로 초기화하지 않은 문자열은 빈 문자열로 초기화됩니다. 기본 타입 지역 변수는 이러한 암묵적인 초기화를 하지 않습니다.

명시적으로 초기화하지 않은 기본 타입 지역 변수는 **정의하지 않은**undefined **상태**입니다. 이때 변수는 생성된 메모리 공간을 이미 차지하는 임의의 의미 없는 값입니다. 또한 유효한 값을 덮어쓰는 것 이외에 다른 방법으로 정의하지 않은 값을 다룰 수는 없습니다. 대부분의 구현체는 이러한 규칙을 어기더라도 정의하지 않은 값에 접근하도록 허용합니다. 그렇게 되면 메모리에 있는 것이 무엇이든 정확한 값(대부분 타입에 맞지 않은 값)이 아니므로 충돌이 일어나거나 잘못된 결과를 얻게 됩니다.

sum과 count를 초기화하지 않았다면 프로그램은 제대로 동작하지 않았을 것입니다. 프로그램이 두 변수들로 실행하는 첫 번째 작업이 변수들의 값을 사용하는 것이기 때문입니다. 마찬가지로 x를 초기화하지 않으면 프로그램이 x로 실행하는 첫 번째 작업인 입력받기를 제대로 실행하지 못하고 x에 어떤 값이 들어있든 날려버릴 것입니다.

while문에서 새롭게 살펴볼 점은 조건문의 형태입니다.

```
// 불변성: 지금까지 count개 점수를 입력받았으며 입력받은 점수의 합은 sum
while (cin >> x) {
```

```
        ++count;
        sum += x;
    }
```

while문은 조건인 cin >> x에서 입력이 발생하는 한 계속 실행됩니다. cin >> x가 조건인 것이 무엇을 의미하는지 3.1.1/81p에서 자세히 살펴볼 것입니다. 지금 중요한 점은 새로운 입력 요청이 발생하면 조건을 만족시킨다는 것입니다. while문의 내부에서는 2장에서 배운 증가 연산자와 복합 할당 연산자를 사용합니다.

이제 남은 것은 결과를 출력하는 부분입니다.

```
    streamsize prec = cout.precision();
    cout << "Your final grade is " << setprecision(3)
        << 0.2 * midterm + 0.4 * final + 0.4 * sum / count
        << setprecision(prec) << endl;
```

목표는 최종 점수를 세 자리 숫자로 출력하는 것입니다. 이 때문에 setprecision을 사용합니다. endl과 마찬가지로 setprecision은 조작어입니다. setprecision은 이어서 발생하는 출력을 주어진 숫자만큼의 유효 자릿수로 나타내려고 스트림을 조작합니다. setprecision(3)이라고 작성하면 점수를 3개의 유효 자릿수로 출력하도록 구현체에 요청하라는 의미입니다. 일반적으로 소수점 앞 두 자리, 소수점 뒤 한 자리를 출력합니다.

이후에 다시 setprecision을 사용해서 cout에 있을지도 모르는 후속 출력의 정밀도를 바꿉니다. 사실 이 부분은 프로그램의 마지막이므로 방금 전 언급한 후속 출력이 존재하지 않습니다. 하지만 cout의 정밀도를 원래 상태로 돌려놓는 것은 좋은 프로그래밍 습관입니다.

cout의 멤버 함수(1.2/43p)인 precision을 호출하면 스트림이 부동 소수점 표현에 사용하는 정밀도를 알려줍니다. 즉, setprecision으로 정밀도를 3으로 바꾼 다음에 최종 점수를 출력하고 precision 함수가 알려준 값으로 정밀도를 다시 바꿉니다. 점수를 계산하는 표현식에서는 몇 가지 산술 연산자를 사용합니다. 곱하기는 *, 나누기는 /, 더하기는 +를 사용하며 각 연산자의 의미는 일반적인 연산 기호의 의미와 같습니다.

setprecision을 사용 않고 멤버 함수 precision을 사용해 정밀도를 바꿀 수도 있습니다.

```
// 정밀도를 3으로 바꾸고, 바꾸기 전의 정밀도를 반환
streamsize prec = cout.precision(3);
cout << "Your final grade is "
    << 0.2 * midterm + 0.4 * final + 0.4 * sum / count << endl;

// 정밀도를 원래 값으로 바꿈
cout.precision(prec);
```

하지만 여러분은 precision 함수보다 setprecision 조작어를 사용하여 프로그램에서 바꾼 정밀도 때문에 발생하는 문제를 최소화하도록 합시다.

3.1.1 입력 종료 판별

프로그램에서 새로운 등장한 부분은 while문의 조건입니다. 조건의 암묵적인 대상은 istream 입니다.

```
while (cin >> x) { /* 생략 */ }
```

먼저 cin을 이용해 입력을 받습니다. 입력받은 값을 x에 넣으면 while문이 실행됩니다. 입력이 일어나지 않거나 x의 타입과 맞지 않는 값이 입력된다면 while문은 실행되지 않습니다. x 값이 필요한 상황이 사라진 것입니다.

이 코드의 동작 방식을 이해하기가 조금 어려울 수 있습니다. 그런데 >> 연산자가 왼쪽 피연산자를 반환한다는 점을 기억하면 이해할 수 있습니다. 즉, cin >> x의 값을 요청하는 것은 cin >> x를 실행한 다음 cin 값을 요청하는 것과 같습니다. 예를 들어 다음 코드에서 x에 임의 값을 하나 넣고 조건의 참, 거짓 여부를 판별한다고 생각해봅시다.

```
if (cin >> x) { /* 생략 */ }
```

앞 코드는 다음 코드와 같은 의미입니다.

```
cin >> x;
if (cin) { /* 생략 */ }
```

cin >> x를 조건으로 사용하는 것은 조건을 판별하는 것만이 아니라 입력받은 값을 x에 넣는 부수적인 효과를 얻습니다.

지금부터 while문의 조건에서 cin을 사용하는 것이 어떤 의미인지 파악해봅시다. cin은 표준 라이브러리의 일부인 istream 타입이므로 if (cin)이나 while (cin)을 이해하려면 istream의 정의를 살펴봐야 합니다. 정의의 구체적인 내용은 꽤 복잡하므로 자세한 내용은 12.5/353p에서 설명할 것입니다. 하지만 구체적인 내용을 모르더라도 어떤 의미인지는 이해할 수 있습니다.

2장에서 다룬 조건은 모두 bool 타입의 값을 직접 반환하는 관계 연산자가 있고 숫자 값을 반환하는 표현식을 사용합니다. 조건에서는 해당 숫자 값이 bool로 바뀝니다. 0이 아닌 값은 true, 0은 false로 바뀝니다. istream 클래스에서는 cin을 숫자 값으로 바꿀 수 있습니다. 또한 (무슨 타입인지는 모르지만) 해당 숫자 값을 bool 타입 값으로 바꿔 조건 판별에 사용합니다. 값을 바꿔 반환하는 값은 최근에 입력을 받았는지에 따라 달라지는 istream 객체의 내부 상태를 반영합니다. 따라서 조건 판별에서 cin을 사용하는 것은 cin을 이용해 최근에 입력을 받았는지 판별하는 것과 같습니다.

스트림에서 입력값을 읽을 수 없는 몇 가지 상황은 다음과 같습니다.

- EOF에 도달했을 때
- 변수의 타입과 맞지 않는 입력을 받았을 때
- 시스템이 입력 장치에서 하드웨어 장애를 감지했을 때

이와 같은 상태의 입력 스트림을 조건 판별에 사용하면 조건은 거짓이 됩니다. 또한 일단 스트림에서 입력값을 읽지 못하면 스트림을 재설정하기 전까지는 더 이상 해당 스트림으로 입력값을 읽을 수 없습니다. 이는 4.1.3/105p에서 살펴볼 것입니다.

3.1.2 루프 불변성

이 장에서 다루는 반복문의 조건은 부수적인 효과가 발생할 수 있으므로 불변성(2.3.2/54p)을 이해할 때 특별히 주의해야 합니다. 부수적으로 얻는 효과는 불변성의 검증에 영향을 끼칩니다. cin >> x이 성공적으로 실행되면 불변성의 첫 번째 부분(지금까지 count개 점수를 입력받음)은 거짓이 됩니다. 따라서 조건이 끼치는 영향을 고려하여 불변성을 유지해야 합니다.

조건을 판별하기 전까지 count개 점수를 입력했으므로 불변성은 참입니다. cin >> x가 성공적으로 실행되면 count + 1개의 점수를 입력한 것이 됩니다. 여러분은 count를 증가시킴으로써 불변성을 다시 참으로 만들 수 있습니다. 하지만 이것은 불변성의 두 번째 부분(입력받은 점수의 합은 sum)을 왜곡시킵니다. 왜냐하면 count를 증가시키지만 아직 sum은 count - 1개 점수의 합이기 때문입니다. 다행히 sum += x;를 실행하면 불변성의 두 번째 부분을 참으로 만들 수 있습니다. 따라서 while문을 반복하는 동안 전체 불변성은 참일 것입니다.

조건이 거짓으로 판별되면 더 입력을 받을 수 없으므로 데이터를 얻지 못합니다. 그리고 여전히 불변성은 참입니다. 결론적으로 조건의 부수적인 효과는 while문이 끝나면 고려할 필요가 없습니다.

3.2 평균값 대신 중앙값 사용하기

지금까지 만든 프로그램은 설계상 문제점이 있습니다. 과제 점수를 입력받고 즉시 버리는 것은 평균값을 계산하는 과정에서는 아무런 문제가 없습니다. 하지만 과제 점수의 평균값 대신 중앙값을 사용할 때는 문제가 발생합니다.

값의 집단에서 중앙값을 찾는 가장 간단한 방법은 값을 오름차순이나 내림차순으로 정렬한 후, 가운데 값을 선택하는 것입니다. 값이 짝수개라면 가운데 두 값의 평균을 취합니다. 엉망인 점수 몇 개 때문에 결과가 왜곡되는 일이 없으므로 중앙값이 평균값보다 더 유용할 때가 종종 있습니다.

중앙값을 계산하려면 프로그램을 근본적으로 바꿔야 합니다. 몇 개인지 모를 값들의 중앙값을 찾으려면 모든 값을 입력받을 때까지 입력받은 값들을 유지해야 합니다.

3.2.1 데이터 집단을 벡터에 저장하기

중앙값을 계산하려면 모든 과제 점수를 입력받아 저장한 후 정렬하고 마지막으로 가운데 하나(혹은 2개)의 값을 선택해야 합니다. 이 계산을 편리하고 효율적으로 실행하려면 다음과 같은 방법을 사용합니다.

- 얼마나 많은 값이 있을지 모르지만 한 번에 하나씩 입력받고 저장합니다.
- 입력이 끝나면 값들을 정렬합니다.
- 가운데에 위치한 값을 효율적으로 찾습니다.

이러한 문제들을 쉽게 해결하려고 표준 라이브러리는 **벡터**vector **타입**을 제공합니다. 벡터는 주어진 타입 값들의 순차열이 있으며 새로운 값을 저장할 필요에 따라 늘어납니다. 그리고 개별 값에 효율적으로 접근할 수 있습니다.

점수 각각을 기존의 합에 더한 후 바로 버리는 대신, 점수를 벡터에 저장하는 방식으로 성적 산출 프로그램을 다시 작성해봅시다. 바꿔야 할 기존 코드는 다음과 같습니다.

```
// 원본 프로그램에서 발췌한 부분
int count = 0;
double sum = 0;
double x;

// 불변성: 지금까지 count개 점수를 입력받았으며 입력받은 점수의 합은 sum
while (cin >> x) {
    ++count;
    sum += x;
}
```

앞 코드의 반복문에서는 입력받은 점수들의 개수와 누적값을 유지합니다. 값을 입력할 때마다 두 변수가 영향을 받으므로 루프 불변성이 상대적으로 복잡합니다. 반면에 벡터를 사용하여 입력받은 값을 저장하면 훨씬 간단해집니다.

```
// 발췌한 부분의 수정본
double x;
vector<double> homework;

// 불변성: homework는 지금까지 입력받은 과제 점수가 있음.
while (cin >> x)
    homework.push_back(x);
```

코드 기본 구조는 바뀌지 않았습니다. EOF에 도달하거나 유효하지 않은 입력이 일어날 때까지 한 번에 하나의 값을 입력받아 x에 넣습니다. 다른 점은 해당 값들로 실행하는 작업입니다.

먼저 homework를 살펴봅시다. homework는 vector<double> 타입으로 정의합니다. 벡터는 값의 집단이 있는 **컨테이너**container입니다. 각 벡터의 값은 모두 같은 타입이며, 벡터를 정의할 때마다 벡터가 담을 값의 타입을 지정해야 합니다. homework의 정의를 살펴보면 double 타입의 값을 담을 벡터라는 것을 알 수 있습니다.

벡터 타입은 C++의 특징인 **템플릿 클래스**template class로 정의합니다. 템플릿 클래스를 정의하는 방법은 11장에서 살펴볼 것입니다. 지금 당장 중요한 것은 벡터와 벡터에 담은 특정 타입의 객체를 의미상 구분하는 것입니다. 객체의 타입은 꺾쇠괄호를 사용해서 지정합니다. 예를 들어 vector<double> 타입의 객체는 double 타입의 객체를 담은 벡터고, vector<string> 타입의 객체는 문자열을 담은 벡터입니다.

while문은 표준 입력에서 값을 읽어서 벡터에 저장하는 작업을 실행합니다. 앞서 언급했듯이 EOF에 도달하거나 double 타입이 아닌 입력을 받을 때까지 x로 입력받습니다. 새롭게 알아야 할 것은 다음과 같습니다.

```
homework.push_back(x);
```

1.2/43p에서 살펴본 greeting.size()와 마찬가지로 push_back은 멤버 함수입니다. push_back은 벡터 타입의 일부로 정의하며, 객체 homework와 관련된 작업을 실행할 수 있습니다. 여기서는 push_back을 호출하면서 x를 전달합니다. push_back은 벡터의 마지막에 새 요소를 추가하는 작업을 실행합니다. 새 요소에는 push_back에 인수로 전달한 값을 넣습니다. push_back은 해당 인수를 벡터의 뒤쪽으로 밀어내며, 이때 발생하는 부수적인 효과 때문에 벡터의 크기는 1씩 증가합니다. push_back 함수는 루프 불변성을 만족시키므로 while문 실행이 끝나면 homework가 입력된 모든 과제 점수를 담을 것입니다.

3.2.2 출력 생성하기

3.1/76p 원본 프로그램에서는 표현식 내부에서 학생의 최종 점수를 계산하여 출력했습니다.

```
streamsize prec = cout.precision();
cout << "Your final grade is " << setprecision(3)
    << 0.2 * midterm + 0.4 * final + 0.4 * sum / count
```

```
≪ setprecision(prec) ≪ endl;
```

midterm과 final은 시험 점수를 나타내고, sum과 count는 모든 과제 점수의 합과 입력된 과제 점수의 개수를 나타냅니다.

3.2.1/83p에서 언급했듯이 중앙값을 계산하는 가장 쉬운 방법은 데이터를 정렬한 후 가운데 값을 찾는 것입니다. 특히 요소 개수가 짝수라면 가운데 두 값의 평균을 구하는 것입니다. 중앙 값을 계산하는 코드와 출력하는 코드를 구분한다면 계산 과정을 더 쉽게 이해할 수 있습니다.

중앙값을 찾으려면 벡터 homework의 크기를 최소 두 번 알아야 합니다. 첫 번째는 벡터의 크기가 0인지 확인할 때고, 두 번째는 가운데 요소 위치를 계산할 때 벡터 homework의 크기를 알아야 할 때입니다. 크기를 알아보는 과정을 반복하지 않으려고 지역 변수에 벡터의 크기를 저장할 것입니다.

```
typedef vector<double>::size_type vec_sz;
vec_sz size = homework.size();
```

벡터 타입은 vector<double>::size_type라는 타입과 size라는 함수를 정의합니다. 이전에 살펴본 문자열 타입의 멤버들처럼 벡터 타입의 멤버들도 비슷한 역할을 수행합니다. size_type은 크기가 큰 벡터도 충분히 담을 수 있는 부호 없는 타입이고, size()는 벡터의 요소 개수를 나타내는 size_type 값을 반환합니다.

벡터의 크기를 구하는 과정을 단순화하려고 하나의 지역 변수에 그 값을 저장할 것입니다. 구현체마다 크기를 나타내는 데 사용하는 타입이 다르므로 구현체와 독립적인 적절한 타입을 직접 정의할 수는 없습니다. 이러한 이유로 라이브러리가 정의한 size_type을 사용하여 컨테이너의 크기를 나타내는 좋은 프로그래밍 습관을 기릅시다.

vector<double>::size_type 타입은 이름이 길어서 다루기가 불편합니다. 이를 단순화하는 typedef라는 언어 기능을 사용해봅시다. typedef를 사용하면 변수를 정의할 때 변수 타입의 동의어로 이름을 지정할 수 있습니다. vector<double>::size_type 타입의 동의어로 vec_sz라는 이름을 지정합시다. typedef로 정의한 이름은 다른 이름들과 같은 범위를 갖습니다. 즉, size_type과 같은 범위와 의미로 vec_sz를 사용할 수 있습니다.

homework.size( )가 반환하는 값이 무슨 타입인지 안다면 그와 같은 타입인 지역 변수 size에 반환 값을 저장할 수 있습니다. size라는 이름을 두 가지 다른 용도(지역 변수와 멤버 함수의 이름)로 사용하지만 충돌하지는 않습니다. 벡터의 크기를 알아내는 방법은 해당 벡터의 이름 뒤에 점을 찍고 size 함수를 호출하는 것입니다. 따라서 지역 변수로 정의된 size와 벡터에 연산을 실행하는 size 함수는 전혀 다른 범위므로 같은 이름을 사용하더라도 컴파일러나 프로그래머는 쉽게 구분할 수 있습니다.

비어 있는 데이터 집단에서 중앙값을 찾는 것은 아무런 의미가 없으므로 먼저 데이터의 유무를 확인해야 합니다.

```
if (size == 0) {
    cout << endl << "You must enter your grades. "
    "Please try again." << endl;
    return 1;
}
```

데이터의 유무를 알려면 size가 0인지 확인하면 됩니다. size가 0이면 문제가 있음을 알리고 프로그램을 종료하는 것이 가장 합리적입니다. 문제가 있다면 1을 반환합니다. 0장에서 살펴본 것처럼 시스템은 main 함수에서 0을 반환하면 프로그램이 정상적으로 동작했다고 간주합니다. 구현체에 따라 의미가 다를 수도 있지만 구현체 대부분은 main 함수에서 0이 아닌 값을 반환하면 프로그램이 비정상적으로 종료되었다고 간주합니다.

데이터가 있음을 확인했다면 중앙값을 계산할 수 있습니다. 그 첫 번째 과정으로 라이브러리 함수를 호출하여 데이터를 정렬해야 합니다.

```
sort(homework.begin(), homework.end());
```

<algorithm> 헤더로 정의하는 sort 함수는 컨테이너가 담은 값들을 비내림차순으로 다시 정렬합니다. 오름차순 대신에 비내림차순이라고 표현한 것은 같은 값을 갖는 요소가 있을 수도 있기 때문입니다.

sort 함수의 인수로는 정렬할 요소의 범위를 지정합니다. 이때 벡터 클래스에서 제공하는 2개의 멤버 함수 begin과 end를 사용합니다. homework.begin( )은 벡터 homework의 첫 번째

요소를 의미하고 homework.end()는 벡터 homework의 마지막 요소를 의미합니다. begin과 end의 더 자세한 내용은 5.2.2/140p에서 다룰 것입니다.

sort 함수는 정렬한 결과를 담으려고 새 컨테이너를 만들지 않습니다. 단지 컨테이너의 요소 값들을 이동하여 정렬합니다.

벡터 homework의 요소들을 정렬했다면 지금부터는 가운데 요소의 위치를 찾아야 합니다.

```
vec_sz mid = size / 2;
double median;
median = size % 2 == 0 ? (homework[mid] + homework[mid - 1]) / 2 : homework[mid];
```

가운데 요소의 위치를 찾으려고 size를 2로 나눕니다. 나눗셈 결과는 요소 개수가 짝수일 때는 정확한 정수가 되겠지만 요소 개수가 홀수라면 2로 나눈 결과의 소수점을 내림한 정수입니다.

중앙값을 계산하는 방법은 요소 개수가 홀수 또는 짝수인지에 따라 다릅니다. 중앙값은 요소 개수가 짝수면 가운데 두 요소의 평균이지만 요소 개수가 홀수면 가운데 있는 요소입니다.

변수 median에 값을 할당하는 표현식에서는 2개의 새로운 연산자를 사용합니다. %는 **나머지** remainder **연산자**고 ? :은 **조건**conditional **연산자** 또는 삼항 연산자입니다. 나머지 연산자 %는 왼쪽 피연산자를 오른쪽 피연산자로 나눈 나머지 값을 반환합니다. 2로 나눈 나머지가 0이면 프로그램은 짝수개의 과제 점수를 입력받은 것입니다.

조건 연산자는 단순한 if-then-else 형태의 표현식을 줄인 것입니다. 먼저 ? 앞의 표현식 size % 2 == 0의 조건을 판별하여 bool 값을 구합니다. 표현식이 참이면 ?와 : 사이에 있는 표현식을 반환하고 그렇지 않다면 : 뒤에 있는 표현식을 반환합니다. 입력받은 요소 개수가 짝수라면 가운데 두 요소의 평균을 변수 median에 할당합니다. 입력받은 요소의 개수가 홀수라면 homework[mid]를 median에 할당합니다. &&와 ||처럼 ? : 연산자는 가장 왼쪽 피연산자부터 판별합니다. 그 결과를 바탕으로 나머지 두 피연산자 중 하나만 반환합니다.

homework[mid]와 homework[mid - 1]은 벡터 요소에 접근하는 방법을 보여줍니다. 벡터의 모든 요소는 **인덱스**index라는 정숫값이 있습니다. 예를 들어 homework[mid]는 인덱스가 mid인 벡터 homework의 요소입니다. 2.6/67p에서 살펴본 내용을 되짚어보면 벡터 homework의 첫 번째 요소는 homework[0]이고 마지막 요소는 homework[size - 1]인 것을 알 수 있습니다.

각 요소 자체는 컨테이너에 저장된 형태의 이름 없는 객체입니다. homework[mid]는 double 타입의 객체고 double 타입을 지원하는 모든 연산을 사용할 수 있습니다. 따라서 두 요소의 합을 2로 나눠서 두 객체의 평균값을 구할 수 있습니다.

homework 요소에 접근하는 방법을 알았다면 중앙값을 구하는 과정을 살펴볼 차례입니다. size가 짝수면 mid는 size / 2로 정확하게 계산할 수 있고 가운데 요소 2개가 필요합니다.

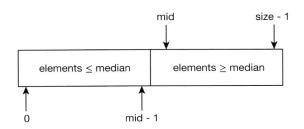

homework를 반으로 나눈다면 각각의 한쪽 끝에 위치한 요소가 전체 벡터의 가운데에 위치한 2개 요소입니다. 가운데에서 가장 가까운 두 요소의 인덱스가 mid - 1과 mid라는 것을 쉽게 알 수 있습니다. 중앙값은 이 두 요소의 평균값입니다.

size가 홀수라면 2로 나누었을 때 버리는 부분이 생기므로 사실 mid는 (size - 1) / 2와 같습니다. 벡터 homework를 나눈다면 가운데 하나의 요소를 경계로 두 조각으로 나뉩니다. 해당 요소가 바로 중앙값입니다.

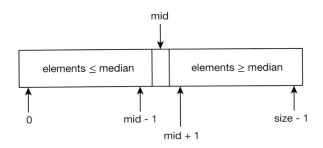

두 가지 모두 중앙값을 구할 때 인덱스만 사용해서 벡터의 요소에 접근하는 방식을 따릅니다.

중앙값을 구했으니 최종 점수를 구해서 출력하는 일만 남았습니다.

```
streamsize prec = cout.precision();
cout << "Your final grade is " << setprecision(3)
    << 0.2 * midterm + 0.4 * final + 0.4 * median
    << setprecision(prec) << endl;
```

완성된 프로그램은 3.1/75p에서 살펴본 프로그램보다 복잡하지는 않지만 훨씬 더 많은 양의 작업을 실행합니다. 과제 점수를 저장하려고 homework 벡터의 크기가 늘어나지만 표준 라이브 러리에서 모든 작업을 실행하므로 메모리 공간 확보는 걱정하지 않아도 됩니다.

최종 프로그램은 다음과 같습니다. 지금까지 별도로 언급하지 않은 #include 지시문과 using 선언, 몇 가지 주석이 추가되어 있습니다.

```
#include <algorithm>
#include <iomanip>
#include <ios>
#include <iostream>
#include <string>
#include <vector>

using std::cin;    using std::sort;
using std::cout;   using std::streamsize;
using std::endl;   using std::string;
using std::setprecision; using std::vector;

int main()
{
    // 학생의 이름을 묻고 입력받음
    cout << "Please enter your first name: ";
    string name;
    cin >> name;
    cout << "Hello, " << name << "!" << endl;

    // 중간시험과 기말시험의 점수를 묻고 입력받음
    cout << "Please enter your midterm and final exam grades: ";
    double midterm, final;
    cin >> midterm >> final;

    // 과제 점수를 묻고 입력받음
    cout << "Enter all your homework grades, "
        "followed by end-of-file: ";
    vector<double> homework;
```

```
    double x;

    // 불변성: homework는 지금까지 입력받은 과제 점수가 있음
    while (cin >> x)
        homework.push_back(x);

    // 과제 점수의 입력 유무를 확인
    typedef vector<double>::size_type vec_sz;
    vec_sz size = homework.size();
    if (size == 0) {
        cout << endl << "You must enter your grades. "
            "Please try again." << endl;
        return 1;
    }

    // 점수를 정렬
    sort(homework.begin(), homework.end());

    // 과제 점수의 중앙값을 구함
    vec_sz mid = size / 2;
    double median;
    median = size % 2 == 0 ? (homework[mid] + homework[mid - 1]) / 2
        : homework[mid];

    // 최종 점수를 구해서 출력
    streamsize prec = cout.precision();
    cout << "Your final grade is " << setprecision(3)
        << 0.2 * midterm + 0.4 * final + 0.4 * median
        << setprecision(prec) << endl;
    return 0;
}
```

3.2.3 몇 가지 추가 사항

최종 프로그램은 특별히 주의해야 할 몇 가지 사항이 있습니다. 우선 homework에 요소도 없을 때 프로그램을 종료하는 이유를 좀 더 알아야 합니다. 논리상 요소가 없는 집단의 중앙값은 그 결과가 무엇을 의미할지 알 수 없으므로 정의할 수 없습니다. 이럴 때 프로그램을 종료하는 것은 올바른 동작입니다.

또한 요소가 없다는 조건에서 프로그램을 실행하여 어떤 일이 일어나는지 파악하는 것도 중요합니다. 입력값이 전혀 없고 최소한 1개의 숫자를 읽었음을 판별하는 과정도 없다면 중앙값을 구하는 코드는 올바르게 실행되지 않습니다. 그 이유는 무엇일까요?

입력값이 없다면 homework.size()는 0이며, size 또한 0이 됩니다. 마찬가지로 mid도 0이 됩니다. 따라서 homework[mid]를 실행한다면 homework의 첫 번째 요소(인덱스가 0인 요소)를 찾을 것입니다. 하지만 homework는 요소가 없으므로 homework[0]을 실행하여 의미 있는 것을 얻지 못합니다. 벡터는 인덱스가 벡터의 범위 안인지 확인하지 않습니다. 이러한 확인 과정은 사용자의 몫입니다.

다음으로 살펴볼 사항은 vector<double>::size_type이 모든 표준 라이브러리에서 크기를 나타내는 타입처럼 **부호 없는 정수 타입**unsigned integral type이라는 점입니다. 부호 없는 정수 타입은 음수값을 저장할 수 없습니다. 대신에 2^n진수의 값을 저장[1]하며 여기서 n은 구현체에 따라 다릅니다. 즉, 예를 들어 homework.size()가 0보다 작은지 확인하는 것은 그 결과가 항상 거짓이므로 아무 의미가 없습니다.

또한 일반 정수와 부호 없는 정수가 하나의 표현식에 섞여 있을 때는 일반 정수가 부호 없는 정수로 바뀝니다. 결과적으로 homework.size() - 100과 같은 표현식의 결괏값은 부호 없는 정수 타입입니다. 즉, homework.size()가 100보다 작을 때도 표현식의 결괏값이 0보다 작을 수 없습니다.

마지막으로 살펴볼 사항은 vector<double> 객체가 정확한 크기로 즉시 할당되는 것이 아니라는 점입니다. 입력받은 값을 처리하는 데 필요한 만큼 크기가 커집니다. 그래도 최종 프로그램의 실행 성능은 꽤 좋습니다.

C++ 표준은 라이브러리 구현시 성능에 관한 요구 사항이 있으므로 프로그램의 성능을 확신할 수 있습니다. 라이브러리는 이러한 요구 사항에 따라 동작에 관한 설계 명세와 정확한 목표 성능을 만족시켜야만 합니다. 표준을 준수하는 모든 C++ 구현체는 다음 사항을 지켜야 합니다.

- 벡터에 많은 개수의 요소를 추가할 때 성능이 요소 개수에 비례하여 나빠지지 않게 벡터를 구현해야 합니다.
- sort 함수의 성능이 nlog(n)보다 느리지 않도록 구현해야 합니다. 여기에서 n은 정렬할 요소 개수입니다.

---

1 옮긴이_ 0~2^n-1 범위의 정수를 표현할 수 있다는 뜻입니다.

이에 따라 최종 프로그램은 표준을 준수하는 모든 구현체에서 보통 $n\log(n)$ 시간 또는 그보다 이른 시간 안에 실행할 수 있습니다. 사실 표준 라이브러리는 철두철미하게 성능 측면에서 설계되어 있습니다. C++는 성능을 중시하는 애플리케이션 환경에서 사용하도록 설계되었고 라이브러리도 실행 속도에 중점을 두고 설계되었습니다.

3.3 핵심 정리

다음과 같은 사항들을 잘 기억해둡시다.

지역 변수

지역 변수를 명시적으로 초기화하지 않은 채 정의했다면 '기본 초기화'됩니다. 기본 타입의 '기본 초기화'는 값을 정의하지 않았다는 것을 의미합니다. 정의하지 않은 값은 할당 연산자의 왼쪽 피연산자로만 사용할 수 있습니다.

타입 정의문

타입 정의문은 typedef 타입 이름; 처럼 '이름'을 '타입'의 동의어로 정의합니다.

〈vector〉 헤더에 정의된 벡터 타입은 지정된 타입 값의 순차열을 저장하는 컨테이너인 라이브러리 타입이며 동적으로 크기가 늘어납니다. 주요 연산은 다음과 같습니다.

- vector〈T〉::size_type: 최대 크기의 벡터에 있는 요소 개수를 저장하는 타입입니다.
- v.begin(): v의 첫 번째 요소를 가리키는 값을 반환합니다.
- v.end(): v의 마지막 요소 다음을 가리키는 값을 반환합니다.
- vector〈T〉 v; :T 타입의 요소를 저장할 수 있는 빈 벡터를 만듭니다.
- v.push_back(e): e로 초기화된 하나의 요소를 벡터에 추가합니다.
- v[i]: i 위치에 저장된 값을 반환합니다.
- v.size(): v에 있는 요소 개수를 반환합니다.

다른 라이브러리 기능

다음은 이 장에서 설명한 유용한 라이브러리 기능입니다.

- sort(b, e): [b, e) 범위에 정의된 요소들을 오름차순으로 다시 정렬합니다. 〈algorithm〉 헤더에 정의되어 있습니다.

- max(e1, e2): e1과 e2 중 더 큰 것을 반환합니다. e1과 e2는 정확히 같은 타입이어야 합니다. 〈algorithm〉 헤더에 정의되어 있습니다.

- while (cin 》 x): x에 적절한 타입의 값을 읽어 들여 스트림의 상태를 판별합니다. 만약 스트림이 오류 상태면 while문의 조건은 거짓이고 그렇지 않으면 while문의 본문이 실행됩니다.

- s.precision(n): 스트림 s의 후속 출력 정밀도를 n으로 설정합니다. n을 생략하면 정밀도를 바꾸지 않습니다. 이전의 정밀도를 반환합니다.

- setprecision(n): 출력 스트림 s로 출력할 때 s.precision(n)을 호출과 같은 효과를 갖는 값으로 반환합니다. 〈iomanip〉 헤더에 정의되어 있습니다.

- streamsize: setprecision 함수와 precision 함수가 반환하는 값의 타입입니다. 〈ios〉 헤더에 정의되어 있습니다.

연습문제

3-0. 이 장에서 살펴본 프로그램들을 컴파일하고 실행하여 결과를 확인해보세요.

3-1. 값 집단의 중앙값을 찾을 때를 생각해봅시다. 지금까지 몇 개의 값들을 읽었는지, 앞으로 읽어야 할 나머지 값들의 개수를 모른다고 가정해봅시다. 지금까지 읽은 모든 값을 버릴 수 없는 이유를 증명해보세요.

3-2. 정수들의 집단에서 사분위수[2]들을 찾아서 출력하는 프로그램을 작성해보세요.

3-3. 입력에서 각 단어가 등장한 횟수를 세는 프로그램을 작성해보세요.

3-4. 입력에서 길이가 가장 긴 문자열의 길이와 길이가 가장 짧은 문자열의 길이를 알려주는 프로그램을 작성해보세요.

3-5. 한 번에 여러 학생의 성적을 기록하는 프로그램을 작성해보세요. 프로그램은 벡터 2개를 동기화해 처리할 수 있습니다. 첫 번째 벡터는 학생 이름을 저장하고, 두 번째 벡터는 입력을 읽어 들여 계산한 최종 점수를 저장해야 합니다. 과제 점수 개수는 고정되어야 합니다. 학생들 이름과 연계된 다양한 개수의 과제 점수를 다루는 방법은 4.1.3/103p에서 살펴볼 것입니다.

....

2 옮긴이_ 숫자 집단을 4등분하는 위치에 오는 값을 말합니다.

3-6. 만약 학생의 점수가 모두 입력되지 않으면 3.1/76p에서 살펴본 평균 점수 계산은 0으로 나눌 수 있습니다. 0으로 나누는 것은 C++에서 정의되지 않은 동작이므로 구현체마다 정해진 동작을 실행합니다. 이때 여러분이 사용하는 C++ 구현체는 어떤 동작을 실행하는지 살펴보세요. 0으로 나누는 동작이 구현체의 정해진 방식을 따르지 않게 프로그램을 다시 작성해보세요.

CHAPTER 4

프로그램 및 데이터 구조화

3.2.2/90p에서 프로그램의 덩치가 의도치 않게 더 커졌습니다. 하지만 vector, string, sort 가 없었다면 프로그램은 훨씬 더 길어졌을 것입니다. 라이브러리의 기능들은 다음과 같은 몇 가지 공통적인 특징이 있습니다.

- 특정 문제를 해결합니다.
- 다른 기능들과 연계하지 않고 독립적입니다.
- 기능의 이름이 있습니다.

여러분이 구현한 프로그램은 첫 번째 특징 외에는 나머지 두 가지 특징이 나타나지 않습니다. 작은 프로그램에서는 이러한 점 때문에 문제가 일어나진 않지만 좀 더 큰 문제를 해결하는 작업을 할 때는 이름이 있는 독립적인 부분으로 프로그램을 나누지 않으면 관리하기 어렵습니다.

대부분의 프로그래밍 언어처럼 C++도 대형 프로그램을 구현하는 함수(간혹 서브루틴이라고 도 함)와 데이터 구조라는 두 가지 기본적인 방법을 제공합니다. 또한 C++는 클래스라는 개념으로 함수와 데이터 구조를 결합할 수 있습니다. 이는 9장에서 알아볼 것입니다.

함수와 데이터 구조를 사용하여 프로그램을 구조화하는 법을 학습한 뒤에는 개별적으로 컴파일할 수 있도록 프로그램을 다수의 파일로 나눌 것입니다. 컴파일이 끝난 후에는 결합하는 방법을 살펴볼 것입니다. 또한 이 장의 마지막 부분에서는 C++의 개별 컴파일 지원 방법을 보여줄 것입니다.

4.1 연산 구조화

먼저 중간시험 점수, 기말시험 점수, 종합 과제 점수에서 최종 점수를 구하는 함수를 작성해봅시다. 종합 과제 점수는 평균값 또는 중앙값으로 이미 구했다고 가정하며, 최종 점수는 기존과 같은 가중치인 중간시험 20%, 기말시험 40%, 종합 과제 40%로 둡니다.

연산 하나를 프로그램의 몇몇 지점에서 반복 실행해야 한다면 해당 연산을 함수로 만들 것을 고려해야 합니다. 똑같은 코드를 여러 번 작성하지 않아도 되기 때문입니다. 함수를 사용하면 프로그래밍해야 할 전체 코드 양이 줄어들 뿐만 아니라 더 나은 쪽으로 연산 내용을 수정할 수 있습니다. 예를 들어 성적 산출 방식을 바꿀 때를 생각해봅시다. 지금까지 작성한 프로그램에서 성적을 구하는 부분을 찾고서 성적 산출 방식을 바꾸기 어려워 낙담할지도 모릅니다.

그러나 해당 부분이 함수 형태로 존재한다면 작업이 편리해집니다. 함수는 이름을 붙일 수 있으므로 연산을 함수 형태로 만들어 이름을 붙이면 해당 연산이 무엇을 실행하는지 더 명확하게 알 수 있습니다. 내부 동작에 신경을 덜 쓸 수 있다는 장점도 있습니다. 해결하려는 문제의 핵심을 파악해 프로그램 조각(함수)에 알맞은 이름을 붙인다면 프로그램을 이해하기 더 쉬워지고 간단하게 문제를 해결할 수 있습니다.

여러분이 정한 공식에 따라 성적을 계산하는 함수는 다음과 같습니다.

```
// 중간시험 점수, 기말시험 점수, 종합 과제 점수에서 학생의 종합 점수를 구함
double grade(double midterm, double final, double homework)
{
    return 0.2 * midterm + 0.4 * final + 0.4 * homework;
}
```

지금까지 여러분은 main이라는 함수를 정의했습니다. 함수 대부분은 이와 비슷하게 정의합니다. 반환 타입, 함수 이름, 소괄호로 묶인 **매개변수 목록**parameter list, 중괄호로 묶인 함수의 본문 순서로 작성합니다. 다른 함수를 반환하는 함수를 정의하는 방법은 좀 더 복잡합니다. 전체 내용은 A.1.2/467p를 참고하기 바랍니다.

방금 살펴본 코드에서 매개변수는 midterm, final, homework며 모두 double 타입입니다. 매개변수는 함수 안에서 지역 변수인 것처럼 동작합니다. 즉, 함수를 호출할 때 생성되고 반환할 때 소멸됩니다.

다른 변수들과 마찬가지로 매개변수는 사용하기 전에 정의해야 합니다. 하지만 매개변수는 다른 변수들과 달리 정의하는 즉시 만들어지지 않고 함수를 호출할 때만 만들어집니다. 따라서 함수를 호출할 때마다 매개변수를 초기화하는 데 사용하는 **인수**argument를 제공해야 합니다.

예를 들어 3.1/76p에서는 최종 점수를 구하는 코드를 다음처럼 작성했습니다.

```
cout ≪ "Your final grade is " ≪ setprecision(3)
     ≪ 0.2 * midterm + 0.4 * final + 0.4 * sum / count
     ≪ setprecision(prec) ≪ endl;
```

grade 함수를 사용하면 다음처럼 작성할 수 있습니다.

```
cout ≪ "Your final grade is " ≪ setprecision(3)
     ≪ grade(midterm, final, sum / count)
     ≪ setprecision(prec) ≪ endl;
```

호출하는 함수의 매개변수에 맞게 인수를 제공해야 할 뿐만 아니라 순서도 같아야 합니다. 따라서 grade 함수를 호출할 때 첫 번째 인수는 중간시험 점수, 두 번째 인수는 기말시험 점수, 세 번째 인수는 종합 과제 점수여야 합니다.

인수는 sum / count처럼 변수가 아닌 표현식도 사용할 수 있습니다. 일반적으로 인수 각각은 대응하는 매개변수를 초기화하는 데 사용하며 매개변수는 함수 내부에서 지역 변수처럼 동작합니다. 예를 들어 grade(midterm, final, sum / count)를 호출하면 grade 함수의 매개변수들은 인수 값을 직접 참조하지 않고 인수 값의 복사본으로 초기화됩니다. 매개변수가 인수 값의 복사본을 갖는 이러한 동작을 **값에 의한 호출**call by value이라고 합니다.

4.1.1 median 함수

지금부터 3.2.2/90p에서 소개한 벡터의 중앙값을 구하는 부분을 다른 관점으로 살펴볼 것입니다. 여기에서는 vector<double>에만 집중합니다. 다양한 타입의 벡터를 다루는 함수를 정의하는 방법은 8.1.1/227p에서 살펴볼 것입니다.

함수를 작성하기 위해 3.2.2/90p에서 살펴본 중앙값을 구하는 부분을 조금 바꿔봅시다.

```
// vector<double>의 중앙값을 구함.
// 함수를 호출하면 인수로 제공된 벡터를 통째로 복사
double median(vector<double> vec)
{
    typedef vector<double>::size_type vec_sz;
    vec_sz size = vec.size();

    if (size == 0)
        throw domain_error("median of an empty vector");

    sort(vec.begin(), vec.end());
    vec_sz mid = size / 2;
    return size % 2 == 0 ? (vec[mid] + vec[mid - 1]) / 2 : vec[mid];
}
```

한 가지 변화는 벡터의 이름을 homework가 아닌 vec라고 정한 것입니다. 즉, median 함수는 과제 점수의 중앙값만이 아니라 모든 벡터의 중앙값을 구할 수 있다는 의미입니다. 또한 계산이 끝나자마자 중앙값을 반환할 수 있으므로 3.2.2에서 사용했던 변수 median는 필요하지 않아 제거했습니다. 변수 size와 변수 mid는 남겨두었지만 median 함수의 지역 변수처럼 사용하므로 다른 곳에서는 접근할 수 없고 연관성도 없습니다. 이 변수들은 median 함수를 호출하면 만들어지고 반환할 때 소멸됩니다. vec_sz는 다른 목적으로 해당 이름을 사용할 때 충돌을 피하려고 지역 타입으로 정의합니다.

앞에서 살펴본 코드에서 가장 눈에 띄는 변화는 벡터가 비었을 때의 동작입니다. 3.2.2/90p에서 살펴보았듯이 이럴 때는 프로그램을 실행하는 사람에게 문제가 있음을 알려야 합니다. 이전에는 그 문제를 알려야 하는 대상과 메시지가 정해져 있었지만 이번에는 누가 어떤 목적으로 프로그램을 사용하는지 모르므로 좀 더 일반적인 문제 알림 방식이 필요합니다. 즉, 벡터가 비었을 때 **예외**^{exception}**를 던지는**^{throw} **것**입니다.

프로그램이 예외를 던지면 throw가 있는 부분에서 실행을 멈춘 후, 호출자에게 전달할 정보가 있는 **예외 객체**^{exception object}와 함께 프로그램의 또 다른 부분으로 이동합니다.

이때 전달되는 정보는 보통 예외가 발생했다는 단순 사실에 불과하므로 호출자가 무엇을 해야 하는지 충분히 파악할 수 있습니다. 앞 코드에서 던진 예외는 domain_error입니다. domain_error는 표준 라이브러리 <stdexcept> 헤더에 정의한 형식입니다. 함수의 인수가 함수가 받을 수 있는 값의 범위를 벗어났음을 보고할 때 사용합니다. 던지려는 domain_error 객체를 생

성할 때 무엇이 잘못되었는지 설명하는 문자열을 넣을 수 있습니다. 4.2.3/116p에서 살펴볼 것인데, 프로그램이 예외를 발견하면 오류 진단 후 결과를 보여주는 진단 메시지에서 해당 문자열을 사용할 수 있습니다.

함수가 어떻게 동작하는지 한 가지만 더 자세하게 살펴보겠습니다. 함수를 호출할 때 매개변수를 초깃값이 인수인 지역 변수로 생각할 수 있습니다. 그렇다면 함수를 호출하는 것은 인수를 매개변수에 복사하는 것이기도 합니다. 따라서 median 함수를 호출할 때는 인수로 사용한 벡터를 vec로 복사합니다.

median 함수라면 상당한 시간이 걸리더라도 인수를 매개변수에 복사하는 것이 유용합니다. sort 함수를 호출하여 매개변수의 값을 바꾸기 때문입니다. 인수를 복사하는 것은 sort 함수로 바꾸는 사항들이 호출자에 영향을 미치지 않도록 합니다. 벡터의 중앙값을 구하는 것이 벡터 자체를 바꾸면 안 되기 때문입니다.

4.1.2 성적 산출 방식 다시 구현하기

4.1/98p에서 살펴본 grade 함수에서는 개별 과제의 점수뿐만 아니라 종합 과제 점수를 이미 안다고 가정했습니다. 종합 과제 점수를 구하는 것은 성적을 산출하는 과정의 일부입니다. 3.1/76p에서는 평균값을 사용했고, 3.2.2/90p에서는 중앙값을 사용했습니다. 이제 4.1/99p를 바탕으로 종합 과제 점수를 구하는 부분을 함수 내부에 작성하겠습니다.

```
// 중간시험 점수, 기말시험 점수, 과제 점수의 벡터로 학생의 종합 점수를 구함.
// 이 함수는 인수를 복사하지 않고 median 함수가 해당 작업을 실행.
double grade(double midterm, double final, const vector<double>& hw)
{
    if (hw.size() == 0)
        throw domain_error("student has done no homework");

    return grade(midterm, final, median(hw));
}
```

grade 함수에는 세 가지 흥미로운 점이 있습니다. 첫 번째는 세 번째 인수의 타입으로 지정한 const vector<double>&입니다. 이 타입은 'const double 벡터를 참조'한다라고도 합니다.

보통 어떤 변수나 상수 이름이 객체를 참조한다는 것은 해당 이름이 객체의 또 다른 호칭이라는 의미이기도 합니다. 예를 들어 봅시다.

```
vector<double> homework;
vector<double>& hw = homework; // hw는 homework의 동의어
```

hw는 homework의 또 다른 이름입니다. hw로 실행하는 모든 작업은 homework와 같은 작업을 한다는 의미입니다. 반대일 때도 마찬가지입니다. 다음처럼 const를 추가해봅시다.

```
// chw는 조회만 가능한 homework의 동의어
const vector<double>& chw = homework;
```

chw는 homework의 또 다른 이름이지만 const를 사용했으므로 chw로 값을 바꾸는 어떠한 작업도 실행하지 않겠다는 약속입니다.

참조는 원본의 또 다른 이름입니다. 참조의 참조라는 것은 무의미합니다. 참조의 참조를 정의하는 것은 원본 객체의 참조를 정의하는 것과 같습니다. 예를 들어 다음처럼 코드를 작성해봅시다.

```
// hw1과 chw1은 homework의 동의어
// chw1은 조회만 가능
vector<double>& hw1 = hw;
const vector<double>& chw1 = chw;
```

hw1은 hw와 마찬가지로 homework의 또 다른 이름이고 chw1은 chw처럼 조회만 할 수 있는 homework의 또 다른 이름입니다.

const가 아닌 참조(쓰기를 허용하는 참조)를 정의할 때는 const 객체나 const 참조를 참조할 수 없습니다. const가 허용하지 않는 권한을 요청하는 것이기 때문입니다. 즉, chw를 수정하지 않기로 약속했기 때문에 다음처럼 코드를 작성할 수 없습니다.

```
vector<double>& hw2 = chw; // 오류: chw에 쓰기 권한을 요청
```

매개변수가 const vector〈double〉& 타입이면 인수를 복사하지 않고 인수에 직접 접근할 수 있도록 구현체에 요청하고 매개변수의 값을 바꾸지 않습니다. 매개변수가 const 참조이므로 const 벡터와 const가 아닌 벡터 모두를 상대로 함수를 호출할 수 있고, 매개변수가 참조 형태이므로 인수를 복사할 때의 오버헤드를 피할 수 있습니다.

두 번째 흥미로운 점은 4.1/98p에서 살펴본 것과 같은 역할을 하는 grade 함수입니다. 함수의 이름은 grade인데 내부에서 다른 grade 함수를 호출합니다. 이름이 같은 함수들을 사용하는 개념을 **오버로딩**overloading이라고 하며 많은 C++ 프로그램에서 볼 수 있습니다. 비록 두 함수의 이름이 같지만 grade 함수를 호출할 때마다 제공하는 인수 목록에서 세 번째 인수의 타입이 다르므로 서로 다른 함수라는 것을 명확하게 구분할 수 있습니다.

세 번째 흥미로운 점은 median 함수와 별개로 homework.size()가 0인지 확인하는 것입니다. median 함수에서는 중앙값을 구하려는 벡터가 비어 있으면 'median of an empty vector'라는 메시지와 함께 예외를 던집니다. 학생 성적을 구하려는 사람에게는 이 메시지는 직접적인 도움이 되지 못합니다. 따라서 상황에 맞는 예외를 던져 사용자에게 무엇이 잘못되었는지 더 많은 단서를 줄 수 있어야 합니다.

4.1.3 read_hw 함수

벡터에 과제 점수를 넣는 부분을 함수로 만든다고 생각해봅시다. 이 함수의 동작을 설계하려면 한 번에 값 2개를 반환해야 합니다. 2개의 값은 입력된 과제 점수에 해당하는 값과 입력이 제대로 일어났는지 나타내는 값입니다.

함수가 직접 하나 이상의 값을 반환하는 방법은 없습니다. 간접적인 방법은 반환하려는 값 2개 중 하나를 담은 객체의 참조를 함수의 매개변수로 지정하는 것입니다. 이 방식은 일반적으로 입력을 받는 함수에 사용합니다. 이 개념을 바탕으로 구현한 함수는 다음과 같습니다.

```cpp
// 입력 스트림에서 과제 점수를 읽어서 vector<double>에 넣음.
istream& read_hw(istream& in, vector<double>& hw) {
    // 앞으로 완성시켜야 할 부분
    return in;
}
```

4.1.2/101p에서 const vector<double>&을 매개변수로 사용하는 프로그램을 살펴보았습니다. 여기에서는 const를 떼겠습니다. const가 없는 참조 매개변수는 보통 함수의 인수로 사용하는 객체를 수정하겠다는 의미입니다. 예를 들어 다음 코드를 살펴봅시다.

```
vector<double> homework;
read_hw(cin, homework);
```

read_hw 함수의 두 번째 매개변수가 참조 타입일 때는 read_hw 함수를 호출하면 homework의 값이 변경될 수 있음을 예상해야 합니다.

함수에서 인수를 바꿀 것이 예상되므로 표현식 형태의 인수로 함수를 호출할 수는 없습니다. 대신 lvalue 인수를 참조 매개변수로 전달합니다. lvalue라는 것은 **비일시적**^{nontemporary} **객체**를 나타내는 값입니다. 예를 들어 참조인 변수 혹은 참조를 반환하는 함수를 호출했을 때 결과인 변수가 lvalue입니다. sum / count처럼 산술 값을 만드는 표현식은 lvalue가 아닙니다.

read_hw 함수의 두 매개변수는 참조이므로 함수가 두 인수의 상태를 바꿀거라고 예상할 수 있습니다. 아직 여러분은 cin이 어떻게 동작하는지 자세히 알지 못하지만 라이브러리가 입력 파일의 상태에 관해 알아야 할 모든 것을 저장하는 데이터 구조인 것으로 짐작해봅시다. 표준 입력 파일에서 입력된 값을 읽으면 파일의 상태가 바뀌므로 논리적으로 생각했을 때 cin 값도 변해야 합니다.

read_hw 함수는 참조 타입인 in을 반환합니다. 결론적으로 객체를 복사하지 않고 받은 후, 복사하지 않은 채로 반환할 것입니다. 입력 스트림을 반환하므로 다음처럼 코드를 작성할 수 있습니다.

```
if (read_hw(cin, homework)) { /* 생략 */ }
```

앞 코드는 다음과 같은 의미입니다.

```
read_hw(cin, homework);
if (cin) { /* 생략 */ }
```

지금부터는 과제 점수를 입력받는 방법을 생각해봅시다. 모든 과제 점수를 입력받아야 하므로 일단 다음 형태로 코드를 작성합니다.

```
// 아직 완성된 코드가 아님.
double x;
while (in >> x)
    hw.push_back(x);
```

앞 코드는 제대로 동작하지 않습니다. 첫 번째 이유는 여러분이 hw를 정의하지 않았다는 것입니다. hw 안에 이미 어떤 데이터가 있을지도 모릅니다. 예를 들어 많은 학생의 과제 점수를 처리하려고 함수를 사용하므로 이전 학생의 점수가 hw에 남아있을 수 있습니다. 입력받은 작업을 시작하기 전 hw.clear()를 호출하여 이러한 문제를 해결할 수 있습니다.

두 번째 이유는 반복문을 언제 멈출지 알 수 없다는 것입니다. 점수를 더 이상 읽을 수 없을 때까지 계속 반복 실행할 수 있지만 두 가지 문제점이 있습니다. EOF에 도달했을 수도 있다는 것과 입력 스트림에 점수가 아닌 다른 무언가가 있을 수도 있다는 것입니다.

EOF에 도달했다고 여길 때는 EOF 표시가 모든 데이터를 성공적으로 읽은 뒤에야 나타나므로 오류가 있을 수 있습니다. 보통 EOF 표시는 입력 시도가 실패했음을 의미합니다.

점수가 아닌 무언가를 마주쳤을 때는 라이브러리에서 입력 스트림을 **실패 상태**^{failure state}로 표시하게끔 합니다. 실패 상태라는 것은 EOF에 도달한 것과 같은 의미로, 앞으로의 입력 요청이 실패할 것입니다. 그러므로 마지막으로 읽은 과제 점수에 뒤따르는 것이 과제 점수가 아닐 때 호출자는 입력 데이터에 문제가 있다고 여깁니다.

어떤 때든 마지막 과제 점수 뒤에 있는 것을 무시하는 간편한 방법이 있습니다. EOF에 도달하면 더 이상 읽을 입력이 없습니다. 라이브러리는 다음 입력을 고려해 점수가 아닌 값을 만났다면 읽지 않은 채로 남겨둡니다. 따라서 여러분이 해야 할 것은 라이브러리에서 입력 시도를 할 수 없는 모든 상태(EOF 또는 유효하지 않은 입력)를 무시하도록 지시하는 것입니다. in 내부의 오류 상태를 재설정하려면 in.clear()를 호출해야 합니다. in.clear()는 입력이 실패하더라도 계속 코드를 실행할 것을 라이브러리에 지시합니다.

한 가지 더 알아봅시다. 첫 번째 과제 점수를 읽기 전에 이미 과제 점수 입력이 끝났거나 방금 언급한 오류 상황이 발생할 수 있습니다. 이때는 나중에 존재하지 않는 입력을 호출자가 실수로 읽지 않도록 해야 합니다. 따라서 입력 스트림에 접근하지 못하도록 사전에 막아야 합니다.

완성한 read_hw 함수는 다음과 같습니다.

```cpp
// 입력 스트림에서 과제 점수를 읽어서 vector<double>에 넣음.
istream& read_hw(istream& in, vector<double>& hw)
{
    if (in) {
        // 이전 내용을 제거.
        hw.clear();

        // 과제 점수를 읽음.
        double x;

        while (in >> x)
            hw.push_back(x);

        // 다음 학생의 점수 입력 작업을 고려해 스트림을 지움.
        in.clear();
    }
    return in;
}
```

멤버 함수 clear가 istream 객체와 벡터 객체 사이에서 완전히 다른 동작을 실행하는 것에 주의하세요. istream 객체일 때는 계속 입력을 시도할 수 있도록 오류 표시를 재설정하고, 벡터 객체일 때는 벡터에 있던 내용을 버리고 다시 빈 벡터로 만듭니다.

4.1.4 함수의 매개변수

지금까지 벡터 homework를 다루는 3개 함수(median, grade, read_hw)를 정의했습니다. 함수 각각은 목적에 맞게 서로 다른 방식으로 매개변수를 처리합니다.

함수 median(4.1.1/100p)의 매개변수는 vector<double> 타입이므로 함수를 호출하면 크기에 상관없이 인수인 벡터를 복사합니다. 이 작업은 비효율적이지만 벡터의 중앙값을 구할 때 원래 벡터가 바뀌는 것을 피할 수 있으므로 함수 median의 매개변수로 적합한 타입입니다.

벡터 homework(4.1.2/101p)를 다루는 grade 함수의 매개변수는 const vector<double>& 타입입니다. 여기에서 &는 인수를 복사하지 않도록 구현체에 요청하는 역할이고, const는 프로그램이 매개변수를 바꾸지 않도록 약속하는 역할입니다. 매개변수가 벡터나 문자열처럼 복사하는 데 시간이 많이 필요하거나 매개변수의 값을 바꾸지 않으려 할 때라면 const vector<double>& 타입을 사용하는 것이 적합합니다. 이는 프로그램을 더 효율적으로 만드는 중요한 기술입니다.

일반적으로 int나 double 같은 간단한 기본 타입 매개변수에 const 참조를 사용하는 것은 효용 가치가 낮습니다. 기본 타입 매개변수 같은 작은 객체는 값을 복사해서 전달할 때 오버헤드가 거의 없고 전달 시간도 오래 걸리지 않기 때문입니다.

함수 read_hw의 매개변수는 vector<double>& 타입입니다. const가 아님에 주의하세요. 방금 설명한 것처럼 &는 인수를 복사하지 않고 매개변수로 인수에 직접 접근할 수 있도록 구현체에 요청하는 역할입니다. 인수를 복사하지 않는 이유는 함수에서 인수의 값을 바꾸려고 하기 때문입니다.

const가 아닌 참조 매개변수에 해당하는 인수는 반드시 lvalue, 즉, 비일시적 객체여야 합니다. 반면 값으로 전달되거나 const 참조 타입인 인수는 어떠한 값도 될 수 있습니다. 예를 들어 빈 벡터를 반환하는 함수가 있다고 가정해봅시다.

```
vector<double> emptyvec()
{
    vector<double> v; // 요소가 있지 않음.
    return v;
}
```

이 함수를 호출하고 그 결과를 4.1.2/101p에서 살펴본 함수 grade의 인수로 사용해봅시다.

```
grade(midterm, final, emptyvec());
```

실행하면 함수 grade는 인수가 비었으므로 즉시 예외를 던집니다. 어쨌든 이러한 방식으로 함수 grade 호출하기를 문법적으로 허용합니다.

함수 read_hw를 호출할 때는 두 매개변수가 const가 아닌 참조 타입이므로 두 인수 모두 lvalue여야 합니다. 다음처럼 함수 read_hw에 lvalue가 아닌 벡터를 인수로 전달할 때를 살펴봅시다.

```
read_hw(cin, emptyvec()); // 오류: emptyvec()는 lvalue가 아님.
```

함수 emptyvec을 호출하여 만드는 벡터는 함수 read_hw의 실행이 끝나면 사라질 것이므로 컴파일러는 오류를 알립니다. 즉, 접근할 수 없는 객체에 입력을 저장하는 것과 같습니다.

4.1.5 함수를 사용하여 학생 성적 구하기

지금까지 작성한 함수들을 사용해서 3.2.2/90p에서 살펴본 성적 산출 프로그램을 다시 구현할 수 있습니다.

```cpp
// 라이브러리 기능을 사용하기 위한 #include 지시문와 using 선언문
// 4.1.1/100p median 함수 코드
// 4.1/98p grade(double, double, double) 함수 코드
// 4.1.2/101p grade(double, double, const vector<double>&) 함수 코드
// 4.1.3/103p read_hw(istream&, vector<double>&) 함수 코드

int main()
{
    // 학생의 이름을 묻고 읽음.
    cout << "Please enter your first name: ";
    string name;
    cin >> name;
    cout << "Hello, " << name << "!" << endl;

    // 중간시험과 기말시험의 점수를 묻고 읽음.
    cout << "Please enter your midterm and final exam grades: ";
    double midterm, final;
    cin >> midterm >> final;

    // 과제 점수를 물음.
    cout << "Enter all your homework grades, "
        "followed by end-of-file: ";
    vector<double> homework;

    // 과제 점수를 읽음.
    read_hw(cin, homework);

    // 종합 점수를 계산해 생성.
    try {
```

```
        double final_grade = grade(midterm, final, homework);
        streamsize prec = cout.precision();
        cout << "Your final grade is " << setprecision(3)
             << final_grade << setprecision(prec) << endl;
    }
    catch (domain_error) {
        cout << endl << "You must enter your grades. "
             "Please try again." << endl;
        return 1;
    }
    return 0;
}
```

이전 버전과의 차이점은 과제 점수를 읽는 방법과 종합 점수를 계산하고 출력하는 방법입니다. 여기에서는 학생의 과제 점수를 묻고 난 후 함수 read_hw를 호출하여 데이터를 읽습니다. 함수 read_hw 내부의 while문은 EOF를 만나거나 double이 아닌 유효하지 않은 데이터 값이 발생할 때까지 과제 점수를 반복해서 읽습니다.

이 프로그램에서 가장 중요하고도 새로운 개념은 try문입니다. 중괄호 속 실행문을 실행합니다. 그러다가 domain_error 예외가 발생하면 실행문의 실행을 멈추고 catch 다음에 오는 중괄호 안 실행문을 실행합니다. catch문은 발견된 예외 타입을 알려줍니다.

try와 catch 사이의 실행문이 예외를 만들지 않고 완료되면 프로그램은 catch문을 완전히 건너뛰고 다음 실행문인 return 0;으로 넘어갑니다.

try문을 작성할 때마다 의도와 다른 결과를 얻지 않도록 주의 깊게 생각해야 합니다. 일단 try와 catch 사이에 있는 모든 것이 예외를 일으킬 수 있다고 가정해야 합니다. 만약 예외가 발생하면 그 이후의 모든 연산을 건너뜁니다. 중요한 것은 때에 따라 예외 이후에 등장하는 연산이 반드시 코드 작성 시 의도했던 순서대로 이어지지 않는다는 점입니다.

예를 들어 출력 블록을 다음처럼 더 간결하게 작성했다고 가정해봅시다.

```
// 이 예제는 동작하지 않음.
try {
    streamsize prec = cout.precision();
    cout << "Your final grade is " << setprecision(3)
         << grade(midterm, final, homework) << setprecision(prec);
}
```

앞 코드는 구현체가 왼쪽에서부터 오른쪽으로 << 연산자를 실행해야 하지만 어떤 특정한 순서로 피연산자의 값을 구할 필요가 없습니다. 특히 함수 grade는 'Your final grade is'를 출력한 후에 호출할 수 있습니다. 만약 함수 grade가 예외를 일으키면 출력에 잘못된 구문이 포함될 수 있습니다. 그리고 함수 setprecision을 호출하여 출력 스트림의 정밀도를 3으로 설정한 이후 두 번째 호출에서 정밀도를 이전 값으로 재설정하지 못할 수 있습니다. 그 대신 구현체가 출력을 실행하기 전 함수 grade를 호출할 수도 있으나 구현체가 보장하는 동작은 아닙니다.

이러한 분석으로 출력 블록을 2개의 실행문으로 분리한 이유를 설명했습니다. 실제로 앞 코드의 첫 번째 실행문은 출력을 만들어내기 전에 함수 grade를 호출합니다.

실행문 하나에서 발생하는 의도치 않은 결과를 피하는 것은 매우 좋은 방법입니다. 예외를 던지는 것은 의도와는 다른 결과를 가져올 수 있습니다. 따라서 예외를 일으킬 수 있는 실행문은 입력 및 출력을 비롯하여 부수적으로 일어나는 어떠한 결과도 만들지 말아야 합니다.

앞서 작성한 main 함수를 실행하려면 프로그램이 사용하는 라이브러리 기능을 사용해야 합니다. 따라서 #include 지시문과 using 선언문이 필요합니다. 그리고 세 번째 인수가 const vector<double>& 타입인 read_hw 함수와 grade 함수를 사용합니다. 이 함수들을 정의하려고 median 함수와 인수 3개가 double 타입인 grade 함수를 사용합니다.

프로그램을 실행하려면 main 함수 이전에 적절한 순서대로 함수들을 정의했는지 확인해야 합니다. 실제로 함수 정의 확인이 끝나면 사용하기 불편할 정도로 크기가 큰 프로그램이 된 것을 알 수도 있습니다. 따라서 프로그램을 더 간결하게 파일로 분할하는 방법을 4.3/117p에서 살펴볼 것입니다. 그 전에 좋은 해결책인 데이터 구조화를 알아봅시다.

4.2 데이터 구조화

지금까지 작성한 프로그램은 학생 1명의 성적을 구하는 데 유용합니다. 하지만 해당 연산은 휴대용 계산기로 대신할 수 있을 만큼 간단합니다. 하지만 어떤 과목을 가르치는 강사라면 수강하는 모든 학생의 성적을 구해야 합니다. 강사에게 유용하도록 프로그램을 수정해보겠습니다.

학생 점수를 대화 형태로 입력받는 대신 많은 학생의 이름과 점수가 포함된 파일을 제공한다고 가정하겠습니다.

각 이름 뒤에는 중간시험 점수, 기말시험 점수, 하나 이상의 과제 점수가 차례대로 나열됩니다. 이러한 파일의 내용은 다음과 같습니다.

```
Smith 93 91 47 90 92 73 100 87
Carpenter 75 90 87 92 93 60 0 98
...
```

여러분의 프로그램은 각 학생의 종합 점수를 구성할 때 중간시험 점수는 20%, 기말시험 점수는 40%, 과제 점수의 중앙값은 40%라는 가중치를 반영합니다. 입력에 따른 출력 형태는 다음과 같습니다.

```
Carpenter              86.8
Smith                  90.4
```

화면에서 학생 이름은 알파벳 순으로 나열하고 최종 점수를 읽기 쉽게 점수를 수직으로 정렬하고자 합니다. 이러한 조건을 만족하려면 알파벳 순으로 모든 학생의 기록을 저장할 공간이 필요합니다. 또한 각 이름과 해당 점수 사이에 들어갈 공백의 개수를 결정해야 하므로 가장 긴 학생 이름을 알아야 합니다.

학생 1명의 데이터를 저장할 공간이 있다면 벡터를 사용하여 모든 학생의 데이터를 저장할 수 있습니다. 모든 학생의 데이터가 벡터에 저장되면 이를 정렬한 후 각 학생의 최종 점수를 계산하여 출력할 수 있습니다. 지금부터 학생의 데이터를 저장하는 데이터 구조를 만들고 저장한 데이터를 읽고 처리하는 몇 가지 보조 함수를 만들 것입니다. 그리고 이 함수들을 사용하여 전체 문제를 해결해봅시다.

4.2.1 학생 데이터 통합하기

각 학생의 데이터를 읽은 다음 학생 이름을 알파벳 순으로 나열하려면 이름과 점수를 한군데 모아야 합니다. 따라서 학생 1명과 관련된 모든 정보를 하나의 공간에 저장할 수 있는 방법이 필요합니다. 즉, 학생 이름, 중간시험 점수, 기말시험 점수, 모든 과제 점수를 담는 하나의 공간이 데이터 구조가 되어야 합니다.

C++에서는 데이터 구조를 다음처럼 정의합니다.

```
struct Student_info {
    string name;
    double midterm, final;
    vector<double> homework;
}; // 세미콜론을 잊지 않도록 주의
```

앞 **구조체**struct 정의에서 Student_info는 4개의 데이터 멤버가 있는 타입입니다. Student_info가 타입이므로 4개의 데이터 멤버가 있는 Student_info 타입의 객체를 각각 정의할 수 있습니다.

첫 번째 멤버는 문자열 타입의 name, 두 번째와 세 번째 멤버는 double 타입의 midterm과 final, 네 번째 멤버는 double 타입의 요소가 있는 벡터 homework입니다.

Student_info 타입의 각 객체는 학생 1명의 정보를 담습니다. Student_info는 타입이므로 앞서 여러 개의 과제 점수를 담는 데 vector<double>의 객체를 사용한 것처럼 여러 학생의 정보를 담는 데 vector<Student_info>의 객체를 사용할 수 있습니다.

4.2.2 학생 점수 관리

학생들의 점수를 다루는 개념을 처리하기 쉽게 나누면 세 단계의 개별 함수로 표현할 수 있습니다. Student_info 객체에 데이터를 입력하고, Student_info 객체의 종합 점수를 생성하고, Student_info 객체들을 요소로 갖는 벡터를 정렬해야 합니다.

Student_info 객체에 데이터를 입력하는 함수는 4.1.3/106p에서 살펴본 read_hw 함수와 비슷합니다. 사실 여기에서도 과제 점수를 읽는 데 read_hw 함수를 사용합니다. 또한 학생의 이름과 시험 점수도 읽어야 합니다.

```
istream& read(istream& is, Student_info& s)
{
    // 학생의 이름, 중간시험 점수, 기말시험 점수를 읽어 저장
    is >> s.name >> s.midterm >> s.final;
    read_hw(is, s.homework); // 학생의 모든 과제 점수를 읽어 저장
    return is;
}
```

이 함수를 read라고 이름 짓는 것이 모호하다고 생각할 수 있습니다. 하지만 두 번째 매개변수의 타입을 보면 이 함수가 읽는 것이 학생 정보라는 것을 확실하게 알 수 있습니다. 참고로 다른 종류의 구조체를 읽는 함수를 read라고 명명해도 오버로딩할 때 서로 구별할 수 있습니다.

read 함수는 read_hw 함수와 마찬가지로 2개의 참조 매개변수가 있습니다. 하나는 읽어야 할 istream이고 다른 하나는 읽은 것을 저장할 객체입니다. 매개변수 s는 참조 타입이므로 함수 안에서 s를 사용하면 전달한 인수의 상태에 영향을 줍니다.

또한 read 함수는 객체 s의 멤버인 name, midterm, final의 값을 읽고 read_hw 함수를 호출하여 과제 점수를 읽습니다. 이 과정에서 EOF에 도달하거나 입력 오류가 발생할 수 있습니다. 이때는 입력을 더 이상 받지 않고 read 함수로 돌아오며 is는 오류 상태가 될 것입니다. 만약 read_hw 함수를 호출할 때 is가 오류를 기록하고 있으면 read_hw 함수는 입력 스트림을 오류 상태 그대로 내버려 둡니다.

여러분에게 필요한 다른 함수를 살펴봅시다. 이 함수는 Student_info 객체의 최종 점수를 구합니다. 4.1.2/101p에서 정의한 grade 함수를 오버로딩하여 Student_info 객체의 종합 점수를 구하는 버전의 grade 함수를 구현해봅시다.

```cpp
double grade(const Student_info& s)
{
    return grade(s.midterm, s.final, s.homework);
}
```

이 함수는 Student_info 타입의 객체를 사용하여 double 타입의 종합 점수를 구해 반환합니다. 매개변수의 타입이 const Student_info&이므로 함수를 호출할 때 Student_info 객체를 통째로 복사하면서 발생하는 오버헤드를 피한다는 점을 유의하기 바랍니다.

또한 내부에서 호출하는 grade 함수가 일으키는 예외에 대응하지 않는 것도 유의해야 합니다. 왜냐하면 내부의 grade 함수는 이미 실행이 끝난 이후라면 예외를 다루기 위해 함수가 할 수 있는 것이 아무것도 없기 때문입니다. 어떤 예외가 발생하더라도 이 함수를 호출한 지점으로 전달될 것이고 지금 다루는 함수에서는 과제를 하지 않은 학생을 대상으로 어떤 동작을 할지 정하는데 신경 쓸 필요가 없습니다.

마지막으로 살펴볼 내용은 Student_info 객체의 벡터를 어떻게 정렬할지 정하는 것입니다. 4.1.1/100p에서 살펴본 median 함수에서는 다음처럼 라이브러리의 sort 함수를 사용하여 vector<double> 타입의 매개변수 vec를 정렬했습니다.

```
sort(vec.begin(), vec.end());
```

그렇다면 정렬하려는 데이터가 Student_info 객체들을 요소로 갖는 students라는 벡터에 있을 때 다음 같은 코드를 작성할 수 있습니다.

```
sort(students.begin(), students.end()); // 틀림!
```

앞 코드가 잘못된 이유는 무엇일까요? 6장에서 sort 함수와 다른 라이브러리 알고리즘을 더 자세히 살펴보겠지만 여기서는 sort 함수의 원리를 잠깐 생각해보도록 합시다. sort 함수는 어떻게 벡터에 있는 값들을 정렬하는 것일까요?

sort는 함수가 벡터의 요소들을 순서대로 비교할 때 < 연산자를 사용합니다. vector<double> 타입인 벡터에 sort 함수를 호출하면 < 연산자는 2개의 double 타입 값을 비교하여 알맞은 결과를 제공합니다. 그렇다면 sort 함수가 Student_info 타입의 값들을 비교할 때는 어떤 일이 일어날까요? < 연산자는 Student_info 객체에 적용할 수 없습니다. 실제로 sort 함수가 2개의 객체를 비교하려 한다면 컴파일러는 문제가 있음을 알립니다.

다행히 sort 함수는 세 번째의 선택 인수로 **서술**predicate **함수**가 있습니다. 서술 함수는 bool 타입인 진릿값을 반환하는 함수입니다. sort 함수에 세 번째 인수가 있다면 < 연산자를 사용하는 대신 세 번째 인수인 함수를 사용하여 요소들을 비교합니다. 따라서 Student_info 타입인 인수 2개가 있는 함수를 정의하여 첫 번째 인수가 두 번째 인수보다 작은지 판별해야 합니다. 학생 이름을 알파벳순으로 정렬하려면 다음처럼 학생 이름만 비교하는 함수를 작성해야 합니다.

```
bool compare(const Student_info& x, const Student_info& y)
{
    return x.name < y.name;
}
```

앞 함수는 문자열을 비교하려고 < 연산자를 제공하는 문자열 클래스에 Student_info를 비교하는 작업을 맡깁니다. 여기서 < 연산자는 일반적인 사전 순서대로 문자열을 비교합니다. 즉, 왼쪽 피연산자가 오른쪽 피연산자보다 알파벳순으로 작으면 오른쪽 피연산자보다 작다고 간주합니다. 이러한 동작은 여러분에게 가장 필요한 것입니다.

이제 sort 함수의 세 번째 인수에 compare 함수를 넣으면 벡터를 정렬할 수 있습니다.

```
sort(students.begin(), students.end(), compare);
```

sort 함수는 compare 함수를 호출하여 요소들을 비교합니다.

4.2.3 점수 보고서 만들기

이제 학생 점수를 다루는 함수들을 구현했으므로 점수 보고서를 만들 수 있습니다.

```cpp
int main()
{
    vector<Student_info> students;
    Student_info record;
    string::size_type maxlen = 0;

    // 학생 이름과 모든 점수를 읽어 저장하고 가장 긴 이름을 찾음.
    while (read(cin, record)) {
        maxlen = max(maxlen, record.name.size());
        students.push_back(record);
    }

    // 학생 정보를 알파벳순으로 정렬.
    sort(students.begin(), students.end(), compare);

    for (vector<Student_info>::size_type i = 0; i != students.size(); ++i) {
        // 이름과 오른쪽 공백을 포함하여 maxlen + 1개의 문자를 출력.
        cout << students[i].name << string(maxlen + 1 - students[i].name.size(), ' ');

        // 최종 점수를 계산하여 출력.
        try {
            double final_grade = grade(students[i]);
            streamsize prec = cout.precision();
```

```
            cout ≪ setprecision(3) ≪ final_grade
                ≪ setprecision(prec);
        }
        catch (domain_error e) {
            cout ≪ e.what();
        }
        cout ≪ endl;
    }
    return 0;
}
```

앞 코드의 몇 가지 새로운 점을 살펴보겠습니다. 첫 번째는 〈algorithm〉 헤더에서 정의한 라이브러리 함수 max의 호출입니다. 겉보기에는 max 함수의 역할을 이해하는 데 어려움이 없지만 한 가지 짚고 넘어가야 할 것이 있습니다. 8.1.3/230p에서 자세히 다루겠지만 max 함수의 두 인수는 (복잡한 이유 때문에) 같은 타입이어야 합니다. 따라서 반드시 maxlen을 int 타입이 아닌 string::size_type 타입으로 정의해야 합니다. 두 번째는 다음 표현식입니다.

```
string(maxlen + 1 - students[i].name.size(), ' ')
```

앞 표현식은 문자열 타입의 이름 없는 객체(1.1/38p)를 만듭니다. 이 객체는 maxlen + 1 - students[i].name.size()개의 공백 문자가 있습니다. 1.2/43p에서 살펴본 spaces의 정의와 비슷하지만 이 표현식에서는 변수 이름이 없다는 차이가 있습니다. 변수 이름을 생략하면서 사실상 표현식으로 객체를 정의할 수 있습니다. students[i].name 다음 이 표현식을 작성하면 students[i].name과 공백 문자를 포함하여 정확히 maxlen + 1개의 문자를 출력합니다.

for문에서는 i를 인덱스로 사용하여 한 번에 하나씩 students의 모든 요소를 거칩니다. 이 인덱스를 사용하면서 students의 요소인 Student_info 객체에 접근하여 출력할 학생의 이름을 가져옵니다. 그리고 해당 Student_info 객체의 name 멤버에 알맞게 구성된 빈 문자열을 덧붙여 출력합니다.

다음에는 각 학생의 최종 점수를 출력합니다. 학생이 숙제를 하지 않았다면 최종 점수의 계산 과정에서 예외가 발생할 것입니다. 이때 catch문에서 예외를 처리하며 최종 점수를 출력하는 대신 예외 객체의 일부를 구성하는 메시지를 출력합니다. domain_error처럼 표준 라이브러리가 정의한 모든 예외는 예외가 발생한 이유를 설명할 때 선택해서 사용하는 인수가 있습니다.

예외 각각은 what이라는 멤버 함수로 해당 인수의 내용을 복사할 수 있습니다. 앞서 살펴본 프로그램의 catch문은 grade 함수(4.1.2/101p)에서 발생하는 예외 객체에 e라는 이름을 부여하므로 what 함수를 호출해서 얻은 메시지를 출력할 수 있습니다. 여기서는 해당 메시지로 "학생이 숙제하지 않았다(student has done no homework)"는 것을 사용자에게 알려줍니다. 만약 예외가 발생하지 않으면 조작어 setprecision을 사용하여 유효숫자를 세 자리로 지정하고 grade 함수의 실행 결과를 출력합니다.

4.3 프로그램 통합하기

지금까지 학생의 성적 산출 과정에서 마주친 다양한 문제를 해결하며 여러 추상화(함수 및 데이터 구조)를 정의하였습니다. 이러한 추상화들의 올바른 동작을 확인하는 유일한 방법은 모든 정의를 하나의 파일에 저장하고 해당 파일을 컴파일하는 것입니다. 하지만 이러한 방법을 따르면 분명 프로그램은 매우 복잡해질 것입니다. 이 같은 복잡성을 줄이려고 C++를 포함한 많은 프로그래밍 언어는 **개별 컴파일**separate compilation이라는 개념을 지원합니다. 프로그램을 개별 파일에 저장하고 각 파일을 독립적으로 컴파일할 수 있습니다.

먼저 median 함수를 패키지로 만드는 방법을 살펴봅시다. median 함수의 정의문을 하나의 파일에 저장하여 별도로 컴파일할 수 있습니다. 이 파일은 median 함수가 사용하는 모든 이름의 선언을 반드시 포함해야 합니다. median 함수는 라이브러리로부터 벡터 타입, sort 함수, domain_error 예외를 가져와 사용하므로 이 기능에 적합한 헤더를 포함해야 합니다.

```
// median 함수의 소스 파일
#include <algorithm> // sort 함수의 선언을 가져옴.
#include <stdexcept> // domain_error 예외의 선언을 가져옴.
#include <vector> // vector 타입의 선언을 가져옴.

using std::domain_error;
using std::sort;
using std::vector;

// vector<double> 타입 객체의 중앙값을 구함.
// 이 함수를 호출하면 인수로 전달된 벡터 전체를 복사
double median(vector<double> vec)
```

```
{
    // 함수의 본문은 4.1.1/100p에서 정의
}
```

여느 파일과 마찬가지로 소스 파일에 이름을 지정해야 합니다. C++ 표준에서는 소스 파일의
이름을 지정하는 별다른 방법을 정하지 않았지만 일반적으로 소스 파일의 이름은 해당 내용을
반영해야 합니다. 구현체 대부분은 소스 파일의 이름을 제한합니다. 보통 소스 파일의 확장자
가 특정 형식이어야 합니다. 구현체는 파일의 확장자로 C++ 소스 파일인지 구별합니다. C++
소스 파일의 확장자는 .cpp, .C, .c로 정했으므로 구현체에 따라 median 함수를 저장하는 파
일을 median.cpp 또는 median.C 또는 median.c로 명명해야 합니다.

다음 단계는 median 함수를 다른 프로그래머가 사용할 수 있게 만드는 것입니다. 표준 라이브
러리가 정의한 이름은 헤더에 저장됩니다. 이와 같은 원리로 다른 프로그래머가 여러분이 정의
한 함수를 함수 이름으로 사용할 수 있도록 직접 **헤더 파일**header file을 만들 수 있습니다. 예를 들
면 median.h라는 파일은 median 함수를 정의한 헤더 파일일 확률이 높습니다. 헤더 파일에
median 함수가 있다면 다음과 같은 방법으로 이를 사용할 수 있습니다.

```
// median 함수를 사용하는 훨씬 좋은 방법
#include "median.h"
#include <vector>

int main() { /* 생략 */ }
```

#include 지시문를 사용할 때 꺾쇠괄호 대신 큰따옴표로 헤더의 이름을 둘러싸는 것은 컴파일
러에서 프로그램의 #include 지시문 자리에 해당 헤더 파일 내용 전체를 복사하라는 의미입
니다. 각 구현체는 헤더 파일을 찾을 위치를 결정하고 따옴표 사이에 있는 문자열과 같은 이름
의 파일이 있는지 판단합니다. 즉, 헤더 파일 median.h는 구현체가 찾는 해당 파일의 이름이
median.h라는 것을 의미합니다.

직접 만든 헤더는 헤더 파일을 조회하여 사용합니다. 하지만 구현체가 제공하는 헤더는 표준
헤더 파일이 아닌 표준 헤더를 조회하여 사용한다는 차이점을 주목해야 합니다. 헤더 파일은
모든 C++ 구현체에서 실제 파일로 존재하지만 시스템 헤더는 파일로 구현할 필요가 없기 때
문입니다.

헤더 파일이나 시스템 헤더에 접근할 때 #include 지시문을 사용하지만 모두 같은 방식으로 구현할 필요는 없습니다.

헤더 파일 안에는 무엇이 들어 있어야 하는지도 살펴봅시다. 헤더 파일 안에는 median 함수의 **선언문**declaration이 있어야 합니다. 함수를 선언하는 방법은 함수 본문 대신 그 자리에 세미콜론을 작성하는 것입니다. 또한 함수 본문과 관련이 없으므로 매개변수의 이름을 없앨 수 있습니다.

```
double median(vector<double>);
```

median.h 헤더 안에는 이러한 선언문과 선언문에서 사용하는 이름도 포함해야 합니다. 선언문에서 벡터를 사용하므로 컴파일러가 선언문을 확인하기 전 해당 이름을 사용할 수 있도록 해야 합니다.

```
// median.h
#include <vector>

double median(std::vector<double>);
```

앞 코드처럼 vector 헤더를 포함하면 median 함수의 인수를 선언할 때 std::vector라는 이름을 사용할 수 있습니다. 이때 using 선언을 하지 않고 std::vector라고 명시하는 이유가 있습니다.

일반적으로 헤더 파일에는 필요한 이름만 선언해야 합니다. 헤더 파일에 포함되는 이름을 한정하면 헤더 파일을 사용하는 프로그래머가 최대한 유연하게 프로그램을 작성할 수 있습니다. 예를 들어 median 함수를 사용하는 프로그래머가 원하는 std::vector의 참조 방식을 여러분은 알 수 없습니다. 그래서 std::vector처럼 네임스페이스와 범위 연산자를 명시한 정규화된 이름을 사용합니다. 여러분이 작성한 코드를 사용하는 프로그래머가 벡터에 관한 using 선언을 원하지 않을 수도 있습니다. 만약 헤더에서 벡터에 using 선언을 하면 해당 헤더를 포함하는 모든 프로그램은 원하든 원하지 않든 간에 std::vector의 using 선언이 있게 됩니다. 따라서 헤더 파일에서는 using 선언이 아니라 네임스페이스와 범위 연산자를 명시한 정규화된 이름을 사용해야 합니다.

마지막으로 헤더 파일은 프로그램을 컴파일할 때 파일이 두 번 이상 포함되는 것에 관한 안전성을 확인해야 합니다. 결과적으로 지금 다루는 헤더 파일은 선언문만 있으므로 이미 안전합니다. 그러나 필요에 따라서라기보다 모든 헤더 파일에 이러한 안전성을 확인하는 것이 좋은 프로그래밍 습관입니다.

다음처럼 파일에 몇 가지 전처리기 작업을 추가해봅시다.

```
#ifndef GUARD_median_h
#define GUARD_median_h

// median.h 최종 버전
#include <vector>

double median(std::vector<double>);

#endif
```

#ifndef 지시문은 GUARD_median_h가 정의되었는지 확인합니다. 이것은 **전처리기 변수**preprocessor variable의 이름으로 프로그램 컴파일 방법을 제어하는 다양한 방식 중 하나입니다. 참고로 전처리기는 이 책에서 자세하게 다루지 않습니다.

#ifndef 지시문은 주어진 이름이 정의되어 있지 않으면 #endif를 만나기 전까지 모든 것을 처리하도록 전처리기에 요청합니다. 주어진 이름은 전체 프로그램에서 고유한 것이어야 하므로 여러분이 작성한 파일의 이름과 문자열을 조합하여 GUARD_median_h라고 합시다.

프로그램에 median.h가 포함되었다면 GUARD_median_h가 정의되지 않았으므로 전처리기가 파일의 나머지 부분을 처리할 것입니다. 먼저 GUARD_median_h를 정의합니다. 그러면 이후에 median.h를 포함하더라도 중복된 결과가 나오지 않습니다.

#ifndef 구문은 파일의 맨 첫 행에 작성하는 것이 좋습니다.

```
#ifndef variable

(중략)

#endif
```

일부 C++ 구현체는 이러한 형식이 있는 파일을 감지하여 변수에 해당하는 파일이 정의되었으면 두 번째부터는 같은 파일을 읽지 않습니다.

4.4 성적 산출 프로그램 분할하기

앞서 median 함수를 개별로 컴파일하는 준비 과정을 살펴보았습니다. 이제부터는 Student_info 구조체와 관련 함수를 패키지로 만들어 봅시다.

```
#ifndef GUARD_Student_info
#define GUARD_Student_info

// Student_info.h 헤더 파일
#include <iostream>
#include <string>
#include <vector>

struct Student_info {
    std::string name;
    double midterm, final;
    std::vector<double> homework;
};

bool compare(const Student_info&, const Student_info&);
std::istream& read(std::istream&, Student_info&);
std::istream& read_hw(std::istream&, std::vector<double>&);

#endif
```

using 선언을 포함하지 않고 std::를 명시하여 표준 라이브러리의 이름을 사용합니다. 그리고 Student_info.h에서 Student_info 구조체와 밀접한 관련이 있는 compare, read, read_hw 함수를 선언합니다. Student_info 구조체를 사용할 때만 관련 함수들을 사용할 것이므로 이 함수들을 구조체 정의와 함께 패키지로 만드는 것이 좋습니다.

함수들은 다음처럼 소스 파일 하나에 정의해야 합니다.

```
// Student_info 구조체와 관련된 함수들의 소스 파일
#include "Student_info.h"

using std::istream;
using std::vector;

bool compare(const Student_info& x, const Student_info& y)
{
    return x.name < y.name;
}

istream& read(istream& is, Student_info& s)
{
    // 4.2.2/112p에서 정의함.
}

istream& read_hw(istream& in, vector<double>& hw)
{
    // 4.1.3/106p에서 정의함.
}
```

이 파일은 Student_info.h 파일을 포함하므로 함수의 선언과 정의가 모두 있습니다. 컴파일러가 선언과 정의 사이의 일관성을 검사할 수 있으므로 좋은 구성입니다. 완벽하게 검사하려면 전체 프로그램을 확인해야 하므로 이 정도 규모의 검사는 구현체 대부분에서 완전하다고 할 수 없습니다. 그렇지만 소스 파일에 해당 헤더 파일을 포함하는 것은 가치 있고 유용한 일입니다.

이 정도 규모의 검사에서 불완전성이 발생하는 원인은 한 가지입니다. 프로그래밍 언어에서는 함수의 선언과 정의를 검사할 때 반환 타입과 매개변수의 개수 및 타입이 완벽하게 일치해야 하기 때문입니다. 선언 부분과 정의 부분이 다르면 구현체는 함수가 두 가지 다른 버전으로 오버로드되었고, 누락된 정의가 다른 곳에 있을 것이라고 추정합니다. 예를 들어 4.1.1/100p에서 정의한 median 함수를 다음처럼 부정확하게 선언했다고 가정해봅시다.

```
int median(std::vector<double>); // 반환 타입이 double이어야 함.
```

컴파일러에서 median 함수를 정의한 부분을 컴파일하면서 해당 선언문을 확인한다고 생각해봅시다. median(vector<double>)의 반환 타입이 double인 동시에 int일 수 없으므로 문제가 있다고 알립니다. 대신에 다음처럼 선언했다고 가정해봅시다.

```
double median(double); // 인수 타입이 vector<double>이어야 함.
```

이때는 median(double)이 다른 어디선가 정의될 수 있으므로 컴파일러는 문제를 제기하지 않습니다.[1] 여러분이 함수를 호출하면 구현체는 결국 해당 함수의 정의문을 찾아야 하고, 해당 함수를 찾지 못했을 때 문제가 있음을 알립니다.

소스 파일에서는 using 선언이 문제가 되지 않습니다. 헤더 파일과는 달리 소스 파일에서는 using 선언을 사용하더라도 프로그램에 영향을 주지 않습니다. 소스 파일에서 using 선언을 사용하는 것은 전적으로 지역 범위를 고려한 결정[2]입니다.

마지막으로 다양하게 오버로드된 grade 함수를 선언하는 헤더 파일을 작성해봅시다.

```
#ifndef GUARD_grade_h
#define GUARD_grade_h

// grade.h
#include <vector>
#include "Student_info.h"

double grade(double, double, double);
double grade(double, double, const std::vector<double>&);
double grade(const Student_info&);

#endif
```

앞 코드처럼 오버로드된 함수를 한군데에 선언하면 모든 오버로드되는 관계를 더 쉽게 확인할 수 있습니다. 3개의 함수가 밀접하게 관련되어 있으므로 다음처럼 파일 하나에 모두 정의할 것입니다. 다시 말하지만 파일의 이름은 grade.cpp, grade.C, grade.c 등으로 구현체에 따라 다를 수 있습니다.

```
#include <stdexcept>
#include <vector>
#include "grade.h"
#include "median.h"
```

....
1 옮긴이_ 결국 함수 오버로딩은 반환 타입이 아닌 매개변수 개수 및 타입의 다양성을 지원하는 개념입니다.
2 옮긴이_ 해당 파일에만 영향을 줍니다.

```
#include "Student_info.h"

using std::domain_error;
using std::vector;

// 4.1/98p, 4.1.2/101p, 4.2.2/113p에서 각각 살펴본 grade 함수들의 정의
```

4.5 수정된 성적 산출 프로그램

마침내 여러분은 완전한 프로그램을 작성할 수 있습니다.

```cpp
#include <algorithm>
#include <iomanip>
#include <ios>
#include <iostream>
#include <stdexcept>
#include <string>
#include <vector>
#include "grade.h"
#include "Student_info.h"

using std::cin; using std::setprecision;
using std::cout; using std::sort;
using std::domain_error; using std::streamsize;
using std::endl; using std::string;
using std::max; using std::vector;

int main()
{
    vector<Student_info> students;
    Student_info record;

    string::size_type maxlen = 0; // 가장 긴 이름의 길이
                                  // 학생의 모든 데이터를 읽어 저장
                                  // 불변성: students는 지금까지 읽은 모든 학생 정보가 있음.
                                  // maxlen은 students에서 가장 긴 이름의 길이
    while (read(cin, record)) {
        // 길이가 가장 긴 이름을 찾음.
        maxlen = max(maxlen, record.name.size());
        students.push_back(record);
```

```
        }

        // 학생 정보를 알파벳 순으로 정렬
        sort(students.begin(), students.end(), compare);

        // 이름과 점수를 출력
        for (vector<Student_info>::size_type i = 0; i != students.size(); ++i) {
            // 이름과 오른쪽 공백을 포함하여 maxlen + 1개 문자를 출력
            cout << students[i].name << string(maxlen + 1 - students[i].name.size(), ' ');

            // 최종 점수를 계산하여 출력
            try {
                double final_grade = grade(students[i]);
                streamsize prec = cout.precision();
                cout << setprecision(3) << final_grade << setprecision(prec);
            }
            catch (domain_error e) {
                cout << e.what();
            }
            cout << endl;
        }
        return 0;
    }
```

이 프로그램은 늘 그렇듯이 우선 필요한 헤더를 포함하고 using 선언을 합니다. 물론 이 프로그램에서 사용할 수 있는 헤더와 선언만 작성해야 합니다. 또한 라이브러리 헤더뿐만 아니라 여러분이 작성한 헤더도 포함해야 합니다. 이러한 헤더들은 Student_info 타입의 정의문과 Student_info 객체를 다루고 최종 점수를 생성하는 데 사용하는 함수들의 선언문을 사용할 수 있도록 도와줍니다. main 함수 자체는 4.2.3/115p에서 살펴본 것과 같습니다.

4.6 핵심 정리

다음과 같은 사항들을 잘 기억해둡시다.

프로그램 구조

프로그램 구조를 만드는 데 사용하는 #include 지시문의 사용 방법은 다음과 같습니다.

- #include 〈시스템-헤더〉: 꺾쇠괄호(〈 〉)는 '시스템 헤더'를 묶습니다. '시스템 헤더'는 파일로 구현될 수도 있고 아닐 수도 있습니다.
- #include "사용자-정의-헤더-파일-이름": 사용자 정의 헤더 파일은 이름을 큰따옴표로 묶습니다. 일반적으로 사용자 정의 헤더의 접미어는 .h입니다.

헤더 파일은 #ifndef GUARD_헤더_이름이라는 지시문으로 파일을 묶어 중복 사용을 방지해야 합니다. 헤더는 내부에서 사용하지 않는 이름을 선언할 수 없습니다. 특히 using 선언문을 포함해서는 안 되며 대신에 표준 라이브러리 이름 앞에 std::를 명시해야 합니다.

타입

이 장에서 설명한 타입의 종류는 다음과 같습니다.

- T&: T 타입의 참조를 나타냅니다. 함수 내부에서 바뀌는 매개변수를 전달하는 데 가장 일반적으로 사용합니다. 이러한 매개변수의 인수는 lvalue여야 합니다.
- const T&: T 타입의 참조를 나타내며 바인딩된 값을 변경하는데 사용할 수 없습니다. 보통 매개변수를 함수로 복사하는 비용을 피하는 데 사용합니다.

구조체

구조체는 0개 이상의 멤버를 갖는 타입입니다. 구조체 타입의 객체마다 멤버별 인스턴스가 있습니다. 모든 구조체는 정의문이 있어야 합니다.

```
struct 타입-이름 {
    타입-지정자 멤버-이름;
    ...
}; // 세미콜론을 잊지 않도록 주의!
```

모든 정의문과 마찬가지로 구조체 정의문은 소스 파일당 한 번만 등장하면 되고, 일반적으로 잘 보호된 헤더 파일에 존재합니다.

함수

함수는 해당 함수를 사용하는 모든 소스 파일에서 선언해야 하며 한 번만 정의해야 합니다. 선언문과 정의문은 형태가 비슷합니다.

```
반환-타입 함수-이름 (매개변수-선언) // 함수 선언문
[inline] 반환-타입 함수-이름 (매개변수-선언) { // 함수 정의문
    // 함수 본문
}
```

여기서 '반환 타입'은 함수가 반환하는 타입이고 '매개변수 선언'은 함수의 매개변수 타입을 쉼표로 구분한 목록입니다. 함수는 호출하기 전 반드시 선언해야 합니다. 인수 각각의 타입은 상응하는 매개변수와 호환할 수 있어야 합니다. 꽤 복잡한 반환 타입이 있는 함수를 선언하거나 정의하려면 다른 문법이 필요합니다. 더 자세한 내용은 A.1.2/467p를 참고하기 바랍니다.

함수 이름은 오버로드될 수 있습니다. 같은 '함수 이름'으로 함수의 매개변수 개수 또는 타입이 서로 다른 여러 함수를 정의할 수 있습니다. 구현체는 같은 타입의 참조와 const 참조를 구별할 수 있습니다.

필요하다면 함수 정의문에 inline을 붙일 수 있으며 상황에 따라 함수 호출을 인라인으로 확장하도록 컴파일러에 요청합니다. 즉, 함수 호출의 오버헤드를 피하려고 함수 호출 각각을 함수 본문의 복사본으로 치환합니다. 이때 컴파일러가 함수의 정의문을 파악하고 있어야 하므로 인라인 함수는 일반적으로 소스 파일이 아닌 헤더 파일 내부에 정의합니다.

예외 처리

예외 처리와 관련된 구문은 다음과 같습니다.

- try { // 코드: 예외를 던질 수 있는 코드 블록을 시작합니다.
- } catch(t) { /* 코드 */ }: try문 실행을 끝내고 t 타입에 해당하는 예외를 처리합니다. catch문 다음 코드에서는 t에 해당하는 예외를 처리할 모든 동작을 실행합니다.
- throw e:: e 값을 반환하며 현재 함수를 종료합니다.

예외 클래스

라이브러리는 몇 가지 예외 클래스를 정의합니다. 각 예외 클래스의 이름으로부터 발생한 문제의 종류를 추측할 수 있습니다.

- logic_error
- domain_error
- invalid_argument
- length_error
- out_of_range
- runtime_error
- range_error
- overflow_error
- underflow_error

참고로 e.what( )은 오류를 일으킨 상황을 알려주는 값을 반환합니다.

라이브러리 기능

라이브러리의 기능에는 다음 같은 것이 있습니다.

- s1 〈 s2: 문자열 s1과 s2를 사전 순서대로 비교합니다.
- s.width(n): 다음 출력 동작을 위해 스트림 s의 너비를 n으로 설정합니다. n을 생략하면 스트림 s의 너비를 그대로 둡니다. 출력물은 왼쪽부터 주어진 너비만큼 채워진 공백입니다. 이전 너비를 반환합니다. 표준 출력 연산자는 기존 너비 값을 사용한 후 width(0)를 호출하여 너비를 다시 설정합니다.
- setw(n): 출력 스트림 s의 내용을 출력할 때 s.width(n)을 호출한 효과가 있는 streamsize 타입 (3.1/76p) 값을 반환합니다.

연습문제

4-0. 이 장에서 살펴본 프로그램들을 컴파일하고 실행하여 결과를 확인해보세요.

4-1. 4.2.3/116p에서는 max 함수를 호출할 때 인수의 타입들이 정확히 같아야 한다는 점을 언급했습니다. 다음 코드는 올바르게 동작할까요? 문제가 있다면 어떻게 해결할 수 있을까요?

```
int maxlen;
Student_info s;
max(s.name.size(), maxlen);
```

4-2. 1~100까지의 정숫값 제곱을 계산하는 프로그램을 작성해보세요. 이 프로그램은 2개 열을 출력해야 합니다. 첫 번째 열은 값을 나열하고 두 번째 열은 해당 값을 제곱한 결과를 나열합니다. 값들을 열에 맞춰 정렬시키는 데는 setw 함수를 사용하도록 출력을 처리해보세요.

4-3. [연습문제 4-2]에서 다룬 프로그램을 수정해 1000까지의 제곱값을 계산한다고 생각해봅시다. 이때 setw 함수의 인수가 제대로 변경되지 않으면 어떤 상황이 일어날까요? setw 함수의 인수 대신에 임의의 변수를 사용해 열에 맞춰 정렬시키는 방법을 사용보세요.

4-4. 여러분이 작성한 제곱 값을 구하는 프로그램에서 int 값 대신 double 값을 사용하도록 바꿔보세요. 또한 값들을 열에 맞춰 정렬시킬 때 조작어를 사용하도록 출력을 처리해보세요.

4-5. 입력 스트림에서 단어들을 읽어 벡터에 저장하는 함수를 작성해보세요. 이 함수를 사용하여 입력한 단어의 개수를 세는 프로그램을 작성해보고 각 단어가 몇 번이나 등장하는지 계산해보세요.

4-6. 이 장에서 살펴본 프로그램의 학생 입력을 읽는 과정에서 학생 각각의 점수들을 계산하고 최종 점수만 저장하도록 Student_info 구조체, read 함수, grade 함수를 다시 작성해보세요.

4-7. vector<double> 객체에 저장된 수들의 평균을 계산하는 프로그램을 작성해보세요.

4-8. 다음 코드에서 오류가 발생하지 않는다면 f의 반환 타입을 어떻게 추측할 수 있을까요?

```
double d = f()[n];
```

CHAPTER 5

순차 컨테이너와 문자열 분석

지금까지 C++의 기본 영역부터 문자열과 벡터 클래스까지 학습했습니다. 여러분은 이제껏 배운 것들로 많은 문제를 해결할 수 있습니다. 이 장에서는 지금까지 배운 것을 확장하여 라이브러리를 사용하는 방법을 더 깊이 이해할 것입니다. 계속해서 살펴보겠지만 라이브러리가 제공하는 기능들은 여러분이 지금까지 살펴본 것보다 더 복잡한 문제를 해결할 수 있습니다.

표준 라이브러리는 유용한 데이터 구조와 함수를 제공할 뿐만 아니라 일관된 아키텍처를 반영합니다. 따라서 한 종류의 컨테이너가 어떻게 동작하는지 학습했다면 모든 라이브러리 컨테이너를 다루는 방법을 이해할 수 있습니다.

예를 들어 이 장의 후반부에 이르면 여러분은 문자열을 벡터처럼 사용할 수 있을 것입니다. 하나의 라이브러리로 만들 수 있는 다양한 연산은 다른 라이브러리에서도 논리적으로 똑같이 이루어집니다. 라이브러리는 이 같은 연산이 다른 유형의 라이브러리에서도 같은 방식으로 동작하도록 구성됩니다.

5.1 학생 분류

4.2/110p에서 다룬 성적 산출 문제를 다시 논의해봅시다. 이번에는 모든 학생의 최종 점수를 계산하는 것뿐만 아니라 어떤 학생들이 과락 대상인지도 알아볼 것입니다. 학생 정보가 있는 벡터에서 어떤 과목의 기준 점수를 통과하지 못한 학생들의 정보를 추출하여 다른 벡터에 저장

하고, 원래의 벡터에서 과락한 학생들의 데이터를 제거하여 해당 과목의 기준 점수를 통과한 학생들의 정보만 남겨봅시다.

우선 학생의 과락 여부를 판별하는 간단한 함수를 작성해보겠습니다.

```
// 학생의 과락 여부를 결정하는 서술 함수
bool fgrade(const Student_info& s)
{
    return grade(s) < 60;
}
```

최종 점수를 계산하는 데 4.2.2/113p의 grade 함수를 사용하고 과락 기준을 60점 미만으로 정했습니다.

주어진 문제를 가장 직접적으로 해결하는 방법은 해당 과목의 기준 점수를 통과한 학생과 통과하지 못한 학생의 벡터를 각각 만들고, 학생 각각의 정보를 조사하여 두 벡터 중 하나에 넣는 것입니다.

```
// 첫 번째 버전: 기준 점수를 통과한 학생과 통과하지 못한 학생의 정보를 분류
vector<Student_info> extract_fails(vector<Student_info>& students)
{
    vector<Student_info> pass, fail;

    for (vector<Student_info>::size_type i = 0; i != students.size(); ++i) {
        if (fgrade(students[i]))
            fail.push_back(students[i]);
        else
            pass.push_back(students[i]);
    }
    students = pass;
    return fail;
}
```

물론 앞 프로그램을 컴파일하려면 사용하려는 이름에 해당하는 #include 지시문과 using 선언을 추가해야 합니다. 앞으로 책에서 제시하는 코드에는 새로운 헤더가 등장하지 않는 이상 사용하는 이름의 #include 지시문와 using 선언을 포함하지 않을 것입니다.

extract_fails 함수는 4장에서 살펴본 내부에 read_hw 함수를 포함하는 read 함수와 마찬가지 개념입니다. 실제로 2개의 벡터를 만듭니다. 하나는 extract_fails 함수가 반환하는 과락 학생의 정보가 있는 벡터고, 다른 하나는 extract_fails 함수를 호출할 때 부수적으로 생성하는 기준 점수 통과 학생의 정보가 있는 벡터입니다. extract_fails 함수의 매개변수는 참조 타입이므로 매개변수를 바꾸면 인수에 반영됩니다. extract_fails 함수가 끝나면 인수로 전달된 벡터는 해당 과목의 기준 점수를 통과한 학생의 정보만 있습니다.

extract_fails 함수는 2개의 벡터를 만들어 기준 점수를 통과한 학생과 통과하지 못한 학생의 데이터를 각각 보유합니다. extract_fails 함수에서는 students 벡터의 각 요소를 조회하여 학생의 최종 점수에 따라 해당 요소의 복사본을 pass 벡터나 fail 벡터에 추가합니다.

for문 실행이 끝나면 pass 벡터를 students 벡터에 복사하고 fail 벡터를 반환합니다.

5.1.1 요소 제거

extract_fails 함수는 여러분이 원하는 대로 꽤 효율적으로 실행되지만 단점이 있습니다. for문을 실행한 직후에는 pass 벡터와 fail 벡터를 만들었어도 원본 벡터는 여전히 남아있으므로 각 학생의 정보를 2개씩 보관하려면 충분한 메모리 공간이 필요합니다.

필요 없는 여러 개 데이터 복사본을 유지하지 않도록 만들어봅시다. 한 가지 방법은 pass 벡터를 아예 없애는 것입니다. 2개의 벡터를 만드는 대신 반환하려는 fail 벡터 하나만 만들 것입니다. students 벡터에 있는 학생 각각의 정보에서 최종 점수를 계산하여 기준 점수를 통과한 학생의 정보만을 남기고 과락 학생의 정보는 복사본을 fail 벡터에 추가한 후 students 벡터에서 제거할 것입니다.

이러한 방식을 따르려면 벡터의 요소를 제거하는 기능을 사용할 수 있어야 합니다. 단, 벡터에서 요소를 제거하는 작업은 대용량의 입력 데이터를 처리할 때 속도가 느리다는 단점이 있습니다. 만약 여러분이 처리하는 데이터가 엄청나게 커진다면 성능은 그에 비례해서 엄청나게 나빠집니다.

예를 들어 모든 학생이 어떤 과목의 기준 점수를 통과하지 못한다면 함수의 실행 시간은 학생 수의 제곱에 비례하여 증가할 것입니다. 즉, 100명의 학생으로 구성된 수업의 과락 여부를 구분할 때는 학생 1명의 과락 여부를 처리하는 것보다 10,000배 더 오래 걸릴 것입니다. 문제는 입력한 학생 정보가 빠르게 데이터에 임의로 접근할 수 있도록 최적화된 벡터라는 공간에 저장되어 있다는 것입니다. 이러한 최적화를 얻는 대신 벡터의 끝 이외 위치에 요소를 삽입하거나 제거할 때 성능이 나빠질 수 있습니다.

성능 문제를 해결할 수 있는 두 가지 방법이 있습니다. 알고리즘에 더 적합한 데이터 구조를 사용하는 것과 오버헤드를 피하는 더 똑똑한 알고리즘을 사용하는 것입니다. 지금부터 5.5.2/148p까지는 알고리즘에 더 적합한 데이터 구조를 사용하는 방법으로 프로그램을 구현할 것입니다. 더 똑똑한 알고리즘을 사용하는 방법은 6.3/191p에서 살펴보겠습니다.

성능 문제를 해결하는 방법이 필요한 이유를 이해하기 전에 성능이 좋지 않은 코드를 먼저 살펴봅시다.

```cpp
// 두 번째 버전: 원하는 결과를 얻을 수 있지만 성능 저하가 우려됨.
vector<Student_info> extract_fails(vector<Student_info>& students)
{
    vector<Student_info> fail;
    vector<Student_info>::size_type i = 0;

    // 불변성: students 벡터의 [0, i) 범위에 있는 요소들은 과목을 통과한 학생들의 정보
    while (i != students.size()) {
        if (fgrade(students[i])) {
            fail.push_back(students[i]
        };
        students.erase(students.begin() + i);
    }
    else
        ++i;
    }
    return fail;
}
```

이 함수에서는 어떤 과목의 기준 점수를 통과하지 못한 학생들의 정보를 복사할 fail 벡터를 만듭니다. 그다음 students 벡터의 인덱스로 사용할 변수 i를 정의합니다. 그리고 students 벡터 안 요소를 전부 확인할 때까지 요소의 처리 과정을 반복 실행합니다.

students 벡터 각 요소의 과락 여부를 판별하여 과락이라면 fail 벡터에 해당 요소를 복사하고 students 벡터에서 제거해야 합니다. students[i]의 복사본을 fail 벡터에 추가하려고 push_back 함수를 호출합니다.

새롭게 살펴볼 것은 students 벡터에서 요소를 제거하는 방법입니다.

```
students.erase(students.begin() + i);
```

벡터 타입은 벡터에서 요소를 제거하는 역할인 erase라는 멤버 함수가 있습니다. erase 함수의 인수는 제거하려는 요소를 가리킵니다. students[i].erase() 같은 형태의 erase 함수는 존재하지 않습니다. 5.5/145p에서 살펴볼 수 있듯이 모든 컨테이너가 인덱스를 지원하는 것이 아닙니다. 따라서 라이브러리가 모든 컨테이너에서 같은 방식으로 동작하는 형태의 erase 함수를 제공하는 것이 더 유용합니다. erase 함수의 인수 타입은 5.2.1/139p에서 다루겠습니다. 지금 알아야 할 것은 students.begin()이 반환한 값에 인덱스를 더하여 제거할 요소를 가리킬 수 있다는 점입니다. students.begin()은 벡터의 첫 번째 요소(인덱스가 0인 요소)를 가리키는 값을 반환합니다. 그 값에 i와 같은 정수를 더한 결과는 인덱스가 i인 요소를 가리킵니다. 이렇게 erase 함수를 호출하면 students 벡터의 i번째 요소가 제거되는 것을 확인할 수 있습니다.

다음 그림처럼 벡터에서 요소 하나를 제거하면 이제 벡터는 이전보다 하나 더 적은 요소를 갖습니다.

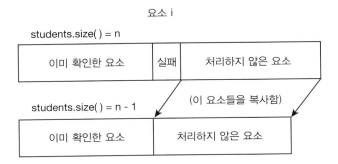

erase 함수는 벡터의 크기를 바꿀 뿐만 아니라 인덱스가 i인 요소를 제거하여 i가 순차열의 다음 요소를 가리키게 만듭니다. i 이후의 모든 요소는 하나 앞의 인덱스로 각각 복사됩니다. 따라서 i를 바꾸지 않아도 다음 요소를 가리키도록 인덱스를 조정하는 효과를 얻을 수 있으므로 i를 증가시켜 while문의 다음 반복 처리를 실행하면 안 됩니다.

만약 벡터의 요소가 과락 대상이 아니라면 해당 요소는 students 벡터에 남겨야 합니다. 이때는 i를 증가시켜서 while문의 다음 반복 처리에서 순서상 다음 요소를 참조하도록 만들어야 합니다.

students 벡터의 모든 요소를 확인했는지 알려면 i와 students.size()를 비교하면 됩니다. 벡터에서 요소 하나를 제거하면 벡터는 이전보다 하나 더 적은 요소를 갖습니다. 따라서 각 반복 처리에 앞서 조건문으로 students.size 함수를 호출하는 것이 중요합니다. 그 대신 벡터 크기를 사전에 계산하여 변수 size에 저장할 때를 생각해봅시다.

```
// 이 코드는 잘못된 최적화 때문에 제대로 동작하지 않음.
vector<Student_info>::size_type size = students.size();

while (i != size) {
    if (fgrade(students[i])) {
        fail.push_back(students[i]);
        students.erase(students.begin() + i);
    }
    else
        ++i;
}
```

erase 함수를 호출하면 students 벡터에 있는 요소 개수가 변하므로 앞 코드는 제대로 동작하지 않습니다. 벡터 크기를 사전에 계산하고 해당 과목의 기준 점수를 통과하지 못한 몇몇 학생 정보를 제거할 때는 필요 이상으로 students 벡터를 탐색할 것이고 최종적으로 students[i]는 존재하지 않는 요소일 것입니다. 참고로 size 함수 호출은 일반적으로 빠르게 처리되므로 size 함수를 호출할 때 우려되는 오버헤드는 무시할 수 있습니다.

5.1.2 순차적 접근 vs 임의적 접근

앞서 살펴본 두 가지 버전의 extract_fails 함수는 컨테이너를 사용하는 많은 프로그램과 확연히 드러나지 않는 한 가지 속성을 공유합니다. 각 extract_fails 함수는 컨테이너 요소에 순차적으로 접근한다는 점입니다. 즉, 두 extract_fails 함수는 학생 각각의 정보를 순서대로 탐색하여 처리합니다.

이러한 속성이 코드에서 확연히 드러나지 않는 이유는 extract_fails 함수에서 정수 i를 사용하여 students 벡터의 각 요소에 접근하기 때문입니다. 즉, 임의로 i 값을 바꿀 수 있으므로 컨테이너에 순차적으로 접근하려면 i 값에 영향을 줄 수 있는 모든 연산과 그에 따른 영향을 살펴봐야만 합니다. 또 다른 측면에서 살펴보면 students 벡터 요소에 접근하는 데 students[i]로 표기하는 것은 순차적이 아닌 어떠한 순서로든 students 벡터 요소에 접근할 수 있음을 암묵적으로 밝힌 셈입니다.

컨테이너 요소에 접근하는 순서를 주목해야 하는 이유는 다음과 같습니다.

- 서로 다른 타입의 컨테이너는 성능도 서로 다르다.
- 서로 다른 연산을 지원한다.

프로그램이 사용하려는 어떤 연산이 특정 타입의 컨테이너에서만 효율적이라면 해당 컨테이너를 사용하여 프로그램의 성능을 더 향상시킬 수 있습니다.

다시 말해 extract_fails 함수는 단지 순차적 접근만 필요로 하므로 임의로 요소에 접근하는 기능이 있는 인덱스를 사용할 필요가 없습니다. 대신 순차적 접근만을 지원하는 연산으로 컨테이너의 요소에 제한적으로 접근하도록 extract_fails 함수를 다시 작성할 것입니다. 이를 위해 C++ 라이브러리는 라이브러리가 제어할 수 있는 방식으로 데이터 구조에 접근할 수 있게끔 반복자라는 타입을 제공합니다. 라이브러리는 반복자를 이용해 프로그램이 효율적으로 구현되도록 돕습니다.

5.2 반복자

앞서 언급한 내용을 구체적으로 이해하기 위해 extract_fails 함수를 실제로 사용하는 컨테이너 연산을 살펴보겠습니다.

첫 번째 연산은 인덱스 i를 사용하여 Student_info 타입의 값을 가져오는 것입니다. 예를 들어 fgrade(students[i])는 students 벡터의 i번째 요소를 가져와서 fgrade 함수에 전달하는 동작을 실행합니다. i를 인덱스로만 사용하여 students 벡터 요소에 순차적으로 접근합니다. i로 실행하는 연산은 i와 벡터의 크기를 비교할 때와 i를 증가시킬 때뿐입니다.

```
while (i != students.size()) {
    // 여기까지 i 값은 변하지 않음.
    i++;
}
```

이런 방식으로 i를 사용하면 컨테이너 요소에 순차적으로 접근할 수 있습니다.

하지만 유감스럽게도 라이브러리가 이러한 의도를 알 방법은 없습니다. 이럴 때는 인덱스 대신에 반복자를 사용해 라이브러리가 상황을 알게 할 수 있습니다. **반복자**iterator는 다음 같은 역할을 합니다.

- 컨테이너와 컨테이너 내부 요소를 식별합니다.
- 해당 요소에 저장된 값을 검사할 수 있습니다.
- 컨테이너 내부 요소 사이의 이동 연산을 제공합니다.
- 컨테이너를 효율적으로 사용하도록 연산을 제한합니다.

반복자는 인덱스와 비슷하게 동작하므로 인덱스를 사용하는 프로그램에서 반복자를 사용하도록 수정할 수 있습니다. Student_info 타입의 학생 정보가 있는 students 벡터를 가정하고 학생들의 이름을 어떻게 cout으로 출력할 수 있는지 살펴봅시다. 우선 살펴볼 방법은 다음 코드처럼 인덱스를 사용하여 반복 실행하는 것입니다.

```
for (vector<Student_info>::size_type i = 0; i != students.size(); ++i)
    cout << students[i].name << endl;
```

반복자를 사용한다면 다음처럼 수정할 수 있습니다.

```
for (vector<Student_info>::const_iterator iter = students.begin();
        iter != students.end(); ++iter) {
    cout << (*iter).name << endl;
}
```

이 코드에는 많은 개념이 적용되었으므로 하나씩 차근차근 살펴봅시다.

5.2.1 반복자 타입

벡터와 같은 모든 표준 컨테이너는 2개의 반복자 타입을 정의합니다.

```
container-type::const_iterator
container-type::iterator
```

여기서 container-type 자리에는 vector<Student_info>처럼 컨테이너 요소 타입을 포함하는 컨테이너 타입이 들어갑니다. 반복자를 사용하여 컨테이너에 저장된 값을 바꾸려면 iterator 타입을 사용하고, 값을 읽기만 하려면 const_iterator 타입을 사용합니다.

추상화는 선택적 무시입니다.[1] 반복자의 특정 타입에 관한 세부 사항은 복잡할 수 있지만 이러한 세부 사항을 이해할 필요는 없습니다. 여러분이 알아야 할 것은 반복자 타입을 참조하는 방법과 반복자가 허용하는 연산입니다. 해당 타입의 구현을 알 필요는 없습니다. 변수 iter의 정의를 예로 들어 봅시다.

```
vector<Student_info>::const_iterator iter = students.begin();
```

앞 코드는 iter가 vector<Student_info>::const_iterator 타입이라는 것을 알려줍니다. iter가 실제로 어떤 타입인지는 정확히 알 수 없고(그것은 벡터의 구현 세부 사항입니다) 알아야 할 필요도 없습니다. 여러분이 알아야 할 것은 vector<student_info>가 벡터 요소를 읽기만 하는데 사용할 수 있는 타입을 정의하는 const_iterator라는 멤버가 있다는 점입니다.

여러분이 알아야 할 다른 한 가지는 iterator 타입에서 const_iterator 타입으로 자동 변환할 수 있다는 점입니다. 이후 알게 되겠지만 students.begin()은 iterator 타입을 반환합니다. 하지만 변수 iter는 const_iterator으로 정의되었습니다. 변수 iter를 students.begin()의 값으로 초기화하려고 구현체는 iterator 타입 값을 const_iterator 타입 값으로 바꿉니다. 이를 바꿀 때는 단방향입니다. 즉, iterator 타입을 const_iterator 타입으로 변환할 수는 있지만 그 반대로 바꿀 수는 없습니다.

---

1 옮긴이_ 추상화는 고려해야 할 문제를 보는 관점에 따라 무시할 것들을 결정합니다. 이는 가까이 있는 개념에 집중하고 그 너머의 모든 것을 무시한다는 의미입니다. 예를 들어 여러분이 자동차를 운전할 때는 엔진의 동작 원리를 알 필요가 없지만 자동차를 수리하는 입장에서는 필수로 알아야 하는 것과 같습니다.

5.2.2 반복자 연산

변수 iter를 정의할 때는 students.begin()의 값을 할당합니다. 이전에 여러분은 begin 함수와 end 함수를 사용한 적이 있으므로 이들이 무엇을 하는 함수인지 알 것입니다. 이 함수들은 컨테이너의 첫 번째 요소 또는 마지막 요소의 다음을 나타내는 값을 반환합니다.

앞으로 컨테이너를 다루면서 마지막 요소의 '다음' 또는 마지막 요소 '이후'라고 줄기차게 표현하는 이유는 8.2.7/240p에서 살펴볼 것입니다. 지금 당장 알아둘 것은 begin 함수와 end 함수가 컨테이너에 관한 반복자 타입 값을 반환한다는 사실입니다. 즉, begin 함수는 컨테이너의 첫 번째 요소를 가리키는 vector<Student_info>::iterator 타입 값을 반환하므로 iter의 초깃값은 students 벡터의 첫 번째 요소를 참조합니다. 다음으로 컨테이너 끝에 도달했는지 확인하는 for문의 조건을 살펴봅시다.

```
iter != students.end()
```

앞서 언급한 대로 end 함수는 컨테이너의 마지막 요소 이후를 나타내는 값을 반환합니다. begin 함수와 마찬가지로 end 함수가 반환하는 값은 vector<Student_info>::iterator 타입입니다. 여러분은 const든 아니든 2개의 반복자가 다른 값(혹은 같은 값)을 갖는지 비교할 수 있습니다. iter와 students.end()의 반환 값이 같으면 for문 실행이 종료됩니다.

for문 헤더의 마지막 표현식인 ++iter는 반복자를 증가시켜 students 벡터의 다음 요소를 참조하도록 만듭니다. 표현식 ++iter에서는 반복자 타입에 오버로드된 증가 연산자를 사용합니다. 이 증가 연산자는 반복자의 값을 컨테이너의 다음 요소로 바꾸는 역할입니다. 여러분은 이 증가 연산자가 어떻게 동작하는지 알지 못하며 신경 쓸 필요도 없습니다. 여러분이 알아야 할 것은 증가 연산자를 사용하면 반복자가 컨테이너의 다음 요소를 가리킨다는 사실입니다.

for문의 본문에서는 iter는 출력하려는 students 벡터 요소를 가리켜야 합니다. 따라서 해당 요소에 접근하려고 **역참조**^{dereference} **연산자** *를 호출합니다. * 연산자를 반복자에 사용하면 lvalue(4.1.3/104p)를 반환합니다. lvalue는 반복자가 참조하는 요소입니다. 따라서 다음 같은 출력문으로 현재 요소의 name 멤버를 표준 출력에 넣을 수 있습니다.

```
cout << (*iter).name
```

앞 코드처럼 보통의 연산자 우선순위를 무시하려면 괄호가 필요합니다. *iter는 반복자 iter 가 가리키는 값을 반환합니다. '.'의 우선순위는 *의 우선순위보다 높습니다. * 연산을 .의 왼쪽 피연산자에만 적용하려면 *iter를 괄호로 묶어 (*iter)처럼 작성해야 합니다. 만약 *iter.name으로 작성하면 컴파일러는 *(iter.name)으로 받아들여 처리합니다. *(iter. name)은 iter 객체의 name 멤버를 가져와서 역참조 연산자를 적용하라는 의미입니다. iter 는 name이라는 멤버를 갖지 않으므로 컴파일러는 문제가 있음을 알릴 것입니다. (*iter). name이라고 작성하면 *iter 객체의 name 멤버를 참조할 수 있습니다.

5.2.3 문법적 편의

앞서 살펴본 코드에서는 반복자를 역참조하여 반환된 값에서 구성 요소 하나를 가져왔습니다. 이러한 연산 조합은 아주 일반적으로 사용하므로 약어로 표현할 수 있습니다.

```
(*iter).name
```

앞 코드를 다음처럼 작성할 수 있습니다.

```
iter->name
```

이런 문법적 편의를 사용해 5.2/138p 마지막에 다룬 예제를 다시 작성하면 다음과 같습니다.

```
for (vector<Student_info>::const_iterator iter = students.begin();
        iter != students.end(); ++iter) {
    cout << iter->name << endl;
}
```

5.2.4 students.erase(students.begin() + i)

반복자를 충분히 이해했으므로 이제는 5.1.1/134p 프로그램에서 살펴본 다음 코드를 완벽하게 해석할 수 있습니다.

```
students.erase(students.begin() + i);
```

여러분은 students.begin()의 반환 값이 students 벡터의 첫 번째 요소를 참조하는 반복자인 것과 students.begin() + i가 students 벡터의 i번째 요소를 참조하는 것임을 이미 압니다. 여기에서는 students.begin()과 i의 타입에 관한 + 연산자 정의로 students.begin() + i를 이해하는 것이 중요합니다. 즉, + 연산자의 의미는 반복자와 인덱스의 타입에 따라 달라집니다.

만일 students가 인덱스를 이용한 임의적 접근을 지원하지 않는 컨테이너라면 students.begin()은 + 연산을 지원하지 않는 타입을 반환할 것입니다. 이때 students.begin() + i는 컴파일할 수 없습니다. 이러한 컨테이너는 반복자를 사용한 순차적 접근을 허용하면서 요소에 임의적 접근하는 것을 차단할 수 있습니다.

5.3 인덱스 대신 반복자 사용하기

여러분이 반복자에 관해 알게 된 사실과 이번에 알게 될 새로운 개념 한 가지를 사용하면 인덱스를 전혀 사용하지 않고 다음처럼 extract_fails 함수를 다시 구현할 수 있습니다.

```cpp
// 세 번째 버전: 인덱스 대신 반복자를 사용하지만 여전히 성능 저하가 우려됨.
vector<Student_info> extract_fails(vector<Student_info>& students)
{
    vector<Student_info> fail;
    vector<Student_info>::iterator iter = students.begin();
    while (iter != students.end()) {
        if (fgrade(*iter)) {
            fail.push_back(*iter);
            iter = students.erase(iter);
        }
        else
            ++iter;
    }
    return fail;
}
```

우선 이전 버전과 같이 fail 벡터를 정의합니다. 그리고 인덱스 대신 students 벡터 요소를 탐색하는데 사용할 반복자 iter를 다음처럼 정의합니다.

```
vector<Student_info>::iterator iter = student.begin();
```

iter는 erase 함수를 호출하여 students 벡터를 수정할 때 사용할 것입니다. 따라서 const_iterator 대신 iterator 타입으로 지정합니다. iter를 초기화하면 students 벡터의 첫 번째 요소를 가리킵니다.

while문은 students 벡터의 모든 요소를 탐색할 때까지 계속 실행됩니다. iter가 컨테이너 요소를 가리키는 반복자이므로 *iter는 해당 요소 값이라는 것을 기억하기 바랍니다. 학생의 과락 여부를 결정하려고 *iter를 fgrade 함수에 전달합니다. 해당 과목의 기준 점수를 통과하지 못한 학생의 정보를 복사하여 fail 벡터에 추가하는 코드도 같은 방식으로 바꾼 것입니다.

```
fail.push_back(*iter) ; // 요소를 얻으려고 반복자를 역참조
```

앞 코드는 다음 코드 대신 작성한 것입니다.

```
fail.push_back(students[i]); // 요소를 얻으려고 벡터에 인덱스를 사용
```

이제는 반복자를 직접 전달하므로 erase 함수는 다음처럼 더 간단하게 작성할 수 있습니다.

```
iter = students.erase(iter);
```

즉, 더는 students.begin( )에 인덱스 i를 더하는 방식으로 반복자를 구할 필요가 없습니다.

지금부터 알게 될 새로운 개념은 지극히 중요하지만 간과하기 쉽습니다. iter에 erase 함수가 반환하는 값을 할당하는 것은 어떤 의미일까요? 여러분은 iter가 가리키는 요소를 제거하는 것이 해당 반복자를 무효로 만든다는 점을 명확하게 이해해야 합니다. students.erase(iter)를 호출하면 iter가 가리키는 요소가 사라졌으므로 iter는 더 이상 같은 요소를 참조할 수 없습니다. 사실 erase 함수를 호출하면 벡터에서 제거된 요소의 순서상 다음 요소들

을 참조하는 모든 반복자를 무효로 만듭니다. 5.1.1/135p에서 살펴본 그림을 다시 확인해보면 '실패'로 표시한 요소를 제거한 후 해당 요소는 사라지고 그 이후의 각 요소가 이동하는 것을 바로 알 수 있습니다. 요소들이 이동했을 때는 해당 요소들을 참조하는 반복자의 의미가 사라집니다.

다행히도 erase 함수는 제거한 요소의 순서상 다음 요소를 가리키는 반복자를 반환합니다. 따라서 다음 코드를 실행하면 iter는 제거한 요소의 순서상 다음 요소를 가리키며 이는 정확하게 여러분에게 꼭 필요한 동작입니다.

```
iter = students.erase(iter);
```

해당 요소가 과목의 기준 점수를 통과한 학생의 정보라면 iter를 증가시켜서 순서상 다음 요소를 가리키도록 합니다. iter의 증가는 else문에서 이루어집니다.

while문을 순환할 때마다 students.end()의 값을 구하지 않고 5.1.1/136p처럼 students.end()의 값을 미리 저장하여 반복문을 작성하는 실수를 범하지 않기 바랍니다.

```
while (iter != students.end())
```

즉, 앞 코드 대신에 다음처럼 작성했다고 가정해봅시다.

```
// 앞 코드는 잘못된 최적화 때문에 제대로 동작하지 않음.
vector<Student_info>::iterator iter = students.begin(), end_iter = students.end();

while (iter != end_iter) {
    // 중략
}
```

앞 while문은 실행 도중에 오류가 발생합니다. 이유는 무엇일까요? students.erase 함수를 실행하면 제거한 요소의 순서상 다음 요소들을 참조하는 모든 반복자를 무효로 만들며, 여기에는 end_iter도 포함됩니다. 그러므로 5.1.1/136p에서 반복문을 순환할 때마다 students.size 함수를 호출한 것처럼 반복문을 순환할 때마다 students.end 함수를 호출하는 것은 필수입니다.

5.4 더 나은 성능을 위한 데이터 구조

지금까지 구현한 프로그램은 입력 데이터의 양이 적을 때라면 제대로 동작합니다. 그러나 5.1.1/133p에서 언급했듯이 입력 데이터의 양이 점점 늘어나면 프로그램의 성능이 크게 나빠집니다. 이유는 무엇일까요?

벡터 요소를 제거하는 데 erase 함수를 사용하는 과정을 떠올려봅시다. 라이브러리는 임의 요소에 빠르게 접근하도록 벡터의 데이터 구조를 정의합니다. 이미 3.2.3/92p에서 새로운 요소를 한 번에 하나씩 벡터 끝에 추가하는 것으로 벡터 크기가 증가하는 것을 살펴보았습니다.

벡터 내부에 요소를 삽입하거나 제거하는 것은 또 다른 이야기입니다. 신속하게 임의적 접근을 보장하려면 삽입 또는 제거한 곳 이후의 모든 요소가 이동해야 합니다. 이 요소들이 이동한다는 것은 코드를 실행하는 시간이 벡터의 요소 개수 2배만큼 느려질 수 있다는 의미입니다. 적은 양의 입력 작업에서는 눈에 띄지 않지만 입력 데이터의 양이 2배 증가할 때마다 실행 시간은 4배로 증가할 수 있습니다. 프로그램이 하나의 과목이 아닌 한 학교의 모든 학생의 정보를 다루어야 한다면 고성능 컴퓨터라 할지라도 프로그램을 실행하는 데 굉장히 오랜 시간이 걸릴 것입니다.

이러한 성능의 한계를 극복하려면 컨테이너의 어느 곳에서나 효율적으로 요소를 삽입 또는 제거할 수 있는 데이터 구조가 필요합니다. 이러한 컨테이너는 인덱스를 이용한 임의적 접근을 지원하지 않을 것입니다. 설령 인덱스를 이용한 임의적 접근을 지원하더라도 요소를 삽입 또는 제거하면 다른 요소의 인덱스를 바꿔야만 하므로 인덱스는 크게 도움이 되지 않을 것입니다. 여러분은 반복자의 사용법을 학습했으므로 이제는 인덱스 연산을 제공하지 않는 데이터 구조를 처리할 수 있습니다.

5.5 리스트 타입

앞서 반복자를 사용하는 코드를 작성하면서 인덱스 의존성을 제거했습니다. 지금부터는 컨테이너 내부에서 효율적으로 요소를 제거하는 데이터 구조를 사용하도록 프로그램을 다시 만들어보겠습니다.

데이터 구조 내부에서 일어나는 요소 삽입 또는 제거는 매우 자연스럽게 일어날 수 있는 작업입니다. 라이브러리는 이러한 종류의 접근에 최적화된 리스트[list]라는 타입을 제공합니다. 리스트 타입은 〈list〉 헤더에 정의되어 있습니다.

벡터가 빠른 임의적 접근에 최적화된 것처럼 리스트는 컨테이너의 내부 어디에서나 빠르게 데이터를 삽입하고 제거하는 데 최적화되어 있습니다. 리스트가 더 복잡한 구조이므로 컨테이너가 순차적 접근만 지원할 때는 리스트가 벡터보다 느립니다. 즉, 컨테이너의 크기가 오직 또는 주로 끝에서부터 늘어나거나 줄어들 때는 벡터가 리스트보다 성능이 우수합니다. 그러나 컨테이너의 중간에서 많은 요소를 제거할 때는 리스트가 더 성능이 우수합니다. 입력 데이터의 양이 많을수록 훨씬 더 빠릅니다.

리스트는 벡터와 마찬가지로 거의 모든 타입의 객체를 담을 수 있는 컨테이너입니다. 앞으로 살펴보겠지만 리스트와 벡터는 다양한 연산을 공유합니다. 따라서 벡터를 사용한 프로그램을 리스트를 사용한 프로그램으로 바꾸거나 그 반대로도 바꿀 수 있습니다. 이때 주로 바뀌는 것은 변수의 타입입니다.

벡터는 지원하지만 리스트는 지원하지 않는 한 가지는 인덱스입니다. 앞서 살펴보았듯이 여러분은 과락 학생의 정보를 골라내는 데 벡터를 사용하는 extract_fails 함수를 만들 수 있습니다. 그러나 여기에서는 인덱스 대신 반복자를 사용했습니다. 그러면 단순히 적절한 타입으로 바꿔주는 것만으로 extract_fails 함수에서 벡터 대신 리스트를 사용하게 바꿀 수 있습니다.

```cpp
// 네 번째 버전: 벡터 대신 리스트를 사용
list<Student_info> extract_fails(list<Student_info>& students)
{
    list<Student_info> fail;
    list<Student_info>::iterator iter = students.begin();

    while (iter != students.end()) {
        if (fgrade(*iter)) {
            fail.push_back(*iter);
            iter = students.erase(iter);
        }
        else
            ++iter;
    }
    return fail;
}
```

앞 코드와 5.3/142p에서 살펴본 세 번째 버전의 코드를 비교해보면 차이점은 처음 4개 행에서 벡터를 리스트로 바꾼 것이 다입니다. 예를 들어 함수의 반환 타입과 매개변수 타입이 이제는 list⟨Student_info⟩고, 과락 학생의 정보를 넣는 데 사용하는 지역 컨테이너 fail도 list⟨Student_info⟩ 타입입니다. 마찬가지로 반복자의 타입은 리스트 클래스에서 정의된 것으로 iter는 list⟨Student_info⟩의 멤버인 iterator 타입입니다. 리스트 타입은 템플릿이므로 벡터를 정의할 때처럼 꺾쇠괄호 안에 타입 이름을 지정해서 리스트에 있는 객체의 종류를 나타냅니다.

프로그램의 논리적인 구조는 같습니다. 단, 함수를 호출할 때 리스트를 전달해야 하고 함수는 리스트를 반환하게 되는 차이점이 있습니다. 그리고 벡터에서 동작하는 버전과 리스트에서 동작하는 버전 사이에는 라이브러리가 동작 각각을 구현하는 세부 사항에서 큰 차이가 있습니다. ++iter를 실행하면 반복자를 리스트의 순서상 다음 요소로 넘깁니다. 마찬가지로 다음 코드를 실행하면 리스트 버전의 erase 함수를 호출하여 erase 함수가 반환한 리스트 반복자를 iter에 할당합니다.

```
iter = students.erase(iter);
```

증가 연산과 제거 과정을 구현하는 세부 사항은 벡터와 명확한 차이가 있습니다.

5.5.1 리스트 vs 벡터

리스트와 벡터의 주요 차이점 중 하나는 반복자를 사용하는 연산입니다. 예를 들어 erase 함수를 사용하여 벡터에서 요소 하나를 제거하면 제거한 요소와 순서상 이어지는 요소들을 참조하는 모든 반복자를 무효로 만듭니다. push_back 함수를 사용하여 벡터에 요소 하나를 추가해도 해당 벡터를 참조하는 모든 반복자를 무효로 만듭니다. 요소를 제거하면 순서상 이어지는 모든 요소가 이동하고, 요소를 추가하면 해당 요소를 위한 새 공간을 마련하려고 벡터 전체를 재할당하기 때문입니다. 반복문에서 이러한 연산을 실행할 때 무효가 될 수 있는 반복자의 복사본을 저장하지 않도록 각별히 주의해야 합니다. 특히 students.end( )의 반환 값을 남용하는 것은 자주 발생하는 오류의 원인입니다.

반면 리스트에서 erase 함수나 push_back 함수를 사용할 때는 다른 요소를 참조하는 반복자를 무효로 만들지 않습니다. 실제로 제거된 요소를 참조하는 반복자만 무효가 됩니다. 그것은 더 이상 존재하지 않는 요소이기 때문입니다.

리스트 클래스의 반복자는 임의로 접근할 수 없습니다. 반복자의 속성은 8.2.1/233p에서 더 자세히 다룰 것입니다. 지금 당장은 리스트에 저장된 값들을 정렬할 때 표준 라이브러리가 제공하는 sort 함수를 사용할 수 없다는 점을 알아야 합니다. 그 대신 리스트 클래스는 자체적으로 멤버 함수 sort를 제공합니다. 이 함수는 리스트에 저장한 데이터를 정렬하는데 최적화된 알고리즘을 사용합니다. 따라서 벡터를 다룰 때 사용한 전역 함수 sort 대신 다음처럼 멤버 함수 sort를 호출해야 합니다.

```
// 벡터와 전역 함수 sort
vector<Student_info> students;
sort(students.begin(),students.end(), compare);

// 리스트와 멤버 함수 sort
list<Student_info> students;
students.sort(compare);
```

compare 함수는 Student_info 객체를 다루므로 리스트에 있는 Student_info 객체들을 정렬할 때 벡터에서 사용한 것과 같은 compare 함수를 사용할 수 있습니다.

5.5.2 리스트를 사용하는 이유

과락 학생들의 정보를 추출하는 코드는 선택 가능한 데이터 구조 사이의 성능을 비교하는 좋은 예입니다. 컨테이너 요소에 순차적으로 접근하는 코드에서는 벡터가 최선의 도구입니다. 하지만 컨테이너 내부 요소를 제거하는 동작을 추가한 코드라면 리스트가 최선의 도구입니다.

데이터 구조의 우수성은 데이터 구조의 성능에 달려 있습니다. 데이터 구조의 성능은 전반적으로 이 책의 범위를 벗어나는 주제이지만 한 가지 확실한 것은 데이터 구조가 프로그램의 성능에 지대한 영향을 준다는 점입니다.

입력 데이터의 양이 적다면 리스트는 벡터보다 느립니다. 입력 데이터의 양이 많다면 벡터를 사용하는 프로그램은 리스트를 사용하는 프로그램보다 훨씬 더 느리게 실행될 수 있습니다. 입력 데이터의 양이 많아지면 리스트보다 벡터를 사용한 프로그램의 성능은 급속히 나빠집니다.

지금까지 작성한 프로그램의 성능을 알아보기 위해 입력 데이터의 양이 서로 다른 3개의 학생 정보 파일을 사용해봅시다. 첫 번째 파일에는 735개의 학생 정보가 있습니다. 두 번째 파일에는 이보다 10배 더 많은 양인 7,350개의 학생 정보가 있고, 세 번째 파일에는 두 번째 파일보다 10배 더 많은 양인 73,500개의 학생 정보가 있습니다. 다음 표는 파일 크기에 따라 프로그램을 실행하는 데 걸린 시간을 초 단위로 기록한 것입니다.

파일 크기	리스트	벡터
735	0.1	0.1
7,350	0.8	6.7
73,500	8.8	597.1

73,500개의 학생 정보 파일은 리스트를 사용한 프로그램에서 실행 시간이 9초 미만인 반면, 벡터를 사용한 프로그램은 거의 10분의 실행 시간이 소요되었습니다. 과락 학생 수가 더 늘어나면 두 컨테이너 사이의 성능 격차는 더 벌어질 것입니다.

5.6 문자열 분할

지금까지 컨테이너로 할 수 있는 것들을 살펴보았습니다. 이제는 문자열을 구체적으로 알아봅시다. 여러분이 지금까지 아는 것은 문자열을 만들거나 읽기 혹은 결합, 출력 크기를 알아내는 동작뿐입니다. 각각의 과정에서는 문자열을 단일 개체로 다루었습니다. 그런데 이러한 문자열의 내용에 신경을 쓰지 않는 추상적인 사용법과는 별개로 문자열에서 특정 문자를 찾아야 할 때가 있습니다.

문자열은 특별한 종류의 컨테이너로도 생각할 수 있습니다. 문자열은 문자로만 구성되어 있고 전부는 아니지만 컨테이너 연산 몇 가지를 지원합니다. 이러한 연산에서는 인덱스를 사용할 수 있고 문자열 타입은 벡터처럼 반복자를 제공합니다. 따라서 벡터에 적용할 수 있는 다양한 연산을 문자열에도 적용할 수 있습니다.

예를 들어 문자열 하나를 공백(띄어쓰기, 탭, 백스페이스, 행 끝)으로 구분하여 각각의 단어로 분리할 수 있습니다. 그리고 사용자가 입력한 문자열에 직접 접근하여 해당 문자열에서 각각의 단어를 손쉽게 얻을 수 있습니다. 즉, 문자열을 입력할 때 입력 연산자는 공백 문자까지 문자로 취급한다는 사실을 알 수 있습니다.

문자열에 특정 단어가 포함되었는지 판별하는 예제는 7.3/206p과 7.4.2/213p에서 살펴볼 것입니다.

문자열을 단어로 분리하는 동작은 자주 사용할 수 있으므로 함수로 만들 필요가 있습니다. 함수는 문자열을 전달받아 공백으로 구분하여 분리한 단어들을 요소로 갖는 vector〈string〉을 반환할 것입니다. 이 함수를 이해하려면 문자열이 벡터와 같은 방식으로 인덱스를 지원한다는 사실을 알아야 합니다. 예를 들어 s가 적어도 하나의 문자가 있는 문자열일 때 s의 첫 번째 문자는 s[0]이고 s의 마지막 문자는 s[s.size()-1]입니다.

함수에서는 문자열에서 분리할 단어의 범위를 정하려고 인덱스 i와 j를 정의할 것입니다. 예를 들어 다음 그림처럼 [i, j) 범위에 있는 문자들이 하나의 단어가 되도록 i와 j 값을 구해야 합니다.

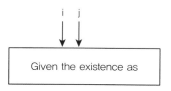

인덱스 i와 j 값을 구한 다음에는 해당 문자들로만 구성된 새 문자열을 만들어 함수가 반환할 벡터에 추가할 것입니다.

```
vector<string> split(const string& s)
{
    vector<string> ret;
    typedef string::size_type string_size;
    string_size i = 0;

    // 불변성: 지금까지 [원래의 i, 현재의 i) 범위에 있는 문자들을 처리
    while (i != s.size()) {
        // 선행하는 공백들을 무시
```

```cpp
        // 불변성: [원래의 i, 현재의 i) 범위에 있는 문자들은 모두 공백
        while (i != s.size() && isspace(s[i]))
            ++i;

        // 순서상 다음 단어의 끝을 찾음.
        string_size j = i;

        // 불변성: [원래의 j, 현재의 j) 범위에 있는 문자들은 공백이 아님.
        while (j != s.size() && !isspace(s[j]))
            j++;

        // 공백이 아닌 문자들을 찾았을 때
        if (i != j) {
            // i에서부터 j - i개의 문자들을 s에 복사
            ret.push_back(s.substr(i, j - i));
            i = j;
        }
    }
    return ret;
}
```

앞 코드에는 여러분이 이미 접한 여러 시스템 헤더 외에 isspace 함수를 정의하는 〈cctype〉 헤더가 필요합니다. 〈cctype〉 헤더는 개별 문자를 처리하는 데 유용한 함수들을 정의합니다. cctype이라는 표기로 C의 ctype 기능을 C++에서 상속한 것임을 알 수 있습니다.

split 함수는 const string 참조 타입인 매개변수 s가 있습니다. s에서 단어들을 추출하여 복사하므로 split 함수는 인수로 전달된 문자열을 바꿀 필요가 없습니다. 4.1.2/101p에서 살펴본 바처럼 매개변수를 const string 참조 타입으로 정의하면 split 함수가 인수를 바꾸지 않게 만듭니다. 또한 문자열을 통째로 복사할 때 발생할 수 있는 오버헤드를 피할 수 있습니다.

split 함수에서는 인수로 전달된 문자열에서 추출한 단어들을 저장할 ret 벡터를 정의합니다. 그다음에는 인덱스 i를 정의하고 초기화합니다. 2.4/56p에서 살펴보았듯이 string::size_type은 문자열에 인덱스를 사용하는 데 알맞은 타입입니다. 나중에 이 타입을 다시 사용할 것이므로 3.2.2/85p처럼 선언문을 간단하게 만들려고 더 짧은 동의어로 정의했습니다. i는 각 단어의 시작점을 찾는 데 사용하는 인덱스입니다. i는 가장 바깥쪽 while문을 실행할 때마다 함수에 전달한 문자열에서 한 번에 하나의 단어만큼 이동합니다. 가장 바깥쪽 while문은 문자열의 마지막 단어를 처리한 후 실행을 마칩니다.

while문 안에서는 먼저 2개의 인덱스를 다룹니다. 처음에는 문자열 s에서 현재 i가 가리키는 위치 혹은 그 이후의 위치에 있는 공백이 아닌 첫 번째 문자를 찾습니다. 여러 개 공백 문자가 연속해서 있을 수 있으므로 공백이 아닌 문자가 나타날 때까지 i를 증가시킵니다.

다음 코드는 많은 의미를 포함합니다.

```
while (i != s.size() && isspace(s[i]))
    ++i;
```

isspace 함수는 char 타입 객체를 전달받아 해당 객체가 공백인지 나타내는 값을 반환하는 서술 함수입니다. && 연산자는 피연산자 2개가 모두 참인지 검사합니다. 두 피연산자 가운데 하나라도 거짓이면 while문의 조건이 거짓이 되어 본문을 실행할 수 없습니다. 따라서 이 표현식은 i가 문자열 s의 크기와 같지 않고(아직 문자열 끝에 도달하지 않았다는 의미) s[i]가 공백 문자일 때 참을 반환합니다. 이때 i를 증가시킨 다음 while문의 조건을 다시 확인할 것입니다.

2.4.2/61p에서 설명했듯이 논리 연산자 &&는 피연산자를 다룰 때 간략 평가법을 사용합니다. 여기에서는 &&의 간략 평가 속성을 따릅니다. 이진 논리 연산(&& 연산자 및 || 연산자)은 왼쪽 피연산자를 먼저 검사합니다. 그 결과가 전체 결과를 결정하기에 충분하다면 오른쪽 피연산자를 판별하지 않고 건너뜁니다. && 연산자라면 두 번째 피연산자는 첫 번째 피연산자가 참일 때만 판별됩니다. 따라서 while문의 조건에서는 우선 i != s.size( )를 확인하고 이것이 참으로 판별될 때만 인덱스 i를 사용하여 문자열 s에 접근할 수 있습니다. 물론 i가 s.szie( )와 같으면 더 이상 검사할 문자가 남아 있지 않다는 의미이므로 반복문을 빠져나옵니다.

i가 여전히 유효한 인덱스라면 그다음 while문에서는 문자열 s에서 현재 단어의 끝을 나타내는 공백을 찾을 것입니다. 먼저 인덱스 j를 생성하고 i 값으로 초기화합니다. 이번에 살펴볼 while문은 다음과 같습니다.

```
while (j != s.size() && !isspace(s[j]))
    ++j;
```

앞서 살펴본 while문과 비슷하게 실행되지만 이번에는 공백 문자를 만나면 while문에서 빠져나옵니다. while문의 조건을 보면 이전과 마찬가지로 우선 인덱스 j가 여전히 문자열 s의 범위를 벗어나지 않았는지 확인합니다. 인덱스 j가 유효하다면 인덱스가 j인 문자를 가지고 isspace 함수를 호출합니다. 이번에는 **논리 부정**logical negation **연산자** !를 사용하여 isspace 함수의 반환 값을 부정합니다. 즉, isspace(s[j])가 참이 아니면 참으로 만듭니다.

내부에서 2개의 while문을 거치면 하나의 단어를 찾았거나 단어를 찾는 동안 문자열 마지막까지 검사한 상태일 것입니다. 만약 문자열 검사가 끝났다면 i와 j가 모두 s.size()와 같아집니다. 그것이 아니라면 ret 벡터에 추가해야 하는 단어를 찾은 것입니다.

```
// 공백이 아닌 문자들을 찾았을 때
if (i != j) {
    // i에서 j - i개 문자를 s에 복사
    ret.push_back(s.substr(i, j - i));
    i = j;
}
```

push_back 함수를 호출하면서 이전까지 본 적 없는 substr 함수를 사용합니다. substr 함수는 문자열 클래스의 멤버 함수로 인덱스와 길이를 인수로 전달합니다. 첫 번째 인수에서 지정한 인덱스부터 두 번째 인수가 나타내는 수만큼의 문자를 복사하여 새로운 문자열을 만듭니다. 추출한 문자열은 방금 찾은 단어의 첫 번째 문자를 가리키는 인덱스 i에서 시작합니다. 문자열 s에서 인덱스가 i인 문자부터 시작하여 반 개방 범위인 [i, j) 안 모든 문자를 복사합니다. 반 개방 범위에 있는 요소 개수는 경곗값 사이의 차이와 같으므로(2.6/68p) 정확히 j - i개 문자를 복사할 것입니다.

5.7 split 함수 테스트

함수를 작성했다면 테스트해야 합니다. 가장 쉬운 방법은 문장 하나를 입력받고 해당 문장을 split 함수에 전달하는 프로그램을 작성하는 것입니다. split 함수가 반환하는 벡터 내용을 출력할 수도 있습니다. 이러한 테스트 프로그램을 사용하면 결과를 쉽게 검사할 수 있고 split 함수의 결과가 여러분이 기대한 것과 같은지 확인할 수 있습니다.

더 유용한 테스트 프로그램을 만들려면 표준 입력에서 문장을 읽고 행 하나에 단어를 하나씩 출력하도록 만들어야 합니다. 같은 입력 파일을 대상으로 이번에 작성할 테스트 프로그램과 이 절 끝에서 살펴볼 프로그램을 실행하여 결과가 같다는 것을 확인한다면 여러분이 작성한 split 함수에 상당한 자신감을 가져도 됩니다.

split 함수를 테스트하는 프로그램을 작성해봅시다.

```cpp
int main() {
    string s;

    // 문자열을 한 행씩 입력받아 분할
    while (getline(cin, s)) {
        vector<string> v = split(s);

        // 벡터 v에 저장한 단어를 각각 출력
        for (vector<string>::size_type i = 0; i != v.size(); ++i)
            cout << v[i] << endl;
    }
    return 0;
}
```

앞 프로그램은 한 번에 한 행씩 입력을 읽어야 합니다. 이를 위해 문자열 라이브러리는 행 끝에 도달할 때까지 입력을 읽을 수 있도록 getline 함수를 제공합니다. getline 함수는 2개의 인수가 있습니다. 첫 번째는 입력 데이터에 관한 istream 타입이고, 두 번째는 읽은 입력 데이터를 저장할 문자열의 참조 타입입니다. 보통 getline 함수는 istream의 참조 타입을 반환하므로 while문의 조건에서 istream의 상태를 확인할 수 있습니다. 만약 EOF에 도달하거나 유효하지 않은 입력이 발생하면 getline 함수가 반환하는 값이 false를 나타내므로 while문에서 벗어날 것입니다.

행 하나에 해당하는 입력 데이터를 읽어서 s에 저장하고 split 함수에 전달합니다. split 함수가 반환한 값을 v에 저장한 후, 반복문으로 v에 있는 각 문자열을 행 각각에 출력합니다.

split 함수를 선언한 헤더를 포함하여 모든 #include 지시문을 적절하게 추가했다면 여러분은 split 함수를 실행할 수 있고 split 함수가 예상대로 동작하는지 시각적으로 확인할 수 있습니다.

여러분이 훨씬 더 잘 할 수도 있지만 여러분이 작성한 프로그램과 라이브러리가 모든 작업을
실행하는 프로그램의 결과를 비교해봅시다.

```cpp
int main()
{
    string s;

    while (cin >> s)
        cout << s << endl;

    return 0;
}
```

앞 프로그램과 여러분이 작성한 프로그램은 같은 결과를 만듭니다. 여기에서는 문자열 입력 연
산자가 입력 스트림을 일련의 단어들로 구분해 행 하나에 하나씩 출력합니다. 같은 입력 데이
터에 두 프로그램을 실행하면 여러분이 작성한 split 함수가 제대로 동작함을 알 수 있습니다.

5.8 문자열 결합

여러분은 1.2/41p와 2.5.4/66p에서 누군가의 이름을 별표로 구성한 테두리로 묶어 출력하는
프로그램을 작성했습니다 프로그램의 출력물을 저장하는 문자열을 만드는 대신 한 번에 한 부
분씩 출력하여 전체 그림을 완성하였습니다.

지금부터는 이 문제를 테두리로 묶인 문자열 전체를 저장하는 단일 데이터 구조를 만드는 데
초점을 맞춰 다시 살펴보겠습니다. 문자로 단순한 그림을 나타내는 프로그램을 작성할 것입니
다. 여기에서 말한 그림은 사실 직사각형 형태로 출력할 수 있는 문자 배열입니다. 이는 그래픽
하드웨어에 표시하는 대신 비트맵 그래픽을 기반으로 하는 애플리케이션에서 실제로 일어나는
일을 비트 대신 문자를 사용하여 일반 파일에 작성하도록 단순하게 만든 것입니다.

이 문제는 비야네 스트롭스트룹이 집필한 『The C++ Programming Language』(Addison-
Wesley, 1986) 초판에서 처음 다루었고, 『Ruminations on C++』(Addison-Wesley,
1997)에서 깊이 탐구한 예제에 기반합니다.

5.8.1 테두리 입히기

여러분은 vector<string>에 저장한 모든 단어를 행 하나마다 하나씩 출력하고 모든 문자열을 테두리로 둘러 싸고자 합니다. 별표와 단어 사이에 공백 하나를 남긴 채 왼쪽 테두리에 맞춰 정렬할 것입니다.

p를 'this is an', 'example', 'to', "illustrate', 'framing'이라는 문자열을 포함하는 vector<string>이라고 가정해봅시다. 그리고 frame(p)라고 호출하면 vector<string> 타입의 값을 반환하는 frame 함수가 필요합니다. frame 함수가 반환한 벡터 요소를 차례로 출력한 결과는 다음과 같습니다.

```
***************
* this is an *
* example    *
* to         *
* illustrate *
* framing    *
***************
```

각 문자열의 길이가 서로 다르지만 테두리는 직사각형 모양입니다. 즉, 벡터에서 가장 긴 문자열을 찾는 함수가 필요하다는 것을 의미합니다. 다음 코드를 봅시다.

```
string::size_type width(const vector<string>& v)
{
    string::size_type maxlen = 0;

    for (vector<string>::size_type i = 0; i != v.size(); ++i)
        maxlen = max(maxlen, v[i].size());

    return maxlen;
}
```

앞 함수는 벡터를 거쳐 가장 긴 문자열 요소를 찾아 maxlen에 저장합니다. for문 실행이 끝나면 maxlen은 v 벡터에서 가장 긴 문자열을 갖습니다.

frame 함수를 작성할 때 까다로운 점은 인터페이스입니다. 인수로 전달한 vector<string>을 다룬 후 어떤 방식으로 반환해야 할까요?

다음처럼 주어진 벡터를 바꾸는 것보다 새로운 벡터를 만드는 것이 더 편리할 것입니다.

```cpp
vector<string> frame(const vector<string>& v) {
    vector<string> ret;
    string::size_type maxlen = width(v);
    string border(maxlen + 4, '*');

    // 상단 테두리를 추가
    ret.push_back(border);

    // 양 끝이 별표와 공백으로 둘러싸인 문자열들을 각각 추가
    for (vector<string>::size_type i = 0; i != v.size(); ++i) {
        ret.push_back("* " + v[i] + string(maxlen - v[i].size(), ' ') + " *")
    }

    // 하단 테두리를 추가
    ret.push_back(border);
    return ret;
}
```

앞 함수에서는 인수로 전달한 벡터를 수정하지 않으므로 매개변수를 const 참조 타입으로 선언합니다. 함수는 vector<string>을 반환하며 이를 위해 함수 안에서 ret를 만듭니다. width 함수를 사용하여 인수로 전달한 벡터에서 가장 긴 문자열을 찾은 후, 여러 개 별표로 구성된 문자열을 만듭니다. 이 문자열은 상단 및 하단 테두리로 사용할 것입니다.

테두리의 상단과 하단은 가장 긴 문자열보다 4개의 문자만큼 더 깁니다. 양쪽 끝 테두리에 해당하는 별표 및 테두리와 문자열을 구분하는 공백이 있기 때문입니다. 1.2/41p에서 정의한 spaces의 정의와 같은 방식으로 border를 maxlen + 4개 별표를 포함하는 문자열로 정의합니다. 이렇게 만든 상단 테두리의 복사본을 ret 벡터에 추가하려는 목적으로 push_back 함수를 호출합니다.

그다음에는 양 끝이 별표와 공백으로 둘러싸인 문자열들을 ret 벡터에 복사합니다. v 벡터의 모든 요소를 복사하려고 인덱스 i를 정의합니다. 1.2/43p에서 살펴보았듯이 + 연산자를 사용하여 push_back 함수의 인수들을 문자열 하나로 결합합니다.

출력 내용을 구성할 때는 v[i]에 저장된 문자열과 양측 테두리를 결합합니다. 이 결합에서 세 번째 문자열인 string(maxlen - v[i].size( ), ' ')는 알맞은 개수의 공백을 저장하는 이

름 없는 일시적 문자열을 생성합니다. 이는 border를 초기화하는 것과 같은 방식입니다. 공백 개수는 maxlen에서 현재 문자열의 크기를 뺀 만큼입니다. 따라서 push_back 함수의 인수는 별표, 공백, 현재 문자열, 현재 문자열에서 가장 긴 문자열만큼 채우는데 필요한 개수의 공백, 공백, 별표 순서로 구성되는 새로운 문자열이라는 것을 알 수 있습니다.

끝으로 하단 테두리를 추가하고 ret 벡터를 반환합니다.

5.8.2 수직 결합

앞에서 작성한 코드로 재미있는 결과를 만들어봅시다. 지금까지는 문자 그림을 1개만 출력하는 방법을 살펴보았습니다. 지금부터는 수직 및 수평으로 여러 개 문자 그림을 결합하는 것을 살펴볼 것입니다. 먼저 수직 결합을 살펴보고 다음으로 수평 결합을 살펴보겠습니다.

문자 그림을 저장하는 vector<string>은 요소 각각이 행 하나와 같습니다. 따라서 문자 그림 2개를 수직으로 결합하는 것은 간단합니다. 단순히 해당 벡터 2개를 결합하면 됩니다. 그렇게 하면 문자 그림 2개가 나란히 왼쪽 정렬되므로 수직 결합을 합리적으로 정의할 수 있습니다.

지금까지 문자열의 결합은 다루었지만 벡터의 결합은 다룬 적이 없으므로 다음처럼 구현해야 합니다.

```
vector<string> vcat(const vector<string>& top, const vector<string>& bottom)
{
    // 위쪽 문자 그림을 복사
    vector<string> ret = top;

    // 아래쪽 문자 그림을 복사
    for (vector<string>::const_iterator it = bottom.begin(); it != bottom.end(); ++it)
        ret.push_back(*it);

    return ret;
}
```

앞 함수에서 새롭게 살펴볼 것은 없습니다. top 벡터를 복사하여 ret 벡터에 할당하고, bottom 벡터의 요소 각각을 ret 벡터에 추가하여 마지막에 ret 벡터를 반환합니다.

for문에서는 하나의 컨테이너에서 다른 컨테이너로 요소의 복사본을 삽입하는 일반적인 개념을 구현했습니다. 여기에서는 요소들을 추가할 때 해당 컨테이너 끝에 삽입하는 것으로 생각합니다. 라이브러리는 반복문을 사용하지 않고 연산하도록 만듭니다.

```
for (vector<string>::const_iterator it = bottom.begin(); it != bottom.end(); ++it)
    ret.push_back(*it);
```

따라서 앞 코드를 다음처럼 바꿀 수 있습니다. 두 코드의 실행 결과는 같습니다.

```
ret.insert(ret.end(), bottom.begin(), bottom.end());
```

5.8.3 수평 결합

수평 결합이란 문자 그림 2개로 하나는 왼쪽 부분, 다른 하나는 오른쪽 부분을 차지하는 새로운 문자 그림을 만드는 것을 말합니다. 시작하기 앞서 두 문자 그림의 크기가 서로 다를 때 무엇을 해야 하는지 생각해봅시다. 일단은 상단 가장자리를 따라 정렬하도록 임의로 정할 것입니다. 따라서 두 문자 그림의 서로 대응하는 각 행을 결합한 결과로 새로운 문자 그림을 만들 것이고, 새로운 문자 그림에서 왼쪽 부분을 차지하는 문자 그림의 행들에 알맞은 양의 공간을 주어야 합니다.

왼쪽 부분을 차지하는 문자 그림의 공간 크기 외에도 서로 다른 개수의 행이 있는 문자 그림들을 다룰 때 실행할 것을 신경 써야 합니다. 예를 들어 p 벡터가 문자 그림이라고 할 때 p 벡터와 테두리를 둘러싼 p 벡터를 결합할 때를 살펴봅시다. 다시 말해 hcat(p, frame(p))를 실행한 결과가 다음과 같도록 구현해봅시다.

```
this is an *************
example    * this is an *
to         * to         *
illustrate * illustrate *
framing    * framing    *
           *************
```

왼쪽 문자 그림이 오른쪽 문자 그림보다 행 개수가 더 적은 것에 주목합시다. 이는 누락된 행을 포함하려면 왼쪽 문자 그림의 행 하나가 차지하는 공간만큼의 공백이 있는 행을 왼쪽 문자 그림에 추가해야 한다는 의미합니다. 왼쪽 문자 그림이 행 개수가 더 많으면 오른쪽 문자 그림에 방금 같은 수고를 하지 않아도 됩니다.

이러한 분석을 마쳤다면 이제 함수를 작성해봅시다.

```cpp
vector<string> hcat(const vector<string>& left, const vector<string>& right)
{
    vector<string> ret;

    // 두 문자 그림 사이에 공백 하나를 남김.
    string::size_type width1 = width(left) + 1;

    // 왼쪽 문자 그림과 오른쪽 문자 그림의 요소를 살펴보는 인덱스
    vector<string>::size_type i = 0, j = 0;

    // 두 문자 그림의 모든 행을 살펴봄.
    while (i != left.size() || j != right.size()) {
        // 두 문자 그림의 문자들을 저장할 새로운 문자열을 생성
        string s;

        // 왼쪽 문자 그림에서 행 하나를 복사
        if (i != left.size())
            s = left[i++];

        // 공백을 포함하여 문자열을 적절한 너비까지 채움.
        s += string(width1 - s.size(), ' ');

        // 오른쪽 문자 그림에서 행 하나를 복사
        if (j != right.size())
            s += right[j++];

        // 새로운 문자 그림에 문자열 s를 추가
        ret.push_back(s);
    }
    return ret;
}
```

frame 함수와 vcat 함수처럼 반환할 문자 그림을 먼저 정의합니다. 그리고 왼쪽 문자 그림이 차지하는 너비를 계산해야 합니다. 이 너비는 결합할 두 문자 그림 사이에 공백 하나를 남겨야 하므로 왼쪽 문자 그림 자체의 너비보다 하나 더 커야 합니다. 그런 다음 두 문자 그림을 통과하며 먼저 왼쪽 문자 그림에서 요소 하나를 복사한 후, 필요에 따라 공백을 추가하고 오른쪽 문자 그림에서 요소 하나를 복사합니다.

까다로운 부분은 오른쪽 문자 그림보다 왼쪽 문자 그림의 요소가 더 적을 때 실행하는 연산입니다. 두 벡터의 모든 요소를 복사할 때까지 연산을 반복 실행해야 하므로 2개의 인덱스가 모두 해당 문자 그림의 끝까지 도달할 때까지 while문을 실행합니다.

while문에서는 left 벡터에 요소가 있는 한 문자열 s에 현재 요소를 복사합니다. 그리고 그것과는 상관없이 문자열 복합 할당 연산자 +=을 사용해 문자열 s를 적절한 너비까지 채웁니다. 문자열 라이브러리가 정의한 복합 할당 연산자는 왼쪽 피연산자에 오른쪽 피연산자를 더한 후, 그 결과를 왼쪽 피연산자에 저장합니다. 여기에서 '더한다'는 것은 문자열 결합을 의미합니다.

공백으로 채울 공간의 너비는 width1에서 s.size( )를 빼서 구합니다. s.size( )는 left 벡터에서 복사할 문자열의 길이일 수도 있고 left 벡터에서 더 이상 복사할 요소가 없어서 0이 될 수도 있습니다. 전자라면 s.size( )는 0보다 크고 width1보다 작을 것입니다. 왜냐하면 두 문자 그림 사이에 공백 하나를 남기려고 left 벡터 요소 중 가장 긴 문자열에 1을 더했기 때문입니다. 따라서 최소 1개의 공백을 문자열 s에 추가합니다. s.size( )가 0이면 width1만큼 공백을 채웁니다.

왼쪽 문자 그림의 문자열을 복사하고 공백을 채운 후에는 right 벡터에 요소가 있는 한 오른쪽 문자 그림의 문자열을 추가해야 합니다. 그리고 그것과는 상관없이 문자열 s를 ret 벡터에 추가합니다. 이 연산은 left 벡터와 right 벡터의 모든 요소에 도달할 때까지 계속됩니다. 끝으로 새롭게 만든 문자 그림을 반환합니다.

주의해야 할 점은 문자열 s가 while문의 지역 변수일 때만 프로그램이 정상적으로 동작한다는 사실입니다. 문자열 s는 while문 안에서 선언되므로 while문을 실행할 때마다 생성[2]과 소멸을 반복합니다.

---

2 옮긴이_ 선언만 하였으므로 문자열 s는 자동으로 null 문자열로 초기화됩니다.

5.9 핵심 정리

다음과 같은 사항들을 잘 기억해둡시다.

컨테이너와 반복자

표준 라이브러리는 서로 다른 컨테이너에서 동작하는 비슷한 연산들이 같은 인터페이스를 사용하고 의미도 같도록 설계되었습니다. 지금까지 다룬 컨테이너는 모두 **순차**sequential **컨테이너**입니다. 7장에서는 라이브러리가 제공하는 연관 컨테이너를 살펴볼 것입니다. 모든 순차 컨테이너와 문자열 타입은 다음과 같은 연산들을 제공합니다.

- 컨테이너〈T〉::iterator 또는 컨테이너〈T〉::const_iterator : 현재 컨테이너가 지원하는 반복자 타입의 이름입니다.
- 컨테이너〈T〉::size_type : 현재 컨테이너의 가장 큰 인스턴스 크기를 저장하기에 알맞은 타입의 이름입니다.
- c.begin( ) 또는 c.end( ) : 컨테이너의 첫 번째 요소를 참조하는 반복자와 마지막 요소의 다음을 참조하는 반복자입니다.
- c.rbegin( ) 또는 c.rend( ) : 컨테이너 요소에 역순으로 접근하려고 컨테이너의 마지막 요소를 참조하는 반복자와 첫 번째 요소 이전을 참조하는 반복자입니다.
- 컨테이너〈T〉 c; 또는 컨테이너〈T〉 c(c2);: c를 비어 있는 컨테이너로 정의하거나 주어진 c2의 복사본으로 정의합니다.
- 컨테이너〈T〉 c(n);: c를 T의 타입에 따라 값 초기화(7.2/204p))된 n개 요소가 있는 컨테이너로 정의합니다. 만약 T가 클래스 타입이면 해당 타입이 요소의 초기화 방식을 제어합니다. 만약 T가 기본 산술 타입이면 요소는 0으로 초기화됩니다.
- 컨테이너〈T〉 c(n, t);: c를 t의 복사본인 n개 요소가 있는 컨테이너로 정의합니다.
- 컨테이너〈T〉 c(b, e);: [b, e) 범위의 반복자가 가리키는 요소들의 복사본이 있는 컨테이너를 만듭니다.
- c = c2 : 컨테이너 c의 내용을 컨테이너 c2의 복사본으로 대체합니다.
- c.size( ) : c에 있는 요소 개수를 size_type 타입으로 반환합니다.
- c.empty( ) : c에 요소가 없는지 나타내는 서술 함수입니다.
- c.insert(d, b, e) : [b, e) 범위의 반복자가 가리키는 요소들을 복사하고 컨테이너 c에서 d가 가리키는 위치에 삽입합니다.
- c.erase(it) 또는 c.erase(b, e) : 컨테이너 c에서 it이 가리키는 요소를 제거하거나 [b, e) 범위가 가리키는 요소들을 제거합니다. 제거한 요소 바로 다음 위치를 참조하는 반복자를 반환합니다. 이 연산은 리스트를 사용하면 빠르지만 벡터와 문자열에서 사용하면 느릴 수 있습니다. 왜냐하면 벡터와 문자열은 요소가 제거된 후 모든 요소를 복사하는 과정을 포함하기 때문입니다. 제거된 요소를 참조하는 모든 반복자는 무효화되며 컨테이너가 벡터나 문자열이라면 제거된 요소의 순서상 다음 요소들을 참조하는 모든 반복자가 무효화됩니다.

- c.push_back(t): t 값이 있는 요소를 컨테이너 c의 끝에 추가합니다.

임의적 접근을 지원하는 컨테이너 및 문자열 타입은 다음과 같은 연산도 제공합니다.

- c[n]: 컨테이너 c의 n 위치에 있는 요소(c가 문자열일 때는 단일 문자)입니다. 첫 번째 요소 위치는 0입니다.

반복자 연산

반복자와 함께 자주 사용하는 연산은 다음과 같습니다.

- *it: 반복자 it를 역참조하여 it가 가리키는 위치에 저장된 컨테이너 요소의 값을 얻습니다. 이러한 연산은 (*it).x처럼 도트(.) 연산자와 결합하여 클래스 객체의 멤버를 얻는 데 사용합니다. (*it).x는 반복자 it이 가리키는 객체의 멤버인 x를 반환합니다. *는 도트 연산자보다 우선순위가 낮고 ++ 및 −−와 우선순위가 같습니다.
- it−>x: (*it).x와 같은 의미입니다. 반복자 it를 역참조하여 얻은 객체의 멤버인 x를 반환합니다. 도트(.) 연산자와 우선순위가 같습니다.
- ++i 또는 it++: 반복자를 증가시켜 컨테이너의 순서상 다음 요소를 가리키도록 만듭니다.
- b == e 또는 b != e: 두 반복자가 같은지를 비교합니다.

문자열 타입

벡터의 반복자와 같은 연산을 실행하는 반복자를 제공합니다. 특히 문자열은 임의적 접근을 완벽하게 지원합니다(8장에서 더 자세하게 살펴볼 것입니다). 문자열은 컨테이너에서 제공하는 연산 외에도 다음과 같은 연산을 제공합니다.

- s.substr(i, j): [i, i + j] 범위의 인덱스를 사용하여 문자열 s에 있는 문자들의 복사본을 저장하는 새로운 문자열을 생성합니다.
- getline(is, s): is에서 행 하나의 입력을 읽어 s에 저장합니다.
- s += s2: s 값을 s + s2의 값으로 대체합니다.

벡터 타입

모든 라이브러리 컨테이너 중 가장 강력한 반복자인 임의 접근 반복자를 제공합니다. 8장에서 더 다룰 것입니다.

여러분이 작성한 함수들은 모두 벡터 요소들을 동적으로 할당하는 방식으로 작성되었습니다. 하지만 요소를 미리 할당하는 방식도 있고, 벡터의 할당을 지시하되 반복 메모리 할당 때문에 발생하는 오버헤드를 피하려고 추가 메모리를 사용하지 않는 연산 방식도 있습니다.

- v.reserve(n): n개 요소를 저장할 저장 공간을 예약하되 초기화하지는 않습니다. 이 연산은 컨테이너의 크기를 바꾸는 것이 아닙니다. 벡터가 메모리를 할당하려고 insert 함수나 push_back 함수를 반복적으로 호출하는 횟수에만 영향을 줍니다.
- v.resize(n): v의 크기를 n으로 새롭게 지정합니다. 만약 n이 v의 현재 크기보다 작다면 n 이후의 요소는 벡터에서 제거됩니다. 만약 n이 v의 현재 크기보다 크다면 새로운 요소들이 v에 추가되고 v의 타입에 따라 알맞게 초기화됩니다.

리스트 타입

컨테이너의 어느 지점에서나 효율적으로 요소를 삽입하고 삭제할 수 있도록 최적화되어 있습니다. 리스트와 리스트 반복자의 연산은 5.9/162p에서 살펴본 연산들을 포함합니다. 이외 연산들은 다음과 같습니다.

- l.sort() 또는 l.sort(cmp): 리스트에 있는 타입의 < 연산자나 서술 함수인 cmp를 사용하여 l의 요소들을 정렬합니다.

<cctype> 헤더는 문자 데이터 조작에 유용한 함수들을 제공합니다.

- isspace(c): c가 공백 문자일 때 참
- isalpha(c): c가 알파벳 문자일 때 참
- isdigit(c): c가 숫자 문자일 때 참
- isalnum(c): c가 문자나 숫자일 때 참
- ispunct(c): c가 구두 문자일 때 참
- isupper(c): c가 대문자일 때 참
- islower(c): c가 소문자일 때 참
- toupper(c): c에 해당하는 대문자 반환
- tolower(c): c에 해당하는 소문자 반환

연습문제

5-0. 이 장에서 살펴본 프로그램들을 컴파일하고 실행하여 결과를 확인해보세요.

5-1. 순열 인덱스[3]를 만드는 프로그램을 설계하고 구현해보세요. 순열 인덱스에서는 각 구문을 이루는 모든 단어로 인덱스를 만듭니다. 다음과 같은 입력을 가정해봅시다.

```
The quick brown fox
jumped over the fence
```

이러한 입력 데이터의 출력 결과는 다음과 같습니다.

```
The quick             brown fox
jumped over the       fence
The quick brown       fox
                      jumped over the fence
        jumped        over the fence
           The        quick brown fox
   jumped over        the fence
                      The quick brown fox
```

문제를 해결하는 데 『The AWK Programming Language』(앨프리드 V. 에이호, 브라이언 W. 커니핸, 피터 J. 웨인버거, Addison–Wesley, 1988)에서 제안한 훌륭한 알고리즘을 살펴보도록 합시다. 이 해결 방식은 문제를 세 가지 단계로 나눕니다.

1 입력의 각 행을 읽고 해당 행의 회전 집단을 만듭니다. 각 회전은 입력 순서상 다음 단어를 첫 번째 위치에 놓고, 이전의 첫 번째 단어를 구문의 마지막으로 회전시킵니다. 따라서 입력의 첫 번째 행에 관한 출력은 다음과 같습니다.

```
The quick brown fox
quick brown fox The
brown fox The quick
fox The quick brown
```

2 물론 원래의 구문이 어디에서 끝나고 회전된 구문이 어디에서 시작하는지 아는 것이 중요합니다.

3 회전 집단을 정렬합니다.

4 구분 기호를 찾고 구문을 원래대로 되돌린 후, 순열 인덱스를 알맞은 형태로 출력합니다.

---

3 옮긴이_ 이해하기 어렵다면 스택오버플로에서 'permuted index' 검색 결과(https://stackoverflow.com/questions/4015016/what-is-a-permuted-index)를 참고하세요.

5-2. 과락 학생들의 정보를 추출하는 데 벡터를 사용하는 완전히 새로운 버전의 학생 성적 산출 프로그램을 작성해보세요. 리스트를 사용하는 또 다른 버전의 학생 성적 산출 프로그램도 작성해보세요. 각각 10행, 1,000행, 10,000행의 입력 파일을 사용하여 두 버전의 성능 차이를 측정해보세요.

5-3. typedef를 사용하여 벡터 기반 또는 리스트 기반으로 구현한 프로그램을 작성할 수 있습니다. 각 버전의 프로그램을 작성하고 테스트해보세요.

5-4. [연습문제 5-3]에서 작성한 프로그램을 다시 살펴보도록 합시다. 입력 파일을 저장하는 데이터 구조의 타입 선언문만 다른 2개의 프로그램을 작성할 수 있습니다. 만약 이전 문제에서 여러분이 작성한 벡터 프로그램과 리스트 프로그램 사이에 이 부분 이외의 차이가 발생한다면 입력 파일을 저장하는 데이터 구조 타입의 선언문만 차이 나도록 다시 작성해보세요.

5-5. 기존 문자 그림에 있는 모든 행에 최대 가로 크기로 공백을 채운 문자 그림을 반환하는 center(const vector<string>&) 함수를 작성해보세요. 이때 공백은 문자 그림의 양측에 균등하게 채워집니다. 이 함수가 유용한 문자 그림의 특징은 무엇일까요? 인수로 주어진 문자 그림이 해당 특징이 있는지 어떻게 알 수 있을까요?

5-6. 5.1.1/134p에서 살펴본 extract_fails 함수는 입력 벡터인 students에서 과락 학생을 각각 제거합니다. 기준 점수를 통과한 학생들의 정보를 students의 시작 지점으로 복사한 후, resize 함수를 사용하여 students의 끝에서부터 여분의 요소를 제거하도록 다시 작성해보세요. 새롭게 작성한 버전과 5.1.1/134p 버전의 성능을 비교해보세요.

5-7. 5.8.1/157p에서 구현한 frame 함수를 호출하여 동작을 살펴보도록 합시다.

```
vector<string> v;
frame(v);
```

특히 width 함수와 frame 함수가 어떻게 동작하는지 추적해보세요. 그리고 코드를 실행해보세요. 만약 결과가 여러분의 예상과 다르다면 먼저 그 이유를 이해한 후, 여러분의 예상과 프로그램의 결과가 일치하도록 프로그램을 변경해보세요.

5-8. 5.8.3/160p에서 살펴본 hcat 함수에서 s를 while문의 범위 바깥에 정의하면 어떻게 될까요? 프로그램을 수정하고 실행하여 확인해보세요.

5-9. 입력 데이터를 받아 대문자를 포함하지 않는 단어를 먼저 출력하고, 뒤이어 하나 이상의 대문자를 포함하는 단어를 출력하는 프로그램을 작성해보세요.

5-10. 회문은 오른쪽으로 읽으나 왼쪽으로 읽으나 철자가 같은 단어입니다. 사전에서 모든 회문을 찾는 프로그램을 작성해보세요. 그리고 가장 긴 회문을 찾아보세요.

5-11. 텍스트 처리 과정에서 단어에 **어센더**^{ascender}나 **디센더**^{descender}가 있는지 파악하면 유용할 때가 있습니다. 어센더는 소문자 x가 기준일 때 x보다 위쪽으로 뻗은 문자를 말합니다. 영어 알파벳이라면 b, d, f, h, k, l, t가 어센더인 문자입니다. 마찬가지로 디센터는 소문자 x가 기준일 때 x보다 아래쪽으로 뻗은 문자를 말합니다. 영어 알파벳이라면 g, j, p, q, y가 디센더인 문자입니다. 단어가 어센더 또는 디센더인지 판별하는 프로그램을 작성해보세요. 이 프로그램을 확장하여 사전에서 어센더 또는 디센더가 없는 단어 중 가장 긴 단어를 찾아보세요.

CHAPTER 6

라이브러리 알고리즘

5장에서 배웠듯이 다양한 타입의 컨테이너에 적용할 수 있는 함수들이 있습니다. 예를 들어 벡터, 문자열, 리스트는 요소를 삽입하는 insert 함수와 요소를 제거하는 erase 함수를 지원합니다. 이러한 함수들의 인터페이스는 이들을 지원하는 모든 타입에서 같습니다. 따라서 컨테이너에서 사용할 수 있는 함수들은 문자열 클래스에도 똑같이 적용할 수 있습니다.

문자열 클래스뿐만 아니라 모든 컨테이너는 컨테이너를 탐색하고 요소를 확인할 수 있도록 각 컨테이너에 대응하는 **서로 다른 타입의 반복자**companion iterator를 제공합니다. 다시 말하자면 라이브러리는 같은 인터페이스로 모든 타입의 반복자 연산을 할 수 있게 도와줍니다. 예를 들어 ++ 연산자는 반복자 타입에 상관없이 다음 요소로 이동하는데 사용할 수 있습니다. 마찬가지로 * 연산자는 반복자 타입에 상관없이 해당 요소에 접근할 때 사용할 수 있습니다. 이 밖에도 여러 연산에서 같은 인터페이스로 반복자를 사용할 수 있습니다.

이 장에서는 라이브러리가 표준 알고리즘을 제공할 때 공통의 인터페이스를 어떻게 활용하는지 살펴볼 것입니다. 이러한 알고리즘을 사용하면 같은 코드를 반복해서 작성하지 않아도 됩니다. 게다가 여러분이 작성한 프로그램을 놀라울 정도로 더 작고 간단하게 바꿀 수 있습니다.

컨테이너나 반복자처럼 알고리즘도 일관된 인터페이스 규칙을 따릅니다. 이러한 일관성 때문에 앞으로 학습하게 될 몇 가지 알고리즘을 필요에 따라 여러 군데 적용할 수 있습니다. 이 장에서는 문자열과 학생의 최종 점수를 처리할 때 발생하는 문제를 해결하는 여러 라이브러리 알고리즘을 사용할 것입니다. 그 과정에서 라이브러리 알고리즘의 핵심 개념 대부분을 다룹니다.

참고로 별도로 언급하지 않는 이상 이 장에서 소개하는 모든 알고리즘은 ⟨algorithm⟩ 헤더에 정의되어 있습니다.

6.1 문자열 분석

5.8.2/158p에서는 2개의 문자 그림을 결합하는 데 반복문을 사용했습니다.

```
for (vector<string>::const_iterator it = bottom.begin(); it != bottom.end(); ++it)
    ret.push_back(*it);
```

여러분은 이 반복문이 ret 벡터의 끝에 bottom 벡터에 있는 요소들의 복사본을 삽입하는 것을 의미함을 살펴보았습니다. 또한 같은 연산을 다음처럼 벡터가 직접 제공한다는 사실도 배웠습니다.

```
ret.insert(ret.end(), bottom.begin(), bottom.end());
```

이 문제를 훨씬 더 보편적으로 해결할 수 있는 방법이 있습니다. 다음처럼 컨테이너의 끝에 요소들을 삽입하는 개념과 요소들을 복사하는 개념을 따로 구분할 수 있습니다.

```
copy(bottom.begin(), bottom.end(), back_inserter(ret));
```

여기에서 copy 함수는 제네릭 알고리즘이고 back_inserter 함수는 반복자 어댑터입니다.

제네릭 알고리즘generic algorithm이란 특정 종류의 컨테이너에 속하지 않으며, 인수의 타입으로 데이터에 접근하는 방법을 결정하는 알고리즘을 말합니다. 표준 라이브러리의 제네릭 알고리즘은 일반적으로 컨테이너 요소를 조작하는데 사용하는 반복자가 인수로 있습니다. 예를 들어 3개의 반복자 begin, end, out이 인수로 있는 copy 알고리즘은 [begin, end) 범위의 모든 요소를 out에서 시작하는 요소들의 순차열에 필요한 만큼 공간을 확장하여 복사합니다.

```
copy(begin, end, out);
```

앞 코드는 while문에서 반복자의 값을 바꾼다는 점을 제외하면 다음 코드와 같은 의미입니다.

```
while (begin != end)
    *out++ = *begin++;
```

반복자 어댑터를 살펴보기 전에 앞 반복문에서 사용한 증가 연산자의 후위postfix 표기를 주목합시다. 여러분이 지금까지 사용한 전위 표기와 다르게 begin++는 begin 값을 반환한 후에 begin 값을 증가시킵니다.

```
it = begin++;
```

바꿔 말하면 앞 코드는 다음 코드와 같습니다.

```
it = begin;
++begin;
```

증가 연산자는 * 연산자와 우선순위가 같고 둘 다 오른쪽 우선 결합성이 있으므로 *out++는 *(out++)와 같습니다.

```
*out++ = *begin++;
```

따라서 앞 코드의 자세한 의미는 다음 코드와 같습니다.

```
{
    *out = *begin;
    ++out;
    ++begin;
}
```

이제 **반복자 어댑터**iterator adaptor를 알아봅시다. 반복자 어댑터는 인수와 관련된 속성이 있는 반복자를 반환하는 함수입니다. 반복자 어댑터는 <iterator> 헤더에 정의되어 있습니다. 가장 일반적으로 사용하는 반복자 어댑터는 back_inserter 함수입니다. back_inserter 함수는 컨테이너를 인수로 사용하며 컨테이너에 값들을 추가할 목적지인 반복자를 반환합니다. 예를 들어 back_inserter(ret)는 ret에 요소들을 추가할 목적지인 반복자를 반환합니다. 따라서 bottom의 모든 요소를 복사하여 ret의 끝에 추가하는 코드는 다음과 같습니다.

```
copy(bottom.begin(), bottom.end(), back_inserter(ret));
```

함수 실행이 끝나면 ret의 크기가 bottom.size()만큼 증가합니다. 다음처럼 copy 함수를 호출하지 않도록 유의합시다.

```
// 오류: ret는 반복자가 아님.
copy(bottom.begin(), bottom.end(), ret);
```

앞 코드에서는 copy 함수의 세 번째 인수가 반복자가 아닌 컨테이너이므로 오류가 발생합니다. 또한 다음처럼 호출하지 않도록 유의합시다.

```
// 오류: ret.end()에는 어떠한 요소도 없음.
copy(bottom.begin(), bottom.end(), ret.end());
```

일단 앞 코드는 문제 없이 컴파일되므로 직접 실행하지 않는 이상 실수를 알기 어렵습니다. copy 함수의 첫 번째 일은 ret.end()에 있는 요소에 값을 할당하는 것입니다. 하지만 거기에는 어떠한 요소도 존재하지 않으므로 구현체가 어떤 동작을 할지 예측할 수 없습니다.

copy 함수를 이러한 방식으로 설계한 이유는 무엇일까요? 요소 복사와 컨테이너 확장을 개념적으로 분리하면 프로그래머는 자신에게 가장 알맞은 연산을 선택할 수 있습니다. 예를 들어 컨테이너 크기를 변경하지 않고 이미 존재하는 요소 위에 새로운 요소를 복사하여 덮을 수 있습니다. 그리고 6.2.2/184p에서 살펴보겠지만 back_inserter 함수를 사용하여 다른 컨테이너의 요소를 복사하는 것이 아닌 다른 방식으로 컨테이너에 요소를 추가할 수도 있습니다.

6.1.1 새로운 split 함수

표준 알고리즘을 사용하여 다시 작성할 수 있는 또 다른 함수는 5.6/150p에서 살펴본 split 함수입니다. 이 함수를 작성할 때 까다롭다고 느낄 수 있습니다. 입력된 문장에서 각 단어를 구분할 때 인덱스를 사용하기 때문입니다. 인덱스는 반복자로 대체할 수 있고 다양한 동작을 실행할 때 표준 라이브러리 알고리즘을 사용할 수 있습니다.

```cpp
// 인수가 공백일 때는 true, 그렇지 않을 때는 false를 반환
bool space(char c)
{
    return isspace(c);
}

// 인수가 공백일 때는 false, 그렇지 않을 때는 true를 반환
bool not_space(char c)
{
    return !isspace(c);
}

vector<string> split(const string& str)
{
    typedef string::const_iterator iter;
    vector<string> ret;
    iter i = str.begin();

    while (i != str.end()) {
        // 선행 공백을 무시
        i = find_if(i, str.end(), not_space);

        // 다음 단어의 끝을 찾음.
        iter j = find_if(i, str.end(), space);

        // [i, j] 범위의 문자를 복사
        if (i != str.end())
            ret.push_back(string(i, j));

        i = j;
    }
    return ret;
}
```

여기에서는 새로운 함수를 많이 사용하므로 설명을 자세히 읽어야 합니다. str의 각 단어를 구분하려고 i와 j를 사용하는 알고리즘은 이전에 살펴본 코드와 같다는 점을 명심합시다. 단어 하나를 찾으면 str에서 해당 단어를 복사하여 ret의 끝에 추가합니다.

여기에서 i와 j는 인덱스가 아닙니다. 반복자입니다. typedef를 사용하여 반복자의 타입을 string::const_iterator에서 iter로 간략하게 줄입니다. 문자열 타입이 모든 컨테이너 연산을 지원하는 것은 아니지만 반복자를 제공합니다. 따라서 표준 라이브러리 알고리즘을 사용하여 벡터에 있는 요소를 다루는 것처럼 문자열에 있는 문자를 다룰 수 있습니다.

여기에서 사용한 알고리즘은 find_if 함수입니다. find_if 함수의 첫 두 인수는 순차열을 나타내는 반복자입니다. 세 번째 인수는 서술 함수며 인수를 검사하여 참 또는 거짓을 반환합니다. find_if 함수는 순차열의 각 요소에 서술 함수를 호출하다가 참을 반환하는 요소를 찾으면 동작을 멈춥니다.

표준 라이브러리는 문자가 공백인지 여부를 검사하는 isspace 함수를 제공합니다. isspace 함수는 오버로드되었으므로 한국어를 나타내는 wchar_t(1.3/44p) 타입 같은 다른 문자 타입으로 동작할 수도 있습니다. 이처럼 오버로드된 함수를 템플릿 함수의 인수로 직접 전달하는 것은 원하는 동작을 한다고 보장할 수 없습니다. find_if 함수는 컴파일러가 함수 형태를 선택하는데 사용하는 인수를 제공하지 않습니다. 컴파일러는 여러분이 사용하려는 오버로드된 함수 형태를 알지 못합니다. 따라서 여러분이 사용하려는 isspace 함수 형태를 컴파일러에 명확하게 전달하려면 space와 not_space라는 서술 함수를 직접 작성해야 합니다.

find_if 함수의 첫 번째 호출에서는 단어를 시작하는 공백이 아닌 첫 번째 문자를 찾습니다. 하나 이상의 공백으로 행을 시작하거나 인접한 단어를 구분할 수 있습니다. 이러한 공백은 결과에 포함하지 않을 것입니다.

find_if 함수의 첫 번째 호출이 끝나면 i는 str에서 공백이 아닌 첫 번째 문자를 가리킵니다. 이어지는 find_if 함수 호출에서는 [i, str.end()) 범위 안에서 첫 번째 공백을 찾는 데 i를 사용합니다. find_if 함수가 서술 함수를 만족하는 값을 찾지 못하면 find_if 함수의 두 번째 인수인 str.end()를 반환합니다. 따라서 j는 현재 단어와 다음 단어를 구분하는 첫 번째 공백을 가리키도록 초기화됩니다. 또는 현재 단어가 행의 마지막 단어면 j는 str.end()와 같습니다.

여기까지 실행했다면 i와 j는 str에서 단어 하나의 범위를 결정합니다. 남은 것은 이 반복자들을 사용하여 str의 데이터를 ret으로 복사하는 것입니다. 이전에 다룬 split 함수에서는 복사본을 만들 때 string::substr 함수를 사용했습니다. 하지만 이는 반복자가 아닌 인덱스로 동작하는 split 함수였고, substr 함수도 반복자로 동작하는 형태가 아니었습니다. 따라서 여러분이 다루는 반복자로 새로운 문자열을 직접 만들어야 합니다. 이를 위해 표현식 string(i, j)를 사용합니다. 이것은 1.2/43p에서 설명한 문자열 spaces의 정의와 다소 비슷합니다. 여기에서는 [i, j) 범위의 문자들을 복사하여 문자열을 만듭니다. 그리고 ret 끝으로 이 새로운 문자열을 추가합니다.

이전 버전의 프로그램과 비교했을 때 이번에 다룬 프로그램에서는 인덱스 i를 str.size()와 비교하는 부분이 제외되었습니다. 그렇다고 반복자와 str.end()의 동등함을 판별하는 부분이 있는 것도 아닙니다. 그 이유는 라이브러리 알고리즘이 빈 범위를 전달하는 호출을 적절히 다루도록 작성되었기 때문입니다. 예를 들어 find_if 함수의 첫 번째 호출에서 i를 str.end()의 반환 값으로 설정하는 순간이 있습니다. 그러나 find_if 함수의 두 번째 호출로 전달하기 전에 i를 검사할 필요는 없습니다. find_if 함수의 두 번째 호출에서 [i, str.end()) 범위가 비어 있는 것을 확인했을 때 실행할 동작을 만족하는 값을 찾지 못합니다. 따라서 str.end()를 반환할 것이기 때문입니다.

6.1.2 회문

문자를 다루는 문제 중에 라이브러리를 사용하여 간단히 해결할 수 있는 또 다른 예는 단어가 회문인지 판단하는 것입니다. 회문은 거꾸로 읽어도 철자가 같은 단어입니다. 예를 들면 'civic', 'eye', 'level', 'madam', 'rotor' 같은 단어들은 모두 회문입니다.

라이브러리를 사용한 간단한 해결책은 다음과 같습니다.

```cpp
bool is_palindrome(const string& s)
{
    return equal(s.begin(), s.end(), s.rbegin());
}
```

함수 본문의 반환문에서는 아직 본 적 없는 함수 equal과 멤버 함수 rbegin을 호출합니다. begin 함수와 마찬가지로 rbegin 함수도 반복자를 반환합니다. 하지만 rbegin 함수가 반환하는 반복자는 컨테이너의 마지막 요소에서 시작하여 컨테이너를 거꾸로 통과합니다.

equal 함수는 순서가 반대인 두 문자열이 같은 값인지 판별하려고 두 순차열을 비교합니다. 인수로 전달하는 첫 2개의 반복자는 첫 번째 순차열의 범위를 나타냅니다. 세 번째 인수는 두 번째 순차열의 시작점을 나타냅니다. equal 함수는 두 번째 순차열이 첫 번째 순차열과 같은 크기라고 가정합니다. 따라서 두 번째 순차열의 끝을 가리키는 반복자는 필요하지 않습니다. 두 번째 순차열의 시작점으로 s.rbegin()을 전달하므로 equal 함수를 호출하면 s의 앞과 뒤를 비교합니다. 즉, equal 함수는 s의 첫 번째 문자와 마지막 문자를 비교한 후, 두 번째 문자와 마지막에서 두 번째 문자를 비교하는 순서로 동작합니다.

6.1.3 URL 찾기

문자를 다루는 마지막 예로 문자열에 포함된 웹 주소, 즉 URL$^{\text{Uniform Resource Locator}}$을 찾는 함수를 작성해봅시다. 문서 전체 내용을 담은 하나의 문자열을 만들어 함수를 사용할 수 있습니다. 이 함수는 문서를 훑고 그 안에 있는 모든 URL을 찾습니다. URL은 다음 형태를 갖는 문자들의 순차열입니다.

프로토콜 이름 :// 리소스 이름

'프로토콜 이름'은 문자만으로 구성되고 '리소스 이름'은 문자, 숫자, 특정 구두 문자로 구성됩니다. 여러분이 작성할 함수는 문자열 인수를 전달받아 해당 문자열이 포함하는 모든 ://를 찾을 것입니다. 각각의 ://를 발견할 때마다 그것을 기준으로 앞에 오는 '프로토콜 이름'과 뒤에 오는 '리소스 이름'을 찾을 것입니다.

인수로 전달된 문자열에 있는 모든 URL을 찾아야 합니다. 따라서 함수는 URL 각각을 요소 하나로 갖는 vector<string>을 반환할 것입니다. 함수에서는 반복자 b를 사용하여 인수로 전달한 문자열의 내부를 이동하며 URL의 일부인 ://에 해당하는 문자들을 찾습니다. 해당 문자들을 발견하면 '프로토콜 이름'을 찾으려고 ://의 앞쪽을 확인하고, '리소스 이름'을 찾으려고 ://의 뒤쪽을 확인합니다.

```
vector<string> find_urls(const string& s)
{
    vector<string> ret;
    typedef string::const_iterator iter;
    iter b = s.begin(), e = s.end();
```

```
        // 인수로 전달받은 문자열 전체를 탐색
        while (b != e) {
            // ://의 앞쪽에서 하나 이상의 문자를 탐색
            b = url_beg(b, e);
            if (b != e) {
                // 해당 문자를 찾았다면 URL의 나머지 부분을 탐색
                iter after = url_end(b, e);

                // URL을 저장
                ret.push_back(string(b, after));

                // 인수로 전달받은 문자열에서 또 다른 URL을 찾기 위해 b를 증가
                b = after;
            }
        }
    }
    return ret;
}
```

앞 코드에서는 우선 문자열에서 찾은 URL을 저장할 ret 벡터와 URL에 해당하는 문자열의 범위를 나타내는 반복자를 선언합니다. 여러분은 각 URL의 시작과 끝을 찾을 때 url_beg 함수와 url_end 함수를 작성해야 합니다. url_beg 함수는 유효한 URL이 있는지 식별하여 유효한 URL이면 프로토콜 이름의 첫 번째 문자를 참조하는 반복자를 반환합니다. URL을 식별하지 못했으면 두 번째 인수인 e를 반환합니다.

url_beg 함수가 URL을 찾고난 후 다음으로 할 일은 url_end 함수를 호출하여 URL의 끝을 찾는 것입니다. url_end 함수는 인수로 주어진 지점부터 find_urls의 인수로 전달된 문자열의 끝이나 URL의 일부가 아닌 문자에 도달할 때까지 URL을 찾아서 URL의 마지막 문자 이후를 참조하는 반복자를 반환합니다. 따라서 url_beg 함수와 url_end 함수를 호출한 후 반복자 b는 URL의 시작점을 가리키며 반복자 after는 URL의 마지막 문자 이후를 가리킵니다.

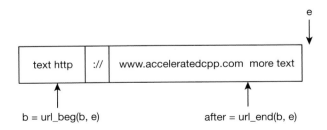

이 범위의 문자들로 새로운 문자열을 만들어 ret 벡터의 끝에 추가합니다.

이제 남은 과정은 b를 증가시키고 다음 순서의 URL을 찾는 것입니다. b를 방금 찾은 URL 의 마지막 문자 이후로 할당하고 find_urls의 인수로 전달된 문자열을 모두 살펴볼 때까지 while문을 실행합니다. while문 실행이 끝나면 모든 URL을 저장한 벡터를 반환합니다.

지금부터 url_beg 함수와 url_end 함수를 구현할 것입니다. 상대적으로 더 간단한 url_end 함수부터 살펴보겠습니다.

```cpp
string::const_iterator url_end(string::const_iterator b, string::const_iterator e)
{
    return find_if(b, e, not_url_char);
}
```

이 함수는 6.1.1/173p에서 사용한 라이브러리 함수인 find_if로 실행할 동작을 전달합니다. find_if 함수에 전달하는 서술 함수는 not_url_char 함수입니다. not_url_char 함수는 인 수로 전달된 문자가 URL에 속할 수 없는 문자일 때 참을 반환합니다.

```cpp
bool not_url_char(char c)
{
    // URL에 들어갈 수 있는 알파벳과 숫자 이외의 문자
    static const string url_ch = "~;/?:@=&$-_.+!*'(),";

    // c가 URL에 들어갈 수 있는 문자인지 확인하면 음수를 반환
    return !(isalnum(c) || find(url_ch.begin(), url_ch.end(), c) != url_ch.end());
}
```

not_url_char 함수의 크기는 작지만 처음 보는 개념들이 많습니다. 첫 번째로 살펴볼 것은 **스 토리지 클래스 지정자**storage class specifier인 static입니다. static으로 선언한 지역 변수는 함수를 반 복해서 호출하더라도 값이 보존됩니다. 따라서 not_url_char 함수의 첫 번째 호출에서만 문 자열 url_ch를 만들고 초기화합니다. 그다음 호출부터는 첫 번째 호출 때 만든 객체를 사용합 니다. 그리고 url_ch은 const 문자열이므로 초기화하면 값을 바꿀 수 없습니다.

두 번째로 살펴볼 것은 not_url_char 함수에서 사용하는 isalnum 함수입니다. isalnum 함수 는 <cctype> 헤더가 정의하며 인수로 전달한 문자가 알파벳이나 숫자인지 여부를 판별합니다.

마지막으로 살펴볼 것은 find 함수입니다. 이 알고리즘은 find_if 함수와 비슷하지만 서술 함수를 호출하는 대신 세 번째 인수로 주어진 특정 값을 찾습니다. find_if 함수와 마찬가지로 찾으려는 값이 존재하면 주어진 순차열에서 해당 값의 첫 번째 출현 지점을 가리키는 반복자를 반환합니다. 값이 존재하지 않으면 find 함수는 두 번째 인수를 반환합니다.

지금까지 얻은 지식을 토대로 not_url_char 함수를 이해할 수 있습니다. 결과를 반환하기 전에 표현식 전체의 값을 부정하므로 c가 알파벳 또는 숫자 또는 문자열 url_ch에 속한 문자 중 하나일 때 not_url_char 함수는 거짓을 반환합니다. c가 그 이외의 값이면 not_url_char 함수는 참을 반환합니다.

이제 어려운 부분에 해당하는 url_beg 함수를 구현해봅시다. ://를 포함하지만 URL이 될 수 없을 때도 고려해야 하므로 url_beg 함수는 다소 복잡합니다. 실제로 용인되는 프로토콜 이름의 목록에 국한하지 않고 구분 기호 :// 앞뒤로 유효한 문자가 하나라도 있다면 URL로 인식하게끔 구현할 것입니다.

```
string::const_iterator url_beg(string::const_iterator b, string::const_iterator e)
{
    static const string sep = "://";
    typedef string::const_iterator iter;

    // i는 구분 기호를 발견한 위치를 표시
    iter i = b;
    while ((i = search(i, e, sep.begin(), sep.end())) != e) {
        // 구분 기호가 현재 탐색 범위의 처음 또는 마지막에 있는지 확인
        if (i != b && i + sep.size() != e) {
            // beg는 프로토콜 이름의 시작 위치를 표시
            iter beg = i;
            while (beg != b && isalpha(beg[-1]))
                —beg;

            // 구분 기호 앞뒤로 URL의 일부에서 유효한 문자가 하나라도 있는지 확인
            if (beg != i && !not_url_char(i[sep.size()]))
                return beg;
        }
        // 발견한 구분 기호는 URL 일부가 아니므로 해당 구분 기호 이후를 표시하도록 i를 증가시킴.
        i += sep.size();
    }
    return e;
}
```

먼저 함수의 헤더를 살펴봅시다. url_beg 함수는 탐색할 범위를 나타내는 2개의 반복자를 인수로 두며 해당 범위 안에서 찾은 첫 번째 URL의 시작점을 나타내는 반복자를 반환합니다. 그리고 URL을 식별하는 구분 기호를 사용하려고 문자열 sep를 선언하고 초기화합니다. 문자열 sep는 not_url_char 함수에서 사용한 문자열 url_ch처럼 static인 동시에 const입니다. 따라서 문자열을 수정할 수 없으며 url_beg 함수의 첫 번째 호출에서만 만들어집니다.

url_beg 함수는 다음 그림처럼 b와 e 사이의 범위를 갖는 문자열에서 2개의 반복자를 사용하여 동작합니다.

반복자 i는 URL 구분 기호의 시작점을 가리키며 반복자 beg는 프로토콜 이름의 시작점을 가리킵니다.

url_beg 함수에서는 라이브러리 함수인 search 함수를 호출하여 구분 기호를 찾습니다. search 함수는 두 쌍의 반복자를 인수로 갖습니다. 첫 번째 쌍은 현재 탐색할 순차열을 나타내며 두 번째 쌍은 찾고자 하는 순차열을 나타냅니다. 앞서 살펴본 라이브러리 함수들처럼 search 함수가 찾고자 하는 순차열을 발견하지 못하면 두 번째 인수에 해당하는 반복자를 반환합니다. 따라서 search 함수의 호출이 끝난 후에 i는 url_beg 함수에 전달된 문자열의 마지막 지점 다음을 가리키거나 발견한 구분 기호의 ':'에 해당하는 지점을 가리킵니다.

구분 기호를 발견한 이후에 실행할 동작은 프로토콜 이름을 구성하는 문자들을 찾는 것입니다. 먼저 구분 기호가 현재 탐색 범위의 처음 또는 마지막에 있는지 확인합니다. URL은 구분 기호 양쪽에 최소한 문자가 하나씩 있어야 합니다. 발견한 구분 기호가 현재 탐색 범위의 처음 또는 마지막에 있으면 해당 구분 기호는 URL의 일부가 아닙니다. 발견한 구분 기호의 위치가 현재 탐색 범위의 처음 또는 마지막이 아니라면 프로토콜 이름의 시작점인 반복자 beg의 위치를 구해야 합니다.

내부의 while문에서는 알파벳이 아닌 문자나 현재 탐색 범위의 처음에 도달할 때까지 반복자 beg를 거꾸로 이동시킵니다. 이때 새로운 개념 두 가지를 사용합니다. 첫 번째로 살펴볼 개념은 컨테이너가 인덱스를 지원하면 반복자도 인덱스를 지원한다는 사실입니다. 즉, beg[-1]은 beg가 가리키는 문자 바로 전 문자를 의미합니다. beg[-1]은 *(beg - 1)을 간단히 줄여 표현한 것입니다. 이에 관한 내용은 8.2.6/239p에서 더 상세히 다룰 것입니다. 두 번째로 살펴볼 개념은 <cctype> 헤더가 정의하는 isalpha 함수입니다. isalpha 함수는 전달된 인수가 문자인지 판별합니다.

반복자 beg를 적어도 문자 하나만큼 앞당길 수 있다면 프로토콜 이름을 찾은 것입니다. 반복자 beg를 반환하기 전에는 구분 기호 다음으로 유효한 문자가 하나라도 있는지 확인해야 합니다. 이를 판별하는 코드는 다소 복잡합니다. 현재 지점은 i + sep.size()의 값을 e와 비교하여 같지 않을 때 실행할 수 있는 if문의 본문입니다. 따라서 구분 기호 뒤에는 적어도 하나의 문자가 있습니다. i[sep.size()]를 사용하면 구분 기호 이후의 첫 번째 문자에 접근할 수 있습니다. i[sep.size()]는 *(i + sep.size())를 간단히 줄여서 표현한 것입니다. 해당 문자를 not_url_char 함수에 전달하여 URL의 일부로 유효한 문자인지 판별합니다. not_url_char 함수는 인수로 전달한 문자가 URL의 일부로 유효하지 않을 때 참을 반환하므로 문자가 유효한지 확인하려면 반환 결과를 부정해야 합니다.

발견한 구분 기호가 URL의 일부가 아니라면 해당 구분 기호 이후를 표시하도록 i를 구분 기호의 크기만큼 증가시키고 다음 구분 기호를 찾습니다.

앞 코드에서는 2.7/70p의 연산자 표에서 살펴본 감소 연산자를 사용합니다. 감소 연산자는 증가 연산자처럼 동작하지만 대신 피연산자를 감소시킵니다. 증가 연산자와 마찬가지로 전위 표기법과 후위 표기법이 있습니다. 여기에서 사용한 전위 표기법은 피연산자를 감소시키고 새로운 값을 반환합니다.

6.2 성적 산출 방식 비교

4.2/110p에서는 과제 점수의 중앙값에 기반하여 학생의 최종 점수를 구하는 성적 산출 방식을 살펴보았습니다. 그런데 일부 정직하지 않은 학생들은 고의적으로 과제를 제출하지 않고 이

러한 채점 방식을 악용할 수 있습니다. 과제 점수의 절반 가까이는 최종 점수에 아무런 영향을 주지 않으므로 최종 점수를 잘 받을 만큼의 과제 점수를 확보했다면 더 이상 과제를 할 필요가 없기 때문입니다.

실제로 학생 대부분이 이러한 허점을 악용하지 않겠지만 거리낌 없이 이러한 허점을 악용하는 학급이 있다고 가정해봅시다. 여러분은 과제를 빼먹은 학생들과 모든 과제를 제출한 학생들의 최종 점수가 거의 다르지 않다는 점에 의문이 들 것입니다. 다음 같은 새로운 두 가지 성적 산출 방식 중 하나를 사용하여 이 문제를 해결하고자 합니다.

- 중앙값 대신 평균값을 사용합니다. 학생이 제출하지 않은 과제는 0점으로 처리합니다.
- 학생이 실제로 제출한 과제 점수들만으로 중앙값을 추출합니다.

각 성적 산출 방식을 적용하여 모든 과제를 제출한 학생들의 최종 점수 중앙값과 하나 이상의 과제를 빼먹은 학생들의 최종 점수 중앙값을 비교해봅시다. 이 과정은 다음처럼 두 부분으로 나누어 해결할 수 있습니다.

1 모든 학생의 정보를 읽고 과제를 모두 제출한 학생과 그렇지 않은 학생을 분류합니다.
2 두 집단에 각각의 성적 산출 방식을 적용한 후 각 집단의 중앙값을 추출합니다.

6.2.1 학생 분류

첫 번째 부분은 학생 정보를 읽고 분류하는 것입니다. 다행히도 여러분이 이전에 작성한 코드를 사용하여 해결할 수 있는 부분이 있습니다. 4.2.1/112p에서 살펴본 Student_info 타입과 4.2.2/112p에서 살펴본 read 함수를 사용하여 학생 정보를 읽을 수 있습니다. 이번에 새로 작성해야 할 것은 학생이 모든 과제를 제출했는지 확인하는 함수입니다. 이 함수는 다음처럼 어렵지 않게 작성할 수 있습니다.

```cpp
bool did_all_hw(const Student_info& s)
{
    return ((find(s.homework.begin(), s.homework.end(), 0)) == s.homework.end());
}
```

did_all_hw 함수는 s.homework 벡터에 저장된 값 중 0이 있는지 확인합니다. 제출한 과제는 최소한의 부분 점수를 부여하므로 0점은 과제를 제출하지 않은 것을 의미합니다. find 함수의 반환 값과 homework.end() 함수의 반환 값을 비교하여 해당 학생이 모든 과제를 제출했는지 확인합니다. find 함수는 찾으려는 값을 발견하지 못했을 때 두 번째 인수를 반환합니다.

이전에 살펴본 read 함수와 방금 살펴본 did_all_hw 함수를 사용하면 학생 정보를 읽고 분류하는 코드를 간단히 작성할 수 있습니다. 학생 정보를 읽고 해당 학생이 모든 과제를 제출했는지 확인한 다음 did와 didnt로 이름 붙인 두 벡터 중 하나로 학생 정보를 분류합니다. 그리고 두 벡터가 비어있는지 확인하여 여러분이 작성한 함수가 올바른 결과를 얻는지 확인합니다.

```cpp
vector<Student_info> did, didnt;
Student_info student;

// 학생 정보를 읽고 과제를 모두 제출한 학생과 그렇지 않은 학생을 분류
while (read(cin, student)) {
    if (did_all_hw(student))
        did.push_back(student);
    else
        didnt.push_back(student);
}

// 두 집단에 데이터가 있는지 각각 확인
if (did.empty()) {
    cout << "No student did all the homework!" << endl;
    return 1;
}

if (didnt.empty()) {
    cout << "Every student did all the homework!" << endl;
    return 1;
}
```

여기에서 새롭게 살펴볼 것은 멤버 함수 empty입니다. empty 함수는 해당 컨테이너가 비어 있으면 참을 반환하고 그렇지 않으면 거짓을 반환합니다. 컨테이너가 비어 있는지 확인하려면 size 함수의 반환 값이 0인 것을 확인하는 것보다 empty 함수를 사용하는 것이 더 낫습니다. 왜냐하면 컨테이너의 종류에 따라 컨테이너에 정확히 몇 개 요소가 있는지 파악하는 것보다 컨테이너에 요소가 있는지 확인하는 것이 더 효율적이기 때문입니다.

6.2.2 수학적 분석

지금까지 학생 정보를 읽어 did 벡터와 didnt 벡터로 분류하였습니다. 다음 할 일은 분류한 학생 정보를 수학적으로 분석하는 것입니다. 이러한 분석을 구조화하는 방법을 생각해봅시다.

실행해야 할 분석은 세 가지입니다. 그리고 과제를 모두 제출한 학생과 그렇지 않은 학생으로 분류한 두 집단의 데이터를 각각 분석하므로 분석 자체를 함수로 만들어야 합니다. 또한 분석한 결과 각각을 출력하는 형태를 고려하여 did 벡터와 didnt 벡터를 하나의 쌍으로 취급할 것입니다.

여기에서 까다로운 부분은 각 분석 결과를 출력하는 데 총 세 번 호출해야 하는 함수입니다. 이 함수는 해당 분석 함수를 did 벡터와 didnt 벡터에 호출하는 과정을 세 번 반복합니다. 각기 다른 분석 함수로 해당 결과를 출력하는 함수를 작성하려면 어떻게 해야 할까요?

가장 편한 방법은 3개의 분석 함수를 정의하고 각각을 출력 함수의 인수로 전달하는 것입니다. 4.2.2/114p에서 라이브러리 함수인 sort를 사용할 때 compare 함수를 인수로 전달한 것을 떠올린다면 이해하기 쉬울 것입니다. 출력 함수는 다음 다섯 개의 인수가 필요합니다.

- 출력 스트림
- 무엇을 출력하는지 나타내는 문자열
- 사용한 분석 함수
- 분석 대상인 2개의 벡터

예를 들어 중앙값으로 분석하는 함수의 이름이 median_analysis이고, 다음 코드를 실행하여 2개의 학생 집단을 분석한 결과를 출력한다고 가정해봅시다.

```
write_analysis(cout, "median", median_analysis, did, didnt);
```

write_analysis 함수를 정의하기에 앞서 median_analysis 함수를 정의해봅시다. 학생 정보가 있는 벡터를 인수로 전달합니다. 그리고 기존의 성적 산출 방식에 따라 학생들의 최종 점수를 계산한 후, 최종 점수들의 중앙값을 반환하도록 다음처럼 함수를 정의할 수 있습니다.

```
// 이 함수는 제대로 동작하지 않음.
double median_analysis(const vector<Student_info>& students)
{
```

```
        vector<double> grades;
        transform(students.begin(), students.end(), back_inserter(grades), grade);
        return median(grades);
    }
```

앞 함수는 언뜻 보기에 어려울 수 있습니다. 새로 등장한 transform 함수를 살펴봅시다. transform 함수의 인수는 3개의 반복자와 1개의 함수입니다. 첫 2개의 반복자는 최종 점수를 계산할 학생 정보의 범위를 지정합니다. 세 번째 반복자는 학생들의 최종 점수를 저장할 위치를 나타냅니다.

transform 함수를 호출할 때는 학생들의 최종 점수를 저장하는 저장 공간이 충분한지 확인해야 합니다. 여기서 학생들의 최종 점수를 저장할 공간을 확보하는 문제는 back_inserter 함수(6.1/170p)를 호출하여 간단히 해결할 수 있습니다. 즉, 필요한 만큼 자동으로 공간을 확장하면서 학생들의 최종 점수를 grades 벡터에 추가할 것입니다.

transform 함수의 네 번째 인수는 transform 함수가 전달받은 첫 2개의 반복자가 나타내는 범위의 요소들이 세 번째 반복자가 나타내는 위치에 저장되기 전 거쳐야 할 함수입니다. 따라서 transform 함수를 호출하면 students 벡터 각 요소에 grade 함수를 적용하여 그 결과를 grades 벡터에 추가합니다. 모든 학생의 최종 점수를 구했다면 4.1.1/100p에서 정의한 median 함수를 호출하여 최종 점수들의 중앙값을 계산합니다.

하지만 이미 주석에서 밝혔듯이 앞서 살펴본 함수는 제대로 동작하지 않습니다. 왜냐하면 grade 함수가 여러 개 버전으로 오버로드된 함수이기 때문입니다. grade 함수에 인수를 전달하지 않았으므로 컴파일러는 호출할 grade 함수의 버전을 알지 못합니다. 4.2.2/113p에서 살펴본 버전의 grade 함수를 호출하도록 컴파일러에게 알려줄 방법이 필요합니다.

또한 과제를 전혀 하지 않은 학생이 있을 때 grade 함수가 던지는 예외에 관해 transform 함수는 아무 동작을 실행하지 않는 문제가 있습니다. 예외가 발생하면 transform 함수는 예외가 발생한 지점에서 동작을 멈추고 median_analysis 함수로 되돌아갑니다. median_analysis 함수조차 예외를 처리하지 않으므로 해당 예외는 계속해서 밖으로 전파됩니다. catch문에 도달할 때까지 함수는 의도보다 일찍 종료된 상태로 함수를 호출한 곳으로 예외 처리를 넘깁니다. 앞서 살펴본 median_analysis 함수처럼 예외를 처리하는 catch문이 없다면 프로그램은 자체 종료되고 구현체에 따라 문제가 발생한 원인을 출력하기도 합니다.

grade 함수에서 발생하는 예외를 처리하는 보조 함수를 작성하면 동작하지 않는 원인을 모두 해결할 수 있습니다. grade 함수를 transform 함수의 인수로 전달하지 않고 보조 함수에서 명시적으로 호출하면 컴파일러는 여러분이 의도한 grade 함수의 버전을 파악할 수 있습니다.

```cpp
double grade_aux(const Student_info& s)
{
    try {
        return grade(s);
    }
    catch (domain_error) {
        return grade(s.midterm, s.final, 0);
    }
}
```

grade_aux 함수는 4.2.2/113p에서 살펴본 버전의 grade 함수를 호출합니다. 예외가 발생했다면 4.1/98p에서 살펴본 또 다른 버전의 grade 함수를 호출합니다. 예외가 발생했을 때 호출하는 grade 함수는 중간 및 기말시험 점수와 종합 과제 점수를 나타내는 3개의 double 타입 인수가 있습니다. 모든 과제를 제출하지 않은 학생의 종합 과제 점수는 0점으로 grade 함수에 전달됩니다. 이제 grade_aux 함수를 사용하여 분석 함수를 다시 작성해봅시다.

```cpp
// 이 함수는 제대로 동작
double median_analysis(const vector<Student_info>& students)
{
    vector<double> grades;
    transform(students.begin(), students.end(), back_inserter(grades), grade_aux);
    return median(grades);
}
```

분석 함수를 살펴봤으니 이제 write_analysis 함수를 정의할 수 있습니다. write_analysis 함수는 분석 함수를 사용하여 두 학생 집단을 비교합니다.

```cpp
void write_analysis(ostream& out, const string& name,
    double analysis(const vector<Student_info>&),
    const vector<Student_info>& did,
    const vector<Student_info>& didnt)
{
```

```
    out << name << ": median(did) = " << analysis(did)
        << ", median(didnt) = " << analysis(didnt) << endl;
}
```

write_analysis 함수에서는 두 가지 새로운 개념을 사용합니다. 첫 번째는 함수를 매개변수로 정의하는 방법입니다. analysis 함수의 매개변수 정의는 4.3/119p에서 살펴본 함수의 선언과 같은 형태입니다(10.1.2/277p에서 살펴보겠지만 겉으로 보이는 것보다 좀 더 많은 내용을 포함합니다. 이러한 추가 세부 사항을 현재 단계에서 논하는 것은 큰 의미가 없습니다).

두 번째 새로운 개념은 반환 타입인 void입니다. 기본 타입인 void는 몇 가지 제한적인 용도로만 사용할 수 있습니다. 그중 한 가지는 반환 타입으로 사용하는 것입니다. 함수가 void를 '반환'하는 것은 실제로 반환 값이 존재하지 않는 것을 의미합니다. 다음과 같이 값이 없는 반환문을 실행하여 함수를 빠져나올 수 있습니다.

```
return;
```

또는 앞서 살펴본 write_analysis 함수에서처럼 반환문을 생략해서 함수를 빠져나올 수도 있습니다. 일반적으로 함수 끝에 반환문을 생략할 수 없지만 void를 반환할 때는 반환문을 생략할 수 있습니다. 이제 프로그램의 나머지 부분을 작성해봅시다.

```
int main()
{
    // 모든 과제를 제출한 학생과 그렇지 않은 학생
    vector<Student_info> did, didnt;

    // 학생 정보를 읽고 분류
    Student_info student;

    while (read(cin, student)) {
        if (did_all_hw(student))
            did.push_back(student);
        else
            didnt.push_back(student);
    }

    // 두 집단에 데이터가 있는지 각각 확인하여 분석할 필요가 있는지 확인
```

```
    if (did.empty()) {
        cout << "No student did all the homework!" << endl;
        return 1;
    }

    if (didnt.empty()) {
        cout << "Every student did all the homework!" << endl;
        return 1;
    }

    // 분석 실행
    write_analysis(cout, "median", median_analysis, did, didnt);
    write_analysis(cout, "average", average_analysis, did, didnt);
    write_analysis(cout, "median of homework turned in",
        optimistic_median_analysis, did, didnt);

    return 0;
}
```

이제 average_analysis 함수와 optimistic_median_analysis 함수를 작성하는 일만 남았습니다.

6.2.3 과제 점수의 평균값을 사용한 성적 산출

과제 점수의 중앙값이 아닌 평균값을 사용하여 학생들의 최종 점수를 계산하는 average_analysis 함수를 작성해봅시다. 논리적인 첫 단계는 최종 점수를 구하는 계산에서 중앙값 대신 평균값을 사용하려고 벡터의 평균값을 계산하는 함수를 작성하는 것입니다.

```
double average(const vector<double>& v)
{
    return accumulate(v.begin(), v.end(), 0.0) / v.size();
}
```

average 함수에서는 accumulate 함수를 사용합니다. accumulate 함수는 지금까지 살펴본 다른 라이브러리 알고리즘과는 달리 <numeric> 헤더에 선언되어 있습니다. <numeric> 헤더는 헤더 이름에서 알 수 있듯이 숫자 계산에 필요한 도구를 제공합니다. accumulate 함수는 첫 2개의 인수 범위 값들을 더하며, 세 번째 인수로 주어진 값을 합하는 과정을 시작합니다.

총합 타입은 세 번째 인수 타입으로 결정되므로 0이 아닌 0.0을 사용하는 것이 매우 중요합니다. 세 번째 인수로 0을 사용한다면 결과는 int 타입이 되어 소수 부분이 손실됩니다.

범위 안의 모든 요소 합을 구하는 데 accumulate 함수를 사용한 후, 그 결과를 범위 안 요소 개수인 v.size()로 나눕니다. 나눗셈 결과는 당연히 함수에서 반환해야 할 평균값입니다.

방금 살펴본 average 함수를 사용하여 average_grade 함수를 구현해보도록 합시다.

```
double average_grade(const Student_info& s)
{
    return grade(s.midterm, s.final, average(s.homework));
}
```

average_grade 함수는 average 함수를 사용하여 종합 과제 점수를 계산한 다음, 최종 점수를 구하려고 4.1/98p에서 살펴본 grade 함수로 전달합니다.

이러한 기본 구조를 따르면 average_analysis 함수는 다음처럼 간단히 작성할 수 있습니다.

```
double average_analysis(const vector<Student_info>& students)
{
    vector<double> grades;
    transform(students.begin(), students.end(), back_inserter(grades), average_grade);
    return median(grades);
}
```

average_analysis 함수와 median_analysis 함수(6.2.2/186p)의 유일한 차이점은 함수의 이름이 다르다는 것과 grade_aux 함수 대신 average_grade 함수를 사용한다는 것입니다.

6.2.4 제출한 과제 점수의 중앙값

마지막으로 살펴볼 분석 방식은 optimistic_median_analysis 함수입니다. 이 함수는 제출하지 않은 과제 점수가 제출한 과제 점수와 같았을 것이라는 낙관적 가정에서 이름을 딴 함수입니다. 이러한 가정 아래 각 학생이 제출한 과제 점수의 중앙값을 계산하고자 합니다. 따라서 낙관적 중앙값을 계산하는 함수를 작성할 것입니다. 물론 학생이 과제를 전혀 제출하지 않았을 가능성도 고려해야 합니다. 이때는 종합 과제 점수를 0점으로 처리할 것입니다.

```cpp
// s.homework 벡터에서 0이 아닌 요소들의 중앙값을 구합니다.
// 0이 아닌 요소가 없다면 종합 과제 점수를 0점으로 처리
double optimistic_median(const Student_info& s)
{
    vector<double> nonzero;
    remove_copy(s.homework.begin(), s.homework.end(), back_inserter(nonzero), 0);

    if (nonzero.empty())
        return grade(s.midterm, s.final, 0);
    else
        return grade(s.midterm, s.final, median(nonzero));
}
```

optimistic_median 함수는 homework 벡터에서 0이 아닌 요소들을 추출해 새로 만든 nonzero 벡터에 저장합니다. 0이 아닌 과제 점수가 존재한다면 4.1/98p에서 정의한 버전의 grade 함수를 호출해 실제로 제출한 과제 점수의 중앙값으로 학생의 최종 점수를 계산합니다.

optimistic_median 함수에서 살펴볼 새로운 개념은 nonzero 벡터로 값을 가져오려고 호출하는 remove_copy 알고리즘입니다. remove_copy 알고리즘은 remove 알고리즘의 동작을 실행하고 그 결과를 지정한 대상으로 복사합니다.

remove 알고리즘은 주어진 값과 일치하는 모든 값을 찾아 컨테이너에서 해당 값을 '제거'하고 '제거'하지 않은 모든 값을 지정한 대상으로 복사합니다. 여기에서 언급한 '제거'의 의미는 앞으로 더 살펴볼 것입니다.

remove_copy 알고리즘은 3개의 반복자와 1개의 값을 인수로 갖습니다. 대부분의 알고리즘처럼 첫 2개의 반복자는 탐색할 범위를 나타냅니다. 세 번째 반복자는 복사한 값을 저장할 대상의 시작점을 나타냅니다. remove_copy 알고리즘은 copy 알고리즘과 마찬가지로 복사된 모든 요소를 저장할 곳에 공간이 충분하다고 가정합니다. nonzero 벡터를 필요한 만큼 확장하려고 back_inserter 함수를 호출합니다.

remove_copy 알고리즘을 호출한다는 것은 s.homework 벡터에서 0이 아닌 모든 요소를 nonzero 벡터에 복사하는 것입니다. 그런 다음 nonzero 벡터가 비어 있는지 확인하고 그렇지

않으면 nonzero 벡터에 저장된 값들의 중앙값으로 최종 점수를 계산합니다. nonzero 벡터가 비어 있으면 종합 과제 점수를 0점으로 처리합니다.

물론 분석을 완료하려면 분석하는 함수로 optimistic_median 함수를 호출해야 합니다. 해당 부분은 연습문제를 위해 남겨두겠습니다.

6.3 학생 분류 다시 살펴보기

5.1/131p에서는 과락한 학생들의 정보를 별도의 벡터로 복사한 다음 기존 벡터에서 해당 정보를 제거하는 문제를 다루었습니다. 다루어야 할 학생 수가 많아질수록 성능이 급격히 떨어지는 것을 확인했고 성능 문제를 해결하려고 벡터 대신 리스트를 사용하였습니다. 또한 더 적합한 데이터 구조인 리스트를 사용하는 방법 외에 비슷한 성능을 가진 알고리즘을 사용하는 방법을 나중에 다시 살펴볼 것이라고 언급하였습니다.

알고리즘 라이브러리를 사용하면 두 가지 다른 방법으로 문제를 해결할 수 있습니다. 첫 번째는 약간 느린 방법으로 한 쌍의 라이브러리 알고리즘을 사용하여 모든 요소를 두 번씩 탐색합니다. 두 번째는 더 특성화된 라이브러리 알고리즘으로 모든 요소를 한 번씩 탐색하여 문제를 해결할 수 있습니다.

6.3.1 벡터를 두 번 탐색하는 방식

첫 번째 접근법은 6.2.4/189p에서 살펴본 것과 비슷한 전략을 사용합니다. 6.2.4/189p에서는 0점이 아닌 과제 점수를 추출할 때 homework 벡터 자체를 바꾸지 않고 remove_copy 알고리즘을 사용하여 별도 벡터에 0점이 아닌 과제 점수들의 복사본을 저장하였습니다. 지금 다루는 문제에서는 과락 학생의 요소를 복사하는 동작과 제거하는 동작이 모두 필요합니다.

```
vector<Student_info> extract_fails(vector<Student_info>& students)
{
    vector<Student_info> fail;
    remove_copy_if(students.begin(), students.end(), back_inserter(fail), pgrade);
    students.erase(remove_if(students.begin(), students.end(), fgrade),
```

```
            students.end());
        return fail;
    }
```

extract_fails 함수의 인터페이스는 5.3/142p에서 다룬 extract_fails 함수와 같습니다. 즉, 인덱스 대신 반복자를 사용하는 벡터로 명백하게 문제를 해결합니다. 그리고 extract_fails 함수의 인수로 전달한 벡터를 통과 학생들의 정보를 저장하는데 사용합니다. 또한 과락 학생들의 정보를 저장하는 fail 벡터를 정의합니다. 5.3/142p에서 다룬 extract_fails 함수와의 공통점은 여기까지입니다.

5.3/142p에서 다룬 extract_fails 함수에서는 반복자 iter를 사용하여 컨테이너를 탐색하고 과락 학생들의 정보를 fail 벡터로 복사합니다. 그리고 멤버 함수 erase를 사용하여 students 벡터에서 과락 학생들의 정보를 제거했습니다.

이번에는 remove_copy_if 함수를 사용하여 과락 학생들의 정보를 fail 벡터로 복사합니다. remove_copy_if 함수는 조건을 판별하려고 값 대신 서술 함수를 네 번째 인수로 전달하는 점을 제외하면 6.2.4/190p에서 살펴본 remove_copy 함수처럼 동작합니다. 서술 함수는 fgrade 함수(5.1/132p)를 호출한 결과를 부정합니다.

```
    bool pgrade(const Student_info& s)
    {
        return !fgrade(s);
    }
```

remove_copy_if 함수에서는 서술 함수를 만족하는 각 요소를 '제거'합니다. 문맥상 요소를 '제거'하는 것은 복사하지 않는 것을 의미하므로 서술 함수를 만족하지 않는 요소들만 복사합니다. 따라서 remove_copy_if 함수의 네 번째 인수로 pgrade 함수를 전달하면 과락 학생들의 정보만 복사합니다.

그다음 실행문의 erase 함수는 다소 복잡합니다. 먼저 remove_if 함수를 호출하여 과락 학생들의 정보 요소를 '제거'합니다. 이미 언급했듯이 '제거'라는 것은 실제로 요소를 제거하는 것이 아닙니다. 그 대신 remove_if 함수는 서술 함수를 만족하지 않는 모든 인수를 복사합니다. 여기에서는 통과 학생의 정보를 복사합니다.

remove_if 함수가 다루는 대상과 erase 함수가 다루는 대상이 모두 students 벡터이므로 remove_if 함수의 호출을 이해하는 것이 쉽지는 않습니다. remove_if 함수의 실제 동작은 서술 함수를 만족하지 않는 요소들을 복사하여 다시 students 벡터의 처음부터 차례로 덮어씌우는 것입니다. 예를 들어 다음과 같이 7명의 학생이 있다고 가정해봅시다.

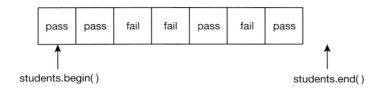

그리고 remove_if 함수를 호출하면 첫 두 학생의 정보는 이미 올바른 위치이므로 바꾸지 않습니다. 그다음에 있는 두 학생의 정보는 보관해야 할 다음 학생 정보를 덮어 쓸 여유 공간을 마련하려고 '제거'됩니다. 따라서 다섯 번째 학생이 통과한 것을 확인하면 해당 학생 정보를 여유 공간으로 복사합니다. 이때 여유 공간은 과락하여 '제거'된 첫 번째 학생 정보가 저장되어 있던 공간입니다. 이러한 과정을 반복해봅시다.

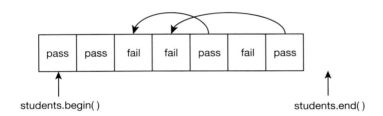

그 결과 통과한 4개의 학생 정보는 벡터의 처음부터 차례로 복사되고 나머지 3개의 학생 정보는 그대로 남게 됩니다. remove_if 함수는 '제거'하지 않은 마지막 요소 이후를 참조하는 반복자를 반환하여 벡터에서 어느 요소까지 의미 있는지 알려줍니다.

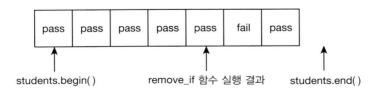

다음으로 erase 함수를 사용하여 students 벡터에서 불필요한 학생 정보를 없애야 합니다.

여기에서 사용한 erase 함수는 이전에 사용한 버전과 다릅니다. 2개의 반복자를 인수로 전달받고 해당 반복자가 나타내는 범위의 모든 요소를 지워버립니다.

remove_if 함수를 호출했을 때 반환하는 반복자와 students.end() 사이의 요소들을 지워버리면 students 벡터에는 통과한 학생들의 정보만 남게 됩니다.

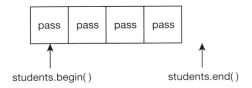

6.3.2 벡터를 한 번 탐색하는 방식

앞서 살펴본 데이터 탐색 방식의 성능은 뛰어나지만 조금 더 손봐야 합니다. 그 이유는 6.3.1/192p에서 살펴본 방식이 remove_copy_if 함수와 remove_if 함수에서 모든 요소의 최종 점수를 각각 한 번씩 총 두 번 계산하기 때문입니다.

비록 여러분이 원하는 것을 정확하게 실행하는 라이브러리 알고리즘은 없지만 해결해야 할 문제에 다른 각도로 접근하는 라이브러리 알고리즘이 있습니다. 이 알고리즘은 하나의 순차열을 인수로 전달받고 서술 함수를 만족시키는 요소들을 그렇지 않은 요소들보다 앞쪽에 위치하도록 순차열 안 요소들을 재배치합니다.

이 알고리즘은 두 가지 버전이 있는데 partition 함수와 stable_partition 함수입니다. partition 함수는 요소들을 카테고리로 구분하여 재배치하고 stable_partition 함수는 partition 함수와는 달리 각 카테고리 안에서 요소 순서를 유지하면서 재배치합니다.

예를 들어 학생들의 정보가 학생 이름을 기준으로 알파벳순으로 정렬되어 있고 각 카테고리 안에서 순서를 유지하려면 partition 함수가 아닌 stable_partition 함수를 사용해야 합니다.

이러한 알고리즘들은 두 번째 카테고리의 첫 번째 요소를 나타내는 반복자를 반환합니다. 따라서 다음 방식으로 과락 학생들의 정보를 추출할 수 있습니다.

```
vector<Student_info> extract_fails(vector<Student_info>& students)
{
```

```
vector<Student_info>::iterator iter
    = stable_partition(students.begin(), students.end(), pgrade);
vector<Student_info> fail(iter, students.end());
students.erase(iter, students.end());
return fail;
}
```

이해를 도우려고 앞서 가정한 7명의 학생을 다시 한 번 살펴보겠습니다.

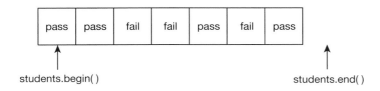

stable_partition 함수를 호출하면 재배치 결과는 다음과 같습니다.

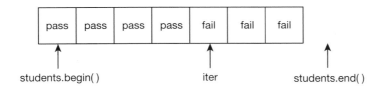

과락 학생을 의미하는 [iter, students.end( )) 범위의 요소들을 복사하여 fail 벡터를 만든 다음 students 벡터에서 해당 요소들을 지워버립니다.

알고리즘에 기반하여 문제를 해결하는 방식은 리스트에 기반하여 문제를 해결하는 방식과 거의 같은 성능입니다. 입력 데이터의 크기가 커질수록 알고리즘 및 리스트에 기반하여 문제를 해결하는 방식은 벡터에 기반하여 erase 함수로 문제를 해결하는 방식보다 훨씬 성능이 뛰어납니다. 입력 라이브러리가 소비하는 시간으로 따지면 최대 75,000개 데이터가 담긴 입력 파일을 처리하기에 충분합니다. extract_fails 함수를 대상으로 앞서 살펴본 두 가지 방식의 부분 성능을 각각 분석해보면 벡터를 한 번 탐색하는 방식이 벡터를 두 번 탐색하는 방식보다 약 2배 더 빠르다는 것을 확인할 수 있습니다.

6.4 알고리즘, 컨테이너, 반복자

알고리즘, 반복자, 컨테이너를 사용할 때 이해해야 할 중요한 사실이 있습니다.

알고리즘은 컨테이너의 요소를 다루는 것이지 컨테이너를 다루는 것이 아닙니다.

sort 함수, remove_if 함수, partition 함수에서는 요소들이 새로운 위치로 이동하지만 컨테이너 자체의 속성은 변하지 않습니다. 예를 들어 remove_if 함수는 컨테이너 안 요소를 단순히 복사하지만 컨테이너의 크기를 바꾸지는 않습니다.

이러한 특징은 알고리즘이 컨테이너와 상호작용하는 방법을 이해하는 과정에서 특히 중요합니다. 6.3.1/192p에서 사용한 remove_if 함수를 예로 들어 더 자세히 알아봅시다.

```
remove_if(students.begin(), students.end(), fgrade)
```

remove_if 함수 호출은 students 벡터 크기를 바꾸지 않습니다. 대신에 서술 함수가 거짓을 반환하게 하는 각 요소를 복사하여 students 벡터의 처음부터 차례대로 옮기고 나머지 요소들은 남겨둡니다. 벡터 크기를 줄여 벡터 요소들을 버리고자 할 때 이러한 동작을 실행해야 합니다. 다음 코드를 살펴봅시다.

```
students.erase(remove_if(students.begin(), students.end(), fgrade), students.end());
```

erase 함수는 인수가 나타내는 순차열을 제거해서 벡터를 바꿉니다. 여기에서는 erase 함수를 호출해 원하는 요소만 갖도록 students 벡터 크기를 줄입니다. erase 함수가 컨테이너의 요소뿐만이 아니라 컨테이너를 직접 다루므로 erase 함수는 반드시 벡터의 멤버 함수여야 하는 사실을 기억합시다. 마찬가지로 반복자와 알고리즘 사이의 상호작용, 반복자와 컨테이너 사이의 상호작용을 이해해야 합니다. 5.3/142p와 5.5.1/148p에서 이미 살펴보았듯이 erase 함수나 insert 함수 같은 컨테이너 연산은 지워진 요소를 나타내는 반복자를 무효로 만듭니다.

더욱 중요한 것은 벡터와 문자열은 erase 함수나 insert 함수 같은 연산이 지우거나 삽입한 요소 이후의 요소들을 나타내는 모든 반복자를 무효로 만든다는 사실입니다. 이러한 연산들은 반복자들을 무효로 만들 수 있으므로 해당 연산을 사용한다면 반복자의 값을 저장할 때 주의를 기울여야 합니다.

이와 비슷하게 컨테이너 안에서 요소들을 이동시킬 수 있는 partition 함수나 remove_if 함수는 특정 반복자가 나타내는 요소를 바꿉니다. 이러한 함수를 실행할 때는 특정 요소를 계속해서 나타내는 반복자를 사용할 수 없습니다.

6.5 핵심 정리

다음과 같은 사항들을 잘 기억해둡시다.

타입 수식어

static 타입 변수;로 표기합니다. 지역 범위의 선언문인 경우 변수를 static 스토리지 클래스로 선언합니다. 변숫값은 해당 범위의 실행 과정에서 계속 존재하며 변수는 첫 번째 사용 이전에 초기화되어야 합니다. 프로그램이 해당 범위를 벗어나면 변수는 프로그램이 다시 해당 범위로 진입할 때까지 값을 유지합니다. 13.4/386p에서는 상황에 따른 static의 다양한 의미를 살펴볼 수 있습니다.

타입

기본 타입인 void는 몇 가지 제한적인 방식으로 사용할 수 있으며, 그중 하나는 함수가 반환하는 값이 없음을 나타내는 것입니다. 이러한 함수는 반환 값이 없는 반환문인 return;을 이용해 빠져나올 수 있거나 함수 끝에 반환문을 생략하면서 빠져나올 수 있습니다.

반복자 어댑터

반복자를 반환하는 함수입니다. 가장 일반적인 것은 insert_iterator를 만드는 어댑터입니다. insert_iterator는 연관된 컨테이너를 동적으로 확장시키는 반복자입니다. 이러한 반복자는 복사 알고리즘이 다루는 대상으로 문제없이 사용할 수 있습니다.

이들은 <iterator> 헤더에 정의되어 있습니다.

- back_inserter(c): 컨테이너 c에 요소를 추가하려고 c의 반복자를 반환합니다. 해당 컨테이너는 push_back 함수를 지원해야 합니다. push_back 함수는 리스트, 벡터, 문자열 타입 모두 지원합니다.
- front_inserter(c): back_inserter 함수와 비슷하지만 컨테이너 앞쪽에 요소를 삽입하는 데 사용합니다.

해당 컨테이너는 push_front 함수를 지원해야 합니다. push_front 함수는 리스트 타입에서 지원하지만 문자열 및 벡터 타입에서는 지원하지 않습니다.

- inserter(c, it): back_inserter 함수와 비슷하지만 반복자 it의 앞에 요소를 삽입하는 데 사용합니다.

알고리즘 라이브러리

다음 알고리즘들은 별도의 표시가 없는 한 〈algorithm〉 헤더에서 정의합니다.

- accumulate(b, e, t): 지역 변수를 만들고 t의 복사본으로 초기화합니다(지역 변수가 t와 같은 타입인 것은 t의 타입이 accumulate 함수의 동작에 아주 중요한 역할이란 뜻입니다). 그리고 [b, e) 범위의 각 요소를 변수에 추가한 후 변수의 복사본을 반환합니다. 〈numeric〉 헤더에서 정의합니다.

- find(b, e, t) 또는 find_if(b, e, p) 또는 search(b, e, b2, e2): [b, e) 범위에서 주어진 값을 찾는 알고리즘입니다. find 알고리즘은 t 값을 찾습니다. find_if 알고리즘은 각 요소를 서술 함수인 p를 사용하여 검사합니다. search 알고리즘은 [b2, e2) 범위에 해당하는 영역을 찾습니다.

- copy(b, e, d) 또는 remove_copy(b, e, d, t) 또는 remove_copy_if(b, e, d, p): [b, e) 범위에 해당하는 영역을 d가 나타내는 대상으로 복사하는 알고리즘입니다. copy 알고리즘은 해당 영역 전체를 복사합니다. remove_copy 알고리즘은 t를 제외한 모든 요소를 복사합니다. remove_copy_if 알고리즘은 서술 함수인 p를 만족하지 않는 모든 요소를 복사합니다.

- remove_if(b, e, p): 서술 함수인 p를 만족하지 않는 [b, e) 범위의 요소들이 범위 앞에 오도록 컨테이너를 정렬합니다. '삭제되지 않은' 요소들의 범위 다음을 나타내는 반복자를 반환합니다.

- remove(b, e, t): remove_if 알고리즘과 비슷하지만 서술 함수가 아닌 t 값에 대하여 각 요소를 검사합니다.

- transform(b, e, d, f): [b, e) 범위의 요소에 대하여 f 함수를 실행하고 결과를 d에 저장합니다.

- partition(b, e, p) 또는 stable_partition(b, e, p): 서술 함수인 p에 따라 [b, e) 범위의 요소들을 구분하며 서술 함수가 참을 반환하는 요소들이 컨테이너의 앞쪽에 옵니다. 서술 함수가 거짓을 반환하는 첫 번째 요소를 나타내는 반복자를 반환하거나 만약 모든 요소에 대하여 서술 함수가 참을 반환할 때는 e를 반환합니다. stable_partition 함수는 각 구분 영역에서 요소들 사이의 입력 순서를 유지합니다.

연습문제

6-0. 이 장에서 살펴본 프로그램들을 컴파일하고 실행하여 결과를 확인해보세요.

6-1. 5.8.1/157p와 5.8.3/160p에서 살펴본 frame 함수와 hcat 함수를 반복자를 사용하여 다시 구현해보세요.

6-2. find_urls 함수를 확인하는 프로그램을 작성해보세요.

6-3. 다음 코드는 어떤 동작을 실행할까요?

```
vector<int> u(10, 100);
vector<int> v;
copy(u.begin(), u.end(), v.begin());
```

앞 코드를 포함하는 프로그램을 작성하고 컴파일 및 실행해보세요.

6-4. [연습문제 6-3]에서 작성한 u에서 v로 복사하는 프로그램을 수정해봅시다. 프로그램을 수정하는 방법은 최소한 두 가지가 있습니다. 두 가지를 모두 구현하고 각각의 장단점을 설명해보세요.

6-5. optimistic_median 함수를 호출하는 분석 함수를 작성해보세요.

6-6. 이전 문제에서 작성한 함수와 6.2.2/186p와 6.2.3/188p에서 살펴본 함수들은 같은 동작을 실행합니다. 이 세 가지 함수를 하나의 함수로 합해보세요.

6-7. 6.2.1/183p에서 살펴본 분석 프로그램에서 모든 과제를 했는지에 따라 학생 정보를 분류한 부분은 extract_fails 함수에서 해결한 문제와 비슷합니다. 이 부분을 처리하는 함수를 작성해보세요.

6-8. 원하는 기준에 따라 학생을 분류하는데 사용할 수 있는 단일 함수를 작성해보세요. extract_fails 함수 대신에 여러분이 작성한 함수를 사용하여 함수의 동작을 확인해보고 학생의 최종 점수를 분석하는 프로그램에 사용해보세요.

6-9. 라이브러리 알고리즘을 사용하여 vector<string> 객체의 모든 요소를 결합해보세요.

CHAPTER 7

연관 컨테이너

여러분이 지금까지 살펴본 모든 컨테이너는 순차 컨테이너입니다. 순차 컨테이너의 요소들은 여러분이 정한 순서를 유지합니다. push_back 함수나 insert 함수를 사용하여 순차 컨테이너에 요소를 추가할 때를 떠올려봅시다. 컨테이너를 재정렬하는 동작을 실행하지 않는 이상, 각 요소는 순서를 유지할 것입니다.

순차 컨테이너만으로는 효율적으로 작성하기 어려운 유형의 프로그램이 있습니다. 예를 들어 정수 타입의 요소가 있는 컨테이너에서 값이 42인 요소를 찾는 프로그램을 작성할 때를 살펴봅시다.

지금까지 여러분이 학습한 내용을 생각하면 두 가지 타당한 방법으로 문제를 해결할 수 있습니다. 하지만 두 가지 모두 완벽한 방법은 아닙니다. 그중 한 가지 방법은 42를 찾을 때까지 컨테이너의 모든 요소를 탐색하는 것입니다. 이 방법은 간단하지만 컨테이너에 요소가 많을수록 프로그램은 느려집니다. 다른 한 가지 방법은 컨테이너의 요소들을 적절한 순서로 유지하고 해당 요소를 찾는 효율적인 알고리즘을 고안하는 것입니다. 이 방법은 빨리 탐색할 수 있지만 효율적인 알고리즘을 고안하는 것은 쉽지 않습니다.

즉, 여러분은 느린 프로그램으로 문제를 해결하거나 스스로 정교한 알고리즘을 고안해야 합니다. 다행스럽게도 이 장에서 라이브러리가 제공하는 또 다른 방법을 살펴볼 수 있습니다.

7.1 효율적인 탐색을 위한 컨테이너

데이터를 저장하는 데 순차 컨테이너 대신 **연관 컨테이너**^{associative container}라는 것을 사용해봅시다. 연관 컨테이너는 삽입한 순서가 아닌 값 순서로 순차열을 자동 정렬합니다. 이 덕분에 연관 컨테이너에서는 여러분이 직접 컨테이너를 조작할 필요가 없어 순차 컨테이너보다 훨씬 빠르게 특정 요소를 찾을 수 있습니다.

연관 컨테이너는 특정 값이 있는 요소를 찾는 효율적인 방법을 제공하며 추가 정보도 포함할 수 있습니다. 효율적인 탐색에 사용할 수 있는 각 요소의 일부분을 **키**^{key}라고 합니다. 예를 들어 학생 정보를 탐색한다면 학생들 이름을 키로 사용하여 효율적으로 원하는 학생 정보를 찾을 수 있습니다.

순차 컨테이너에서 키와 비슷한 역할은 벡터의 모든 요소와 짝을 이루는 정수 인덱스입니다. 하지만 인덱스는 키와 같은 기능을 하지 못합니다. 벡터에서 요소를 삽입하거나 제거할 때마다 순서상 해당 요소 이후에 있는 모든 요소의 인덱스를 암묵적으로 바꾸기 때문입니다.

연관 데이터 구조의 가장 일반적인 형태는 키-값 쌍들을 저장하고 각 키와 값을 연관시킨 후, 키를 기반으로 요소들을 빠르게 삽입하고 탐색할 수 있는 구조입니다. 특정 키-값 쌍을 데이터 구조에 넣으면 그 키-값 쌍을 제거할 때까지 해당 키는 같은 값과 연관되어 있습니다. 이러한 데이터 구조를 **연관 배열**^{associative array}이라고 합니다. AWK, Perl, Sno-bol 등의 많은 프로그래밍 언어는 연관 배열을 기본적으로 제공합니다. C++에서 연관 배열은 라이브러리의 일부입니다. C++에서 사용하는 가장 일반적인 연관 배열은 **맵**^{map}이며 〈map〉 헤더에 정의됩니다.

맵은 많은 측면에서 벡터와 비슷하게 동작합니다. 한 가지 차이점은 맵의 인덱스가 정수일 필요는 없다는 것입니다. 맵의 인덱스는 문자열일 수도 있고 서로 구분하는 값이 있는 다른 타입일 수도 있습니다.

연관 컨테이너와 순차 컨테이너 사이에는 또 다른 차이점이 있습니다. 연관 컨테이너는 자동으로 요소들을 정렬하므로 여러분이 작성한 프로그램에서 요소 순서를 바꾸는 어떠한 동작도 실행하면 안 됩니다. 따라서 컨테이너 내용을 변경하는 알고리즘은 종종 연관 컨테이너에서 동작하지 않습니다. 연관 컨테이너는 이러한 제약 조건이 없으므로 순차 컨테이너에서는 효율적으로 구현할 수 없는 다양한 연산을 제공합니다.

이 장에서는 간편하고 효율적인 탐색 프로그램을 작성하려고 맵을 사용하는 몇 가지 프로그래밍 예제를 살펴볼 것입니다.

7.2 단어의 빈도

간단한 예로 단어를 입력받으면서 개별 단어의 빈도를 구하는 방법을 생각해봅시다. 연관 배열을 사용한다면 손쉽게 해결할 수 있는 문제입니다.

```
int main()
{
    string s;

    // 각 단어와 빈도를 저장하는 맵
    // 입력을 읽으면서 각 단어와 빈도를 저장
    map<string, int> counters;

    while (cin >> s)
        ++counters[s];

    // 단어와 빈도를 출력
    for (map<string, int>::const_iterator it = counters.begin();
            it != counters.end(); ++it) {
        cout << it->first << "\t" << it->second << endl;
    }
    return 0;
}
```

다른 컨테이너와 마찬가지로 맵에 있는 객체 타입을 지정해야 합니다. 맵은 키-값 쌍이 있으므로 다음처럼 값의 타입뿐만 아니라 키의 타입도 명시해야 합니다.

```
    map<string, int> counters;
```

즉, 앞 코드는 문자열 타입의 키와 int 타입의 값이 있는 맵인 counters를 정의합니다. 문자열 타입의 키를 주고 int 타입의 연관된 데이터를 받는 방식으로 맵을 사용할 수 있습니다.

흔히 이러한 컨테이너를 '문자열 타입에서 int 타입으로의 맵'이라고 합니다.

counters를 정의하는 방식은 읽어 들인 각 단어와 해당 단어가 출현하는 빈도와 연관되어 있습니다. 입력을 실행하는 반복문에서는 표준 입력을 이용해 한 번에 한 단어씩 s로 읽어 들입니다. 흥미로운 부분은 다음과 같습니다.

```
++counters[s];
```

여기서는 직전에 읽어 들인 단어를 키로 사용하여 counters에 접근합니다. counters[s]는 s에 저장한 문자열과 연관된 정숫값입니다. 그리고 ++ 연산자를 사용하여 정숫값을 증가시킵니다. 이는 해당 단어가 한 번 더 등장한 것을 나타냅니다.

만약 직전에 읽어 들인 단어가 처음 등장한 단어라면 무슨 일이 일어날까요? 이때 counters에는 해당 단어를 키로 갖는 요소가 아직 존재하지 않는 상태입니다. 아직 존재하지 않는 키로 맵에 접근할 때 맵은 해당 단어를 키로 갖는 새로운 요소를 자동으로 만듭니다. 이를 가리켜 요소가 **값 초기화**value-initialize되었다고 합니다. int 타입이라면 0으로 초기화됩니다. 따라서 새로운 단어를 읽고 해당 단어를 키로 삼아 ++counters[s]를 실행할 때는 증가시키기 전의 counters[s]가 0인 것이 확실하므로 counters[s]를 증가시키는 것은 해당 단어가 지금까지 한 번 등장했다는 사실을 의미합니다.

입력을 모두 읽었다면 단어와 해당 단어의 빈도를 출력해야 합니다. 이는 리스트나 벡터의 내용을 출력하는 것과 흡사합니다. 맵 클래스에 정의된 반복자 타입의 변수를 사용하여 for문에서 컨테이너를 탐색합니다. 리스트나 벡터와의 한 가지 차이점은 for문의 본문에서 데이터를 출력하는 방법입니다.

```
cout ≪ it->first ≪ "\t" ≪ it->second ≪ endl;
```

앞서 연관 배열은 키-값 쌍들을 저장한다고 언급하였습니다. [ ]을 사용하여 맵의 요소에 접근하는 형태는 연관 배열이 키-값 쌍들을 저장했다는 사실을 감추고 있습니다. counters[s]가 int 타입인 것처럼 [ ] 안에 키를 넣고 연관된 값을 얻기 때문입니다. 하지만 맵을 탐색하면서 키와 해당 키에 연관된 값을 모두 얻는 방법이 있어야 합니다. 이와 같이 2개의 서로 다른 타입을 저장하려고 맵 컨테이너는 라이브러리 타입인 pair를 제공합니다.

pair 타입은 2개 요소로 first와 second가 있는 간단한 데이터 구조입니다. 실제로 맵의 각 요소는 pair 타입입니다. 각 요소는 키를 포함하는 멤버 변수 first와 해당 키와 연관된 값을 포함하는 멤버 변수 second가 있습니다. pair 타입의 값은 맵 반복자를 역참조하여 얻습니다.

pair 클래스는 다양한 타입의 값을 포함할 수 있습니다. 즉, pair 클래스에 있는 값의 타입이 정해져 있지 않으므로 pair 타입의 객체를 만들 때 데이터 멤버 first와 second의 타입을 지정해야 합니다. 맵이 K 타입의 키와 V 타입의 값이 있다면 해당 pair 타입의 형태는 pair<const K, V>입니다.

맵과 연관된 키의 타입이 const인 것에 유의합시다. 키의 타입이 const이므로 요소의 키 값은 바꿀 수 없습니다. 만약 키의 타입이 const가 아니라면 맵에서 요소 위치를 명시적으로 바꿀 수 있다는 의미입니다. 키의 타입은 항상 const이므로 map<string, int> 반복자를 역참조하여 pair<const string, int>를 얻습니다. 따라서 현재 요소의 키는 it->first이고 해당 키와 연관된 값은 it->second입니다. it는 반복자이므로 *it는 lvalue(4.1.3/104p)이고 마찬가지로 it->first와 it->second도 lvalue입니다. 하지만 it->first의 타입은 const이므로 바꿀 수 없습니다. 이러한 지식을 바탕으로 앞서 살펴본 출력문이 키, 탭, 빈도를 순서대로 출력하는 것을 확인할 수 있습니다.

7.3 상호 참조 테이블

앞서 입력한 단어의 빈도를 구하는 방법을 살펴보았습니다. 지금부터는 입력한 문자열에서 각 단어의 위치를 나타내는 상호 참조 테이블을 만들어 보겠습니다. 기존에 다루었던 몇 개의 프로그램을 수정해야 합니다.

우선 한 번에 한 단어씩 읽어 들이는 대신 한 번에 한 행씩 읽어 들여서 행 번호와 단어를 연관시킵니다. 그다음으로 각 행을 단어들로 나눌 방법이 필요합니다. 다행스럽게도 여러분은 이미 6.1.1/173p에서 split이라는 함수를 살펴보았습니다. split 함수를 사용하면 입력 데이터의 각 행에서 단어들을 추출하여 vector<string> 타입의 객체에 저장할 수 있습니다.

여기에서는 단어 찾기 방식을 바꿀 여지를 남겨두려고 split 함수를 직접 사용하지 않습니다. 상호 참조 함수의 매개변수로 사용할 것입니다. 예를 들어 6.1.3/176p에서 살펴본 find_urls

함수를 매개변수로 전달하면 상호 참조 함수를 사용하여 입력한 문자열에서 URL의 위치를 확인할 수 있습니다.

그리고 이전과 마찬가지로 개별 단어를 키로 갖는 맵을 사용할 것입니다. 하지만 이번에는 좀 더 복잡한 값을 키와 연관시켜야 합니다. 단어 빈도가 아닌 단어가 등장한 모든 행 번호를 알아야 하고, 주어진 단어가 여러 행에 등장할 수 있으므로 행 번호를 컨테이너에 저장해야 합니다.

또한 새로운 행 번호를 구하면 해당 단어에 이미 있는 행 번호 뒤에 새로운 행 번호를 추가해야 합니다. 그러면 컨테이너 요소에 순차적으로 접근하는 동작이 필요하므로 행 번호를 저장할 때 벡터를 사용할 수 있습니다. 즉, 문자열 타입에서 vector<int> 타입으로의 맵이 필요합니다.

사전 준비가 끝났으니 지금부터 코드를 살펴봅시다.

```cpp
// 입력에서 각 단어가 등장한 모든 행을 찾음.
map<string, vector<int> > xref(istream& in,
    vector<string> find_words(const string&) = split)
{
    string line;
    int line_number = 0;
    map<string, vector<int> > ret;

    // 다음 행을 읽음.
    while (getline(in, line)) {
        ++line_number;

        // 입력한 행을 단어로 나눔.
        vector<string> words = find_words(line);

        // 현재 행에 등장한 모든 단어를 저장
        for (vector<string>::const_iterator it = words.begin(); it != words.end(); ++it)
            ret[*it].push_back(line_number);
    }
    return ret;
}
```

xref 함수의 반환 타입과 인수 목록을 주의 깊게 살펴봅시다. 우선 반환 타입의 선언과 지역 변수 ret의 선언에서 >>으로 작성하지 않고 > >으로 작성한 것을 볼 수 있습니다. 가운데 공백 없이 >>으로 작성하면 컴파일러는 > 기호 2개가 아닌 >> 연산자로 인식하므로 > 사이에 공백이 필요합니다.

인수 목록에서는 find_words 함수가 매개변수인 것에 주목해봅시다. 이는 입력한 문자열을 단어들로 나누려고 사용하는 함수를 xref 함수에 전달하려는 의도입니다. 흥미로운 것은 find_words 함수의 정의 다음에 나오는 = split입니다. 매개변수인 find_words 함수에 **기본 인수**default argument가 있음을 나타냅니다. 매개변수에 기본 인수를 지정하면 함수를 호출할 때 해당 인수를 생략할 수 있습니다. 함수를 호출할 때 인수를 전달하면 전달한 인수를 사용하지만 인수를 생략하면 컴파일러는 기본 인수를 사용합니다. 따라서 xref 함수는 다음 두 가지 방법 중 한 가지를 사용하여 호출할 수 있습니다.

```
xref(cin); // split 함수를 사용하여 입력 스트림에서 단어를 찾음.
xref(cin, find_urls); // find_urls 함수를 사용하여 단어를 찾음.
```

xref 함수의 본문을 살펴봅시다. 먼저 입력물의 각 행을 저장할 문자열 타입의 변수 line과 현재 처리 중인 행의 번호를 저장할 int 타입 변수 line_number를 정의합니다. 입력 작업은 반복문으로 실행하며 getline 함수(5.7/154p)를 호출하여 한 번에 한 행씩 읽어 line에 저장합니다. 입력 작업을 실행하면 먼저 line_number를 증가시키고 행의 각 단어를 구분하여 처리합니다.

line에 저장한 행에서 추출한 모든 단어를 저장할 때는 지역 변수 words를 선언하고 find_words 함수를 호출해 초기화합니다. find_words 함수는 행을 각 단어로 나누는 split 함수(6.1.1/173p)거나 문자열 인수를 전달받아 그 결과로 vector<string>를 반환하는 또 다른 함수입니다. 이어서 for문으로 words 벡터의 각 요소를 탐색하면서 ret의 내용을 갱신합니다.

for문 헤더는 이전에 다룬 적이 있는 익숙한 형태입니다. 반복자를 정의하고 해당 반복자를 사용해 words 벡터를 순차적으로 탐색합니다. for문 본문을 구성하는 코드는 다음과 같습니다.

```
ret[*it].push_back(line_number);
```

이 부분은 바로 이해하기 어려울 수 있으므로 조금씩 나누어 살펴보겠습니다. 반복자 it는 words 벡터의 요소 하나를 가리킵니다. 따라서 *it는 입력한 행을 구성하는 단어 중 하나입니다. 그리고 그 단어를 맵의 인덱스로 사용합니다. 표현식 ret[*it]는 맵에서 인덱스가 *it인 위치에 저장된 값을 반환합니다. 이 값은 지금까지 해당 단어가 등장한 행 번호들을 저장한

vector<int> 타입 객체고, 벡터의 멤버 함수인 push_back을 호출하여 현재의 행 번호를 추가합니다.

지금까지 등장하지 않은 단어가 나왔다면 7.2/204p에서 살펴본 것처럼 해당 단어와 연관된 vector<int> 타입의 객체는 '값 초기화'될 것입니다. 9.5/264p에서 살펴보겠지만 클래스 타입의 값 초기화는 약간 복잡합니다. 여기서 알아야 할 점은 벡터 타입 객체의 값 초기화가 초깃값을 할당하지 않은 벡터 타입 변수를 생성하는 것과 같은 의미라는 것입니다. 두 가지 방법 모두 요소가 없는 벡터가 만들어집니다. 따라서 새로운 문자열 키를 맵에 삽입할 때는 비어 있는 vector<int> 타입 객체와 연관됩니다. push_back 함수를 호출하면 비어 있는 벡터에 현재 행 번호를 추가할 것입니다.

지금까지 살펴본 xref 함수를 사용하여 상호 참조 테이블을 만들어봅시다.

```cpp
int main()
{
    // 기본 인수인 split 함수를 사용하여 xref 함수를 호출
    map<string, vector<int> > ret = xref(cin);

    // 결과를 출력
    for (map<string, vector<int> >::const_iterator it = ret.begin(); it != ret.end(); ++it) {
        // 단어를 출력
        cout << it->first << " occurs on line(s): ";

        // 이어서 하나 이상의 행 번호를 출력
        vector<int>::const_iterator line_it = it->second.begin();

        // 해당 단어가 등장한 첫 번째 행 번호를 출력
        cout << *line_it;
        ++line_it;

        // 행 번호가 더 있으면 마저 출력
        while (line_it != it->second.end()) {
            cout << ", " << *line_it;
            ++line_it;
        }
        // 각 단어를 다음 단어와 구분하려고 새로운 행을 출력
        cout << endl;
    }
    return 0;
}
```

지금까지 살펴본 연산들만을 사용했음에도 앞 코드가 낯설게 느껴진다면 기분 탓입니다.

맨 먼저 xref 함수를 호출하여 각 단어가 등장하는 행 번호를 저장한 데이터 구조를 만듭니다. xref 함수의 두 번째 인수로 기본 인수를 사용하므로 xref 함수는 split 함수를 사용하여 입력한 문자열을 개별 단어로 분리합니다. 프로그램의 나머지 부분에서는 xref 함수가 반환하는 데이터 구조의 내용을 출력합니다.

프로그램의 대부분을 차지하는 for문은 7.2/203p에서 살펴본 것과 비슷합니다. for문에서는 ret의 첫 번째 요소부터 순차적으로 모든 요소를 살펴봅니다.

맵 반복자를 역참조하면 pair 타입 값을 반환한다는 사실을 떠올려봅시다. pair 타입 객체의 first 요소는 키(const)고 second 요소는 해당 키와 연관된 값입니다.

for문의 본문은 다음처럼 처리 중인 단어와 메시지를 출력하는 것으로 시작합니다.

```
cout << it->first << " occurs on line(s): ";
```

현재 처리 중인 단어는 반복자 it와 관련된 맵인 ret의 키입니다. 반복자를 역참조하여 이때 반환하는 pair 타입 객체의 first 요소를 가져와 키를 얻습니다.

어떤 단어가 ret의 요소라면 최소 한 번 이상 등장한 단어라는 뜻입니다. 따라서 앞서 출력한 메시지 다음에 적어도 하나의 행 번호를 반드시 출력합니다. 현재 시점에서 해당 단어가 두 번 이상 등장했는지는 확신할 수 없으므로 출력할 행 번호가 남아 있는지는 모호한 상황입니다.

it->first가 키인 것처럼 it->second는 연관된 값입니다. 여기에서 it->second는 현재 처리 중인 단어가 등장한 행 번호를 저장한 vector<int> 타입 객체입니다. it->second의 요소에 접근하려고 반복자 line_it를 정의합니다.

행 번호들은 쉼표를 사용하여 구분할 것입니다. 의미 없는 쉼표의 출력을 방지하려면 첫 번째 요소나 마지막 요소를 신경 써서 다루어야 합니다. 첫 번째 요소는 명시적으로 출력합니다. ret의 모든 요소는 최소 한 번 등장한 단어를 나타내므로 명시적으로 출력하는 것이 안전합니다. 첫 번째 요소를 출력했으므로 반복자를 증가시킵니다. 그런 다음 vector<int> 타입 객체에 남은 요소가 있다면 while문에서 나머지 요소의 출력을 반복합니다. 각 요소의 쉼표 다음 요소 값을 출력합니다.

7.4 문장 만들기

좀 더 복잡한 예제 한 가지를 살펴보겠습니다. 맵을 사용한 문장 구조 설명, 즉 문법으로 임의 문장을 만드는 프로그램을 작성할 수 있습니다. 예를 들어 영어 문장은 명사, 동사로 구성하거나 명사, 동사, 목적어 등으로 구성할 수 있습니다.

복잡한 문법을 적용할 수 있다면 문장이 더 다채로워집니다. 예를 들어 명사와 동사로 단순하게 구성한 문장이 아니라 명사구를 허용하여 단순 명사뿐만 아니라 형용사와 명사구를 결합한 또 다른 명사구를 넣을 수 있습니다. 구체적인 예로서 다음과 같은 문법 테이블로 임의 문장을 만드는 프로그램이 있다고 가정해봅시다.

카테고리	규칙
〈noun〉	cat
〈noun〉	dog
〈noun〉	table
〈noun-phrase〉	〈noun〉
〈noun-phrase〉	〈adjective〉, 〈noun-phrase〉
〈adjective〉	large
〈adjective〉	brown
〈adjective〉	absurd
〈verb〉	jumps
〈verb〉	sits
〈location〉	on the stairs
〈location〉	under the sky
〈location〉	wherever it wants
〈sentence〉	the 〈noun-phrase〉 〈verb〉 〈location〉

프로그램이 다음과 같은 문장을 만드는 과정을 살펴봅시다.

```
the table jumps wherever it wants
```

프로그램의 처음에는 항상 문장을 만드는 규칙을 찾는 동작을 실행합니다. 문장을 만드는 규칙은 앞서 살펴본 표의 마지막에 있습니다.

```
<sentence> the <noun-phrase> <verb> <location>
```

the, 명사구, 동사, 장소 순서로 문장을 만드는 규칙입니다. 먼저 프로그램은 〈noun-phrase〉에 해당하는 규칙을 임의로 선택합니다. 해당 규칙은 다음과 같습니다.

```
<noun-phrase> <noun>
```

그리고 명사 자리에는 다음 규칙을 사용합니다.

```
<noun> table
```

동사 자리에는 다음 규칙을 사용합니다.

```
<verb> jumps
```

장소 자리에는 다음 규칙을 사용합니다.

```
<location> wherever it wants
```

장소 자리에 사용하는 규칙은 해당 카테고리와 연관된 여러 개 단어입니다.

7.4.1 문법 테이블 표현

앞서 살펴본 문법 테이블은 두 가지 항목, 즉 꺾쇠괄호로 묶인 카테고리와 일반 단어로 구성되어 있습니다. 각 카테고리는 하나 이상의 규칙이 있으며 일반 단어는 말 그대로 단어 자체입니다. 프로그램이 꺾쇠괄호로 묶인 문자열을 발견하면 해당 문자열은 카테고리므로 이와 연관된 규칙을 찾아 오른쪽 방향으로 확장합니다. 프로그램이 발견한 문자열이 꺾쇠괄호로 묶이지 않았다면 만들 문장에 직접 배치할 수 있습니다.

프로그램이 어떻게 동작할지 생각해봅시다. 프로그램은 문장을 만드는 규칙을 읽은 후 임의 문장을 만들 것입니다. 이때 문장을 만드는 규칙은 어떤 형태로 저장해야 할까요? 문장을 만들려면 각 카테고리를 연관된 규칙으로 확장하는 과정이 필요합니다. 예를 들어 맨 먼저 ⟨sentence⟩를 만드는 규칙을 찾은 후 해당 규칙에서 ⟨noun-phrase⟩, ⟨verb⟩, ⟨location⟩ 등에 관한 규칙을 찾아야 합니다. 즉, 카테고리와 연관된 규칙을 포함하는 맵이 필요합니다.

그렇다면 맵은 어떤 형태여야 할까요? 카테고리는 문자열로 저장할 수 있으므로 맵의 키 타입은 문자열입니다.

맵의 값 타입은 이보다 복잡합니다. 문법 테이블을 다시 살펴보면 주어진 규칙이 문자열을 모아 놓은 것임을 알 수 있습니다. 예를 들어 ⟨sentence⟩는 4개의 구성 요소가 있는 규칙과 연관된 카테고리며, 4개의 구성 요소는 the라는 단어와 그 자체가 카테고리인 3개의 문자열입니다. 이를 위해 vector⟨string⟩을 사용하여 각 규칙을 저장할 수 있습니다. 한 가지 문제점은 문법 테이블에서 각 카테고리가 두 번 이상 등장할 수 있다는 것입니다. 예를 들어 앞서 살펴본 문법 테이블의 카테고리 항목에는 ⟨noun⟩, ⟨adjective⟩, ⟨location⟩이 각각 세 번씩 등장합니다. 즉, 카테고리마다 세 가지 규칙 중 한 가지가 적용된다는 의미입니다.

하나의 키와 연관된 여러 개 값들을 관리하는 가장 쉬운 방법은 각 규칙을 하나의 벡터에 저장하는 것입니다. 따라서 문법 테이블을 저장하는 데 맵을 사용하며 해당 맵은 문자열에서 벡터로의 맵입니다. 여기에서 벡터는 vector⟨string⟩ 타입 객체를 요소로 삼습니다.

맵의 값 타입이 굉장히 길고 복잡하므로 동의어로 치환하면 프로그램의 가독성이 높아집니다. 문법 테이블에서 각 규칙은 vector⟨string⟩ 타입 객체고, 각 카테고리는 해당 규칙들이 있는 벡터와 연관되어 있습니다. 따라서 규칙, 이러한 규칙을 모아 놓은 벡터, 이러한 벡터를 값으로 갖는 맵을 표현하려고 다음처럼 정의합니다.

```
typedef vector<string> Rule;
typedef vector<Rule> Rule_collection;
typedef map<string, Rule_collection> Grammar;
```

7.4.2 문법 테이블 입력

문법 테이블을 표현하는 방법을 알아냈으니 지금부터는 문법 테이블을 읽어 맵에 저장하는 함수를 작성해봅시다.

```
// 주어진 입력 스트림으로 문법 테이블을 읽음.
Grammar read_grammar(istream& in)
{
    Grammar ret;
    string line;

    // 입력 데이터를 읽음.
    while (getline(in, line)) {
        // 입력 데이터를 단어로 나눔.
        vector<string> entry = split(line);
        if (!entry.empty())
            // 카테고리 및 연관된 규칙을 맵에 저장
            ret[entry[0]].push_back(Rule(entry.begin() + 1, entry.end()));
    }
    return ret;
}
```

이 함수는 입력 스트림을 읽고 Grammar를 만들어 반환합니다. while문은 앞서 많이 살펴본 형태입니다. 입력 스트림 in을 이용해 한 번에 한 행씩 읽어 문자열 line에 저장합니다. while문은 입력이 끝나거나 유효하지 않은 데이터가 있을 때 실행이 종료됩니다.

while문의 본문은 의외로 간단합니다. 6.1.1/173p에서 다룬 split 함수를 사용하여 입력 데이터를 단어로 나누어 entry 벡터에 저장합니다. entry 벡터가 비어 있다면 빈 행을 입력한 것이므로 무시하고 while문을 계속 실행합니다. entry 벡터가 비어 있지 않다면 entry 벡터의 첫 번째 요소는 문법 테이블 카테고리며, 해당 요소를 ret의 인덱스(키)로 사용합니다.

표현식 ret[entry[0]]에서 entry[0]은 카테고리므로 ret[entry[0]]은 entry[0]과 연관된 값에 해당하는 Rule_collection 타입 객체를 반환합니다. Rule_collection 타입 객체는 벡터이며, 각 요소는 Rule 타입 객체(또는 vector<string> 타입 객체)를 저장합니다. 즉, ret[entry[0]]은 벡터이므로 push_back 함수로 직전에 읽은 규칙을 추가합니다.

entry 벡터의 첫 번째 요소는 카테고리이므로 규칙은 entry 벡터의 두 번째 요소부터 적용합니다. entry 벡터의 첫 번째 요소를 제외한 모든 요소를 복사하여 이름이 없는 Rule 타입 객체를 새로 만듭니다. 그리고 새로 만든 Rule 타입 객체를 인덱스(키)가 entry[0]인 Rule_collection 타입 객체에 추가합니다.

7.4.3 문장 생성

문법 테이블을 모두 읽어 저장했다면 이제 임의 문장을 만들 차례입니다. 문법 테이블을 저장한 맵을 사용하여 만든 문장을 vector<string> 타입 객체에 저장하여 반환할 것입니다.

이 부분은 어렵지 않습니다. 먼저 문장을 만드는 함수가 어떻게 동작해야 하는지 생각해봅시다. 처음에는 〈sentence〉에 해당하는 규칙을 찾아야 합니다. 그리고 여러 가지 규칙을 조합하여 조각난 결과물을 만들 것입니다.

원칙적으로는 조각난 결과물을 연결하여 완성된 문장으로 만들어 낼 수 있습니다. 하지만 벡터는 이를 위한 기본 연산을 제공하지 않습니다. 따라서 일단 빈 벡터로 시작하여 반복해서 push_back 함수를 호출합니다.

방금 살펴본 바와 같이 문장을 만들려면 〈sentence〉로 시작하는 것과 빈 벡터에서 반복적으로 push_back 함수를 호출해야 합니다. 다음처럼 보조 함수를 사용하여 이러한 두 가지 제약 조건을 만족시키는 문장을 만들도록 함수를 정의해봅시다.

```cpp
vector<string> gen_sentence(const Grammar& g)
{
    vector<string> ret;
    gen_aux(g, "<sentence>", ret);
    return ret;
}
```

실제로 gen_aux 함수를 호출하면 g 문법을 사용하여 〈sentence〉와 연관된 규칙에 따라 만든 문장을 단어 단위로 ret 벡터에 추가합니다.

그렇다면 gen_aux 함수를 정의해봅시다. 단, 그 전에 gen_aux 함수에서 카테고리와 일반 단어를 구별해야 합니다. 단어가 꺾쇠괄호로 묶여 있는지 확인하는 서술 함수를 다음처럼 정의해봅시다.

```cpp
bool bracketed(const string& s)
{
    return s.size() > 1 && s[0] == '<' && s[s.size() - 1] == '>';
}
```

gen_aux 함수의 역할은 두 번째 인수로 주어진 문자열을 확장하는 것입니다. 따라서 첫 번째 매개변수인 문법 테이블에서 두 번째 인수로 주어진 문자열을 찾고 그와 연관된 규칙을 세 번째 매개변수에 저장합니다. 여기에서 '확장'은 7.4/210p에서 설명한 과정입니다. 문자열이 꺾쇠괄호로 묶인 때는 카테고리므로 연관된 규칙을 찾아 꺾쇠괄호로 묶인 카테고리의 자리에 대신 배치하여 확장합니다. 문자열이 꺾쇠괄호로 묶이지 않은 때는 일반 단어이므로 추가 과정 없이 해당 단어를 반환할 벡터에 추가합니다.

```cpp
void gen_aux(const Grammar& g, const string& word, vector<string>& ret)
{
    if (!bracketed(word)) {
        ret.push_back(word);
    }
    else {
        // word와 연관된 규칙을 찾음.
        Grammar::const_iterator it = g.find(word);
        if (it == g.end())
            throw logic_error("empty rule");

        // 선택 가능한 규칙을 모아 놓은 벡터를 가져옴.
        const Rule_collection& c = it->second;

        // 임의로 하나를 선택
        const Rule& r = c[nrand(c.size())];

        // 선택한 규칙을 재귀적으로 확장
        for (Rule::const_iterator i = r.begin(); i != r.end(); ++i)
            gen_aux(g, *i, ret);
    }
}
```

gen_aux 함수의 본문을 살펴봅시다. 단어가 꺾쇠괄호로 묶이지 않은 때는 일반 단어이므로 ret 벡터에 해당 단어를 추가합니다. 단어가 꺾쇠괄호로 묶인 때는 g 문법에서 해당 단어와 연관된 규칙을 찾습니다. 단순히 g[word]를 참조하여 함수를 실행하는 것으로 생각할 수도 있지만 그러면 잘못된 결과를 얻습니다.

7.2/204p에서 살펴본 것처럼 존재하지 않는 키를 인덱스로 사용하여 맵에 접근하면 해당 키가 있는 요소를 자동으로 만듭니다. 따라서 불필요한 규칙을 추가하여 문법을 복잡하게 만들지

않으려고 방금 언급한 방식을 사용하여 동작하는 일은 절대 없을 것입니다. 게다가 g 문법은 const 맵이므로 여러분이 새로운 항목을 만들고 싶어도 그럴 수 없습니다. [ ]는 const 맵에서 지원하지 않는 개념입니다.

그렇다면 다른 기능을 사용해야 합니다. 맵 클래스의 멤버 함수 find는 주어진 키와 연관된 요소를 찾아서 해당 요소를 참조하는 반복자를 반환합니다. 만약 g 문법에 그러한 요소가 존재하지 않으면 find 알고리즘은 g.end( )를 반환합니다. 따라서 반복자 it와 g.end( )를 비교해 주어진 카테고리의 규칙이 존재하는지 확인할 수 있습니다. 해당 규칙이 존재하지 않는다면 문법에 어긋나는 입력이 발생한 것을 의미합니다. 즉, 꺾쇠괄호로 묶인 단어와 연관된 규칙이 존재하지 않으므로 프로그램은 예외가 발생했음을 알립니다.

g 문법은 맵의 형태고 it는 g 문법의 요소를 참조하는 반복자입니다. 반복자 it를 역참조하면 pair 타입 객체를 반환하며 해당 객체의 멤버인 second는 맵의 요소에 있는 값입니다. 따라서 it->second는 현재 다루는 카테고리와 연관된 규칙들을 모아 놓은 객체입니다. 편의를 위해 이 객체를 참조하는 c를 정의합니다.

이어서 실행하는 동작은 앞서 언급한 객체 요소를 임의로 선택하여 r을 초기화하는 것입니다.

```
const Rule& r = c[nrand(c.size())];
```

앞 코드는 낯선 개념이므로 자세히 살펴보도록 합시다. 앞서 Rule_collection 타입인 c를 정의했고 이는 벡터입니다. 이 벡터에서 임의로 요소 하나를 선택하려고 7.4.4/219p에서 정의할 nrand 함수를 호출합니다. nrand 함수에 인수로 n을 전달하면 [0, n) 범위에서 임의 정수를 반환합니다. 따라서 벡터 타입인 해당 요소로 r을 정의할 수 있습니다.

gen_aux 함수에서 실행하는 마지막 동작은 r 벡터의 모든 요소를 탐색하는 것입니다. 요소가 꺾쇠괄호로 묶인 때는 word를 순차적으로 확장해야 합니다. 요소가 꺾쇠괄호로 묶이지 않은 때는 word를 ret 벡터에 추가합니다. 이러한 과정은 gen_aux 함수가 실행하는 동작과 정확히 일치합니다. 따라서 gen_aux 함수를 호출하여 동작을 실행할 수 있습니다.

이러한 방식을 **재귀적**recursive **호출**이라고 합니다. 단번에 이해하기 힘든 개념이므로 단계적으로 살펴봅시다. 먼저 gen_aux 함수의 재귀적 호출 과정에서 단어가 꺾쇠괄호로 묶이지 않은 때의 동작은 별다른 설명 없이도 이해하기 쉽습니다.

그다음 단계로 단어가 꺾쇠괄호로 묶여 있고 연관된 규칙에는 꺾쇠괄호로 묶인 단어가 없을 때를 생각해봅시다. r 벡터의 모든 요소가 꺾쇠괄호로 묶이지 않은 단어이므로 gen_aux 함수의 재귀적 호출 과정에서 r 벡터의 모든 요소가 즉시 처리됩니다. 즉, 해당 단어를 ret 벡터에 추가하고 반환하는 것뿐이므로 이때도 프로그램의 동작을 쉽게 이해할 수 있습니다.

마지막 단계로 단어가 꺾쇠괄호로 묶여 있고 연관된 규칙이 꺾쇠괄호로 묶인 단어들로 구성된 좀 더 복잡한 상황을 생각해봅시다. 단, 연관된 규칙에 있는 또 다른 카테고리들은 모두 일반 단어로만 구성되었다고 가정하겠습니다. 그렇다면 gen_aux 함수의 재귀적 호출이 가장 많이 일어날 때는 인수로 전달하는 단어가 카테고리일 때며, 해당 카테고리와 연관된 규칙은 꺾쇠괄호로 묶이지 않은 일반 단어입니다. 결국 gen_aux 함수의 재귀적 호출 과정에서 인수로 전달하는 단어가 점차 간단해지므로 앞서 살펴본 두 단계를 토대로 프로그램의 동작을 충분히 이해할 수 있습니다.

gen_aux 함수의 재귀적 호출을 이해하는 데 이보다 확실한 방법은 없습니다. 이러한 과정을 거치지 않고 재귀 프로그램과 오랫동안 씨름하는 것은 좋은 방법이 아닙니다. 함수의 재귀적 호출은 한번 감 잡으면 생각보다 그리 어려운 개념은 아닙니다.

지금까지 살펴본 gen_sentence 함수, read_grammar 함수, 몇 가지 보조 함수를 사용하여 다음과 같은 프로그램을 작성할 수 있습니다.

```
int main() {
    // 문장 생성
    vector<string> sentence = gen_sentence(read_grammar(cin));

    // 첫 번째 단어 출력
    vector<string>::const_iterator it = sentence.begin();
    if (!sentence.empty()) {
        cout << *it;
        ++it;
    }

    // 공백과 함께 나머지 단어 출력
    while (it != sentence.end()) {
        cout << " " << *it;
        ++it;
    }
    cout << endl;
```

```
        return 0;
    }
```

이 프로그램은 문법을 읽고 문장을 만든 다음에 한 번에 한 단어씩 문장 전체를 출력합니다. 여기에서는 문장을 구성하는 두 번째 단어부터 그 앞에 하나의 공백을 넣는 부분이 조금 복잡할 뿐입니다.

7.4.4 nrand 함수

nrand 함수를 살펴보기에 앞서 표준 라이브러리 `<cstdlib>`에 정의된 rand 함수부터 알아보도록 합시다. rand 함수는 인수가 없으며 [0, RAND_MAX] 범위에서 임의 정수 하나를 반환합니다. RAND_MAX는 `<cstdlib>`에 정의된 큰 정수입니다. 0과 RAND_MAX를 모두 포함하는 [0, RAND_MAX] 범위를 n <= RAND_MAX일 때 0을 포함하되, n은 포함하지 않는 [0, n) 범위로 줄여봅시다.

한 가지 떠오르는 방법은 임의 정수를 n으로 나눈 나머지, 즉, rand() % n을 사용하는 것입니다. 하지만 이러한 방법으로 문제를 해결할 수 없는 두 가지 이유가 있습니다.

가장 큰 이유는 실용적이지 않다는 것입니다. 실제로 rand()는 **의사 난수**pseudo-random number[1]만을 반환합니다. C++ 구현체 대부분에서 의사 난수 생성기는 몫이 작은 정수일 때 매우 임의적이지 않은 나머지를 제공합니다. 예를 들어 rand()의 연속적으로 실행한 결과로 짝수와 홀수가 번갈아 나타나는 것은 흔한 일입니다. 즉, n이 2일 때 rand() % n의 연속적인 실행 결과로 0과 1이 번갈아 나타납니다.

rand() % n을 사용하지 않는 또 다른 이유는 n 값이 클 때 RAND_MAX를 n으로 나눈 상황에서 나타날 수 있는 나머지의 분포가 편향적일 수 있기 때문입니다. 예를 들어 RAND_MAX는 32767[2], n은 20000이라고 가정해봅시다. rand() % n의 결과가 10000이 되도록 만드는 rand()의 값은 두 가지(10000 또는 30000)가 있습니다.

---

1 옮긴이_ 의사 난수 생성기에서 생성되며 상황에 따라 예측이 가능한 가짜 난수를 뜻합니다.

2 옮긴이_ 모든 구현체가 허용할 수 있는 RAND_MAX의 최솟값입니다.

하지만 rand()%n의 결과가 15000이 되도록 만드는 rand()의 값은 한 가지(15000)뿐입니다. 따라서 rand()%n을 사용하여 nrand 함수를 구현한다면 nrand(20000)의 결과로 10000을 반환하는 빈도가 15000을 반환하는 빈도보다 2배나 많을 것입니다.

이러한 함정을 피하려면 다른 방법으로 문제를 해결해야 합니다. 사용 가능한 난수 범위를 정확하게 같은 크기의 하위 범위로 나눈 다음, 난수를 구하여 해당 난수를 포함하는 하위 범위의 순번을 반환하는 것입니다. 각 하위 범위가 모두 같은 크기이므로 어느 곳에도 포함되지 않는 난수가 존재할 수 있습니다. 이때는 알맞은 난수를 구할 때까지 난수를 계속 만듭니다.

nrand 함수를 더 잘 이해할 수 있는 다음 코드를 살펴봅시다.

```cpp
// [0, n] 범위에서 임의 정수 하나를 반환
int nrand(int n)
{
    if (n <= 0 || n > RAND_MAX)
        throw domain_error("Argument to nrand is out of range");

    const int bucket_size = RAND_MAX / n;
    int r;
    do r = rand() / bucket_size;
    while (r >= n);

    return r;
}
```

bucket_size를 정의하는 부분을 자세히 봅시다. 정수끼리의 나눗셈은 그 결과에서 소수점 이하를 무시하므로 실제 몫보다 작을 수 있습니다. 이는 RAND_MAX / n의 실행 결과가 실제 몫과 같거나 더 작은 최대 정수임을 의미합니다. 즉, bucket_size는 n * bucket_size <= RAND_MAX를 만족하는 가장 큰 정수입니다.

그다음으로 do while문을 살펴봅시다. do while문은 while문과 비슷하지만 적어도 한 번 이상 본문을 실행한 후 조건문을 판별한다는 점이 다릅니다. 조건문이 참이면 조건문이 거짓이 될 때까지 본문을 반복 실행합니다. do while문의 본문에서는 r을 하위 범위의 순번으로 설정합니다.

예를 들어 하위 범위 0은 rand( )가 반환하는 값이 [0, bucket_size) 범위일 때에 해당합니다. 하위 범위 1은 rand( )가 반환하는 값이 [bucket_size, bucket_size * 2) 범위일 때에 해당합니다. rand( )가 반환하는 값이 너무 커서 r >= n을 만족한다면 프로그램은 알맞은 값을 구할 때까지 난수의 생성을 반복 실행한 후에 r 값을 반환할 것입니다.

예를 들어 RAND_MAX가 32767, n이 20000이라고 가정합시다. bucket_size는 1이 될 것이고 nrand 함수는 20000보다 작은 난수를 만들 때까지 동작합니다. 또 다른 예로 n을 3이라고 가정한다면 bucket_size는 10922가 될 것입니다. 이때 rand( )가 반환하는 값이 [0, 10922) 범위라면 nrand 함수는 0을 반환하고 [10922, 21844) 범위라면 nrand 함수는 1을 반환하며, [21844, 32766) 범위라면 nrand 함수는 2를 반환합니다. 그리고 rand( )가 반환하는 값이 32766이나 32767이면 r >= n을 만족하므로 do while문의 본문을 다시 실행합니다.

7.5 성능에 대한 참고 사항

다른 프로그래밍 언어에서는 연관 배열을 **해시 테이블**hash table이라는 데이터 구조로 구현합니다. 해시 테이블은 매우 빠르지만 그에 따른 단점도 있습니다.

- 각 키 타입의 키 값에 따라 알맞은 정숫값을 계산하는 해시 함수가 존재해야만 합니다.
- 해시 테이블의 성능은 해시 함수가 결정합니다.
- 해시 테이블의 요소들을 의미 있는 순서로 탐색하기가 쉽지 않습니다. C++의 연관 컨테이너는 해시 테이블로 구현하기가 어렵습니다.
- 키 타입은 < 연산자나 동등성을 비교하는 함수만 있으면 됩니다.
- 주어진 키로 연관 컨테이너의 요소에 접근하는데 걸리는 시간은 키 값에 관계없이 해당 컨테이너에 있는 모든 요소 개수가 커질수록 기하급수적으로 늘어납니다.
- 연관 컨테이너의 요소들은 항상 키의 순서에 따라 정렬됩니다.

즉, 일반적으로 C++의 연관 컨테이너가 해시 테이블이라는 데이터 구조와 비교했을 때 성능이 좋은 것은 아닙니다. 하지만 기본적인 데이터 구조보다는 성능이 훨씬 뛰어납니다. 그리고 연관 컨테이너는 좋은 해시 함수를 설계하는 데 고민할 필요가 없으며 요소들의 정렬이 자동으로 이루어지므로 해시 테이블보다 더 편리합니다.

만약 여러분이 연관 데이터 구조에 익숙하다면 대체로 C++ 라이브러리가 **자가 조정 방식의 균형 트리 구조**balanced self-adjusting tree structure를 사용하여 연관 컨테이너를 구현한다는 사실을 알아두는 것이 좋습니다.

여러분이 원한다면 C++ 구현체 대부분에서 해시 테이블을 사용할 수도 있습니다. 하지만 표준 C++ 일부가 아니므로 이 책에서는 다루지 않습니다. 표준을 따르는 것이 반드시 이상적이라고 할 수는 없지만 표준 연관 컨테이너는 대부분의 애플리케이션에 적용하기에 충분합니다.

7.6 핵심 정리

다음과 같은 사항들을 잘 기억해둡시다.

do while문

마지막에 조건을 검사하는 점을 제외하면 while문(2.3.1/52p)과 비슷합니다. do while문의 일반적인 형태는 다음과 같습니다.

```
do 실행문
while (조건);
```

먼저 '실행문'을 실행한 후 '조건'이 거짓이 될 때까지 '조건'과 '실행문'을 번갈아 실행합니다.

값 초기화

맵에서 아직 존재하지 않는 요소에 접근하면 값이 V( )인 요소를 만듭니다. 여기서 V는 맵에 저장된 값의 타입입니다. 이것을 값-초기화라고 합니다. 값 초기화의 자세한 내용은 9.5/264p에서 설명합니다. 가장 중요한 점은 기본 타입이 0으로 초기화된다는 것입니다.

rand()

[0, RAND_MAX] 범위에서 임의 정수를 반환하는 함수입니다. rand 함수와 RAND_MAX는 <cstdlib> 헤더에 정의되어 있습니다.

pair〈K, V〉

객체가 한 쌍의 값을 갖는 하나의 타입입니다. 데이터 값의 이름인 first와 second로 데이터 값에 접근합니다.

map〈K, V〉

키 타입인 K와 값 타입인 V가 있는 연관 배열입니다. 맵의 요소는 키-값 쌍입니다. 키-값 쌍은 키를 사용하여 요소에 효율적으로 접근할 수 있도록 키의 순서로 관리됩니다. 맵의 반복자는 양방향(8.2.5/238p)입니다. 맵의 반복자를 역참조하면 pair〈const K, V〉 타입 값을 반환합니다. 맵이 제공하는 연산은 다음과 같습니다.

- map〈K, V〉 m;: const K 타입의 키와 V 타입의 값이 있는 비어 있는 새로운 맵을 만듭니다.
- map〈K, V〉 m(cmp);: const K 타입의 키와 V 타입의 값이 있는 비어 있는 새로운 맵을 만듭니다. 이 맵은 서술 함수인 cmp를 사용하여 요소들의 순서를 결정합니다.
- m[k]: K 타입인 k를 사용하여 맵을 인덱싱하고 V 타입의 lvalue를 반환합니다. 만약 주어진 키가 있는 항목이 없으면 '값 초기화'된 새로운 요소가 만들어져 해당 키가 맵에 삽입됩니다. []를 사용하여 맵에 접근하면 새로운 요소가 만들어질 수 있으므로 const 타입인 맵은 []의 사용을 허용하지 않습니다.
- m.begin() 또는 m.end(): 맵의 요소에 접근할 때 사용할 수 있는 반복자를 반환합니다. 반복자를 역참조하면 값이 아니라 키-값 쌍을 반환합니다.
- m.find(k): 키가 k인 요소를 참조하는 반복자를 반환합니다. 해당 요소가 존재하지 않으면 m.end()를 반환합니다.

map〈K, V〉와 map〈K, V〉의 반복자 p에는 다음 연산을 적용할 수 있습니다.

- p→first: p가 나타내는 요소의 키인 const K 타입의 lvalue를 반환합니다.
- p→second: p가 나타내는 요소의 값인 V 타입의 lvalue를 반환합니다.

연습문제

7-0. 이 장에서 살펴본 프로그램들을 컴파일하고 실행하여 결과를 확인해보세요.

7-1. 7.2/203p에서 다룬 프로그램을 확장하여 등장 횟수로 정렬된 출력물을 만들어보세요. 즉, 출력물에서는 한 번 등장한 모든 단어, 두 번 등장한 모든 단어 등의 순서로 모아 놓아야 합니다.

7-2. 4.2.3/115p에서 다룬 프로그램을 확장하여 범위에 따른 문자 등급을 지정해보세요.

```
A  90-100
B  80-89.99...
C  70-79.99...
D  60-69.99...
F  < 60
```

출력 결과에는 각 문자 등급에 속하는 학생 수를 표시해야 합니다.

7-3. 7.3/206p에서 다룬 상호 참조 프로그램을 개선해봅시다. 기존 버전에서는 같은 입력 행에 하나의 단어가 여러 번 등장했을 때 해당 행을 여러 번 기록합니다. 이번에는 같은 입력 행에 하나의 단어가 여러 번 등장했을 때 행 번호를 한 번만 기록하도록 코드를 바꿔보세요.

7-4. 입력 파일의 크기가 클 때 상호 참조 프로그램이 만든 출력 결과는 보기 흉할 것입니다. 행이 너무 많을 때 출력 결과를 분할하도록 프로그램을 다시 작성해보세요.

7-5. 문장을 만드는 데이터 구조로 리스트를 사용하도록 문법 프로그램을 다시 구현해보세요.

7-6. 2개의 벡터를 사용하도록 gen_sentence 프로그램을 다시 구현해보세요. 벡터 하나는 완전히 확장해 만든 문장을 저장하고, 나머지 벡터는 규칙을 저장하고 스택으로 사용됩니다. 재귀적 호출을 사용하지 마세요.

7-7. 행 하나만 있으면 단어를 line 변수에 저장하고 저장하고 여러 개 행이 있으면 단어를 lines 변수에 저장하도록 상호 참조 프로그램의 xref 함수를 변경합니다.

7-8. 상호 참조 프로그램을 바꿔 파일의 모든 URL을 찾고 각 URL이 등장하는 모든 행을 출력해보세요.

7-9. (어려움) 7.4.4/219p에서 살펴본 nrand 함수의 구현에서는 RAND_MAX보다 큰 인수를 사용했을 때 동작하지 않을 것입니다. 보통 RAND_MAX는 일반적으로 사용 가능한 최대 정수이므로 이러한 제약은 문제가 되지 않습니다. 그럼에도 RAND_MAX에서 사용 가능한 최대 정수보다 작은 구현체가 존재합니다. 예를 들어 임의 구현체에서 RAND_MAX가 $32767\,(2^{15} - 1)$인데 사용 가능한 최대 정수가 $2147483647\,(2^{31} - 1)$일 수도 있습니다. 이럴 때 nrand 함수가 모든 n 값을 대상으로 효율적으로 동작하도록 프로그램을 다시 구현해보세요.

CHAPTER 8

제네릭 함수

지금까지는 구체적인 문제를 해결하려고 C++의 기본 개념과 표준 라이브러리가 제공하는 추상화를 사용하여 프로그램을 작성하는 데 중점을 두었습니다. 이 장부터는 추상화를 직접 구현하는 방법을 배울 것입니다.

추상화에는 여러 가지 형식이 있으며 이 장에서는 호출하기 전까지 매개변수의 타입을 알 수 없는 함수인 제네릭 함수를 설명합니다. 9장부터 12장까지는 추상 데이터 타입을 구현하는 방법을 살펴보고, 13장부터는 **객체지향 프로그래밍**Object Oriented Programming, OOP을 학습할 것입니다.

8.1 제네릭 함수

지금까지는 함수의 매개변수와 반환 값의 타입을 아는 상태로 함수를 작성했습니다. 처음에는 이 상황이 함수를 작성하는 데 필수라고 생각할지도 모릅니다. 하지만 기억을 되살려보면 여러분은 호출하기 전까지 인수와 반환 값의 타입을 알 수 없는 함수를 이미 사용한 적이 있습니다.

6.1.3/178p에서 사용한 라이브러리 함수 find를 예로 들어봅시다. find 함수는 2개의 반복자와 1개의 값을 인수로 갖습니다. 여러분은 같은 find 함수를 사용하여 모든 종류의 컨테이너에서 적절한 타입의 값을 찾을 수 있습니다.

이러한 사용법은 함수를 사용하기 전까지는 find 함수의 인수나 반환 값의 타입이 무엇인지 알 수 없습니다. 이와 같은 함수를 **제네릭 함수**generic function라고 하며 제네릭 함수를 만들거나 사용하는 것은 C++의 주요 기능입니다.

제네릭 함수를 지원하는 프로그래밍 언어는 이해하기 쉽습니다. 단, find 함수가 '적절한 타입'의 인수를 허용한다는 의미를 정확하게 이해해야 합니다. 예를 들어 find 함수가 특정 인수로 동작하는지 알 수 있는 방식으로 find 함수의 동작을 설명할 수 있을까요? 이러한 질문의 답은 C++의 내부와 외부에 있습니다.

C++의 내부에서 살펴볼 부분은 함수가 알 수 없는 타입의 매개변수를 사용하는 방식이 해당 매개변수의 타입을 제한한다는 점입니다. 예를 들어 함수의 매개변수로 x와 y가 있을 때 x + y를 계산한다면 해당 계산만으로도 x와 y가 x + y를 정의하는 타입일 것을 암묵적으로 나타냅니다. 이러한 함수를 호출할 때마다 구현체는 함수가 매개변수를 사용하는 방식에 포함된 제약 조건을 인수 타입이 충족하는지 확인합니다.

C++의 외부에서 살펴볼 부분은 표준 라이브러리가 함수의 매개변수에 관한 제약 조건을 구성하는 방식입니다. 여러분은 이미 반복자의 개념에서 이러한 구성의 한 가지 예를 살펴보았습니다. 일부 타입은 반복자고 다른 타입은 아닐 때입니다. find 함수는 2개 인수가 있으며 첫 2개의 인수는 반복자여야 합니다.

특정 타입을 반복자로 지정하는 것은 해당 타입이 지원하는 연산 내용을 지정하는 것입니다. 즉, 특정 방식으로 특정 연산 모음을 지원해야 합니다. 만약 find 함수를 직접 작성할 때는 반드시 모든 반복자를 지원하는 연산에만 의존하는 방식일 것입니다. 11장에서 살펴보겠지만 컨테이너를 직접 작성할 때는 적절한 모든 연산을 지원하는 반복자를 반드시 제공해야 합니다.

반복자가 C++에만 존재하는 개념은 아니지만 표준 라이브러리를 구성하는 핵심 요소이자 제네릭 함수를 유용하게 만드는 요소입니다. 이 장에서는 라이브러리가 어떻게 제네릭 함수를 구현하는지 몇 가지 예를 살펴봅니다. 그리고 다섯 가지 종류의 반복자 가운데 어떤 반복자를 사용하는지 설명합니다.

제네릭 함수의 본질은 지금까지 특정 문제를 해결하는 데 작성한 함수들과 비교하면 더 추상적입니다. 하지만 앞서 다룬 예제에서 사용한 적이 있으므로 이 장에서 설명하는 함수 대부분이 낯설지는 않을 것입니다. 또한 처음 보는 함수들도 쉽게 사용할 수 있을 것입니다.

8.1.1 알려지지 않은 타입의 중앙값

제네릭 함수를 구현하는 프로그래밍 언어의 특징을 **템플릿 함수**template function를 사용한다고 말합니다. 템플릿을 사용하면 **템플릿 매개변수**template parameter의 타입은 다르지만 동일하게 동작하는 함수(또는 타입) 집합의 정의를 단일화할 수 있습니다. 이 장에서 템플릿 함수를 살펴보고 11장에서 템플릿 클래스를 살펴볼 것입니다.

템플릿의 핵심 개념은 서로 다른 타입의 객체가 공통 동작을 공유할 수 있다는 것입니다. 템플릿 매개변수를 사용하면 템플릿을 정의할 때 템플릿 매개변수에 해당하는 명확한 타입을 알지 못하더라도 공통 동작을 실행하는 프로그램을 작성할 수 있습니다. 템플릿을 사용할 때 비로소 타입을 알 수 있으며 프로그램의 컴파일 및 링크 단계에서 정보를 얻을 수 있습니다. 제네릭 함수의 매개변수라면 구현체는 프로그램을 실행하는 동안 바뀔 수 있는 타입의 객체를 대상으로 실행할 동작을 신경 쓸 필요가 없습니다. 프로그램을 컴파일할 때만 신경 쓰면 됩니다.

템플릿은 표준 라이브러리의 초석이 되는 개념입니다 물론 여러분이 작성하는 프로그램에서도 사용할 수 있습니다. vector⟨double⟩ 타입의 객체에 있는 요소들의 중앙값을 구하려고 4.1.1/100p에서 작성한 함수를 예로 들어봅시다. 이 함수는 벡터를 정렬한 다음 주어진 인덱스에 위치한 특정 요소를 추출하는 동작을 실행합니다. 따라서 임의 타입 값들의 순차열을 상대로 사용할 수 없습니다. 그렇다고 해서 함수를 vector⟨double⟩ 타입의 객체로 제한할 이유는 없습니다. 다음처럼 템플릿 함수를 사용하면 다른 타입의 요소가 있는 벡터의 중앙값도 얻을 수 있습니다.

```
template<class T>
T median(vector<T> v)
{
    typedef typename vector<T>::size_type vec_sz;
    vec_sz size = v.size();

    if (size == 0)
        throw domain_error("median of an empty vector");

    sort(v.begin(), v.end());
    vec_sz mid = size / 2;

    return size % 2 == 0 ? (v[mid] + v[mid - 1]) / 2 : v[mid];
}
```

우선 살펴볼 새로운 개념은 다음과 같은 템플릿 헤더와 median 함수의 매개변수 목록 및 반환 타입에서 T를 사용하는 것입니다.

```
template<class T>
```

템플릿 헤더는 여러분이 템플릿 함수를 정의한다는 것과 해당 함수에 **타입 매개변수**type parameter가 있다는 것을 구현체에 알려주는 역할입니다. 타입 매개변수는 함수 매개변수와 매우 비슷하게 동작합니다. 타입 매개변수는 함수 범위 안에서 사용할 수 있는 이름을 정의하고 변수가 아닌 타입을 참조합니다. 따라서 함수 안에서 T가 나타날 때마다 구현체는 T를 타입으로 인식합니다. median 함수는 타입 매개변수를 사용하여 v 벡터에 포함된 객체의 타입과 median 함수의 반환 타입을 명시합니다.

median 함수를 호출하면 구현체는 T에 타입을 바인딩시킵니다. 해당 타입은 컴파일 과정에서 median 함수를 호출하는 시점에 결정됩니다. 예를 들어 vector<int> 타입의 객체인 vi 벡터의 중앙값을 구하려고 median(vi)를 호출할 때를 살펴봅시다. 이러한 호출에서 구현체는 T가 int라고 추정할 수 있습니다. median 함수에서 T를 사용할 때마다 구현체는 int로 작성한 것처럼 코드를 만듭니다. 결과적으로 구현체는 vector<int> 타입의 객체를 취하여, int 타입 값을 반환하는 median 함수의 특정 버전을 작성한 것처럼 코드를 **인스턴스화**instantiate합니다. 인스턴스화는 나중에 좀 더 자세히 언급할 것입니다.

다음 살펴볼 새로운 개념은 vec_sz의 정의에서 typename을 사용하는 것입니다. typename은 구현체가 T의 타입을 아직 알지 못하는 상태에서 vector<T>::size_type이 타입 이름이라는 것을 구현체에 알리는 데 사용합니다. 템플릿 매개변수에 따라 달라지는 vector<T>와 같은 타입이 있을 때 그 자체가 타입인 size_type 같은 vector<T>의 멤버를 사용해야 한다고 생각해 봅시다. 전체 타입 이름 앞에 반드시 typename을 표기하여 구현체가 해당 이름을 타입으로 취급하도록 알려줘야 합니다. 표준 라이브러리는 모든 T에 vector<T>::size_type이 타입 이름임을 보장하지만 구현체는 이러한 사실을 알 방법이 없습니다.

템플릿을 정의한 코드를 살펴보면 타입 의존성 대부분이 눈에 보이는 것은 아닙니다. 하지만 대체적으로 타입 매개변수를 흔히 발견할 수 있습니다. median 함수라면 함수의 반환 타입, 매개변수 목록, vec_sz의 정의에서만 타입 매개변수를 명시적으로 사용합니다.

반면에 vector<T> 타입인 v를 다루는 모든 연산에서는 암묵적으로 해당 타입을 사용합니다. 다음 표현식을 예로 들어봅시다.

```
(v[mid] + v[mid - 1]) / 2
```

v[mid]와 v[mid - 1]의 타입을 알려면 v 벡터의 요소가 무슨 타입인지 알아야 합니다. 그리고 해당 타입은 + 연산자와 / 연산자의 유형을 결정합니다. vector<int> 타입인 벡터로 median 함수를 호출할 때의 + 연산자와 / 연산자는 int 타입의 피연산자가 있으며 int 타입 결과를 반환합니다. vector<double> 타입인 벡터로 median 함수를 호출할 때는 double 타입 값에 산술 연산을 실행합니다. 반면 vector<string> 타입인 벡터로 median 함수를 호출할 수 없습니다. 왜냐하면 median 함수에서 사용하는 / 연산자를 문자열 타입에는 적용할 수 없기 때문입니다. 이러한 동작은 논리적으로 필요한 것이며 무엇보다 vector<string> 타입인 벡터의 중앙값을 찾는 것은 아무런 의미가 없습니다.

8.1.2 템플릿 인스턴스화

vector<int> 타입인 벡터로 median 함수를 호출하면 실제로 구현체는 모든 T를 int로 대체하여 템플릿 함수의 인스턴스를 만들고 컴파일합니다. vector<double> 타입인 벡터로 median 함수를 호출하면 컴파일러는 호출 형태에서 타입을 유추하여 같은 동작을 실행합니다. 이때 T는 double 타입에 바인딩되며 구현체는 T를 double로 대체하여 median 함수의 또 다른 버전을 만듭니다.

C++ 표준은 구현체가 템플릿 인스턴스화를 처리하는 방법을 다루지 않으므로 모든 구현체는 자체 방법으로 인스턴스화를 처리합니다. 따라서 컴파일러가 인스턴스화를 처리하는 방법을 정확하게 설명할 수는 없습니다. 다만 유의해야 할 점이 두 가지 있습니다. 첫 번째는 에디트-컴파일-링크 모델을 따르는 일반적인 C++ 구현체에서 종종 컴파일 과정이 아닌 링크 과정에서 인스턴스화가 일어난다는 것입니다. 구현체가 템플릿을 인스턴스화하기 전까지는 프로그래머가 명시한 타입과 템플릿이 예상하는 타입이 같은지 확인할 수 없습니다. 따라서 링크 과정에서 컴파일 오류가 발생할 수 있습니다.

두 번째는 여러분이 직접 템플릿을 작성할 때 유의할 사항입니다. 구현체 대부분은 템플릿을 인스턴스화할 때 템플릿의 선언 부분뿐만 아니라 템플릿의 정의 부분에 접근할 수 있어야 합니다. 이러한 요구 사항은 헤더 파일뿐만 아니라 템플릿을 정의하는 소스 파일에 접근할 수 있다는 의미합니다. 구현체가 소스 파일을 찾아내는 방식은 구현체마다 다릅니다. 구현체 대부분은 템플릿의 헤더 파일을 소스 파일을 직접 포함하거나 #include 지시문으로 포함할 것으로 예상합니다. 구현체의 동작을 설명한 문서를 살펴보면 구현체가 어떻게 소스 파일을 찾아내는지 확실하게 알 수 있습니다.

8.1.3 제네릭 함수 및 타입

8.1/225p에서 언급했듯이 템플릿을 설계하고 사용할 때 어려운 점은 템플릿과 템플릿에서 사용할 수 있는 '적절한 타입' 사이의 관계를 정확히 이해하는 것입니다. 앞서 median 함수의 특정 버전을 정의하면서 타입 의존성을 살펴보았습니다. median 함수에 전달한 벡터가 저장하는 객체 타입은 + 연산과 / 연산을 반드시 지원해야 합니다. 그리고 이러한 연산들이 원래의 산술 연산 의미와 일치한다면 더욱 좋습니다. 다행히도 / 연산을 정의하는 타입 대부분은 산술 타입이므로 앞서 언급한 의존성이 문제를 일으키는 상황은 일어나지 않습니다.

더욱 복잡한 문제는 템플릿과 타입 변환 사이의 관계에서 일어납니다. 예를 들어 학생들이 모든 과제를 제출했는지 확인하려고 find 함수를 호출할 때를 살펴봅시다.

```
find(s.homework.begin(), s.homework.end(), 0);
```

homework가 vector<double> 타입이지만 find 함수는 int 타입 값을 찾는 동작을 실행해야 합니다. 이와 같은 특정 타입 사이의 불일치는 아무런 문제가 되지 않습니다. 이때는 의도의 왜곡 없이 int 타입 값과 double 타입 값을 비교할 수 있습니다. 하지만 accumulate 함수를 호출할 때는 다릅니다.

```
accumulate(v.begin(), v.end(), 0.0)
```

이때는 프로그램을 정확하게 작성하려고 int 타입보다 double 타입 형태로 0을 표현합니다. 왜냐하면 accumulate 함수는 세 번째 인수의 타입을 누적된 연산 결과의 타입으로 사용하기 때문입니다. 만약 세 번째 인수가 int 타입이면 double 타입 값을 더하더라도 정수 부분만 잘라서 연산을 실행합니다. 이처럼 구현체는 int 타입의 인수를 허용하지만 얻게 되는 연산 결과의 정밀도가 낮아집니다.

마지막으로 max 함수를 호출할 때를 살펴봅시다.

```
string::size_type maxlen = 0;
maxlen = max(maxlen, name.size());
```

여기에서 중요한 것은 maxlen의 타입과 name.size()가 반환하는 타입이 정확히 일치해야 한다는 점입니다. 두 타입이 일치하지 않으면 max 함수를 호출하는 부분은 컴파일되지 않습니다. 앞서 언급했듯이 템플릿 매개변수 타입은 인수의 타입에서 추정할 수 있습니다. 따라서 두 인수의 타입이 일치하지 않을 때 max 함수의 호출이 컴파일되지 않는 이유를 알 수 있습니다. 그렇다면 논리에 맞는 max 함수의 구현을 한번 생각해봅시다.

```
template<class T>
T max(const T& left, const T& right)
{
    return left > right ? left : right;
}
```

max 함수에 int 타입과 double 타입을 인수로 전달했으면 구현체는 변환의 기준이 되는 인수의 타입을 추정할 수 없습니다. 두 인수를 int 타입으로 비교하여 int 타입의 값을 반환할지 double 타입으로 비교하여 double 타입의 값을 반환할지 구현체가 결정을 내릴 수 있는 방법이 없기 때문입니다. 따라서 컴파일 과정에서 max 함수를 호출할 수 없습니다.

8.2 데이터 구조 독립성

앞서 살펴본 median 함수에서는 템플릿을 사용하여 벡터가 가질 수 있는 타입을 일반화하였습니다. 이 함수를 호출하면 종류에 상관없이 산술 타입 값이 있는 모든 벡터의 중앙값을 찾을 수 있습니다.

이번에는 리스트, 벡터, 문자열과 같은 다양한 종류의 데이터 구조에 저장된 값을 다루는 더 일반적인 함수를 생각해봅시다. 다시 말해 컨테이너를 통째로 다루는 것이 아닌 컨테이너의 일부분을 다루는 동작을 실행하고자 합니다.

예를 들어 표준 라이브러리는 반복자를 사용하여 컨테이너의 종류와 상관없이 연속성이 있는 컨테이너 일부분에 find 함수를 호출할 수 있습니다. 만약 c가 컨테이너고 val이 컨테이너에 있는 요소와 같은 타입 값이면 다음처럼 find 함수를 사용합니다.

```
find(c.begin(), c.end(), val)
```

이때 c를 두 번 언급해야 하는 이유는 무엇일까요? 즉, 라이브러리가 다음처럼 c.size( )와 같은 형태를 사용할 수 없는 이유는 무엇일까요?

```
c.find(val)
```

혹은 다음처럼 컨테이너를 find 함수의 인수로 직접 전달하지 않는 이유는 무엇일까요?

```
find(c, val)
```

두 가지 질문의 대답은 같습니다. 2개의 반복자를 사용하려고 c를 두 번 언급하는 라이브러리는 하나의 find 함수를 사용했을 때 컨테이너의 종류에 관계없이 연속성이 있는 컨테이너 일부분에서 값을 찾을 수 있도록 합니다. 앞서 언급한 다른 두 가지 접근 방식으로는 그렇게 할 수 없습니다.

먼저 c.find(val)을 살펴봅시다. 만약 라이브러리가 c.find(val)과 같은 형태를 사용할 수 있다면 c가 어떤 타입이든 해당 타입의 멤버 함수 find를 호출하는 것입니다. 따라서 c의 타입을 정의하는 누군가는 반드시 멤버 함수 find를 정의해야 합니다. 또한 라이브러리가 알고리즘에 c.find(val)과 같은 형식을 사용한다면 10장에서 살펴볼 기본 배열에 이러한 함수들을 사용할 수 없습니다.

이어서 라이브러리가 find 함수의 인수로 c를 직접 전달하지 않고 c.begin( )과 c.end( )를 전달하도록 요구하는 이유는 무엇일까요? 2개의 값을 전달해 컨테이너 전체를 탐색하는 대신 범위를 한정하여 컨테이너의 일부분을 탐색할 수 있기 때문입니다. 예를 들어 find_if 함수가 무조건 컨테이너 전체를 탐색하도록 제한할 때 6.1.1/173p에서 살펴본 split 함수를 어떤 방식으로 작성해야 하는지 생각해보죠. 컨테이너를 인수로 직접 전달하지 않는 이유를 떠올릴 수 있을 것입니다.

제네릭 함수가 컨테이너 대신 반복자를 인수로 전달받은 좀 더 복잡한 이유가 있습니다. 일반적으로 반복자는 컨테이너가 포함하지 않는 요소에 접근할 수 있습니다. 6.1.2/175p에서 살펴본 rbegin 함수를 예로 들어봅시다. rbegin 함수는 컨테이너 요소에 역순으로 접근을 허용하는 반복자를 반환합니다. 이러한 반복자를 find 함수나 find_if 함수에 인수로 전달하면 컨테이너 요소를 역순으로 탐색할 수 있습니다. 만약 find 함수나 find_if 함수에 컨테이너를 직접 인수로 전달하도록 제한한다면 할 수 없는 동작입니다.

물론 라이브러리 함수를 오버로드하여 컨테이너나 2개의 반복자를 인수로 전달해 호출할 수 있습니다. 하지만 이때 얻을 수 있는 편의성이 함수를 오버로딩하는 복잡성을 상쇄할 수 있는지는 명확하지 않습니다.

8.2.1 알고리즘과 반복자

템플릿을 사용하여 데이터 구조 독립성을 지닌 프로그램을 작성하는 방법은 범용적인 표준 라이브러리 함수들이 어떻게 구현되었는지 살펴보면 쉽게 알 수 있습니다. 이러한 표준 라이브러리 함수들은 인수에 반복자가 포함되어 함수가 다루는 컨테이너 요소들을 식별할 수 있습니다. 모든 표준 라이브러리 컨테이너와 문자열 같은 몇몇 타입은 표준 라이브러리 함수들이 컨테이너 요소들을 다룰 수 있도록 반복자를 제공합니다.

어떤 컨테이너는 다른 컨테이너에서 지원하지 않는 연산을 지원합니다. 이러한 연산의 존재는 반복자가 지원하는 연산과 그렇지 않은 연산으로 나타납니다. 예를 들어 벡터에서는 주어진 인덱스로 직접 요소에 접근할 수 있지만 리스트에서는 요소에 접근할 수 없습니다. 즉, 벡터 요소를 참조하는 반복자가 있다면 요소들의 인덱스 사이 간격만큼 해당 반복자에 더해 같은 벡터의 또 다른 요소를 참조하는 반복자를 얻을 수 있습니다. 반면에 리스트 요소를 참조하는 반복자는 이와 비슷한 기능을 지원하지 않습니다.

반복자의 종류마다 지원하는 연산이 다르므로 알고리즘 각각이 사용하는 반복자에 관한 요구 사항과 반복자 각각이 지원하는 연산을 이해하는 것이 중요합니다. 서로 다른 종류의 반복자가 같은 연산을 지원한다면 해당 연산은 이름이 같습니다. 예를 들어 모든 반복자는 ++ 연산자를 사용하여 반복자가 해당 컨테이너의 순서상 다음 요소를 참조하게 만듭니다.

모든 알고리즘이 반복자 연산 모두를 필요로 하지는 않습니다. find 함수와 같은 알고리즘은 반복자 연산을 거의 사용하지 않습니다. 따라서 find 함수는 지금까지 여러분이 살펴본 모든 컨테이너 반복자를 사용하여 값을 찾을 수 있습니다. 반면에 sort 함수와 같은 알고리즘은 산술 연산을 포함하여 가장 강력한 반복자 연산을 사용합니다. 따라서 sort 함수는 지금까지 살펴본 라이브러리 타입 가운데 벡터와 문자열에만 사용할 수 있습니다(문자열에 sort 함수를 사용하면 개별 문자들이 오름차순으로 정렬됩니다).

라이브러리는 5개 **반복자 카테고리**iterator category를 정의하며 반복자 카테고리 각각은 특정 반복자 연산들을 모아놓은 것입니다. 반복자 카테고리는 라이브러리 컨테이너마다 지원하는 반복자를 종류별로 분류합니다. 각 표준 라이브러리 알고리즘은 정해진 카테고리에 속한 반복자를 인수로 전달받습니다. 따라서 반복자 카테고리를 이용해 어떤 컨테이너가 어떤 알고리즘을 사용할 수 있는지 이해할 수 있습니다.

각 반복자 카테고리는 컨테이너 요소에 접근하는 방식이며 특정 종류의 알고리즘이기도 합니다. 예를 들어 일부 알고리즘은 입력 데이터에 단일 방향의 접근만 지원하므로 여러 방향의 접근을 지원하는 반복자가 필요하지 않습니다. 일부 알고리즘은 주어진 인덱스만으로도 효율적으로 임의 요소에 접근할 수 있어야 하고, 인덱스와 정수를 더할 수 있어야 합니다.

지금부터는 접근 방식 각각과 이에 사용하는 알고리즘을 소개한 다음 해당 반복자 카테고리를 설명할 것입니다.

8.2.2 순차적 읽기 접근

순차 컨테이너에 접근하는 간단한 방법은 요소를 순차적으로 읽는 것입니다. 그러한 동작을 실행하는 라이브러리 함수에는 find 함수가 있고 다음처럼 구현할 수 있습니다.

```
template <class In, class X>
In find(In begin, In end, const X& x)
```

```
    {
        while (begin != end && *begin != x)
            ++begin;

        return begin;
    }
```

만약 find(begin, end, x) 형태로 함수를 호출하면 [begin, end) 범위에서 *iter == x를
만족하는 첫 번째 반복자인 iter를 반환합니다. 그러한 반복자가 존재하지 않으면 end를 반환
합니다.

begin 값을 바꾸는데 사용하는 유일한 연산이 ++이므로 find 함수가 [begin, end) 범위의
요소에 순차적으로 접근한다는 것을 알 수 있습니다. 그리고 begin과 end를 비교하려고 !=를
사용하고 begin이 참조하는 컨테이너 요소에 접근하려고 *를 사용합니다. 이러한 연산들은 범
위 안 반복자 값이 참조하는 요소를 순차적으로 읽기에 충분합니다.

find 함수를 구현하는 것은 한 가지 방식만 있는 것이 아닙니다. 예를 들어 find 함수를 다음
처럼 구현할 수도 있습니다.

```
template <class In, class X>
In find(In begin, In end, const X& x)
{
    if (begin == end || *begin == x)
        return begin;

    begin++;
    return find(begin, end, x);
}
```

C++ 프로그래머 대부분은 리스프Lisp나 ML과 같은 프로그래밍 언어에 익숙한 프로그래머보
다 재귀적 프로그래밍 방식을 사용하는 것에 익숙하지 않을 것입니다. 재귀적 프로그래밍 방
식의 find 함수는 ++begin 대신 begin++를 사용하고 != 대신 ==를 사용합니다. 참고로 예로
든 2개의 find 함수로 순차 컨테이너 요소에 순차적 읽기 접근을 지원하는 반복자를 살펴보면
++(전위 및 후위), ==, !=, *(단항) 연산을 제공해야 한다는 사실을 알 수 있습니다.

이러한 반복자가 제공해야 하는 또 다른 한 가지 연산자가 있습니다. 7.2/203p에서 다룬 예제에서 살펴본 iter->member와 (*iter).member 사이의 동등성을 떠올려봅시다. (*it).first를 간단히 표기하여 it->first로 나타낼 때 사용한 연산자를 반드시 제공해야 합니다.

앞에서 언급한 모든 연산을 제공하는 반복자의 유형을 **입력 반복자**input iterator라고 합니다. 지금까지 살펴본 모든 컨테이너 반복자는 모든 연산을 제공하므로 입력 반복자에 해당합니다. 물론 다른 연산들도 제공합니다.

find 함수는 첫 번째와 두 번째 인수로 입력 반복자를 요구합니다. 따라서 추가 연산을 제공하는 반복자를 포함하여 입력 반복자의 요건을 충족하는 모든 타입을 find 함수의 인수로 전달할 수 있습니다.

8.2.3 순차적 쓰기 접근

입력 반복자는 순차 컨테이너 요소를 읽는 데만 사용할 수 있습니다. 그리고 순차 컨테이너 요소를 쓸 때 반복자를 사용해야 하는 상황도 분명히 있습니다. 다음과 같은 copy 함수를 예로 들어봅시다.

```
template<class In, class Out>
Out copy(In begin, In end, Out dest)
{
    while (begin != end)
        *dest++ = *begin++;

    return dest;
}
```

copy 함수는 3개의 반복자가 인수로 있습니다. 처음 2개 반복자는 복사할 순차 컨테이너를 나타내고 세 번째 반복자는 목적지에 해당하는 순차 컨테이너의 시작 지점을 나타냅니다. while문은 6.1/170p에서 살펴본 것과 같습니다. copy 함수는 begin에서 시작하여 end에 도달할 때까지 컨테이너를 통과하며 각 요소를 dest로 복사하는 동작을 실행합니다.

In이라는 타입 이름에서 알 수 있듯이 begin과 end는 입력 반복자며 find 함수에서 그랬던 것처럼 요소를 읽는 용도로만 사용합니다. 그렇다면 매개변수 dest의 타입인 Out은 무엇일까요?

copy 함수 안에서 dest로 어떤 연산을 실행하는지 살펴보면 *dest = 값과 dest++만 발견할 수 있습니다. 그리고 find 함수에서와 마찬가지로 논리적 완성도를 만족하려면 ++dest와 같은 연산을 할 수 있어야 합니다.

앞 코드에서 분명히 드러나지 않은 다른 요구 사항 한 가지를 살펴봅시다. it를 쓰기 전용으로 사용하려는 반복자로 가정하고 다음 코드를 살펴봅시다.

```
*it = x;
++it;
++it;
*it = y;
```

*it에 값을 할당하는 표현식 사이에 it를 두 번 증가시켜 목적지에 해당하는 순차 컨테이너에 간격을 남겼습니다. 반복자를 쓰기 전용으로 사용하려면 *it에 값을 할당하는 표현식 사이에 ++it를 두 번 이상 실행하지 않거나 it를 증가시키지 않은 채로 두 번 이상 *it에 값을 할당하지 않는 암묵적인 요구 사항이 있어야 합니다.

함수가 암묵적인 요구 사항들을 충족하는 방식으로 반복자를 사용할 때 해당 반복자의 유형을 **출력 반복자**output iterator라고 합니다. 모든 표준 컨테이너는 back_inserter 함수의 반환 값처럼 암묵적인 요구 사항을 충족하는 반복자를 제공합니다. 모든 변수에 한 번의 할당만을 허용하는 속성은 반복자에 요구하는 사항이 아니라 반복자를 사용하는 프로그램에 요구하는 사항인 것에 유의할 필요가 있습니다. 즉, 출력 반복자의 요구 사항만을 충족하는 반복자는 해당 속성을 지키는 프로그램에서만 사용해야 합니다. back_inserter 함수가 만든 반복자는 출력 반복자이므로 이를 사용하는 프로그램은 반드시 모든 변수에 한 번의 할당만을 허용하는 요구 사항을 따라야 합니다. 모든 컨테이너 반복자는 추가 연산을 지원하며 해당 반복자를 사용하는 프로그램은 추가 연산 지원에 별다른 제약을 받지 않습니다.

8.2.4 순차적 읽기 및 쓰기 접근

순차 컨테이너의 요소들을 순차적으로 읽고 쓰는 것을 생각해봅시다. 이때 반복자가 나아가는 방향은 절대 바뀌지 않을 것입니다. <algorithm> 헤더에 정의된 라이브러리 함수인 replace 함수를 예로 들어봅시다.

```
template<class For, class X>
void replace(For beg, For end, const X& x, const X& y)
{
    while (beg != end) {
        if (*beg == x)
            *beg = y;

        ++beg;
    }
}
```

replace 함수는 [beg, end) 범위의 요소를 탐색하며 값이 x인 모든 요소 값을 y로 바꿉니다. For 타입의 반복자가 입력 반복자와 출력 반복자가 지원하는 모든 연산을 제공해야 합니다. 또한 요소의 값을 읽고 상황에 따라 요소의 값을 바꾸는 것이므로 출력 반복자의 요구 사항인 모든 변수에 한 번의 할당만을 허용하는 속성을 충족시킬 필요는 없습니다. 이러한 반복자의 유형을 **순방향 반복자**forward iterator라고 하며 다음 연산을 지원해야 합니다.

- *it: 읽기와 쓰기 모두 가능
- ++it와 it++: --it 또는 it--는 아님
- it == j와 it != j: j는 it와 같은 타입
- it –>member: (*it).member와 동의어

모든 표준 라이브러리 컨테이너는 순방향 반복자의 요구 사항을 충족합니다.

8.2.5 양방향 접근

어떤 함수들은 컨테이너 요소들을 역순으로 얻어야 합니다. 표준 라이브러리가 <algorithm> 헤더에 정의한 reverse 함수를 예로 들어봅시다.

```
template<class Bi>
void reverse(Bi begin, Bi end)
{
    while (begin != end) {
        —end;
        if (begin != end)
            swap(*begin++, *end);
```

```
        }
    }
```

reverse 알고리즘에서는 반복자 end가 벡터 끝에서 시작해 역방향으로 이동하고 반복자 beg
가 벡터의 처음에서 시작해 순방향으로 이동하며 두 반복자가 참조하는 요소를 교환합니다.

reverse 함수는 --를 사용하는 점을 제외하면 반복자 begin과 end를 순방향 반복자처럼 사용
합니다. --는 순차 컨테이너를 역방향으로 탐색할 수 있도록 돕는 중요한 역할입니다. 이처럼
순방향 반복자의 모든 요구 사항을 충족하고 --(전위 및 후위)를 지원하는 반복자의 유형을 **양
방향 반복자**bidirectional iterator라고 합니다. 모든 표준 라이브러리 컨테이너 클래스는 양방향 반복자
를 지원합니다.

8.2.6 임의적 접근

어떤 함수들은 컨테이너 내부를 자유스럽게 이동할 수 있어야 합니다. 그러한 함수의 좋은 예
로 이진 탐색 알고리즘이 있습니다. 표준 라이브러리는 이진 탐색 알고리즘을 다양한 형태로
구현합니다. 그중 가장 간단한 것은 binary_search 함수입니다. 실제로 표준 라이브러리는
순차 컨테이너를 대상으로 순방향 반복자를 사용하여 이진 탐색을 실행할 수 있는 영리한 방법
(이 책에서는 다룰 수 없는 범위)을 사용합니다. 여기에서는 임의 접근 반복자를 사용하는 더
간단한 버전을 살펴보도록 합시다.

```cpp
template<class Ran, class X>
bool binary_search(Ran begin, Ran end, const X& x)
{
    while (begin < end) {
        // 범위의 중간 지점 찾기
        Ran mid = begin + (end - begin) / 2;

        // 중간 지점을 기준으로 어느 부분이 x를 포함하는지 확인하고
        // 해당 부분에만 탐색을 계속 진행
        if (x < *mid)
            end = mid;
        else if (*mid < x)
            begin = mid + 1;
```

```
            // 이 지점에 도달하면 *mid == x이므로 탐색 종료
            else return true;
    }
    return false;
}
```

---

binary_search 함수는 앞서 살펴본 다른 반복자의 속성을 필요로 하는 것 외에도 반복자의 산술 연산을 필요로 합니다. 예를 들어 정숫값을 얻으려고 반복자를 다른 반복자로 빼기 연산을 하거나 또 다른 반복자를 얻으려고 반복자에 정숫값을 더합니다. 그리고 임의 접근 반복자의 논리적 완성도를 높이는 데 추가할 요구 사항이 있습니다. p와 q가 임의 접근 반복자이고 n이 정숫값일 때 양방향 반복자의 요구 사항과 함께 추가할 목록은 다음과 같습니다.

- p + n, p − n, n + p
- p − q
- p[n]: *(p + n)과 같은 의미
- p 〈 q, p 〉 q, p 〈= q, p 〉= q

2개의 반복자에 빼기 연산을 하면 두 반복자 사이의 거리를 정수 타입으로 반환합니다. 이는 10.1.4/282p에서 다룰 것입니다. 임의 접근 반복자는 양방향 반복자의 모든 요구 사항을 지원하므로 요구 사항에 ==와 !=를 포함하지 않았습니다.

임의 접근 반복자가 필요한 유일한 알고리즘은 sort 함수입니다. 그리고 벡터와 문자열 반복자는 임의 접근 반복자입니다. 하지만 리스트 반복자는 임의 접근 반복자가 아닙니다. 리스트는 양방향 반복자만 지원합니다.

왜일까요? 근본적인 이유는 리스트가 빠른 삽입과 삭제 작업에 최적화되었기 때문입니다. 따라서 리스트의 임의 요소에 접근하는 빠른 방법은 존재하지 않습니다. 리스트를 탐색하는 유일한 방법은 순차적으로 요소 각각을 살펴보는 것입니다.

8.2.7 반복자의 범위

앞서 살펴보았듯이 알고리즘이 범위를 지정하려고 2개 인수를 취하는 규칙은 라이브러리에서 거의 보편적으로 사용하는 것입니다.

첫 번째 인수는 범위의 첫 번째 요소를 참조합니다. 그리고 두 번째 인수는 마지막 요소의 다음을 참조합니다. 범위의 끝을 마지막 요소가 아닌 마지막 요소의 다음으로 지정하는 이유는 무엇일까요? 또한 어떤 때 효과적인 것일까요?

2.6/68p에서 마지막 값의 다음을 범위의 상한으로 사용하는 이유를 살펴보았습니다. 즉, 범위의 끝을 마지막 요소와 같은 값으로 지정하면 마지막 요소는 어떻게든 문제를 일으킵니다. 그리고 반복문에서 실수로 마지막 반복 내용을 실행하지 않은 채 종료하는 프로그램을 작성하게 됩니다. 마지막 요소를 참조하는 반복자가 아닌 마지막 요소의 다음을 참조하는 반복자를 범위의 끝으로 정하는 이유는 최소한 세 가지가 있습니다.

첫 번째는 요소가 전혀 없는 범위 끝을 표시할 마지막 요소가 존재하지 않기 때문입니다. 그렇게 되면 범위 시작이 아닌 그 이전에 해당하는 요소 위치를 참조하는 반복자를 사용하여 빈 범위를 나타내야 하는 기이한 상황에 놓입니다. 빈 범위를 다른 범위와는 별도로 다루어야 하고 이 때문에 프로그램은 이해하기 어렵고 신뢰할 수 없습니다. 6.1.1/174p에서 살펴본 것처럼 빈 범위를 다른 범위와 같은 방식으로 처리하면 프로그램을 단순하게 작성할 수 있습니다.

두 번째는 끝이 아닌 그다음을 참조하는 반복자를 사용하여 범위의 끝을 표시해 반복자를 비교할 때 서로 일치하는지만 판단하면 되기 때문입니다. 즉, 하나의 반복자가 다른 반복자보다 큰지 작은지 비교할 필요가 없습니다. 요점은 두 반복자가 같은지만 판단하여 범위가 비어 있는지 즉시 알 수 있다는 것입니다. 두 반복자가 같지 않다면 빈 범위가 아니며 시작 반복자가 요소를 참조한다는 의미이므로 무언가를 실행한 후 반복자를 증가시켜 범위의 크기를 줄일 수 있습니다. 따라서 시작을 참조하는 반복자와 끝이 아닌 그다음을 참조하는 반복자를 사용하여 범위를 나타내면 다음 형태의 반복문을 사용할 수 있습니다.

```
// 불변성: [begin, end) 범위 안 요소를 처리
while (begin != end) {
    // begin이 참조하는 요소를 사용하여 무언가를 실행
    ++begin;
}
```

이때 필요한 것은 두 반복자를 비교하여 일치 여부만 판단하는 것입니다.

세 번째는 시작을 참조하는 반복자와 끝이 아닌 그다음을 참조하는 반복자를 사용하여 범위를 정의하면 범위를 벗어난 상태를 자연스럽게 나타낼 수 있기 때문입니다. 표준 라이브러리 알

고리즘 대부분과 여러분이 직접 작성한 알고리즘은 이러한 방법을 사용하여 범위를 나타내는 두 번째 반복자를 반환해서 동작이 실패했음을 나타냅니다. 예를 들어 6.1.3/179p에서 살펴본 url_beg 함수는 해당 방법을 사용하여 URL을 찾을 수 없는 상황을 알립니다. 만약 알고리즘에서 이러한 방법에 사용할 수 있는 값이 없다면 같은 역할의 값을 별도로 만들어야 합니다. 단, 알고리즘과 해당 알고리즘을 사용하는 프로그램을 복잡하게 만듭니다.

간단히 말해 범위의 끝을 마지막 요소가 아닌 그다음을 참조하는 반복자로 나타내는 것이 이상하게 보일 수 있습니다. 하지만 상대적으로 단순하고 안정적인 프로그램을 작성하는 데는 도움을 받습니다. 이 때문에 모든 컨테이너 타입은 범위의 끝을 지난 값을 지원해야 합니다.

각 컨테이너의 end 멤버는 해당 값을 반환하며 그 값은 다른 반복자를 사용한 연산의 결과일 수 있습니다. 예를 들어 c가 컨테이너라면 c.begin()을 복사하여 c.size()와 같은 횟수만큼 증가시키면 c.end()와 같은 반복자를 얻을 수 있습니다. 마지막 요소의 다음을 참조하는 반복자를 역참조한 결과는 컨테이너 시작이 아닌 그 이전을 참조하는 반복자의 값과 마찬가지로 정의되지 않은 상태입니다.

8.3 입력 및 출력 반복자

표준 컨테이너는 입력 및 출력 반복자와 순방향 반복자를 구분할 필요가 없습니다. 그렇다면 입력 및 출력 반복자가 순방향 반복자와 다른 카테고리로 구분되는 이유는 무엇일까요? 그중 한 가지는 모든 반복자가 컨테이너와 관련된 것만은 아니기 때문입니다. 예를 들어 c가 push_back을 지원하는 컨테이너면 back_inserter(c)는 출력 반복자고 다른 반복자 카테고리의 요구 사항은 충족하지 않습니다.

또 다른 예로 표준 라이브러리는 입력 스트림과 출력 스트림에 바인딩할 수 있는 반복자를 제공합니다. 당연히 istream에 관한 반복자는 입력 반복자의 요구 사항을 충족하고 ostream에 관한 반복자는 출력 반복자의 요구 사항을 충족합니다. 적절한 스트림 반복자를 사용한다면 istream이나 ostream을 조작하려고 일반적인 반복자 연산 작업을 합니다. 예를 들어 ++ 연산자를 사용하여 반복자를 스트림의 다음 값으로 이동할 수 있습니다. 입력 스트림이라면 * 연산자를 사용하여 입력 스트림의 현재 위치에 해당하는 값을 얻을 수 있습니다. 출력 스트림이라면 * 연산자를 사용하여 해당 ostream에 값을 출력할 수 있습니다. 스트림 반복자는 〈iterator〉 헤더에 정의되어 있습니다.

입력 스트림 반복자는 istream_iterator라는 입력 반복자 타입입니다.

```
vector<int> v;

// 표준 입력에서 int를 읽어 v에 추가
copy(istream_iterator<int>(cin), istream_iterator<int>(), back_inserter(v));
```

앞서 여러 번 살펴보았듯이 copy 함수의 첫 두 인수는 복사할 범위를 지정합니다. 첫 번째 인수는 int 타입 값을 읽고자 cin에 바인딩된 새로운 istream_iterator를 만듭니다. 여기서 기억할 것은 C++의 입출력은 타입이 지정된 동작이라는 사실입니다. 스트림을 읽을 때는 항상 읽고자 하는 값 타입을 명시합니다. 이러한 타입은 흔히 읽는 동작에 내포되어 있기도 합니다. 다음 코드를 예로 들 수 있습니다.

```
getline(cin, s) // 데이터를 문자열 타입으로 읽음.
cin >> s.name >> s.midterm >> s.final; // 1개의 문자열 타입과 2개의 double 타입을 읽음.
```

마찬가지로 스트림 반복자를 정의할 때 스트림에서 읽거나 스트림에 출력할 타입이 무엇인지 지정해야 합니다. 따라서 스트림 반복자는 템플릿입니다.

copy 함수의 두 번째 인수는 어떤 파일에도 바인딩되지 않은 기본 istream_iterator<int>를 만듭니다. 이때 istream_iterator 타입은 기본값이 있으며, 기본값은 istream_iterator가 EOF에 도달하거나 오류 상태에 있을 때와 같은 값입니다. 따라서 기본값을 사용하여 copy 함수에 '범위의 마지막 요소가 아닌 그다음'을 나타낼 수 있습니다.

이제 여러분은 copy 함수를 호출하면 EOF에 도달하거나 int 타입으로 유효하지 않은 입력 데이터가 있을 때까지 표준 입력으로부터 값을 읽는다는 것을 알 수 있습니다. istream_iterator는 출력 작업에는 사용할 수 없습니다. 출력 작업에는 ostream_iterator가 필요합니다. ostream_iterator는 출력하려는 객체에 관한 반복자 타입입니다.

```
// v 벡터의 각 요소를 공백으로 구분하여 출력
copy(v.begin(), v.end(), ostream_iterator<int>(cout, " "));
```

여기에서는 벡터 전체를 표준 출력으로 복사합니다. 세 번째 인수는 int 타입 값을 출력하고자 cout에 바인딩된 새로운 반복자를 생성합니다.

ostream_iterator<int> 객체를 만들 때 사용하는 두 번째 인수는 각 요소 다음에 출력할 값을 지정합니다. 일반적으로 이 값은 문자열이 아닌 문자열 리터럴입니다. 정확한 요구 사항은 10.2/284p와 B.1/488p에서 살펴볼 것입니다. 만약 이러한 값을 제공하지 않으면 ostream_iterator은 구분 기호 없이 값을 출력합니다. 즉, 구분 기호를 생략하고 copy 함수를 호출하면 모든 값을 구분하지 않아 읽기 어려워집니다.

```
// 요소 사이의 구분 없음!
copy(v.begin(), v.end(), ostream_iterator<int>(cout));
```

8.4 융통성을 위한 반복자 사용

6.1.1/173p에서 살펴본 split 함수를 살짝 개선해봅시다. 앞서 살펴본 바에 따르면 split 함수는 vector<string>을 반환합니다. 이를 벡터가 아닌 list<string>나 또 다른 종류의 컨테이너로 반환할 때를 생각해봅시다. split 알고리즘의 어느 지점에서도 벡터를 만들 필요가 없다는 의미입니다.

값을 반환하는 대신 출력 반복자를 사용하여 split 함수를 더 융통성 있게 동작하도록 작성할 수 있습니다. 해당 버전의 split 함수에서는 반복자를 사용하여 찾은 단어들을 출력합니다. split 함수를 호출하는 지점에서는 값들을 저장할 출력 지점에 반복자를 바인딩시킵니다.

```
template <class Out> // 변경됨.
void split(const string& str, Out os) { // 변경됨.
    typedef string::const_iterator iter;
    iter i = str.begin();

    while (i != str.end()) {
        // 선행 공백 무시
        i = find_if(i, str.end(), not_space);

        // 다음 단어의 끝을 찾음.
```

```
        iter j = find_if(i, str.end(), space);

        // [i, j] 범위의 문자를 복사
        if (i != str.end())
            *os++ = string(i, j); // 변경됨.

        i = j;
    }
}
```

새로운 버전의 split 함수는 6.2.2/186p에서 다룬 write_analysis 함수처럼 반환할 것이 없으므로 반환 타입은 void입니다. 이제 출력 반복자를 암시하는 타입 매개변수 Out가 있는 템플릿 함수로 split 함수를 만들었습니다. 순방향 반복자, 양방향 반복자, 임의 접근 반복자는 모두 출력 반복자의 요구 사항을 충족하므로 istream_iterator와 같은 순수 입력 반복자를 제외한 모든 종류의 반복자로 split 함수를 사용할 수 있습니다.

매개변수 os의 타입은 Out이고 단어를 발견할 때 단어의 값을 출력하려고 os를 사용합니다. 찾은 단어를 출력하려고 split 함수의 마지막 부분에 작성한 코드는 다음과 같습니다.

```
    *os++ = string(i, j); // 변경됨.
```

하위 표현식 *os는 os가 바인딩된 컨테이너의 현재 위치를 나타내므로 해당 위치의 요소에 string(i, j)의 값을 할당합니다. 할당을 완료하면 os를 증가시켜 출력 반복자의 요구 사항을 충족시키고 한 번 더 반복문을 순환하여 컨테이너의 다음 요소에 값을 할당하도록 합니다.

이처럼 수정된 split 함수를 사용하려는 프로그래머는 프로그램을 바꾸며 이제 거의 모든 컨테이너에 단어를 출력할 수 있습니다. 예를 들어 s가 문자열이고 word_list라는 리스트에 문자열 s를 구성하는 단어들을 추가하면 다음처럼 split 함수를 호출할 수 있습니다.

```
    split(s, back_inserter(word_list));
```

마찬가지로 split 프로그램을 테스트하려고 다음처럼 간단한 프로그램을 작성할 수 있습니다.

```
    int main()
```

```
    {
        string s;
        while (getline(cin, s))
            split(s, ostream_iterator<string>(cout, "\n"));

        return 0;
    }
```

여기에서는 5.7/154p에서 살펴본 테스트 프로그램처럼 split 함수를 호출하여 입력한 문자열을 단어 각각으로 구분하고 단어들을 표준 출력으로 출력합니다. 이때 cout에 바인딩된 ostream_iterator<string>을 split 함수에 전달해서 cout에 출력합니다. split 함수에서 *os에 값을 할당하면 cout를 이용해 출력합니다.

8.5 핵심 정리

다음과 같은 사항들을 잘 기억해둡시다.

템플릿 함수

템플릿 함수의 형태는 다음과 같습니다.

```
template<class 타입-매개변수 [, class 타입-매개변수]... >
반환-타입 함수-이름 (매개변수-목록)
```

각 '타입 매개변수'는 템플릿 함수 정의문 내부의 모든 곳에서 사용할 수 있는 이름입니다. 각 '타입 매개변수'의 이름은 함수의 '매개변수 목록'에 있는 매개변수의 타입 이름으로 사용되어야 합니다.

만약 모든 '타입 매개변수'의 이름이 인수 목록에 나타나지 않으면 함수를 호출한 지점에서 실제 타입으로 '함수 이름'을 정규화시켜야 합니다. 예를 들어봅시다.

```
template<class T> T zero() { return 0; }
```

앞 코드는 반환 타입 이름으로 사용하는 타입 매개변수 하나가 있는 템플릿 함수로 zero 함수를 정의합니다. 이런 함수를 호출할 때는 다음처럼 반환 타입을 명시적으로 제공해야 합니다.

```
double x = zero<double>();
```

typename 키워드는 템플릿의 타입 매개변수로 정의된 타입을 사용하는 선언문을 정규화하는 데 사용해야 합니다. 예를 들어봅시다.

```
typename T::size_type 이름;
```

앞 코드는 '이름'을 size_type 타입으로 선언하며 size_type은 T의 내부에서 타입으로 정의되어야 합니다.

구현체는 함수 호출에 사용된 타입에 따라 템플릿 함수의 개별 인스턴스를 자동으로 만듭니다.

반복자

C++ 표준 라이브러리가 제공하는 가장 중요한 개념은 반복자를 알고리즘과 컨테이너 사이의 연결고리로 사용하여 알고리즘이 데이터 구조 독립성을 확보할 수 있다는 것입니다. 또한 사용하는 반복자에 필요한 연산에 따라 알고리즘을 구분할 수 있다는 것은 컨테이너와 해당 컨테이너에 사용할 수 있는 알고리즘을 손쉽게 짝지을 수 있음을 의미합니다.

반복자 카테고리는 다섯 가지 종류가 있습니다. 일반적으로 나중 카테고리는 이전 카테고리의 연산을 포함합니다.

- 입력 반복자: 한 방향으로의 순차적 접근, 입력 전용
- 출력 반복자: 한 방향으로의 순차적 접근, 출력 전용
- 순방향 반복자: 한 방향으로의 순차적 접근, 입력 및 출력
- 양방향 반복자: 양방향으로의 순차적 접근, 입력 및 출력
- 임의 접근 반복자: 모든 요소에 효율적으로 접근, 입력 및 출력

연습문제

8-0. 이 장에서 살펴본 프로그램들을 컴파일하고 실행하여 결과를 확인해보세요.

8-1. 6.2/181p에서 작성한 여러 종류의 analysis 함수는 최종 점수를 계산하는 데 호출하는 함수를 제외하면 같은 동작을 공유합니다. 성적 산출 함수의 타입을 매개변수로 갖는 템플릿 함수를 작성하고 해당 템플릿 함수를 사용하여 성적 산출 방식을 평가해보세요.

8-2. 6장에서 사용하고 6.5/197p에서 살펴본 라이브러리 알고리즘들을 구현해보세요. 각 알고리즘이 필요한 반복자의 종류를 적어보세요. 각 함수에 필요한 개별 반복자 연산 개수를 최소한으로 줄여보세요. 구현을 마친 후에는 B.3/499p의 내용과 비교해보세요.

- equal(b, e, d)
- search(b, e, b2, e2)
- find(b, e, t)
- find_if(b, e, p)
- copy(b, e, d)
- remove_copy(b, e, d, t)
- remove_copy_if(b, e, d, p)
- remove(b, e, t)
- transform(b, e, d, f)
- partition(b, e, p)
- accumulate(b, e, t)

8-3. 4.1.4/106p에서 학습했듯이 컨테이너를 값으로 반환(또는 전달)하는 비용이 클 수 있습니다. 하지만 8.1.1/227p에서 작성한 median 함수에서는 벡터를 값으로 전달합니다. 벡터를 전달하는 대신에 반복자를 사용하여 동작하도록 median 함수를 다시 작성할 수 있을까요? 만약 median 함수를 다시 작성했다면 프로그램 성능에 어떤 영향을 주는지 예상해보세요.

8-4. 8.2.5/238p에서 사용한 swap 함수를 구현해보세요. *beg 값과 *end 값을 직접 교환하지 않고 swap 함수를 호출하는 이유는 무엇일까요? (힌트: 직접 코드를 실행하여 확인해보세요.)

8-5. 전체 출력 결과를 하나의 데이터 구조에 넣는 대신 출력 반복자를 사용하도록 7장에서 살펴본 gen_sentence 함수와 xref 함수를 다시 구현해보세요. 출력 반복자를 표준 출력에 직접

전달하는 프로그램을 작성하고 결과를 list<string>과 map<string, vector<int> >에 각각 저장하여 새로운 버전의 함수들을 확인해보세요.

8-6. m이 map<int, string> 타입이며 copy(m.begin( ), m.end( ), back_inserter(x))를 호출했다고 가정해봅시다. x의 타입은 무엇일까요? 만약 copy(x.begin( ), x.end( ), back_inserter(m))을 호출하면 어떻게 될까요?

8-7. max 함수에서 각 인수 타입에 템플릿 매개변수 2개를 사용하지 않는 이유는 무엇일까요?

8-8. 8.2.6/239p에서 살펴본 binary_search 함수에서 (begin + end) / 2 대신 더 복잡한 begin + (end - begin) / 2라고 작성한 이유는 무엇일까요?

CHAPTER 9

새로운 타입 정의

C++의 타입은 기본 타입과 클래스 타입으로 나눌 수 있습니다. 기본 타입은 프로그래밍 언어의 기본 영역에 정의되어 있으며 char, int, double 등이 있습니다. 반면에 라이브러리를 이용하는 타입인 문자열, 벡터, istream 등은 모두 클래스 타입입니다. 입출력 라이브러리의 일부(시스템에 종속된 저수준 루틴)를 제외한 라이브러리 클래스는 프로그래머가 특정 용도의 타입을 정의할 때 사용할 수 있는 같은 프로그래밍 언어의 기능을 필요로 합니다.

C++에서 설계한 기능 대부분은 기본 타입을 사용하여 손쉽게 프로그래머가 새로운 타입을 만들 수 있게 하자는 개념을 기초로 합니다. 앞으로 살펴보겠지만 직관적인 인터페이스가 있는 타입을 만들려면 프로그래밍 언어의 적절한 지원이 필요하며, 클래스 설계의 취향과 판단력이 상당한 수준이어야 합니다. 여러분은 먼저 가장 기본적인 클래스의 정의 기능을 살펴보는 데 4장에서 다룬 성적 산출 문제를 이용할 것입니다. 이러한 기본적인 개념을 기반으로 11장부터는 라이브러리가 제공하는 타입처럼, 필요한 모든 것이 갖춰진 완벽한 타입을 만드는 방법을 살펴볼 것입니다.

9.1 Student_info 다시 살펴보기

4.2.1/111p에서는 학생들의 과목 점수를 다루는 프로그램을 쉽게 작성하려고 Student_info라는 간단한 데이터 구조와 몇 가지 함수를 살펴보았습니다.

그러나 여러분이 작성한 데이터 구조와 함수들은 다른 프로그래머가 사용하기에 적합하지 않았습니다.

여러분이 작성한 함수들을 사용하려는 프로그래머는 특정 규칙을 따라야 합니다. 예를 들어 새로 만든 Student_info 객체를 사용하려면 먼저 데이터를 읽어 들여야 합니다. 그렇지 않으면 빈 homework 벡터와 정의하지 않은 값(3.1/79p)이 할당된 midterm과 final이 있는 객체가 만들어집니다. 이러한 값을 사용하면 부정확한 결과를 얻거나 갑작스런 충돌이 일어나는 등 예기치 않은 동작이 발생합니다. 게다가 Student_info에 유효한 데이터가 있는지 확인하려면 실제로 데이터 멤버를 살펴보는 것이 유일한 방법입니다. 이때는 Student_info 클래스를 어떻게 구현했는지에 관한 자세한 지식이 필요합니다.

또한 프로그램을 사용하는 사람이 파일에서 읽어 들인 학생의 정보가 추후에 바뀔 일은 없을 것으로 가정하는 것에서 문제가 발생할 수 있습니다. 불행히도 코드 내용이 바뀌지 않으리라고 보장할 수 없기 때문입니다

세 번째 문제점은 기존의 Student_info에 관한 '인터페이스'가 흩어져 있다는 것입니다. 기존 방법처럼 read 함수 같은, Student_info 객체의 상태를 바꾸는 함수를 하나의 헤더 파일에 넣을 수도 있습니다. 차후에 코드를 사용하는 누군가에게 도움이 됩니다. 하지만 이러한 방법은 어디까지나 선택 사항입니다. 보통 그룹화를 위한 요구 사항은 존재하지 않습니다.

이 장에서는 Student_info 구조체를 확장하여 앞서 언급한 문제들을 해결할 것입니다.

9.2 클래스 타입

클래스 타입은 연관된 데이터 값을 데이터 구조에 결합한 형태입니다. 해당 데이터 구조는 독립적입니다. 예를 들어 4.2.1/112p에서 다룬 Student_info 구조체는 Student_info 타입 객체를 정의하고 조작할 수 있습니다.

```
struct Student_info {
    std::string name;
    double midterm, final;
    std::vector<double> homework;
}
```

Student_info 타입의 각 객체에는 4개의 데이터 요소가 있습니다. std::string 타입인 name, std::vector<double> 타입인 homework, double 타입인 midterm과 final입니다.

Student_info 타입을 사용하는 프로그래머는 이러한 데이터 요소를 직접 조작해야 합니다. Student_info 정의에서 데이터 요소에 접근하는 것을 제한하지 않으므로 프로그래머는 데이터를 직접 조작할 수 있습니다. 그렇지 않고서는 Student_info로 연산할 수 없습니다.

그렇다면 Student_info 타입을 사용하는 프로그래머가 직접 데이터에 접근하는 것을 허용하지 않도록 Student_info 타입의 자세한 구현 사항을 숨겨봅시다. 특히 Student_info 타입을 사용하는 프로그래머가 함수로만 객체에 접근하도록 만들어봅시다. 그러려면 먼저 Student_info 객체를 조작하기에 적합한 함수들을 사용자에게 제공해야 합니다. 이 함수들은 클래스의 인터페이스를 구성할 것입니다.

언급한 함수들을 살펴보기에 앞서 이름을 직접 사용하도록 만드는 using 선언문을 고려하지 않고, std::string과 std::vector라는 정규화된 이름을 사용하는 이유를 되새겨보도록 합시다. Student_info 구조체를 사용하는 코드는 클래스 정의에 접근해야 하므로 Student_info 타입의 정의는 헤더 파일에 작성해야 합니다.

4.3/119p에서 언급했듯이 다른 프로그래머들이 사용하는 것을 염두하고 작성한 코드는 최소한의 선언으로 만들어야 합니다. 또한 Student_info는 다른 프로그래머들이 사용하는 이름이므로 반드시 정의해야 합니다. 반면에 Student_info에서 문자열과 벡터를 사용하는 것은 구현의 결과입니다. 구현할 때 이러한 타입들을 사용하므로 Student_info 타입을 사용하는 프로그래머에게 using 선언을 강요할 필요는 없습니다.

앞으로 살펴볼 프로그래밍 예제에서는 이러한 방식에 익숙해질 수 있도록 헤더 파일에 들어가는 코드에는 정규화된 이름을 사용하고 해당 소스 파일에는 적절한 using 선언문이 있다고 가정합니다. 즉, 헤더 파일 외부에 존재하는 프로그램 코드를 작성할 때는 일반적으로 정규화된 이름을 사용하지 않을 것입니다.

9.2.1 멤버 함수

Student_info 객체의 접근을 제어하려면 프로그래머가 사용할 수 있는 인터페이스를 정의해야 합니다. 우선 정보를 읽는 동작과 최종 점수를 구하는 동작을 정의해봅시다.

```
struct Student_info {
    std::string name;
    double midterm, final;
    std::vector<double> homework;

    std::istream& read(std::istream&); // 추가됨.
    double grade() const; // 추가됨.
};
```

각 Student_info 객체는 4개의 데이터 요소가 있으며 그 외 2개의 멤버 함수를 추가했습니다. 이러한 멤버 함수를 사용하면 입력 스트림에서 정보를 읽어 Student_info 객체의 최종 점수를 구할 수 있습니다. grade 함수 선언에 사용한 const는 grade 함수를 호출할 때 Student_info 객체의 데이터 멤버를 바꾸지 않는다는 약속입니다.

여러분은 1.2/43p에서 문자열 클래스의 멤버 함수인 size를 사용하며 멤버 함수를 처음 다루었습니다. 기본적으로 멤버 함수는 클래스 객체의 멤버인 함수입니다. 멤버 함수를 호출하려면 해당 함수를 멤버로 갖는 객체를 반드시 지정해야 합니다. 즉, greeting이라는 문자열 객체에 greeting.size()를 호출하는 것과 비슷하게 s라는 Student_info 객체에 s.read(cin) 또는 s.grade()를 호출합니다. s.read(cin)을 호출하면 표준 입력에서 값을 읽고 s의 상태를 알맞게 설정합니다. s.grade()를 호출하면 s의 최종 점수를 구하여 반환합니다.

첫 번째로 살펴볼 멤버 함수 정의는 4.2.2/112p에서 다룬 read 함수의 원 버전과 비슷합니다.

```
istream& Student_info::read(istream& in)
{
    in >> name >> midterm >> final;
    read_hw(in, homework);
    return in;
}
```

기존처럼 Student_info.cpp나 Student_info.C 또는 Student_info.c와 같은 보통의 소스 파일에 이러한 함수를 작성할 것입니다. 단, 이제는 해당 함수의 선언이 Student_info 구조체의 일부이므로 Student_info 클래스를 사용하는 모든 프로그래머가 이러한 함수를 사용할 수 있어야 한다는 것이 핵심입니다.

방금 살펴본 read 함수와 기존 read 함수 사이에는 주목할 차이점이 세 가지가 있습니다.

1 함수 이름이 read가 아닌 Student_info::read입니다.

2 이 함수는 Student_info 객체의 멤버이므로 Student_info 객체를 인수로 전달하거나 Student_info 객체를 정의할 필요가 없습니다.

3 이 함수에서는 Student_info 객체의 데이터 요소에 직접 접근합니다. 예를 들어 4.2.2/112p의 read 함수에서는 s.midterm을 참조했으나 여기에서는 그냥 midterm을 참조합니다.

지금부터는 이러한 차이점을 차례대로 살펴보도록 합시다.

함수의 이름에 있는 ::는 0.7/31p에서 이미 살펴본 적이 있는 범위 연산자입니다. 표준 라이브러리가 정의한 이름에 접근하는 데 사용합니다. 예를 들어 문자열 클래스의 멤버인 size_type이라는 이름에 접근하려면 string::size_type이라고 작성합니다. 마찬가지로 Student_info 타입의 멤버인 read라는 이름의 함수를 정의하려고 Student_info::read라고 작성합니다.

이 멤버 함수는 istream& 타입의 매개변수 하나만 있으며 Student_info& 타입의 매개변수는 모든 호출에서 암묵적으로 존재합니다. 벡터나 문자열 객체의 멤버인 함수를 호출할 때 벡터나 문자열 객체의 이름을 반드시 명시해야 하는 것을 떠올려봅시다. 예를 들어 s가 문자열일 때 객체 s의 멤버인 size를 호출하려면 s.size()라고 작성해야 합니다. 문자열 객체를 명시하지 않고 문자열 클래스에서 size 함수를 호출하는 방법은 없습니다. 마찬가지로 Student_info 객체의 멤버인 read 함수를 호출하려면 Student_info 객체를 명시해야 합니다. 해당 객체는 read 함수에서 암묵적으로 사용됩니다.

read 함수 내부에서는 객체의 이름을 명시하지 않고 멤버를 참조할 수 있습니다. 왜냐하면 현재 다루는 객체의 멤버를 참조하는 것이기 때문입니다. 다시 말해 Student_info 객체 s에 s.read(cin)를 호출하면 객체 s에 관한 동작을 실행합니다. read 함수가 midterm, final, homework를 사용한다면 각각 s.midterm, s.final, s.homework를 사용하는 것입니다.

지금부터는 멤버 함수 grade를 살펴보도록 합시다.

```
double Student_info::grade() const
{
    return ::grade(midterm, final, homework);
}
```

이 함수는 4.2.2/113p에서 살펴본 grade 함수와 비슷하며, 이 둘 사이에는 앞서 살펴본 read 함수처럼 차이점이 있습니다. grade 함수는 Student_info 객체의 멤버며, Student_info 객체를 명시적으로 참조하지 않고 암묵적으로 참조합니다. 따라서 객체의 멤버에 접근할 때 객체의 이름을 명시할 필요가 없습니다.

주요 차이점 두 가지를 더 살펴봅시다. 첫 번째는 ::grade의 호출입니다. 함수의 이름 앞에 :: 를 붙이면 그 어떤 것의 멤버 함수가 아닌 함수를 사용한다는 의미입니다. 앞서 살펴본 코드에서는 4.1.2/101p에서 정의한 2개의 double 타입과 1개의 vector<double> 타입을 매개변수로 사용하는 grade 함수를 호출하는 데 ::를 사용합니다. ::를 사용하지 않는다면 컴파일러는 Student_info::grade 함수를 참조하는 것으로 여기며, 너무 많은 인수로 Student_info::grade 함수의 호출을 시도하므로 문제가 발생했음을 알립니다.

또 다른 주요 차이점은 grade 함수의 매개변수 목록 바로 다음에 const를 사용하는 것입니다. 기존 grade 함수와 선언문을 비교해보면 const를 사용하는 방식의 차이점을 쉽게 확인할 수 있습니다.

```
double Student_info::grade() const { ... } // 멤버 함수 버전
double grade(const Student_info&) { ... } // 4.2.2/113p에서 살펴본 기존 버전
```

기존 grade 함수에서는 Student_info 객체의 참조 타입을 const로 전달합니다. 이를 이용해 const Student_info 객체의 최종 점수를 구할 수 있고 grade 함수가 매개변수를 바꾸려고 시도하면 컴파일러는 문제가 발생했음을 알립니다.

멤버 함수를 호출할 때는 해당 멤버 함수를 포함하는 객체를 인수로 전달하는 것이 아니므로 매개변수 목록에는 객체가 const임을 명시할 수 있는 항목이 없습니다. 대신에 함수 자체에 의미를 부여하여 const 멤버 함수로 만듭니다. const 멤버 함수는 동작을 실행 중인 객체의 내부 상태를 바꿀 수 없습니다. 예를 들어 s가 Student_info 객체일 때 s.grade( )를 호출하면 s의 데이터 멤버를 바꿀 수 없습니다.

const 멤버 함수는 객체 값을 바꾸지 않으므로 const 객체를 다루는 데 호출할 수 있습니다. 마찬가지로 const 객체를 다룰 때 const가 아닌 함수는 호출할 수 없습니다. 예를 들어 const Student_info 객체를 다룰 때 read 멤버 함수는 호출할 수 없습니다.

결국 read와 같은 함수는 객체의 상태를 바꿀 수 있다는 의미입니다. const 객체를 다룰 때 const가 아닌 함수를 호출하면 const를 사용해서 보장해야 하는 값 변경 없음이라는 약속을 어길 수 있습니다.

주의해야 할 점은 프로그램이 const 객체를 반드시 직접 만들지 않더라도 함수의 호출로 const 객체를 참조할 수 있다는 것입니다. const 참조 타입이 매개변수로 있는 함수에 const가 아닌 객체를 전달하면 함수는 해당 객체를 const인 것처럼 취급합니다. 그리고 컴파일러는 해당 객체의 const 멤버 함수의 호출만 허용합니다.

함수 선언(클래스 내부)과 함수 정의에서 모두 const를 사용하는 것에 유의하기 바랍니다. 물론 인수 타입은 함수 선언과 정의에서 같아야 합니다(4.4/122p).

9.2.2 멤버가 아닌 함수

지금까지 Student_info 구조체를 확장하여 read 함수와 grade 함수를 멤버 함수로 만들었습니다. 그렇다면 compare 함수는 어떻게 만들까요? compare 함수도 클래스의 멤버 함수여야 할까요?

9.5/264p, 11.2.4/310p, 11.3.2/315p, 12.5/353p, 13.2.1/371p에서 살펴볼 수 있듯이 C++는 특정 종류의 함수를 멤버로 정의해야 합니다. compare 함수는 그러한 종류에 해당하지 않으므로 멤버 함수로 정의할 수도 있고 아닐 수도 있습니다. 이때 도움이 되는 일반적인 규칙이 있습니다. 만약 함수가 객체 상태를 바꾼다면 해당 객체의 멤버가 되는 것이 당연합니다. 하지만 객체 상태를 바꾸지 않는 함수에는 아무런 규칙이 없고 compare 함수는 이 상황에 해당합니다. 따라서 여전히 멤버 함수로 정의할 수도 있고 아닐 수도 있습니다.

함수의 동작과 프로그래머가 함수를 호출하는 방식을 조금 생각해야 합니다. compare 함수는 Student_info 타입인 두 인수의 name 멤버를 살펴보고 다른 인수보다 작은 인수를 결정합니다. 12.2/340p에서 compare 함수 같은 연산을 클래스의 본문 밖에 정의할 때 얻는 장점을 살펴볼 것입니다. 따라서 compare 함수를 전역 함수로 둔 채로 클래스를 구현할 것입니다.

9.3 보호 레이블

grade 함수와 read 함수를 멤버 함수로 정의해 문제점을 절반 가량 개선했습니다. Student_
info 타입을 사용하는 프로그래머는 더 이상 객체의 내부 상태를 직접 조작할 필요가 없습니다. 하지만 아직 조작할 수 있는 상태입니다. 데이터를 숨기고 Student_info 타입을 사용하는 프로그래머가 멤버 함수를 이용해서만 데이터에 접근할 수 있도록 만들어봅시다.

C++는 타입의 작성자가 해당 타입의 멤버를 public으로 명시하여 타입을 사용하는 모든 프로그래머가 접근할 수 있게 만들 수 있습니다. private으로 명시하면 데이터를 숨겨서 타입을 사용하는 프로그래머가 접근할 수 없게 만듭니다.

```
class Student_info {
public:
    // 인터페이스
    double grade() const;
    std::istream& read(std::istream&);
private:
    // 구현
    std::string name;
    double midterm, final;
    std::vector<double> homework;
};
```

앞 코드를 살펴보면 Student_info의 기존 정의에서 바꾼 몇 가지를 찾을 수 있습니다. struct 대신에 class를 사용했고, 2개의 **보호 레이블**protection label을 추가했습니다. 각 보호 레이블은 뒤따르는 모든 멤버의 접근 방식을 정의합니다. 레이블 순서는 클래스 내부에서 임의로 바뀔 수 있으며 여러 번 등장할 수 있습니다.

private 레이블 뒤에 name, homework, midterm, final을 작성하면 Student_info 타입을 사용하는 프로그래머가 이러한 데이터 요소에 접근할 수 없도록 막습니다. 멤버가 아닌 함수에서 이러한 데이터 멤버를 참조하는 것은 이제 허용되지 않으며, 컴파일러는 멤버가 private이거나 접근할 수 없다는 진단 메시지를 만들 것입니다. 반면에 public 레이블에 해당하는 멤버는 모두 사용할 수 있습니다. 즉, Student_info 타입을 사용하는 모든 프로그래머가 read 함수와 grade 함수를 호출할 수 있습니다.

struct 대신에 class를 사용하면서 바뀐 점은 무엇일까요? 둘 중 하나의 키워드를 사용하면 새로운 타입을 정의할 수 있습니다. struct와 class 사이의 단 한 가지 차이점은 기본적인 보호의 수준입니다. 이것은 첫 번째로 등장하는 보호 레이블 이전에 정의한 모든 멤버에 적용됩니다. class Student_info라고 명시하면 첫 번째 '{'와 첫 번째 보호 레이블 사이의 모든 멤버는 private입니다. struct Student_info라고 명시하면 '{'와 첫 번째 보호 레이블 사이에 선언한 모든 멤버는 public입니다. 예를 들어 살펴보겠습니다.

```
class Student_info {
public:
    double grade() const;
    // 중략
};
```

앞 코드는 다음 코드와 같은 의미입니다.

```
struct Student_info {
    double grade() const; // 기본적으로 public
    // 중략
};
```

한 가지 예를 더 살펴보겠습니다.

```
class Student_info {
    std::string name; // 기본적으로 private
    // 다른 private 멤버
public:
    double grade() const;
    // 다른 public 멤버
};
```

앞 코드는 다음 코드와 같은 의미입니다.

```
struct Student_info {
private:
    std::string name;
```

```
        // 다른 private 멤버
    public:
        double grade() const;
        // 다른 public 멤버
    };
```

정의 각각을 살펴보면 Student_info 타입을 사용하는 프로그래머가 Student_info 객체의 멤버 함수에 접근하는 것은 허용하지만 데이터 멤버에 접근하는 것은 허용하지 않는다는 것을 알 수 있습니다.

여러분이 struct나 class로 할 수 있는 것에는 차이가 없습니다. 사실상 여러분이 정의한 클래스의 내부 구현을 모르는 상태로 해당 클래스를 사용만 하는 프로그래머 입장에서는 struct와 class 중 무엇을 사용했는지 알 수 없습니다.

클래스를 구현할 때 struct와 class 중 무엇을 사용했는지에 따라 프로그래밍 의도가 달라집니다. 기존의 프로그래밍 형식은 공개하려는 데이터 구조가 있는 간단한 타입을 나타내려고 struct를 사용하는 것이었습니다. 이에 따라 4장에서 struct를 사용하여 Student_info 데이터 타입을 정의하는 것을 살펴보았습니다. 지금부터는 멤버의 접근을 제어하는 타입을 만들 것이므로 class를 사용하여 Student_info 타입을 정의합니다.

9.3.1 접근자 함수

지금까지는 데이터 멤버를 숨겨 여러분이 정의한 클래스를 사용하는 프로그래머가 더 이상 Student_info 객체의 데이터를 바꿀 수 없도록 만들었습니다. 대신에 read 함수를 사용하여 데이터 멤버를 설정하고, grade 함수를 사용하여 주어진 Student_info 객체의 최종 점수를 구해야 합니다.

제공해야 할 동작이 하나 더 있습니다. 클래스를 사용하는 프로그래머에게 학생 이름을 알려줄 방법입니다. 예를 들어 4.5/124p에서 다룬 학생의 최종 점수 보고서를 출력하는 프로그램을 떠올려봅시다. 이 프로그램은 보고서를 만들 때 학생 이름에 접근해야 합니다. 그리고 읽기 접근은 허용하되, 쓰기 접근은 허용하지 않아야 합니다.

다음처럼 간단히 구현할 수 있습니다.

```
class Student_info {
public:
    double grade() const;
    std::istream& read(std::istream&); // 정의문 변경 필요
    std::string name() const { return n; } // 추가됨.
private:
    std::string n; // 변경됨.
    double midterm, final;
    std::vector<double> homework;
};
```

클래스를 사용하는 프로그래머에게 데이터 멤버인 name에 접근하는 권한을 부여하려고 해당 데이터 값에 접근(읽기 전용)하는 멤버 함수인 name을 추가했습니다. 물론 함수의 이름과 헷갈리지 않도록 데이터 멤버의 이름을 바꿔야 합니다.

name 함수는 인수가 없으며 n을 복사한 문자열을 반환하는 const 멤버 함수입니다. n을 참조하지 않고 복사해서 클래스를 사용하는 프로그래머가 n 값을 읽을 수는 있지만 바꿀 수는 없습니다. 또한 데이터를 읽는 접근만 필요하므로 멤버 함수를 const로 선언합니다.

여러분은 grade 함수와 read 함수를 클래스의 정의 외부에 정의했습니다. name 함수처럼 멤버 함수를 클래스 내부에 정의하면, 상황에 따라 함수 호출의 오버헤드를 피하고 함수의 호출을 인라인(4.6/127p)으로 확장하도록 컴파일러에게 요청합니다.

name 같은 함수를 흔히 **접근자 함수**accessor function라고 합니다. 이 명칭은 잠재적으로 오해의 소지가 있습니다. 왜냐하면 데이터 구조의 일부에 접근을 허용한 것을 의미하기 때문입니다. 사실 접근자 함수는 숨겨진 데이터에 쉽게 접근하는 데 사용하는 것입니다. 하지만 이 때문에 애초에 의도했던 은닉화에 실패할 것입니다. 접근자는 클래스의 추상 인터페이스 일부로만 제공해야 합니다. Student_info의 추상화는 학생과 해당 학생의 최종 점수입니다. 따라서 학생 이름은 추상화에 속하며 name은 접근자로 적합한 함수입니다. 반면에 midterm, final, homework와 같은 다른 점수들에 관한 접근자는 제공하지 않습니다. 이러한 점수들은 구현의 필수 부분이지만 인터페이스의 일부는 아닙니다.

멤버 함수 name을 추가했으므로 이제 compare 함수를 작성할 수 있습니다.

```
bool compare(const Student_info& x, const Student_info& y)
{
    return x.name() < y.name();
}
```

이 함수는 4.2.2/114p에서 살펴본 버전과 비슷합니다. 단 한 가지 차이점은 학생 이름을 얻는 방식입니다. 기존 버전에서는 데이터 멤버에 직접 접근할 수 있었지만 방금 살펴본 함수에서는 학생 이름을 반환하는 name 함수를 호출해야 합니다. compare 함수는 인터페이스에 속하므로 함수의 선언문을 Student_info의 정의와 같은 헤더에 포함시켜야 합니다. 그리고 compare 함수 정의는 멤버 함수들의 정의가 있는 소스 파일에 포함시켜야 합니다.

9.3.2 벡터가 비어 있을 때

멤버를 숨기고 알맞은 접근자 함수를 제공했다면 이제 남은 문제는 한 가지입니다. 클래스를 사용하는 프로그래머가 객체의 데이터를 직접 봐야 할 문제입니다. 예를 들어 read 함수를 호출하지 않은 객체에 grade 함수를 호출하면 어떤 일이 발생하는지 살펴봅시다.

```
Student_info s;
cout << s.grade() << endl; // 예외: s에는 데이터가 없음.
```

read 함수 호출로 s에 값을 부여하지 않았으므로 s의 멤버인 homework는 비어 있을 것이고 grade 함수를 호출하면 예외를 던질 것입니다. catch문을 사용해 예외를 처리할 수 있지만 문제 발생을 사전에 감지할 수 있는 방법이 없으므로 grade 함수의 호출을 피할 수는 없습니다.

4장에서 다룬 기존의 Student_info 구조체를 사용할 때는 프로그래머가 homework 멤버를 검사하여 grade 함수를 정상적으로 호출할 수 있는지 결정할 수 있었습니다. 만약 homework가 비어 있다면 grade 함수를 호출하지 않았습니다. 이 접근법은 효과적이었지만 프로그래머가 homework를 검사하려면 객체의 구조를 반드시 알아야만 했습니다. 다음과 같이 더 추상적인 형태로 같은 검사를 한다면 효과적입니다.

```
class Student_info {
public:
    bool valid() const { return !homework.empty(); }
    // 중략
};
```

valid 함수는 학생이 최소한 하나의 과제를 제출했다면 true를 반환하여 객체에 유효한 데이터가 들어있는지 알려줍니다. 따라서 학생의 최종 점수를 구할 수 있습니다. Student_info 클래스를 사용하는 프로그래머는 valid 함수를 호출하여 순서상 다음 동작들이 정상적으로 실행될지 결정할 수 있습니다. 예를 들어 grade 함수를 호출하기 전 객체가 유효한지 확인할 수 있으므로 잠재적인 예외를 피할 수 있습니다.

9.4 Student_info 클래스

기존의 Student_info 구조체에 제기한 문제들을 대부분 해결했으므로 지금까지 살펴본 것들을 종합해 코드로 나타내봅시다.

```
class Student_info {
public:
    std::string name() const { return n; }
    bool valid() const { return !homework.empty(); }

    // 9.2.1/254p에서 정의한 read 함수에서 name을 n으로 변경 필요
    std::istream& read(std::istream&);

    // 9.2.1/254p에서 정의한 것과 같음.
    double grade() const;
private:
    std::string n;
    double midterm, final;
    std::vector<double> homework;
};

bool compare(const Student_info&, const Student_info&);
```

Student_info 클래스를 사용하는 프로그래머는 멤버 함수 read를 호출해야만 Student_info 객체의 상태를 바꿀 수 있습니다. 객체 내부에 접근할 수 없고 데이터 멤버를 직접 바꿀 수도 없습니다. 대신에 구현을 숨긴 name 함수나 valid 함수 같은 동작들을 제공합니다. 마침내 Student_info 객체의 모든 동작이 논리상 하나로 모였습니다.

9.5 생성자

이제 Student_info 클래스는 거의 완성되었고 이대로 사용할 수도 있지만 생각해볼 만한 것이 하나 더 있습니다. 과연 객체가 만들어질 때는 어떤 일이 일어날까요?

라이브러리는 라이브러리 클래스의 객체를 만들 때 해당 객체가 적절한 값이 있도록 보장합니다. 예를 들어 초깃값 없이 문자열이나 벡터를 정의하면 빈 문자열이나 빈 벡터를 얻습니다. 또한 문자열과 벡터의 새로운 객체를 정의할 때 크기 또는 채울 문자와 개수를 지정하여 초깃값을 부여할 수 있습니다.

생성자constructor는 객체를 초기화하는 방식을 정의하는 특수한 멤버 함수입니다. 생성자를 명시적으로 호출할 수 있는 방법은 없습니다. 대신 클래스 타입의 객체를 만들면 부수적으로 알맞은 생성자를 자동으로 호출합니다.

생성자를 정의하지 않았을 때라면 컴파일러는 합성한 생성자를 제공합니다. 합성한 동작은 11.3.5/321p에서 더 많이 다룰 것입니다. 지금은 생성자를 정의하지 않으면 어떤 일이 일어나는지를 살펴볼 것입니다. 이때 프로그래머는 Student_info 객체를 정의할 수는 있지만 다른 Student_info 객체의 복사본을 할당하는 것 외에 명시적으로 초기화할 수는 없습니다.

합성한 생성자는 데이터 멤버를 초기화하며 이때 값은 객체를 만드는 방식에 따라 다릅니다. 만약 객체가 지역 변수라면 데이터 멤버는 '기본 초기화'(3.1/79p) 방식을 따릅니다. 만약 객체가 맵에 새로운 요소를 추가할 때나 크기가 지정된 컨테이너 요소로 초기화하는 데 사용되면 데이터 멤버는 '값 초기화'(7.2/204p) 방식을 따릅니다. 이러한 규칙은 약간 복잡하지만 핵심은 다음과 같습니다.

- 객체가 하나 이상의 생성자를 정의하는 클래스 타입이면 적절한 생성자가 해당 클래스의 객체 초기화 과정을 완벽하게 제어합니다.

- 객체가 기본 타입이면 '값 초기화' 방식에서는 0으로 설정하고 '기본 초기화' 방식에서는 정의되지 않은 값을 부여합니다.

- 앞 두 상황에 해당하지 않는다면 객체는 생성자를 정의하지 않은 클래스 타입일 수 밖에 없습니다. 이때 객체를 '값 초기화' 또는 '기본 초기화'하면 객체의 각 데이터 멤버는 '값 초기화' 또는 '기본 초기화'됩니다. 데이터 멤버 중에 자체 생성자가 있는 클래스 타입이 있을 때는 이러한 초기화 과정이 되풀이됩니다.

여기서 Student_info 클래스는 세 번째 예에 해당합니다. Student_info는 클래스 타입이며 Student_info 객체를 만드는 방법을 명시하지 않았습니다. 따라서 Student_info 타입의 지역 변수를 정의할 때 n 멤버와 homework 멤버는 생성자가 있는 클래스 객체이므로 각각 빈 문자열과 빈 벡터로 자동 초기화됩니다. 반대로 midterm과 final은 '기본 초기화'되어 정의되지 않은 값을 갖습니다. 이 값은 객체가 만들어질 때 메모리에 존재하는 쓰레기 값을 의미합니다.

방금 살펴본 동작에는 문제가 없어 보일지도 모릅니다. 멤버에 값을 할당하는 read 함수를 호출하여 먼저 객체를 초기화하지 않고서 midterm이나 final의 값을 사용하는 일은 없기 때문입니다. 하지만 일반적으로 모든 데이터 멤버가 항상 타당한 값이 있도록 보장하는 것이 좋습니다. 예를 들어 나중에 여러분이나 코드의 유지보수를 맡은 다른 프로그래머가 이러한 데이터 멤버를 다루는 연산을 추가할 수 있기 때문입니다.

생성자로 데이터 멤버를 초기화하지 않으면 나중에 새롭게 추가될 연산 때문에 오류가 발생할 수 있습니다. 게다가 11.3.5/321p에서 소개할 것인데 비록 여러분이 midterm이나 final을 명시적으로 사용하지 않더라도 이들을 명시적으로 사용하도록 합성한 연산이 존재합니다. 3.1/79p에서 살펴본 것처럼 정의되지 않은 값을 출력하는 것 이외의 사용은 금지되어 있습니다. 따라서 이러한 값들은 반드시 초기화해야 합니다.

이제 2개의 생성자를 정의할 것입니다. 첫 번째 생성자는 인수가 없는 빈 Student_info 객체를 만듭니다. 두 번째 생성자는 입력 스트림의 참조를 인수로 갖고 해당 스트림에서 학생 정보를 읽어 객체를 초기화합니다.

이를 바탕으로 Student_info 타입을 사용하는 프로그래머는 다음과 같은 코드를 작성할 수 있습니다.

```
Student_info s; // 빈 Student_info
Student_info s2(cin); // cin을 읽어 s2를 초기화
```

생성자가 다른 멤버 함수들과 구별되는 점은 두 가지 입니다. 생성자는 클래스 이름과 같은 이름을 갖습니다. 그리고 반환 타입이 없습니다. 생성자가 다른 함수들과 비슷한 점은 인수의 개수와 타입에 따라 다양한 버전의 생성자를 정의할 수 있다는 것입니다. 이를 바탕으로 2개의 생성자를 추가하여 클래스를 수정해봅시다.

```
class Student_info {
public:
    Student_info() // 빈 Student_info 객체를 생성
    Student_info(std::istream&); // 스트림을 읽어 Student_info 객체를 생성
    // 중략
};
```

9.5.1 기본 생성자

인수가 없는 생성자를 **기본 생성자**default constructor라고 합니다. 기본 생성자는 객체의 데이터 멤버가 적절하게 초기화되도록 보장하는 역할입니다. Student_info 객체라면 아직 학생의 정보를 읽지 않았음을 나타내도록 데이터를 초기화해야 합니다. 다음 코드로 homework 멤버는 빈 벡터, n 멤버는 빈 문자열, midterm과 final 멤버는 0으로 초기화할 수 있습니다.

```
Student_info::Student_info(): midterm(0), final(0) { }
```

이 생성자 정의에서는 새로운 문법을 사용합니다. ':'과 '{' 사이에는 각 괄호 사이에 있는 값으로 해당 멤버를 초기화하도록 컴파일러에 지시하는 **생성자 이니셜라이저**constructor initializer가 나열되어 있습니다. 따라서 앞 기본 생성자는 midterm과 final에 명시적으로 0을 할당하도록 동작합니다. 함수 본문이 비어 있으므로 생성자는 표면적으로 다른 동작을 실행하지 않습니다. 앞으로 살펴보겠지만 n과 homework는 암묵적으로 초기화됩니다.

생성자 이니셜라이저는 객체를 만들고 초기화하는 과정을 이해할 때 중요한 개념입니다. 클래스 객체를 새로 만들면 다음 과정이 차례대로 일어납니다.

1 구현체는 객체를 담을 메모리를 할당합니다.
2 이니셜라이저 목록에 명시한 초깃값으로 객체를 초기화합니다.
3 생성자의 본문을 실행합니다.

구현체는 이니셜라이저 목록의 순서에 상관없이 클래스 정의에 명시한 순서대로 데이터 멤버를 초기화합니다. 이때 이니셜라이저 목록에 언급되지 않은 멤버가 있더라도 모든 멤버를 초기화합니다. 이어서 생성자 본문에서는 이러한 초깃값들을 바꿀 수 있습니다. 그러나 생성자 본문을 실행하기 전에 초기화를 합니다. 따라서 생성자 본문에서 데이터 멤버에 초깃값을 할당하지 않고 데이터 멤버에 명시적으로 초깃값을 부여하는 것이 더 좋습니다. 생성자 본문에서 값을 할당하지 않고 그 전에 초기화해 같은 동작을 두 번 반복 실행하는 것을 피할 수 있습니다.

앞서 언급한 바에 따르면 객체가 적절하게 초기화된 데이터 멤버가 있는 상태에서 만들어지는 것을 보장하려고 생성자가 존재합니다. 일반적으로 이러한 설계의 목표는 모든 생성자가 모든 데이터 멤버를 초기화해야 한다는 것을 의미합니다. 멤버에 값을 부여하는 것은 기본 타입 멤버라면 특히 중요합니다. 생성자가 이러한 멤버를 초기화하지 못하면 지역 범위에서 선언한 객체는 잘못된 쓰레기 값으로 초기화됩니다.

이제 Student_info 클래스의 기본 생성자가 '표면적'으로 다른 동작을 실행하지 않는 이유를 이해할 수 있을 것입니다. midterm과 final만 명시적으로 초기화했고 다른 멤버들은 암묵적으로 초기화됩니다. 구체적으로 살펴보면 n은 문자열 클래스의 기본 생성자를 이용해 초기화되고 homework는 벡터 클래스의 기본 생성자를 이용해 초기화됩니다.

9.5.2 인수가 있는 생성자

Student_info 클래스의 두 번째 생성자는 훨씬 이해하기 쉽습니다.

```
Student_info::Student_info(istream& is) { read(is); }
```

이 생성자는 실제 동작을 read 함수에 맡깁니다. 생성자에 이니셜라이저를 명시하지 않았으므로 homework와 n 멤버는 각각 벡터 클래스와 문자열 클래스의 기본 생성자를 이용해 초기화됩니다. midterm과 final 멤버는 객체가 '값 초기화'될 때만 명시적인 초깃값이 있습니다. 이와 같은 부실한 초기화는 문제가 되지 않습니다. 왜냐하면 read 함수가 이러한 변수에 새로운 값을 즉시 부여하기 때문입니다.

9.6 Student_info 클래스 사용하기

이제 새로워진 Student_info 클래스는 4장에서 다룬 기존의 Student_info 구조체와 완전히 달라졌습니다. 클래스를 사용하는 것은 기존 구조체를 사용하는 것과 당연히 다릅니다. 여러분이 클래스를 사용하는 목적은 Student_info 타입을 사용하는 프로그래머가 데이터 값을 바꿀 수 없게 하는 것이었고 해당 데이터를 private으로 설정해 목적을 이루었습니다. 이제는 여러분이 작성한 클래스의 인터페이스를 사용하여 프로그래머가 프로그램을 작성하도록 만들어봅시다. 예를 들어 4.5/124p에서 다룬 기존 main 프로그램을 클래스를 사용하는 버전으로 다시 작성할 수 있습니다.

```
int main()
{
    vector<Student_info> students;
    Student_info record;
    string::size_type maxlen = 0;

    // 데이터를 읽어 저장
    while (record.read(cin)) { // 변경됨.
        maxlen = max(maxlen, record.name().size()); // 변경됨.
        students.push_back(record);
    }

    // 학생 정보를 알파벳 순으로 정렬
    sort(students.begin(), students.end(), compare);

    // 이름과 점수를 출력
    for (vector<Student_info>::size_type i = 0; i != students.size(); ++i) {
        cout << students[i].name()
            << string(maxlen + 1 - students[i].name().size(), ' '); // 변경됨.
        try {
            double final_grade = students[i].grade(); // 변경됨.
            streamsize prec = cout.precision();
            cout << setprecision(3) << final_grade << setprecision(prec) << endl;
        }
        catch (domain_error e) {
            cout << e.what() << endl;
        }
    }
    return 0;
}
```

여기서 바뀐 사항은 name 함수, read 함수, grade 함수의 호출하는 것입니다. 첫 번째 while 문을 예로 들어봅시다.

```
while (read(cin, record)) {
```

이제는 앞 코드 대신 다음 코드를 사용합니다.

```
while (record.read(cin)) {
```

새로운 코드에서는 객체 record의 멤버 read 함수를 호출합니다. 기존 코드에서는 전역 read 함수를 호출하여 record를 명시적인 매개변수로 전달했습니다. 두 가지 호출 방식 모두 결과 가 같으며, 객체 record에는 cin에서 읽은 값을 할당합니다.

9.7 핵심 정리

다음과 같은 사항들을 잘 기억해둡시다.

사용자 정의 타입

구조체나 클래스로 정의할 수 있습니다. 구조체와 클래스의 차이점은 첫 번째 보호 레이블 이 전에 정의한 멤버에 적용되는 기본적인 보호 수준입니다. 구조체라면 public이고 클래스라면 private입니다.

보호 레이블

클래스 타입 멤버의 접근을 제어합니다. public 멤버는 일반적인 접근을 할 수 있고 private 멤버는 클래스 멤버만 접근할 수 있습니다. 보호 레이블은 클래스 안에서 순서에 상관없이 여러 번 나타날 수 있습니다.

멤버 함수

타입은 데이터 외에도 멤버 함수를 정의할 수 있습니다. 멤버 함수는 암묵적으로 특성 객체에 호출됩니다. 멤버 함수 내부에서 멤버 데이터나 멤버 함수의 참조가 발생하면 암묵적으로 해당 객체의 멤버 데이터나 멤버 함수에 바인딩됩니다.

멤버 함수는 클래스 정의문 내부나 외부에서 정의할 수 있습니다. 클래스 내부에 멤버 함수를 정의할 때는 함수 호출의 오버헤드를 피하려고 함수의 호출을 인라인으로 확장하도록 구현체에 요청합니다. 클래스 외부에 멤버 함수를 정의할 때는 클래스 범위의 함수임을 나타낼 수 있도록 함수 이름을 정규화해야 합니다. 클래스 이름::멤버 이름은 '클래스 이름' 클래스의 멤버인 '멤버 이름'을 나타냅니다.

멤버 함수는 const 타입으로 정의하려면 매개변수 목록 뒤에 const 키워드를 명시해야 합니다. const 타입의 멤버 함수는 호출 대상인 객체 상태를 바꿀 수 없습니다. const 타입 객체는 const 타입의 멤버 함수만 호출할 수 있습니다.

생성자

객체를 초기화하는 방식을 정의하는 특수한 멤버 함수입니다. 생성자 이름은 클래스 이름과 같으며 반환 값이 없습니다. 클래스는 인수 개수나 타입이 다른 여러 개 생성자를 정의할 수 있습니다. 생성자를 빠져나올 때 모든 데이터 멤버가 적절한 값이 있도록 생성자를 구현하는 것이 좋습니다.

생성자 이니셜라이저

생성자 이니셜라이저는 쉼표로 구분된 '멤버 이름(값)' 쌍들의 목록입니다. 각 '멤버 이름'은 쌍을 이룬 '값'으로 초기화됩니다. 명시적으로 초기화되지 않은 데이터 멤버는 암묵적으로 초기화됩니다.

멤버가 초기화되는 순서는 클래스 안에서 정의한 순서에 따라 결정됩니다. 따라서 하나의 클래스 멤버를 사용하여 다른 멤버를 초기화할 때는 주의해야 합니다. 이러한 상호 의존성을 피하려면 생성자 이니셜라이저로 초기화하지 않고 생성자의 본문에서 멤버에 값을 할당하는 것이 더 안전한 방법입니다.

연습문제

9-0. 이 장에서 살펴본 프로그램들을 컴파일하고 실행하여 결과를 확인해보세요.

9-1. 학생들 정보를 읽을 때 최종 점수를 계산하고 객체에 저장하도록 Student_info 클래스를 다시 구현해보세요. 그리고 이와 같은 미리 계산된 값을 사용하도록 grade 함수를 다시 구현해보세요.

9-2. 만약 name 함수를 const가 아닌 멤버 함수로 정의한다면 이에 따라 수정이 필요한 다른 함수는 무엇이며 그 이유는 무엇일까요?

9-3. grade 함수는 아직 값을 읽어 들이지 않은 Student_info 객체의 최종 점수를 계산할 때 예외를 던지도록 작성되었습니다. 예외를 발생시키지만 예외를 처리하지 않는 프로그램을 작성해보세요. 그리고 예외를 처리하는 프로그램도 작성해보세요.

9-4. [연습문제 9-3]이 예외를 완전히 피할 수 있도록 valid 함수를 사용하여 다시 작성해보세요.

9-5. 어떤 과목을 수강하는 학생들의 최종 점수를 수료 또는 수료하지 못함으로 만드는 클래스 및 관련 함수들을 작성해보세요. 중간시험과 기말시험의 점수만 반영하며 시험의 평균 점수가 60점 이상일 때 수료할 수 있다고 가정합니다. 성적 보고서에서는 학생들을 알파벳 순으로 나열하고 최종 점수를 P 또는 F로 나타내야 합니다.

9-6. 해당 과목을 수료한 학생들에게 성적 보고서를 먼저 보여주고 수료하지 못한 학생들에게는 성적 보고서를 나중에 보여주도록 [연습문제 9-5]를 다시 작성해보세요.

9-7. 4.1.3/106p에서 살펴본 read_hw 함수는 함수 이름처럼 Student_info 클래스 구현의 일부여야 하지만 보편적인 문제(벡터로 값을 읽어 들임)를 해결합니다. 물론 Student_info 클래스와 전혀 상관없는 이름으로 바꿀 수도 있습니다. 하지만 그 대신 겉으로 드러난 보편성과는 달리 공적인 접근을 의도하지 않았음을 명확하게 드러내려고 Student_info 클래스와 통합해야 할 수도 있습니다. 과연 어떻게 해야 할까요?

CHAPTER 10

메모리 관리 및 저수준 데이터 구조

지금까지는 데이터를 변수에 저장하거나 벡터처럼 표준 라이브러리에서 가져온 컨테이너에 저장하였습니다. 그 이유는 표준 라이브러리의 기능을 사용하는 것이 프로그래밍 언어의 기본 영역에 속한 기능을 사용하는 것보다 변화에 더 유연하고 쉽게 대처할 수 있기 때문입니다.

라이브러리를 사용하는 방법을 학습했다면 논리상 다음 단계는 라이브러리가 어떻게 동작하는지 이해하는 일입니다. 라이브러리의 동작을 이해하는 핵심 사항은 프로그래밍 언어에 있는 기본 영역의 프로그래밍 도구와 기술을 포함하는 것입니다. 이러한 개념을 가리키려고 **저수준**low-level이라는 용어를 사용합니다. 왜냐하면 표준 라이브러리의 기반이며, 일반적인 컴퓨터 하드웨어가 동작하는 방식과 밀접하게 관련되기 때문입니다. 따라서 사용하기 어렵고 위험한 편이지만 철저한 이해가 뒷받침된다면 표준 라이브러리를 사용하는 것보다 더 효율적일 수 있습니다. 모든 문제를 해결할 수 있는 라이브러리는 존재하지 않으므로 많은 C++ 프로그램에서 종종 저수준과 연관된 코딩 방법을 사용합니다.

이 장의 내용은 라이브러리가 해결할 수 없는 문제를 제기할 것입니다. 또한 앞으로 살펴볼 개념들은 저수준에서 동작합니다. 이러한 전제 아래 배열과 포인터라는 두 가지 개념을 먼저 소개할 것입니다. 그런 다음 이들을 new 표현식 및 delete 표현식과 조합하는 방법을 살펴보면서 프로그래머가 제어할 수 있는 동적 메모리 할당 형식을 다룰 것입니다. 프로그래머는 동적 메모리 할당 형식으로 벡터나 리스트 같은 라이브러리 클래스에서 제공하는 자동 메모리 관리 대신 직접적으로 메모리를 관리할 수 있습니다.

이 장에서 배열과 포인터가 어떻게 동작하는지 이해한 후, 11장에서는 라이브러리가 배열과 포인터를 사용하여 어떻게 컨테이너를 구현하는지 살펴볼 것입니다.

10.1 포인터와 배열

배열은 벡터와 비슷하지만 벡터만큼 강력하지는 않습니다. 포인터는 배열 요소에 접근하는데 필수적인 일종의 임의 접근 반복자이지만 그 용도는 다릅니다. 포인터와 배열은 C 및 C++에서 가장 원시적인 데이터 구조의 하나입니다. 두 개념은 사실상 서로 분리할 수 없으므로 포인터를 사용하지 않고 배열을 유용하게 다룰 수 없으며, 포인터 또한 배열과 함께 사용할 때 훨씬 유용합니다.

포인터와 배열은 서로 밀접하게 얽혀 있고 이 장에서 다룰 중요한 문제를 해결하는 데 필요하므로 우선 두 가지 개념을 모두 살펴볼 것입니다. 포인터를 이해하지 않고 배열을 설명하는 것보다 배열을 이해하지 않고 포인터를 설명하는 것이 더 쉬우므로 먼저 포인터부터 살펴보도록 합시다.

10.1.1 포인터

포인터Pointer는 객체의 **주소**Address를 나타내는 값입니다. 모든 개별 객체는 고유의 주소가 있으며, 해당 주소는 컴퓨터 메모리에서 객체가 저장된 부분을 가리킵니다. 객체에 접근할 수 있다면 객체의 주소를 얻을 수 있으며 그 반대도 마찬가지입니다. 예를 들어 x가 객체일 때 &x는 객체의 주소고, p가 객체의 주소일 때 *p는 객체 자체입니다. &x에서 &는 **주소 연산자**Address Operator며 참조 타입(4.1.2/101p)을 정의하는 &의 용도와는 다릅니다. *는 **역참조 연산자**Dereference Operator며 반복자(5.2.2/140p)에 적용해 사용한 *와 비슷한 방식으로 동작합니다. 만약 p가 x의 주소가 있다면 p는 x를 가리키는 포인터입니다. 이 상태를 그림으로 나타내면 다음과 같습니다.

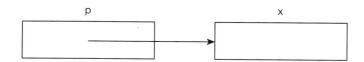

다른 기본 타입과 마찬가지로 포인터인 지역 변수는 여러분이 값을 할당할 때까지 의미 없는 값을 갖습니다. 프로그래머들은 흔히 포인터를 초기화할 때 0을 사용합니다. 왜냐하면 0을 포인터로 변환하면 다른 어떤 객체 포인터와도 중복되지 않는 값을 얻을 수 있기 때문입니다. 또한 상수 0은 포인터 타입으로 변환할 수 있는 유일한 정숫값입니다. 이러한 값을 null 포인터라고 하며 주로 비교 연산에서 유용하게 사용합니다.

C++에 존재하는 모든 값과 마찬가지로 포인터는 타입이 있습니다. T 타입인 객체의 주소는 'T 포인터' 타입이며 T*라고 표기합니다.

x를 int 타입 객체로 가정하면 다음처럼 정의할 수 있습니다.

```
int x;
```

그리고 p를 x의 주소가 있는 타입으로 정의하도록 합시다. 즉, p의 타입은 'int 포인터'이며, 이것은 int 타입의 *p를 정의하여 간접적으로 나타낼 수 있습니다.

```
int *p; // *p는 int 타입
```

*p는 단일 변수를 정의하는 정의문을 구성하는 **선언자**Declarator며, 해당 선언자는 *와 p로 구성됩니다. 하지만 C++ 프로그래머 대부분은 p에 있는 타입(int*)을 강조하려고 정의문을 다음처럼 작성합니다.

```
int* p; // p는 int* 타입
```

*의 앞뒤 공백이 다르다는 차이가 있지만 두 가지 사용법은 같은 의미입니다. 하지만 두 번째 사용법은 매우 중요한 위험 요소가 있으므로 특별한 주의를 기울일 필요가 있습니다.

```
int* p, q; // 이 정의문의 의미는?
```

앞 정의문에서는 p를 'int 포인터' 타입의 객체로, q를 int 타입의 객체로 각각 정의합니다. 이를 더 쉽게 이해하는 다음 코드를 살펴봅시다.

```
int *p, q; // *p와 q는 int 타입
```

또는 다음 코드와도 같은 의미입니다.

```
int (*p), q; // (*p)와 q는 int 타입
```

더 나아가 다음처럼 코드를 작성해서 아주 분명하게 나타낼 수도 있습니다.

```
int* p; // *p는 int 타입
int q; // q는 int 타입
```

지금까지 살펴본 내용을 바탕으로 다음처럼 포인터를 사용하는 간단한 프로그램을 작성할 수 있습니다.

```
int main()
{
    int x = 5;

    // p는 x를 가리킴.
    int* p = &x;
    cout << "x = " << x << endl;

    // p를 이용해 x 값을 변경
    *p = 6;
    cout << "x = " << x << endl;

    return 0;
}
```

이 프로그램의 출력 결과는 다음과 같습니다.

```
x = 5
x = 6
```

p를 정의한 직후, 변수들의 상태는 다음과 같습니다.

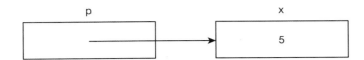

첫 번째 출력문을 실행했을 때 x가 5입니다. 그다음 실행문에서는 *p = 6을 이용해 x 값을 6으로 바꿉니다. 여러분이 기억해야 할 것은 p에 x의 주소가 있으므로 *p와 x를 이용해 같은 객체 하나를 참조할 수 있다는 사실입니다. 따라서 두 번째 출력문을 실행했을 때 x는 6입니다.

객체 포인터를 해당 객체 외의 요소가 없는 '컨테이너'의 유일한 요소를 참조하는 반복자라고 생각한다면 이해하는 데 도움이 될 수 있습니다.

10.1.2 함수 포인터

6.2.2/186p에서는 함수를 또 다른 함수의 인수로 전달하는 프로그램을 살펴보았습니다. 그리고 겉으로 보이는 것보다 좀 더 많은 내용을 포함한다고 설명했습니다. 사실 함수는 객체가 아니므로 함수를 복사 또는 할당하거나 인수로 직접 전달할 수 있는 방법은 없습니다. 특히 프로그램이 함수를 생성하거나 바꿀 수 있는 방법은 없으며, 컴파일러만 그렇게 할 수 있습니다. 프로그램이 함수로 할 수 있는 것은 함수를 호출하거나 함수의 주소를 얻는 것뿐입니다.

그럼에도 6.2.2/184p에서 median_analysis 함수를 write_analysis 함수의 인수로 전달한 것처럼 다른 함수를 인수로 사용하여 함수를 호출할 수 있습니다. 이때 겉으로 보이지 않지만 컴파일러는 함수를 직접 사용하는 대신 함수 포인터를 사용하도록 해당 함수의 호출을 변환합니다. 함수 포인터는 다른 포인터와 비슷하게 동작합니다. 함수 포인터를 역참조하여 얻은 함수로 할 수 있는 것은 해당 함수를 호출하거나 다시 한 번 함수의 주소를 얻는 것뿐입니다.

함수 포인터의 선언자는 다른 선언자와 비슷합니다. 예를 들어 *p가 int 타입인 것을 나타내려면 다음처럼 작성합니다.

```
int *p;
```

이는 p가 포인터임을 의미합니다. 따라서 fp를 역참조하여 int 타입의 인수를 호출하며 int 타입의 결과를 반환할 때는 다음처럼 작성할 수 있습니다.

```
int (*fp)(int);
```

이는 fp가 int 타입의 인수로 int 타입의 결과를 반환하는 함수 포인터임을 의미합니다.

여러분이 함수로 할 수 있는 것은 함수 주소를 얻거나 함수를 호출하는 것뿐이므로 호출을 제외한 함수 사용에서는 &를 명시하지 않더라도 해당 함수의 주소를 얻는 것으로 간주합니다. 마찬가지로 포인터를 명시적으로 역참조하지 않더라도 함수 포인터를 호출할 수 있습니다. 예를 들어 다음처럼 fp와 타입이 일치하는 함수를 가정해봅시다.

```
int next(int n)
{
    return n + 1;
}
```

그리고 다음 두 실행문 가운데 하나를 사용하면 fp가 next를 가리키게 만들 수 있습니다.

```
// 두 실행문은 같은 의미
fp = &next;
fp = next;
```

마찬가지로 i가 int 타입의 변수일 때 다음 두 실행문 가운데 하나를 사용하면 fp로 next를 호출하여 i를 증가시킬 수 있습니다.

```
// 두 실행문은 같은 의미
i = (*fp)(i);
i = fp(i);
```

또한 다른 함수를 매개변수로 사용하는 함수를 작성하면 컴파일러는 해당 매개변수를 함수 포인터로 자동 변환합니다. 6.2.2/186p에서 살펴본 write_analysis 함수의 매개변수로 사용한 analysis 함수를 예로 들어봅시다.

```
double analysis(const vector<Student_info>&)
```

이 매개변수는 다음과 같은 의미입니다.

```
double (*analysis)(const vector<Student_info>&)
```

하지만 함수의 반환 값에는 이러한 자동 변환이 적용되지 않습니다. 만약 write_analysis 함수의 매개변수로 사용한 것과 같은 타입의 함수 포인터를 반환하는 함수를 작성할 때는 함수가 함수 포인터를 반환함을 명시해야 합니다. 이를 위한 유일한 방법은 다음처럼 typedef를 사용하여 analysis_fp라는 함수 포인터를 정의하는 것입니다.

```
typedef double (*analysis_fp)(const vector<Student_info>&);
```

그런 다음 해당 타입을 사용하여 함수를 선언할 수 있습니다.

```
// get_analysis_ptr 함수는 분석 함수를 가리키는 포인터를 반환
analysis_fp get_analysis_ptr();
```

이와 같은 의미인 다음 방식도 있습니다(앞 코드와 비교했을 때 복잡하고 어렵습니다).

```
double (*get_analysis_ptr())(const vector<Student_info>&);
```

결과적으로 get_analysis_ptr( )를 호출한 결과를 역참조하면 const vector<Student_info>& 타입을 전달받고 double 타입을 반환하는 함수를 얻을 수 있습니다. 다행히도 함수 포인터를 반환하는 함수는 거의 없습니다. 이 장에서는 이러한 문법을 사용하지 않습니다. A.1/464p에서 더 자세히 설명할 것입니다.

함수 포인터를 가장 흔히 사용하는 예는 다른 함수의 인수로 사용할 때입니다. 예를 들어 라이브러리 함수인 find_if의 구현을 본보기로 살펴보도록 합시다.

```
template<class In, class Pred>
In find_if(In begin, In end, Pred f)
{
    while (begin != end && !f(*begin))
```

```
            ++begin;

        return begin;
    }
```

앞 코드에서 Pred는 f(*begin)에 의미 있는 값이 있는 한 잠재적으로 모든 타입이 될 수 있습니다. 다음과 같은 서술 함수가 있다고 가정해봅시다.

```
bool is_negative(int n)
{
    return n < 0;
}
```

그리고 다음처럼 vector<int> 타입의 객체 v에서 첫 번째 음수 요소를 찾는 데 find_if 함수를 사용한다고 가정해봅시다.

```
vector<int>::iterator i = find_if(v.begin(), v.end(), is_negative);
```

함수 이름이 자동으로 함수 포인터가 되므로 &is_negative 대신에 is_negative라고 작성할 수 있습니다. 마찬가지로 find_if 함수의 구현에서는 함수 포인터를 호출하면 그것이 가리키는 함수를 자동으로 호출하므로 (*f)(*begin) 대신에 f(*begin)으로 호출할 수 있습니다.

10.1.3 배열

배열array은 컨테이너의 하나입니다. 표준 라이브러리의 일부가 아니라 프로그래밍 언어의 기본 영역에 속합니다. 모든 배열은 하나 이상의 객체로 이루어진 순차열이고 이 객체들은 모두 같은 타입입니다. 배열 요소의 개수는 컴파일 과정에서 결정되어야 합니다. 이러한 요구 사항은 배열이 라이브러리 컨테이너와 달리 동적으로 확장 또는 축소할 수 없음을 의미합니다.

배열은 클래스 타입이 아니므로 멤버가 없습니다. 특히 배열 크기를 다룰 알맞은 타입을 지정하는 size_type 멤버가 없습니다. 대신에 <cstddef> 헤더는 더 일반적인 타입인 size_t를 정의합니다. 구현체는 어떠한 크기의 객체도 저장할 수 있을 정도로 충분히 큰 unsigned 타입으로 size_t를 정의합니다. 따라서 size_t를 사용하여 배열 크기를 참조할 수 있습니다. size_type을 사용하여 컨테이너 크기를 다루는 방법과 비슷합니다.

예를 들어 3차원의 공간을 다루는 프로그램은 점 하나를 다음처럼 나타낼 수 있습니다.

```
double coords[3];
```

앞 코드는 물리적인 공간에서 차원의 수가 변하지 않는다고 가정해야만 타당합니다. 좀 더 경험이 많은 프로그래머라면 점 하나를 다음처럼 나타낼 것입니다.

```
const size_t NDim = 3;
double coords[NDim];
```

NDim 값은 상수로 초기화되는 const size_t 타입이며 컴파일 과정에서 결정된다는 사실을 알아두어야 여러분이 구현한 코드를 다른 프로그래머가 이해하는 데 유용하게 사용할 수 있습니다. 즉, 3 대신에 NDim을 사용해서 차원의 수를 나타내는 3과 삼각형의 변 개수를 나타내는 3을 구별할 수 있습니다.

배열을 정의하는 방법에 상관없이 배열과 포인터 사이에는 늘 기본적인 관계가 존재합니다. 배열 이름을 값으로 사용하면 해당 이름은 배열의 첫 번째 요소를 가리키는 포인터를 의미합니다. 앞서 coords를 배열로 정의했으므로 coords를 값으로 사용하면 첫 번째 요소의 주소를 알수 있습니다. * 연산자를 사용한 역참조를 이용해 포인터가 가리키는 객체를 얻을 수 있으므로 다음 코드로 coords의 첫 번째 요소를 1.5로 설정할 수 있습니다.

```
*coords = 1.5;
```

10.1.4 포인터 연산

지금까지 배열을 정의하는 방법과 배열 첫 번째 요소의 주소를 얻는 방법을 살펴보았습니다. 그렇다면 그 외 요소에는 어떻게 접근해야 할까요? 10.1/274p에서는 포인터가 일종의 반복자라고 언급했습니다. 더 정확하게 말하자면 포인터는 임의 접근 반복자입니다. 이러한 사실에서 배열의 두 번째 기본 속성을 파악할 수 있습니다. 만약 p가 배열의 m번째 요소를 가리키면 요소 각각이 존재한다는 가정 아래 p + n은 배열의 m + n번째 요소를 가리키고 p - n은 배열의 m - n번째 요소를 가리킵니다.

계속해서 예제를 살펴봅시다. coords의 첫 번째 요소 번호는 0이므로 coords + 1은 첫 번째 요소의 다음 요소, 즉, 배열 coords에서 요소 번호가 1인 요소의 주소입니다. coords + 2는 요소 번호가 2인 요소의 주소이며, coords는 3개 요소가 있도록 정의했으므로 마지막 요소이기도 합니다. 그렇다면 coords + 3은 무엇일까요? 해당 값은 배열 coords에서 요소 번호가 3인 요소가 존재할 때 해당 요소의 주소를 나타냅니다. 하지만 그런 요소는 존재하지 않습니다.

한편 요소를 가리키지 않지만 coords + 3은 유효한 포인터입니다. n개 요소가 있는 배열 첫 번째 요소의 주소에 n을 더한 것이 어떤 객체의 주소가 되리라는 보장은 없습니다. 하지만 비교하는 데 사용할 수 있습니다. 이는 벡터 및 문자열 반복자와 비슷한 특성입니다. 게다가 p, p + n, p - n과 관련된 규칙은 3개 표현식 중 배열 마지막 요소의 다음을 가리키는 값이 하나 이상일 때도 유효합니다. 예를 들어 다음과 같은 코드를 작성하여 coords의 내용을 벡터로 복사할 수 있습니다.

```
vector<double> v;
copy(coords, coords + NDim, back_inserter(v));
```

이전에 살펴보았듯이 NDim은 3차원을 나타내는 방식입니다. 여기에서 coords + NDim이 어떤 요소를 가리키는 것은 아니지만 마지막 요소의 다음을 가리키는 유효한 반복자이므로 copy 함수의 두 번째 인수로 전달하는데 아무런 문제가 없습니다.

한 가지 예를 더 들어보겠습니다. 반복자 2개로 벡터를 만들 수 있다는 점을 이용하여 다음처럼 배열 coords의 요소를 복사해 벡터 v를 직접 만들 수 있습니다.

```
vector<double> v(coords, coords + NDim);
```

이번에는 n개 요소가 있는 배열 a와 벡터 v가 있을 때 a의 요소에 표준 라이브러리 알고리즘을 적용한다고 생각해보죠. v.begin()과 v.end()로 표준 라이브러리 알고리즘이 v의 요소에 접근할 때마다 a의 요소에 해당 알고리즘을 적용하려면 a와 a + n을 인수로 사용해야 합니다.

만약 p와 q가 같은 배열에 속한 요소들을 가리키는 포인터라면 p – q는 요소 사이의 거리를 나타내는 정수입니다. 더 정확하게 말하자면 p – q는 (p – q) + q가 p와 같다는 것으로 정의됩니다. p – q가 음수일지도 모으므로 p – q는 부호가 있는 정수 타입입니다. 해당 타입이 int 또는 long인지는 구현체에 따라 달라지므로 상황에 따라 적절한 타입을 나타내야 합니다. 따라서 라이브러리는 ptrdiff_t 타입을 제공합니다. ptrdiff_t 타입은 size_t 타입과 마찬가지로 〈cstddef〉 헤더에 정의되어 있습니다.

8.2.7/241p에서 살펴본 것처럼 컨테이너의 시작 지점이 아닌 그 이전에 해당하는 지점을 참조하는 반복자를 구할 수 있다고 보장할 수 없습니다. 마찬가지로 배열의 시작 주소가 아닌 그 이전 주소를 구하는 것은 결코 올바른 일이 않습니다. 즉, n개 요소가 있는 배열 a에서 a + i는 0 ≤ i ≤ n일 때만 유효합니다. a + i는 0 ≤ i < n일 때(i와 n이 같을 때는 제외)에만 a의 요소를 참조합니다.

10.1.5 인덱싱

10.1/274p에서 언급했듯이 포인터는 임의 접근 반복자입니다. 따라서 포인터는 임의 접근 반복자와 마찬가지로 인덱스를 사용할 수 있습니다. 예를 들어 p가 배열 m번째 요소를 가리키는 포인터라면 p[n]은 배열의 m + n번째 요소입니다. 이때 p[n]은 요소의 주소가 아닌 요소 그 자체입니다.

10.1.3/280p에서 살펴본 것처럼 배열 이름은 배열 첫 번째 요소의 주소입니다. 즉, p[n]을 정의했고 배열 a가 있다면 a[n]이 배열의 n번째 요소임을 의미합니다. p가 포인터이고 n이 정수일 때 p[n]은 *(p + n)과 같은 의미입니다.

프로그래밍 언어 대부분은 기본적으로 인덱스를 만들 수 있도록 지원합니다. 참고로 C++에서는 인덱스를 만드는 동작이 배열에서 직접 지원하는 고유의 속성이 아닙니다. 배열 이름, 포인터의 속성, 포인터가 임의 접근 반복자를 사용하려고 정의한 연산 등이 함께 연관되어 인덱스를 만든다는 결과를 내는 것입니다.

10.1.6 배열 초기화

배열은 표준 라이브러리 컨테이너와 구분하는 중요한 속성 한 가지가 있습니다. 배열 각 요소에 초깃값을 할당할 수 있다는 것입니다. 초깃값을 할당하면 배열의 크기를 명시하지 않아도 됩니다.

예를 들어 날짜를 다루는 프로그램을 작성할 때를 살펴봅시다. 월별 일수는 다음과 같은 방법으로 저장할 수 있습니다.

```
// 윤년은 고려하지 않음.
const int month_lengths[] = { 31, 28, 31, 30, 31, 30, 31, 31, 30, 31, 30, 31 };
```

월별 일수를 초깃값으로 삼아 요소로 할당했습니다. 1월의 요소 번호는 0이고 12월의 요소 번호는 11입니다. 이제 month_lengths[i]를 사용하여 i월의 일수를 나타낼 수 있습니다.

배열 month_lengths에 있는 요소의 개수를 명시하지 않은 것에 주목해봅시다. 배열을 명시적으로 초기화하였으므로 컴파일러가 여러분을 대신하여 요소 개수를 구할 것입니다.

10.2 문자열 리터럴 다시 살펴보기

지금까지 살펴본 내용을 바탕으로 문자열 리터럴의 진정한 의미를 이해해봅시다. 실제로 문자열 리터럴은 리터럴의 문자 개수보다 하나 더 많은 요소가 있는 const char 타입의 배열입니다. 추가된 문자 하나는 null 문자('\0')입니다. 컴파일러가 문자열의 마지막에 자동으로 추가합니다. 다음 코드를 예로 들어봅시다.

```
const char hello[] = { 'H', 'e', 'l', 'l', 'o', '\0' };
```

앞 코드처럼 정의한 변수 hello는 문자열 리터럴 'Hello'와 정확히 같습니다. 물론 변수와 리터럴은 별개의 객체이므로 서로 다른 주소를 갖습니다.

컴파일러가 null 문자를 삽입하는 이유는 프로그래머가 첫 문자의 주소만 주어진 리터럴의 끝을 찾을 수 있도록 하려는 것입니다. null 문자는 끝을 표시하는 역할이므로 프로그래머는 문자열이 끝나는 위치를 알 수 있습니다. <cstring> 헤더에는 strlen이라는 라이브러리 함수가 있습니다. strlen 함수는 문자열 리터럴 또는 null 문자로 끝나는 문자 배열에 있는 문자 개수를 알려주며 마지막 null 문자는 개수로 세지 않습니다. strlen 함수는 다음과 같은 형태로 구현되어 있습니다.

```cpp
// 표준 라이브러리 함수 구현 예
size_t strlen(const char* p)
{
    size_t size = 0;
    while (*p++ != '\0')
        ++size;

    return size;
}
```

10.1.3/280p에서 살펴본 것처럼 size_t는 부호가 없는 정수 타입입니다. 따라서 어떠한 크기의 배열도 담을 수 있으므로 변수 size의 타입으로 적절합니다. strlen 함수는 배열 p에서 null 문자를 제외한 문자 개수를 구하여 반환합니다.

변수 hello는 문자열 리터럴 'Hello'와 같은 의미이므로 다음 코드를 이용해 변수 hello에 저장된 문자들의 복사본이 있는 문자열 변수 s를 정의할 수 있습니다.

```cpp
string s(hello);
```

방금 설명한 문자열 변수 s를 정의하는 코드는 다음과 같습니다.

```cpp
string s("Hello");
```

또한 반복자 2개로 문자열을 만들 수 있으므로 다음처럼 코드를 작성할 수도 있습니다.

```cpp
string s(hello, hello + strlen(hello));
```

매개변수 hello는 배열 hello의 첫 번째 문자를 가리키는 포인터고 hello + strlen(hello)는 배열의 마지막이자 배열 hello의 요소 가운데 o 다음 문자인 '\0'를 가리키는 포인터입니다. 포인터는 반복자입니다. 6.1.1/173p에서 살펴본 반복자 2개로 새로운 문자열 만들기처럼 포인터 2개로 문자열을 만들 수 있습니다. 두 가지 방법 모두 첫 번째 반복자는 여러분이 만들려는 문자열의 초기화에 사용할 순차열의 첫 번째 문자를 참조합니다. 두 번째 반복자는 마지막 문자의 다음 요소를 참조합니다.

10.3 문자 포인터 배열의 초기화

10.2/284p에서는 문자열 리터럴이 null로 끝나는 문자 순차열 첫 번째 문자의 주소와 같다는 것을 살펴보았습니다. 그리고 10.1.6/284p에서는 중괄호로 묶인 일련의 값으로 배열 요소를 초기화할 수 있다는 것을 살펴보았습니다. 이 두 가지 사실을 하나로 묶어 생각하면 문자 포인터 배열을 일련의 문자열 리터럴로 초기화할 수 있다는 것을 알 수 있습니다.

글로만 설명하는 것보다는 구체적인 예를 들어보겠습니다. 다음 규칙에 따라 숫자로 된 최종 점수를 문자 등급으로 변환할 때를 생각해봅시다.

최종 점수의 최솟값과 각 범위에 대응하는 문자 등급

최종 점수	97	94	90	87	84	80	77	74	70	60	0
문자 등급	A+	A	A-	B+	B	B-	C+	C	C-	D	F

이렇게 점수를 문자 등급으로 변환하는 프로그램은 다음과 같습니다.

```
string letter_grade(double grade)
{
    // 각 범위를 구분하는 점수
    static const double numbers[] = { 97, 94, 90, 87, 84, 80, 77, 74, 70, 60, 0 };

    // 문자 등급의 명칭
    static const char* const letters[] = {
        "A+", "A", "A-", "B+", "B", "B-", "C+", "C", "C-", "D", "F"
    };

    // 배열 크기와 요소 하나의 크기를 사용하여 각 범위를 구분하는 점수 개수를 구함.
    static const size_t ngrades = sizeof(numbers) / sizeof(*numbers);
```

```
// 주어진 최종 점수에 해당하는 문자 등급을 찾아서 반환
for (size_t i = 0; i < ngrades; ++i) {
    if (grade >= numbers[i])
        return letters[i];
}
return "?\ ?\ ?";
}
```

배열 numbers의 정의문에서는 6.1.3/178p에서 살펴본 static을 사용합니다. 여기에서 사용한 static은 배열 letters와 배열 numbers를 사용하기 전 단 한번만 초기화하도록 컴파일러에 지시합니다. static을 사용하지 않으면 컴파일러는 배열이 호출될 때마다 배열을 초기화하므로 프로그램이 필요 이상으로 느려질 것입니다. 배열 요소가 const인 것은 배열 요소를 바꿀 의도가 없다는 뜻입니다. 따라서 const를 사용하여 배열을 단 한번만 초기화하고 다음 과정을 실행할 수 있습니다.

배열 letters는 const char 타입을 가리키는 상수 포인터의 배열입니다. 배열 각 요소는 문자 등급에 해당하는 각 문자열 리터럴의 첫 번째 요소를 가리킵니다.

ngrades의 정의문에서는 새롭게 등장한 sizeof를 사용합니다. sizeof는 배열 numbers에 있는 요소 개수를 알고자 할 때 직접 개수를 세는 수고를 더는 데 사용합니다. e가 표현식일 때 sizeof(e)는 size_t 타입 값을 반환하며, 이 값은 e와 같은 타입인 객체가 차지하는 메모리 크기를 나타냅니다. 이때 표현식이 실제로 유효한지 판단하지 않습니다. 왜냐하면 표현식의 타입을 알아낼 필요가 없기 때문입니다. 표현식의 타입에 해당하는 모든 객체는 같은 크기의 저장 공간을 차지합니다.

sizeof의 결과는 바이트^byte로 나타냅니다. 바이트는 저장 공간의 단위고 구현체마다 형태가 조금씩 다릅니다. 바이트에 관해 확실히 보장할 수 있는 것은 1바이트는 최소 8비트로 구성되며 모든 객체는 적어도 1바이트를 차지한다는 점입니다. 그리고 char 타입은 정확히 1바이트를 차지합니다.

물론 여러분이 원하는 것은 배열 numbers가 차지하는 바이트 크기가 아닌 배열에 있는 요소 개수입니다. 이를 확인하려고 배열 전체 크기를 단일 요소 크기로 나눌 것입니다. 10.1.3/280p에서 살펴본 것처럼 numbers가 배열이면 *numbers는 배열 요소입니다.

*numbers는 배열의 첫 번째 요소지만 배열에 있는 모든 요소의 크기는 같으므로 특별히 해당 요소와 관련이 있는 것은 아닙니다. sizeof(*numbers)는 배열 numbers에 있는 단일 요소 크기이므로 sizeof(numbers) / sizeof(*numbers)는 배열의 요소 개수입니다.

일단 변환 규칙에 관한 표를 만들었다면 문자 등급을 결정하는 것은 매우 단순합니다. 배열 numbers의 요소를 순차적으로 탐색하며 grade보다 작거나 같은 요소를 찾은 후 대응하는 배열 letters의 요소를 반환합니다. 반환하는 요소는 포인터이며 10.2/285p에서 살펴본 것처럼 문자 포인터는 문자열로 변환할 수 있습니다.

만약 알맞은 문자 등급을 찾을 수 없다면 주어진 최종 점수가 음수일 때입니다. 이때는 물음표 3개를 반환합니다. \ 문자를 사용하는 이유는 C++ 프로그램이 2개 이상의 연속적인 물음표를 포함하면 안 되기 때문입니다. A.2.1.4/474p에서 더 자세하게 설명할 것입니다. 즉, 프로그램에서 ???를 나타내려면 반드시 "?\?\?"로 작성해야 합니다.

10.4 main 함수의 인수

포인터와 문자 배열을 이해했다면 main 함수에 인수를 전달하는 방법을 이해할 수 있습니다. 운영체제 대부분은 일련의 문자열을 main 함수의 인수로 전달하는 방법을 제공합니다. 따라서 main 함수의 2개의 매개변수로 int와 char 더블 포인터[1]가 있어야 합니다. 이들은 다른 매개변수와 마찬가지로 임의 이름을 정할 수 있지만 프로그래머들은 보통 argc와 argv로 나타냅니다. argv 값은 포인터 배열의 첫 번째 요소를 가리키는 포인터입니다. argc 값은 argv가 가리키는 포인터 배열의 요소 개수입니다. 해당 배열에 요소가 존재하면 배열의 첫 번째 요소는 호출된 프로그램의 이름입니다. 인수의 위치는 그다음 요소입니다.

예를 들어 main 함수로 전달된 인수가 존재할 때 해당 인수들을 공백으로 구분하여 출력하는 프로그램은 다음과 같습니다.

```
int main(int argc, char** argv)
{
    // 명령 프롬프트에 입력한 인수가 존재하면 출력
```

---

[1] 옮긴이_ 포인터를 가리키는 포인터를 말합니다.

```
    if (argc > 1) {
        // 첫 번째 인수를 출력
        // 공백 하나와 함께 나머지 인수들을 각각 출력
        cout << argv[i];

        for (int i = 2; i != argc; ++i)
            cout << " " << agrv[i]; // argv[i]는 char* 타입
    }
    cout << endl;
    return 0;
}
```

이 프로그램을 컴파일하여 say라는 실행 파일에 넣어 실행한 후 명령 프롬프트에 다음 내용을 입력해봅시다.

```
say Hello, world
```

프로그램은 다음 결과를 출력할 것입니다.

```
Hello, world
```

이때 argc는 3이고 배열 argv의 세 가지 요소는 각각 say, Hello, world로 초기화된 배열의 첫 번째 문자를 가리키는 포인터입니다. argv 값을 그림으로 나타내면 다음과 같습니다.

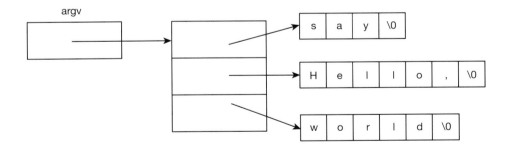

10.5 파일 읽기 및 쓰기

이 책에서 다루는 프로그램들은 cin과 cout만을 사용하여 입출력을 처리합니다. 그러나 더 큰 규모의 애플리케이션에서는 여러 개 파일을 사용하여 입출력을 처리합니다. 이를 위해 C++는 다양한 기능을 제공하며 지금부터 그중 몇 가지를 살펴볼 것입니다.

10.5.1 표준 오류 스트림

프로그램이 실행 중인 동작에서 일어난 오류를 기록할 때는 통상적인 출력 결과의 일부가 아닌 다른 방법으로 남기는 것이 좋습니다. 프로그램의 사용자에게 알리는 오류 상태나 프로그램이 중요하다고 여기는 상황들을 기록으로 구성할 수 있습니다.

C++ 라이브러리는 이 기록을 일반 출력과 쉽게 구별하도록 표준 입출력 스트림 외에도 **표준 오류**standard error **스트림**을 정의합니다. 표준 오류 스트림은 종종 표준 출력과 통합되지만 시스템 대부분은 이들을 구분하는 방법을 제공합니다. C++ 프로그램은 cerr 또는 clog를 사용하여 표준 오류 스트림에 접근할 수 있습니다. 이 두 가지 출력 스트림은 모두 같은 대상(오류)에 연결됩니다. 이들의 차이점은 버퍼링을 처리하는 방식입니다(1.1/40p).

clog 스트림은 이름에서 알 수 있듯이 기록용입니다. 따라서 cout과 같은 버퍼링 속성이 있습니다. 즉, 문자 형태의 출력 결과를 저장한 후 시스템이 적절하다고 판단할 때 출력합니다. 반면에 cerr 스트림은 출력 결과를 언제나 즉시 출력합니다. 단, 오류 상태를 최대한 빠르게 출력할 수 있지만 상당한 오버헤드를 감수해야 할 지도 모릅니다. 따라서 긴급한 오류 상태를 출력할 때는 cerr을 사용하고, 프로그램이 실행 중인 동작의 연속적인 오류 기록을 남겨야 할 때는 clog를 사용해야 합니다.

10.5.2 여러 개 입출력 파일 다루기

표준 입출력 및 오류 스트림이 반드시 파일과 연관 있는 것은 아닙니다. 예를 들어 윈도우 시스템은 C++ 프로그램을 실행하면서 프로그램 창과 연결되어 있는 표준 입출력 및 오류 스트림을 사용할 수도 있습니다. 이때 디스크에 저장된 파일에 접근하는 것과는 완전히 다른 기능을 사용할 수도 있습니다.

이러한 이유로 C++ 표준 라이브러리가 파일 입출력에 사용하는 객체는 표준 입출력 스트림을 나타내는 데 사용하는 객체와는 다른 타입을 갖습니다. 입력 파일이나 출력 파일을 사용하려면 각각 ifstream 타입이나 ofstream 타입의 객체를 만들어야만 합니다(단, 이러한 조건은 입출력 동작에 불필요한 어려움을 유발할 수 있습니다). 어쨌거나 여러분은 라이브러리의 입출력 기능이 모두 istream 타입과 ostream 타입으로 정의되어 있음을 살펴보았습니다. 그렇다면 라이브러리는 ifstream 및 ofstream을 istream 및 ostream과 별개 타입으로 정의할까요?

다행히 그렇지 않습니다. 13장에서 살펴볼 것이지만 표준 라이브러리는 ifstream을 istream 의 한 종류로 정의하고 ofstream을 ostream의 한 종류로 정의했습니다. 따라서 ifstream을 istream처럼 사용할 수 있고 ofstream을 ostream처럼 사용할 수 있습니다. 이 두 클래스는 〈fstream〉 헤더에 정의되어 있습니다.

ifstream 타입이나 ofstream 타입의 객체를 정의하려면 사용하려는 파일 이름을 문자열의 형태로 제공해야 한다는 것을 예상할 수 있습니다. 실제로 문자열이 아닌 null 문자로 끝나는 문자 배열의 첫 번째 요소를 가리키는 포인터를 제공해야 합니다. 포인터 형태로 파일 이름을 제공하는 첫 번째 이유는 문자열 기능을 사용하지 않고 입출력 라이브러리를 다룰 수 있는 선택권을 프로그램에 제공하려는 것입니다. 두 번째 이유는 시간적인 순서 때문입니다. 입출력 라이브러리는 문자열 클래스보다 몇 년 앞서 등장했습니다. 세 번째 이유는 포인터를 사용하는 전달 방식을 갖는 운영체제의 입출력 기능과 더 쉽게 상호작용할 수 있기 때문입니다.

세 가지 이유 중 무엇이든 파일을 다루는 프로그램에서는 반드시 null 문자로 끝나는 문자 배열을 가리키는 포인터로 파일의 이름을 나타내야 합니다. 예를 들어 다음처럼 이름이 in인 파일을 이름이 out인 파일에 복사하는 프로그램을 살펴봅시다.

```cpp
int main()
{
    ifstream infile("in");
    ofstream outfile("out");

    string s;

    while (getline(infile, s))
        outfile << s << endl;

    return 0;
}
```

앞 프로그램은 문자열 리터럴이 사실상 null 문자로 끝나는 배열의 첫 번째 문자를 가리키는 포인터라는 사실을 이용합니다. 만약 파일 이름을 리터럴로 지정하기 싫다면 문자열에 파일 이름을 저장하고 12.6/357p에서 살펴볼 멤버 함수인 c_str을 사용하는 것이 가장 좋은 방법입니다. 예를 들어 파일 이름을 저장한 문자열 변수를 file이라고 할 때 다음과 같은 코드를 이용해 해당 파일을 읽는 ifstream 객체를 만들 수 있습니다.

```
ifstream infile(file.c_str());
```

마지막으로 main 함수의 인수로 전달한 이름의 파일 안 모든 내용을 복사하여 표준 출력으로 처리하는 프로그램을 살펴보도록 합시다.

```
int main(int argc, char **argv)
{
    int fail_count = 0;

    // 주어진 각 파일에 동작을 실행
    for (int i = 1; i < argc; ++i) {
        ifstream in(argv[i]);

        // 파일이 존재하면 해당 파일의 내용을 출력하고
        // 그렇지 않으면 오류 메시지를 생성
        if (in) {
            string s;
            while (getline(in, s))
                cout << s << endl;
        }
        else {
            cerr << "cannot open file " << argv[i] << endl;
            ++fail_count;
        }
    }
    return fail_count;
}
```

앞 프로그램은 main 함수로 전달한 각 인수에 ifstream 객체를 만들어 해당 이름을 갖는 파일을 읽습니다. 만든 ifstream 객체를 조건으로 사용했을 때의 결과가 거짓이면 파일이 존재하지 않거나 파일을 읽을 수 없는 어떠한 이유가 있음을 의미합니다. 이때 프로그램은 cerr을 이용해 문제가 있음을 알리고 실패한 횟수를 계산합니다. 프로그램이 `ifstream` 객체를 만드는데 성공했다면 파일을 한 번에 한 행씩 읽어 문자열 s에 저장하여 각 행의 내용을 표준 출력으로 출력합니다.

프로그램이 실행하는 동작을 마치고 시스템에 통제권을 넘겨줄 때는 읽을 수 없는 파일 개수를 전달합니다. 통상적으로 반환 값이 0이면 모든 파일을 성공적으로 읽었다는 것을 나타냅니다.

10.6 메모리 관리

지금까지 직접적으로 다룬 것은 아니지만 두 가지 종류의 메모리 관리를 살펴보았습니다. 첫 번째 종류는 **자동**^{Automatic} **메모리 관리**고 지역 변수와 관련이 있습니다. 지역 변수는 프로그램을 실행하는 동안 시스템이 지역 변수의 정의문을 만났을 때 할당하는 메모리를 차지합니다. 해당 변수의 정의문을 포함하는 블록이 끝나면 시스템은 할당했던 메모리를 자동으로 해제합니다.

변수에 할당했던 메모리를 해제하면 변수를 가리키는 모든 포인터는 더 이상 유효하지 않습니다. 유효하지 않은 포인터를 사용하지 않는 것은 프로그래머의 책임입니다. 다음 코드를 예로 들어봅시다.

```
// 의도적으로 유효하지 않은 포인터를 반환하는 함수
// 이러한 방식으로 코드를 작성하지 마세요!
int* invalid_pointer()
{
    int x;
    return &x; // 재앙 그 자체!
}
```

앞 함수는 지역 변수 x의 주소를 반환합니다. 하지만 이때 x의 정의문을 포함하는 블록의 실행이 끝나면서 x에 할당했던 메모리가 해제됩니다. &x 값을 갖는 포인터는 이제 더 이상 유효하지 않지만 함수는 어떻게든 해당 값을 반환하려고 시도합니다. 이때 무슨 일이 일어날지는 아무도 예상할 수 없으며, 더욱이 C++ 구현체는 이러한 상황을 오류로 진단하지 않습니다.

x와 같은 변수의 주소를 반환하는 한 가지 방법은 x를 **정적 할당**static allocation해 다른 종류의 메모리 관리를 사용하는 것입니다.

```
// 정상적으로 동작하는 함수
int* pointer_to_static()
{
    static int x;
    return &x;
}
```

x를 static으로 명시하여 pointer_to_static 함수가 최초로 호출되기 전 어느 시점에서 x를 단 한번만 할당하고 프로그램이 실행하는 동안 메모리 할당을 유지할 수 있습니다. static 변수의 주소를 반환하는 것은 아무런 문제가 되지 않습니다. 프로그램이 실행하는 동안 해당 포인터는 유효할 것입니다.

그러나 정적 할당은 pointer_to_static 함수의 모든 호출에서 같은 객체를 가리키는 포인터를 반환한다는 잠재적인 단점이 있습니다. 만약 호출할 때마다 새로운 객체를 가리키는 포인터를 반환하는 함수를 정의하고 여러분이 원하는 만큼 해당 객체의 할당을 유지하려면 어떻게 해야 할까요? new와 delete를 사용하는 **동적 할당**dynamic allocation이 필요합니다.

10.6.1 객체의 할당과 해제

T가 객체의 타입일 때 new T는 '기본 초기화'된 T 타입의 객체를 할당하는 표현식입니다. 새로 할당된 이름 없는 객체를 가리키는 포인터를 반환합니다. new T (인수)를 실행하면 지정한 값으로 객체를 초기화할 수 있습니다. 이 객체는 프로그램이 종료되거나 프로그램이 delete p를 실행할 때까지 메모리 할당을 유지합니다. 이때 p는 new가 반환한 포인터 (정확히 말하면 복사본)입니다. 포인터에 delete를 실행하려면 해당 포인터가 new로 할당된 객체를 가리키는 포인터이거나 값이 0인 제로 포인터여야 합니다. 제로 포인터를 삭제하는 것은 아무런 문제가 없습니다. 다음 코드를 살펴봅시다.

```
int* p = new int(42);
```

앞 코드를 실행하면 int 타입의 이름 없는 새로운 객체를 할당하고 객체를 42로 초기화합니다. 그리고 p는 해당 객체를 가리킵니다. 또한 다음과 같은 실행문으로 객체의 값을 43으로 바꿀 수 있습니다.

```
++*p; // 이제 *p는 43
```

객체가 더 이상 필요하지 않다면 다음 실행문으로 *p가 차지하던 메모리 공간을 해제합니다.

```
delete p;
```

p는 새로운 값을 할당할 때까지 더 이상 사용할 수 없는 값이 있는 유효하지 않은 포인터가 됩니다. 또 다른 예로 int 타입의 객체를 할당하고 초기화한 후 이를 가리키는 포인터를 반환하는 함수를 살펴봅시다.

```
int* pointer_to_dynamic()
{
    return new int(0);
}
```

앞 함수를 사용하려면 함수를 호출한 곳에서 알맞은 시점에 객체의 할당을 해제해야 합니다.

10.6.2 배열의 할당과 해제

T가 타입이고 n이 음수가 아닌 정숫값이라면 new T[n]은 T 타입의 객체 n개가 있는 배열을 할당합니다. 그리고 배열의 첫 번째 요소를 가리키는 포인터(T* 타입)를 반환합니다. 각 객체는 '기본 초기화'됩니다. 이는 T가 기본 타입이고 배열이 지역 범위 안에 할당될 때 객체가 초기화되지 않음을 의미합니다. T가 클래스 타입이면 각 객체는 기본 생성자를 이용해 초기화됩니다.

T가 클래스 타입일 때의 초기화 과정은 두 가지 중요한 의미가 있습니다. 첫째, 클래스가 '기본 초기화'를 허용하지 않으면 컴파일러는 해당 프로그램의 컴파일을 거부합니다. 둘째, 배열에 있는 n개 요소가 각각 초기화되므로 실행할 때 상당한 오버헤드가 발생할 수 있습니다. 11장

에서는 표준 라이브러리가 배열의 동적 할당을 지원할 때 new보다 더 유연한 형태로 사용할 수 있는 문법을 살펴볼 것입니다.

일반적으로 모든 배열은 최소한 하나의 요소가 있어야 하지만 n이 0인 new T[n]을 실행하면 요소를 갖지 않는 '배열'을 할당할 수 있습니다. 이때는 첫 번째 요소조차 없으므로 new가 첫 번째 요소를 가리키는 포인터를 반환하는데 문제가 생깁니다. 이를 대신해서 8.2.7/241p에서 살펴본, 범위의 끝을 지난 지점을 가리키는 포인터를 반환합니다. 해당 포인터는 나중에 delete[]의 인수로 사용할 수 있으며, 만약 첫 번째 요소가 존재하면 이를 가리키는 포인터라고 생각할 수 있습니다.

이 특이한 동작의 핵심은 n이 0일 때도 다음과 같은 프로그램이 동작할 수 있다는 것입니다.

```
T* p = new T[n];
vector<T> v(p, p + n);
delete[] p;
```

n이 0일 때 p가 요소를 가리키지 않는다는 점은 신경 쓸 필요가 없습니다. 중요한 것은 p와 p + n이 포인터이며, 서로 비교할 수 있고 같을 수도 있다는 점입니다. 벡터에는 n개 요소가 있습니다. n이 0일 때도 정상적으로 동작하는 프로그램이 있다는 사실은 편리함을 제공합니다.

예제에서 사용한 delete[]를 주목합시다. 대괄호는 배열의 단일 요소가 아닌 배열 전체의 메모리 할당을 해제하도록 시스템에 알리는 역할입니다. new[]를 사용해 메모리를 할당한 배열은 프로그램이 끝나거나 프로그램이 delete[] p를 실행하기 전까지 메모리 할당을 유지합니다. 여기에서 p는 new[]가 반환한 포인터의 복사본입니다. 배열의 메모리 할당을 해제하기 전 시스템은 각 요소를 역순으로 삭제합니다.

예를 들어 문자열 리터럴처럼 null로 끝나는 문자 배열의 첫 번째 요소를 가리키는 포인터를 전달받는다고 생각해봅시다. 배열의 모든 문자(마지막의 null 문자도 포함)를 새로 메모리를 할당한 배열로 복사한 후, 새 배열의 첫 번째 요소를 가리키는 포인터를 반환하는 함수는 다음과 같습니다.

```
char* duplicate_chars(const char* p) {
    // 공간을 할당할 때 null 문자를 고려한 하나의 공간을 추가해야 함.
    size_t length = strlen(p) + 1;
```

```
        char* result = new char[length];

        // 새로 할당한 공간에 복사한 후 첫 번째 요소를 가리키는 포인터를 반환
        copy(p, p + length, result);
        return result;
    }
```

10.2/285p에서 strlen 함수가 null 문자로 끝나는 배열의 문자 개수를 반환할 때 마지막의 null 문자는 제외한다고 했습니다. 따라서 strlen 함수의 실행 결과에 1을 더하여 null 문자를 고려한 공간을 추가한 후 문자들을 할당합니다. 포인터는 반복자이므로 copy 알고리즘을 사용하여 배열 p의 문자들을 배열 result로 복사할 수 있습니다. length는 배열 마지막의 null 문자를 포함하므로 copy 알고리즘을 호출하면 null 문자를 포함하여 복사합니다.

앞서 살펴본 pointer_to_dynamic 함수와 마찬가지로 duplicate_chars 함수는 할당한 메모리를 해제할 책임을 함수를 호출한 곳으로 넘깁니다. 보통 동적으로 할당한 메모리를 해제할 알맞은 시점을 찾는 것은 쉽지 않습니다. 11.3.4/320p에서 이 동작을 자동화하는 방법을 소개할 것입니다.

10.7 핵심 정리

다음과 같은 사항들을 잘 기억해둡시다.

포인터

객체의 주소를 갖는 임의 접근 반복자입니다. 예를 들어 봅시다.

- p = &s: p가 s를 가리키도록 만듭니다.
- *p = s2: p를 역참조하고 p가 가리키는 객체에 새로운 값을 할당합니다.
- vector〈string〉 (*sp)(const string&) = split;: sp를 split 함수를 가리키는 함수 포인터로 정의합니다.
- int nums[100];: nums를 100개의 int 객체가 있는 배열로 정의합니다.
- int* bn = nums;: bn을 배열 nums의 첫 번째 요소를 가리키는 포인터로 정의합니다.
- int* en = nums + 100;: en을 배열 nums의 마지막 요소 다음을 가리키는 포인터로 정의합니다.

포인터는 단일 객체, 객체의 배열, 함수를 가리킬 수 있습니다. 포인터가 함수를 참조할 때 포인터 값은 함수를 호출하는 데만 사용할 수 있습니다.

배열

크기가 정해져 있고 반복자가 포인터인 기본 컨테이너입니다. 배열 이름을 사용하면 배열의 첫 번째 요소를 가리키는 포인터로 자동 변환됩니다. 문자열 리터럴은 null로 끝나는 문자 배열입니다. 배열의 인덱싱은 포인터 연산으로 정의합니다. 임의 배열 a와 인덱스 n이 있을 때 a[n]은 *(a + n)과 같은 의미입니다. 만약 a가 n개 요소가 있는 배열이면 [a, a + n) 범위는 a의 모든 요소를 나타냅니다.

배열은 정의와 동시에 초기화할 수 있습니다.

```
string days[] = { "Mon", "Tues", "Wed", "Thu", "Fri", "Sat", "Sun" };
```

구현체는 초깃값의 개수에서 days의 크기를 추론합니다.

main 함수

(선택적으로) 2개 인수를 포함할 수 있습니다. 첫 번째 인수는 int 타입이며 char** 타입인 두 번째 인수에 저장된 문자 배열의 개수를 나타냅니다. 두 번째 인수는 다음처럼 작성하기도 합니다.

```
char* argv[]
```

앞 코드는 char**과 같은 의미입니다. 단, 이러한 문법은 매개변수 목록에서만 유효합니다.

입출력 파일 스트림

입출력 파일 스트림은 <fstream> 헤더에 정의되어 있습니다. 다음 같은 것이 있습니다.

- cerr: 표준 오류 스트림이며 출력이 버퍼링되지 않습니다.
- clog: 기록용 표준 오류 스트림이며 출력이 버퍼링됩니다.
- ifstream(cp): char* cp로 이름 붙여진 파일에 바인딩된 입력 스트림입니다. istream 연산을 지원합니다.

- ofstream (cp): char* cp로 이름 붙여진 파일에 바인딩된 출력 스트림입니다. ostream 연산을 지원합니다.

메모리 관리

메모리 관리와 관련한 문법에는 다음이 있습니다.

- new T: T 타입인 새로운 객체를 할당 및 '기본 초기화'하고 객체를 가리키는 포인터를 반환합니다.
- new T(args): T 타입인 새로운 객체를 할당하고 args를 사용하여 객체를 초기화합니다. 객체를 가리키는 포인터를 반환합니다.
- delete p: p가 가리키는 객체를 소멸하고 *p를 저장하는데 사용한 메모리 할당을 해제합니다. 포인터는 동적으로 할당된 객체를 가리켜야 합니다.
- new T[n]: T 타입인 새로운 객체 n개의 배열을 할당 및 '기본 초기화'합니다. 배열의 첫 번째 요소를 가리키는 포인터를 반환합니다.
- delete[] p: p가 가리키는 배열에 있는 객체들을 소멸하고 배열을 저장하는데 사용한 메모리를 해제합니다. 포인터는 동적으로 할당된 배열의 첫 번째 요소를 가리켜야 합니다.

연습문제

10-0. 이 장에서 살펴본 프로그램들을 컴파일하고 실행하여 결과를 확인해보세요.

10-1. 9.6/268p에서 살펴본 학생 성적 산출 프로그램에서 학생 성적을 문자 등급으로 표현하도록 다시 작성해보세요.

10-2. 8.1.1/227p에서 살펴본 median 함수를 벡터나 기본 배열을 전달하여 호출할 수 있도록 다시 작성해보세요. median 함수는 모든 산술 타입 컨테이너를 허용해야 합니다.

10-3. median 함수가 올바르게 동작하는지 검증하는 프로그램을 작성해보세요. median 함수를 호출하더라도 컨테이너에 있는 요소 순서가 바뀌지 않아야 합니다.

10-4. 문자열을 저장하는 리스트를 구현하는 클래스를 작성해보세요.

10-5. 양방향 반복자를 지원하는 String_list 클래스를 작성해보세요.

10-6. [연습문제 10-5]의 실행 결과를 String_list 객체에 저장하도록 split 함수를 다시 구현하여 String_list 클래스를 사용해보세요.

CHAPTER 11

추상 데이터 타입

9장에서는 새로운 타입을 정의하는데 필요한 프로그래밍 언어의 기본 기능들을 살펴보았습니다. 그러나 9장에서 정의한 Student_info 클래스 타입을 설명하면서 Student_info 타입의 객체를 복사, 할당, 소멸하는 과정을 구체적으로 설명하지 않았습니다. 이 장에서 살펴볼 것은 클래스를 작성하는 프로그래머가 객체의 모든 동작을 제어하는 방법입니다. 이러한 동작을 올바르게 정의하는 일은 직관적이고 사용하기 쉬운 타입을 만드는데 필수적인 과정입니다.

지금까지 벡터를 폭넓게 사용했으므로 클래스를 설계하고 구현하는 방법의 이해를 높이는 과정으로 벡터와 비슷한 클래스를 작성할 것입니다. 여기에서 제시하는 구현 방법은 벡터의 동작 실행과 효율적인 사용성 측면에서 크게 단순화될 것입니다. 또한 표준 라이브러리 벡터 클래스의 핵심 부분을 경량화해 구현한 버전이므로 라이브러리 클래스와 혼동하지 않도록 Vec라는 클래스 이름을 붙이겠습니다.

Vec 클래스의 객체를 복사, 할당, 소멸하는 방법을 살펴보기 전 몇 가지 간단한 멤버 함수를 구현하겠습니다. 앞 멤버 함수의 구현을 마친 후 클래스의 객체를 복사, 할당, 소멸하는 방법을 다시 살펴보도록 합시다.

11.1 Vec 클래스

클래스를 설계할 때는 보통 제공하려는 동작(인터페이스)이 무엇인지 명시하는 것으로 시작합니다. 올바른 동작(인터페이스)을 결정하는 한 가지 방법은 클래스를 사용하는 프로그래머가 작성할 수 있는 프로그램의 종류를 살펴보는 것입니다. 여기에서는 표준 벡터 클래스의 하위 버전을 구현할 것이므로 벡터를 사용하는 방법부터 살펴보는 것이 좋습니다.

```
// 벡터를 만듭니다.
vector<Student_info> vs; // 빈 벡터
vector<double> v(100); // 100개의 요소가 있는 벡터

// 벡터가 사용하는 타입의 이름을 얻음.
vector<Student_info>::const_iterator b, e;
vector<Student_info>::size_type i = 0;

// size 함수와 인덱스 연산자를 사용하여 벡터의 각 요소를 탐색
for (i = 0; i != vs.size(); ++i)
cout << vs[i].name();

// 첫 번째 요소와 마지막 요소의 다음을 가리키는 반복자를 반환
b = vs.begin();
e = vs.end();
```

물론 이러한 동작들이 표준 벡터 클래스가 제공하는 동작에 포함되어 있습니다. 하지만 이러한 동작들을 직접 구현해보면 벡터 동작(인터페이스)의 상당 부분을 지원하는데 필요한 프로그래밍 언어의 기능을 이해할 수 있습니다.

11.2 Vec 클래스 구현하기

구현할 동작들을 결정한 후에는 Vec 클래스를 어떻게 나타낼지 생각해야 합니다. **템플릿 클래스** Template Class를 정의하는 것이 가장 쉬운 구현 방법입니다. 프로그래머들이 Vec 클래스를 사용하여 여러 종류의 타입을 다룰 수 있게 구현합시다.

8.1.1/227p에서 살펴본 함수 템플릿의 기능은 클래스에도 적용됩니다. 8.1.1/227p에서는 템플릿 함수를 사용하여 다양한 타입으로 동작할 수 있는 함수 버전들을 만들 수 있었습니다. 이와 마찬가지로 템플릿 클래스를 사용하면 템플릿 매개변수 목록의 타입만 다른 여러 클래스 버전을 만들 수 있습니다. 이미 벡터, 리스트, 맵에서 그러한 타입을 살펴보았습니다.

템플릿 클래스를 정의할 때는 템플릿 함수와 마찬가지로 클래스가 템플릿임을 명시하고 클래스 정의에 사용할 타입 매개변수를 나열해야 합니다.

```
template <class T> class Vec {
public:
    // 인터페이스
private:
    // 구현
};
```

앞 코드는 Vec에 T라는 타입 매개변수가 있는 템플릿 클래스임을 나타냅니다. 다른 클래스 타입과 마찬가지로 인터페이스와 구현을 각각 정의하는 public과 private 부분이 있습니다.

다음으로 어떤 데이터를 저장할 것인지 생각해야 합니다. 즉, Vec에 있는 요소들을 저장할 공간이 필요할 것이고 Vec에 있는 요소 개수를 알아야 합니다. 가장 확실한 방법은 동적으로 할당된 배열에 Vec의 요소들을 저장하는 것입니다.

그렇다면 해당 배열에 필요한 정보는 무엇일까요? 여기에서는 begin 함수, end 함수, size 함수를 구현할 예정입니다. 이는 배열의 첫 번째 요소를 가리키는 주소, 배열 마지막 요소의 다음을 가리키는 주소, 배열에 있는 요소 개수를 저장할 수 있다는 의미입니다.

하지만 이러한 세 항목을 모두 저장할 필요는 없습니다. begin과 end 함수를 이용해 배열 크기를 계산하는 size 함수를 간단하게 구현할 수 있기 때문입니다. 따라서 배열의 첫 번째 요소를 가리키는 포인터와 마지막 요소의 다음을 가리키는 포인터만 저장하고 이 둘을 사용하여 필요에 따라 배열 크기를 계산할 것입니다. 이러한 데이터 구조는 다음과 같은 그림으로 나타낼 수 있습니다.

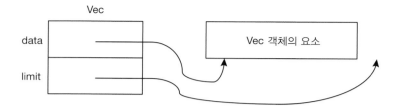

지금까지 살펴본 내용을 바탕으로 새롭게 구성해본 Vec 클래스는 다음과 같습니다.

```
template <class T> class Vec {
public:
    // 인터페이스
private:
    T* data; // Vec의 첫 번째 요소를 가리키는 포인터
    T* limit; // Vec의 마지막 요소 다음을 가리키는 포인터
};
```

앞 클래스 정의문은 Vec가 템플릿 타입이며 하나의 타입 매개변수가 있다는 것을 나타냅니다. 클래스 정의의 본문에서 타입 매개변수 T를 사용할 때마다 컴파일러는 Vec를 만드는 프로그래머가 지정한 타입으로 T를 대체할 것입니다. 다음 예를 살펴봅시다.

```
Vec<int> v;
```

앞 정의문으로 컴파일러가 인스턴스화(8.1.2/229p)하는 Vec 클래스는 T의 각 참조를 int로 대체하는 버전입니다. 이러한 클래스에 관해 컴파일러가 만드는 코드는 T를 포함한 표현식을 마치 int를 사용하여 작성한 것처럼 처리할 것입니다. 즉, data와 limit의 선언문에 타입 매개변수 T를 사용했으므로 해당 포인터의 타입은 Vec에 있는 객체의 타입에 따라 달라집니다.

Vec에 있는 객체의 타입은 Vec의 정의문이 인스턴스화되기 전까지는 알 수 없습니다. 즉, Vec<int>를 이용해 data와 limit의 타입을 알 수 있습니다. 이들의 타입은 Vec의 인스턴스를 가리키는 int*가 될 것입니다. 이와 마찬가지로 Vec<string>를 이용할 때 컴파일러는 문자열에 T를 바인딩하는 Vec의 새로운 인스턴스를 만듭니다. 이때 data와 limit의 타입은 string* 가 됩니다.

11.2.1 메모리 할당

Vec 클래스는 동적(10.6.2/295p)으로 배열을 할당하므로 Vec를 위한 메모리 공간을 할당하려면 new T[n]을 사용해야 합니다. 이때 n은 할당할 요소의 개수입니다. new T[n]은 공간 할당 이외에도 T의 기본 생성자를 실행하여 배열 요소들을 초기화합니다. 단, new T[n]을 사용할 때는 T에 관한 요구 사항(프로그래머가 지정한 타입으로 대체)을 따라야 합니다.

Vec<T>는 T의 기본 생성자가 존재할 때만 만들 수 있습니다. 표준 벡터 클래스에는 이러한 제약이 없습니다. 여기서는 표준 벡터를 모방하여 Vec 클래스를 작성할 것이므로 이러한 제약을 두지 않을 것입니다.

라이브러리는 메모리 할당을 더 세부적으로 제어하는 메모리 할당 클래스를 제공합니다. 이 클래스를 new 및 delete 대신 사용하면 앞서 언급한 T에 관한 요구 사항을 정확하게 만족합니다. 또한 메모리 할당 클래스를 사용하면 로 메모리^{Raw Memory}를 할당하며 별도의 단계를 거쳐 해당 메모리에 객체를 만들 수 있습니다.

메모리 할당 클래스의 세부 사항을 바로 살펴보는 것도 나쁘지 않습니다. 하지만 먼저 메모리를 관리할 유틸리티 함수들을 작성할 것입니다. 일단은 이러한 함수들이 있다고 가정하고 이들을 사용하여 Vec 클래스를 완성해봅시다. 이러한 접근 방식은 유틸리티 함수들의 역할을 더 잘 이해할 수 있으므로 나중에 구현할 함수의 세부 사항이 무엇인지 수월하게 알 수 있습니다.

유틸리티 멤버 함수들은 Vec 클래스의 구현 부분 일부로 private 영역에 속할 것입니다. 또한 필요한 메모리를 할당 및 해제하고 Vec에 저장된 요소들을 초기화 및 소멸시킬 것입니다. 따라서 이 함수들은 포인터(data와 limit)를 관리합니다. 메모리 관리 함수들만이 데이터 멤버에 새로운 값을 할당할 수 있습니다. 즉, Vec 클래스의 public 멤버들은 data와 limit를 읽을 수만 있고 바꿀 수는 없습니다.

public 멤버가 새로운 Vec 객체 생성처럼 data나 limit 값을 바꿔야 하면 적절한 메모리 관리 함수를 호출할 것입니다. 이 방식을 이용해 여러분이 멤버 함수를 구현하는 과정을 둘로 나눌 수 있습니다. 하나는 인터페이스를 제공하는 멤버 함수를 구현하는 것이고 다른 하나는 구현 영역의 세부 사항을 다루는 멤버 함수를 구현하는 것입니다. 유틸리티 함수의 내부를 구현하는 과정은 11.5/325p에서 살펴볼 것입니다.

11.2.2 생성자

다음과 같은 생성자 2개를 정의해야 합니다.

```
Vec<Student_info> vs; // 기본 생성자를 사용
Vec<double> vs(100); // 벡터 크기를 전달받은 생성자를 사용
```

이와 더불어 표준 벡터는 세 번째 생성자도 제공합니다. 세 번째 생성자는 벡터 요소를 초기화하는데 사용하는 크기와 초깃값을 전달받고, 전달받은 값의 복사본으로 모든 요소를 초기화합니다. 이 생성자는 크기만 전달받은 생성자와 비슷하므로 문제없이 구현할 수 있습니다.

모든 생성자는 객체의 올바른 초기화를 보장하는 역할입니다. Vec 객체라면 data와 limit를 초기화해야 합니다. 이러한 동작은 Vec의 요소들을 저장할 공간을 할당하는 것과 해당 요소들을 알맞은 값으로 초기화하는 것을 포함합니다. 기본 생성자라면 빈 Vec를 만드는 것이므로 메모리 공간을 할당할 필요가 없습니다. 벡터 크기를 전달받은 생성자라면 주어진 양만큼의 저장 공간을 할당합니다. 벡터 크기와 초깃값을 함께 전달받은 생성자라면 전달받은 초깃값을 사용하여 할당된 모든 요소를 초기화합니다.

Vec 클래스를 사용하는 프로그래머가 벡터 크기만 전달하면 T 타입의 기본 생성자를 사용해 요소를 초기화할 때 사용할 값을 얻습니다. 당장은 data와 limit을 초기화하는 동작과 요소 할당 및 초기화에 관련된 동작을 아직 작성하지 않은 메모리 관리 함수들에게 떠넘길 것입니다.

```cpp
template <class T> class Vec {
public:
    Vec() { create(); }
    explicit Vec(std::size_t n, const T& val = T()) { create(n, val); }
    // 나머지 인터페이스
private:
    T* data;
    T* limit;
};
```

인수가 없는 기본 생성자는 Vec가 비어 있음(요소가 없음)을 나타내야 합니다. 이 때문에 나중에 작성할 멤버 함수인 create를 호출합니다. create 함수를 실행하면 data와 limit 값을 모두 0으로 설정하려고 합니다.

두 번째 생성자는 새로운 키워드인 explicit를 사용합니다. 우선 두 번째 생성자의 동작을 살펴보도록 합시다. 생성자의 두 번째 매개변수는 기본 인수(7.3/207p)를 사용합니다. 따라서 이 생성자는 생성자 2개를 정의하는 셈입니다. 하나는 size_t 타입의 단일 인수를 전달받고, 다른 하나는 size_t 타입과 const T& 타입의 인수를 전달받습니다. 두 생성자 모두 벡터 크기와 값을 전달받은 버전의 create 함수를 호출합니다. 11.5/325p에서 작성할 예정인 create 함수는 T 타입 객체 n개를 저장할 수 있는 크기의 메모리를 할당하고 요소들의 초깃값을 val로 설정합니다. create 함수를 사용하는 프로그래머는 해당 값을 명시적으로 제공해야 하며, 그렇지 않을 때는 T의 기본 생성자가 9.5/264p에서 설명한 '값 초기화'의 규칙을 사용하여 초깃값을 만듭니다.

이제 explicit를 짧게 살펴보도록 합시다. 이 키워드는 단일 인수가 있는 생성자의 정의에서만 의미가 있습니다. 생성자가 explicit라면 컴파일러는 프로그래머가 명시적으로 생성자를 호출하는 상황에서만 해당 생성자를 사용합니다.

```
Vec<int> vi(100); // 정상: 명시적으로 Vec를 생성
Vec<int> vi = 100; // 오류: 암묵적으로 Vec를 생성(11.3.3/318p)하고 vi에 복사
```

explicit는 생성자를 사용하는 다른 상황에서 중요할 수 있으므로 12.2/340p에서 더 살펴볼 것입니다. 이 장에서 다루게 될 예제들에서 이러한 개념이 필요한 것은 아니지만 표준 벡터 클래스와의 일관성을 위해 두 번째 생성자를 explicit라고 명시했습니다.

11.2.3 타입 정의

표준 템플릿 클래스의 규범에 따르면 프로그래머가 사용할 수 있는 타입 이름을 제공하되 자세한 구현은 숨겨야 합니다. 즉, const 및 const가 아닌 반복자 타입에 관한 typedef와 Vec의 크기를 나타내려면 사용하는 타입에 관한 typedef를 제공해야 합니다.

또한 라이브러리 컨테이너는 네 가지 다른 타입을 정의합니다. value_type은 컨테이너에 있는 각 객체의 타입입니다. reference 및 const_reference는 각각 value_type&와 const value_type&와 이름만 다른 같은 타입입니다. difference_type은 하나의 반복자에서 다른 반복자를 뺀 결과의 타입입니다. 여러분은 프로그래머가 Vec 객체를 동적으로 확장할 수 있도

록 Vec 클래스에 push_back 함수를 추가할 것입니다. Vec 클래스를 사용하는 프로그래머는 push_back 함수와 앞서 살펴본 네 가지 타입으로 back_inserter 함수를 사용하여 Vec 객체를 확장할 수 있는 출력 반복자를 만들 수 있습니다.

타입을 정의할 때 까다로운 부분은 반복자의 타입을 결정하는 것입니다. 이미 살펴본 것처럼 반복자는 컨테이너에 속한 객체 사이를 탐색하고 객체 값을 알아내는 역할을 하는 객체입니다. 일반적으로 반복자는 클래스 타입입니다. 예를 들어 **연결 리스트**Linked list를 구현하는 클래스를 생각해봅시다. 이 클래스의 논리적 접근 방식은 리스트를 노드의 집단으로 모델링하는 것입니다. 이때 각 노드는 값 하나와 리스트 상의 다음 노드를 가리키는 포인터 하나가 있습니다. 반복자 클래스는 이러한 노드 중 하나를 가리키는 포인터가 있으며 ++ 연산자를 구현해 리스트 상 다음 노드를 가리키는 포인터를 얻습니다. 이러한 반복자는 클래스 타입으로 구현해야만 합니다.

배열을 사용하여 Vec의 요소들을 저장하므로 일반적인 포인터를 Vec 반복자 타입으로 사용할 수 있습니다. 이러한 포인터는 기저 배열 data를 가리킵니다. 10.1/274p에서 살펴본 것처럼 포인터는 모든 임의 접근 반복자 연산을 지원합니다. 기저 반복자 타입으로 포인터를 사용하므로 표준 벡터 클래스와 마찬가지로 모든 임의 접근 속성을 제공합니다.

다른 타입을 마저 살펴봅시다. value_type의 타입은 단번에 T여야 하는 것을 알 수 있습니다. 그렇다면 벡터 크기를 나타내는 타입은 무엇이어야 할까요? 이미 여러분은 size_t가 임의 배열의 요소 개수를 저장할 수 있을 만큼 크다는 것을 살펴보았습니다. Vec를 배열에 저장하므로 size_t를 Vec::size_type의 기저 타입으로 사용할 수 있습니다. 지금까지 살펴본 내용을 바탕으로 정의한 클래스는 다음과 같습니다.

```
template <class T> class Vec {
public:
    typedef T* iterator; // 추가됨.
    typedef const T* const_iterator; // 추가됨.
    typedef size_t size_type; // 추가됨.
    typedef T value_type; // 추가됨.
    typedef std::ptrdiff_t difference_type; // 추가됨.
    typedef T& reference; // 추가됨.
    typedef const T& const_reference; // 추가됨.

    Vec() { create(); }
    explicit Vec(size_type n, const T& val = T()) { create(n, val); }
    // 나머지 인터페이스
```

```
private:
    iterator data; // 변경됨.
    iterator limit; // 변경됨.
};
```

여기에서는 알맞은 typedef를 추가하는 것 외에도 새로운 타입을 사용하도록 클래스를 바꿨습니다. typedef 선언문을 사용한 클래스 내부에서 같은 이름의 타입을 사용하여 코드의 가독성을 높이고, 나중에 이러한 타입 중 하나의 기저 타입을 바꿨을 때 동기화되지 않는 상황을 예방할 수 있습니다.

11.2.4 인덱스와 size 함수

여러분은 Vec 클래스를 사용하는 프로그래머가 size 함수를 호출하여 Vec에 속한 요소 개수를 얻도록 만들어야 합니다. 또한 인덱스 연산자를 사용하여 Vec에 속한 요소에 접근할 수 있도록 만들어야 합니다. 다음 코드를 예로 들어 사용법을 살펴봅시다.

```
for (i = 0; i != vs.size(); ++i)
    cout << vs[i].name();
```

앞 코드에서는 size 함수가 Vec 클래스의 멤버여야 하고, Vec 상에서 인덱스 연산자인 [ ]의 사용을 정의할 필요가 있다는 것을 확인할 수 있습니다. size 함수의 구현은 어렵지 않습니다. size 함수는 인수가 없으며 Vec에 속한 요소 개수를 Vec::size_type 타입으로 반환해야 합니다.

인덱스 연산을 정의하기에 앞서 오버로드된 연산자의 동작을 좀 더 알아보도록 합시다. 오버로드된 연산자를 정의하는 것은 여느 함수를 정의하는 것과 비슷하며 이름, 인수, 반환 타입을 지정합니다. 오버로드된 연산자의 이름은 operator 키워드와 연산자 기호를 붙여 구성합니다. 즉, 정의할 함수의 이름은 operator[ ]입니다.

해당 함수에 있는 매개변수 개수는 연산자 종류(단항 또는 이항 연산자)에 따라 달라집니다. 연산자를 멤버가 아닌 함수로 정의할 때는 연산자에 있는 피연산자의 개수만큼 인수가 있습니다. 따라서 첫 번째 인수는 왼쪽 피연산자에 바인딩되고 두 번째 인수는 오른쪽 피연산자에 바인덩됩니다. 연산자를 멤버 함수로 정의할 때는 연산자를 호출한 객체가 왼쪽 피연산자에 암묵적으로 바인딩됩니다. 따라서 멤버인 연산자 함수는 실제로 연산자에 필요한 것보다 하나 적은 인수가 있습니다.

일반적으로 연산자 함수는 멤버이거나 멤버가 아닐 수 있습니다. 하지만 인덱스 연산자는 반드시 멤버여야 하는 몇 안 되는 연산 중 하나입니다. 프로그래머가 vs[i]와 같은 표현식을 작성했다면 해당 표현식은 i를 인수로 전달하여 operator[] 멤버를 호출합니다.

이때 피연산자는 가능한 최대 크기인 Vec의 마지막 요소까지 나타낼 수 있을 만큼 충분히 큰 정수 타입입니다. 또한 해당 타입은 Vec::size_type입니다. 이제 남은 것은 인덱스 연산자가 반환하는 타입을 결정하는 일입니다.

이제 여러분은 인덱스 연산자가 Vec에 저장된 요소의 참조를 반환해야 한다는 것을 쉽게 생각할 수 있을 것입니다. 즉, 프로그래머가 인덱스로 요소를 쓰고 읽을 수 있습니다. 예제 프로그램에서는 인덱스를 vs에서 값을 읽는 용도로만 사용하지만 프로그래머가 값을 쓰는 작업을 하려고 요소에 접근하는 것도 충분히 예상할 수 있습니다.

지금까지 살펴본 내용을 바탕으로 적절하게 수정한 클래스는 다음과 같습니다.

```
template <class T> class Vec {
public:
    // 11.2.3/308p에서 다룬 typedef 정의문

    Vec() { create(); }
    explicit Vec(size_type n, const T& val = T()) { create(n, val); }

    // 벡터 크기와 인덱스에 관한 새로운 함수들
    size_type size() const { return limit - data; }
    T& operator[](size_type i) { return data[i]; }
    const T& operator[](size_type i) const { return data[i]; }
private:
    iterator data;
    iterator limit;
};
```

size 함수는 값을 저장하는 배열 범위를 결정하려고 두 포인터를 뺀 결과를 구합니다. 그리고 Vec에 있는 요소 개수를 계산합니다. 10.1.4/282p에서 살펴보았듯이 두 포인터를 빼면 해당

포인터들이 참조하는 범위에 알맞은 요소 개수를 ptrdiff_t 타입 값으로 반환합니다. 이 값은 size 함수의 반환 타입이자 size_t(10.1.3/280p)의 동의어인 size_type으로 변환됩니다. Vec의 크기를 얻는 동작은 Vec를 바꾸지 않으므로 size 함수를 const 멤버 함수로 선언합니다. 이렇게 하면 const Vec의 크기를 구할 수도 있습니다.

인덱스 연산자는 기저 배열에서 해당 위치를 찾아 요소의 참조를 반환합니다. 참조를 반환하므로 프로그래머는 인덱스 연산으로 Vec에 저장된 값들을 바꿀 수 있습니다. 이처럼 요소에 쓰기 동작이 가능하면 두 가지 버전의 인덱스 연산자가 필요합니다. 하나는 const Vec 타입 객체를 다루는 것이고 다른 하나는 Vec 타입의 객체를 다루는 것입니다. const 버전은 const의 참조를 반환하므로 프로그래머는 인덱스를 사용하여 Vec에 읽기 동작만 실행할 수 있고 쓰기 동작은 실행할 수 없습니다. 값을 반환하지 않고 참조를 반환하는 것은 표준 벡터와의 일관성을 유지하는 데 필요합니다. 참조를 반환하는 이유는 만약 컨테이너에 저장된 객체가 점유하는 메모리의 공간이 클 때 객체를 복사하지 않는 것이 더 효율적이기 때문입니다.

두 가지 버전의 인덱스 연산자에 있는 인수 목록은 같습니다. 따라서 인덱스 연산자를 오버로드할 수 있다는 것은 놀라운 일입니다. 인덱스 연산자는 size_type 타입의 매개변수가 하나씩 있는 것처럼 보이지만 인덱스 연산자를 포함한 모든 멤버 함수는 대상이 되는 객체를 암묵적인 매개변수로 갖습니다. 해당 객체가 const인지에 따라 동작이 다르므로 오버로드할 수 있는 것입니다.

11.2.5 반복자를 반환하는 함수

다음으로 생각할 것은 반복자를 반환하는 함수입니다. 애초에 의도한 Vec 클래스를 완성하려면 begin 함수와 end 함수를 구현해야 합니다. 이들은 각각 Vec의 시작에 놓인 반복자와 마지막의 다음에 놓인 반복자를 반환합니다.

```
template <class T> class Vec {
public:
    // 11.2.3/308p에서 다룬 typedef 정의문

    Vec() { create(); }
    explicit Vec(size_type n, const T& val = T()) { create(n, val); }
```

```
        T& operator[](size_type i) { return data[i]; }
        const T& operator[](size_type i) const { return data[i]; }
        size_type size() const { return limit - data; }

        // 반복자를 반환하는 새로운 함수
        iterator begin() { return data; } // 추가됨.
        const_iterator begin() const { return data; } // 추가됨.

        iterator end() { return limit; } // 추가됨
        const_iterator end() const { return limit; } // 추가됨.
    private:
        iterator data;
        iterator limit;
    };
```

begin 및 end 함수는 두 가지 버전이 있으며 Vec가 const인지에 따라 오버로드됩니다. const 버전은 const_iterator를 반환하므로 프로그래머는 해당 반복자를 이용할 때 Vec의 요소를 읽을 수만 있고 수정할 수는 없습니다.

지금까지 구현한 Vec 클래스는 아직 기초 단계에 불과하지만 필수적인 요소들을 갖추고 있습니다. 사실 push_back과 clear 같은 몇 가지 함수를 추가하는 것만으로도 표준 벡터 대신 Vec 클래스를 사용하여 이 책의 모든 예제를 실행할 수 있습니다. 하지만 현재는 앞으로 살펴볼 몇 가지 아주 중요한 이유로 벡터에 필요한 요구 사항을 충족하지 못합니다.

11.3 복사 제어

이 장을 시작하면서 클래스 작성자는 객체가 생성, 복사, 할당, 소멸할 때 발생하는 일을 제어한다고 말했습니다. 앞서 객체를 만드는 방법은 설명했지만 객체가 복사, 할당, 소멸할 때 발생하는 일을 제어하는 방법은 설명하지 않았습니다. 앞으로 살펴보겠지만 이러한 동작들을 정의하지 못하면 컴파일러는 자동으로 정의문을 만듭니다. 이런 컴파일러의 동작은 간혹 필요한 것이기도 하지만 때로는 상식에 어긋나는 동작을 실행하거나 런타임 오류로 이어질 수 있습니다.

C++는 프로그래머가 객체의 동작을 제어할 수 있도록 하는 프로그래밍 언어입니다. 정확히 필요한 동작을 구축하는 것은 유용한 데이터 타입을 만드는데 필수입니다.

11.3.1 복사 생성자

함수에 객체를 값으로 전달하거나 함수가 객체를 값으로 반환할 때 객체는 암묵적으로 복사됩니다. 예를 들면 다음과 같습니다.

```
vector<int> vi;
double d;
d = median(vi); // vi를 median 함수의 매개변수로 복사

string line;
vector<string> words = split(line); // split 함수에서 반환하는 객체를 words로 복사
```

마찬가지로 다른 객체를 초기화하려고 명시적으로 객체를 복사할 수 있습니다.

```
vector<Student_info> vs;
vector<Student_info> v2 = vs; // vs를 v2로 복사
```

명시적 복사와 암묵적 복사는 모두 **복사 생성자**copy constructor라는 특수한 생성자가 제어합니다. 복사 생성자는 다른 생성자들과 마찬가지로 클래스와 같은 이름을 갖는 멤버 함수입니다. 새로운 객체를 이미 존재하는 같은 타입 객체의 복사본으로 초기화하는 것이므로 복사 생성자는 클래스 타입 인수 1개가 있습니다.

복사 생성자는 함수의 인수를 복사하는 것을 포함한 복사본 생성의 의미를 정의합니다. 따라서 매개변수는 반드시 참조 타입이어야 합니다. 게다가 객체 복사가 기존 객체를 바꿔서는 안 되므로 복사할 객체를 const 참조 타입으로 복사 생성자에 전달합니다.

```
template <class T> class Vec {
public:
    Vec (const Vec& v); // 복사 생성자
    // 이전과 같음.
};
```

복사 생성자를 선언했다면 이제 복사 생성자가 무엇을 하는지 알아볼 차례입니다. 일반적으로 복사 생성자는 기존 객체의 각 데이터 요소를 새로운 객체로 '복사'합니다. '복사'라는 명칭은 단순히 데이터 요소 내용을 복사하는 것 이상의 의미를 지니고 있습니다. 예를 들어 Vec 클래스

에는 포인터인 데이터 요소 2개가 있습니다. 포인터 값을 복사하면 기존 포인터와 복사한 포인터는 모두 같은 기저 데이터를 가리킵니다. 예를 들어 Vec 타입인 v가 있고 v를 v2에 복사한다고 가정해봅시다. 포인터를 복사하면 얻는 결과는 다음 그림과 같습니다.

분명히 복사본 하나의 요소를 바꾸면 다른 복사본 요소의 값도 바뀝니다. 즉, v[0]에 값을 할당하면 v2[0]도 바뀝니다. 과연 여러분이 원하는 대로 동작했습니까?

이 질문에 대답하려면 표준 벡터의 동작을 살펴볼 필요가 있습니다. 4.1.1/99p에서 살펴본 내용을 떠올려봅시다. 벡터를 복사하려고 median 함수에 벡터를 값으로 전달했습니다. 이렇게 복사본을 만들면 median 함수 내부에서 바뀐 내용이 함수 외부에 영향을 미치지 않습니다. 이러한 사실과 median 함수를 실행하여 관찰한 동작을 확인하면 표준 벡터 클래스는 복사본을 만들 때 같은 기저 저장 공간을 공유하지 않음을 알 수 있습니다. 벡터의 각 복사본이 독립적이므로 하나의 변경 내용이 다른 하나에 영향을 주지 않습니다.

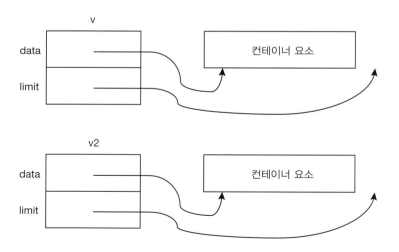

따라서 Vec를 복사하려면 새로운 공간을 할당하고 복사할 대상의 내용을 새로 할당한 대상으로 복사해야 합니다. 이전과 마찬가지로 할당과 복사를 처리하는 유틸리티 함수가 있다는 가정 아래 복사 생성자는 해당 유틸리티 함수로 작업을 전달합니다.

```
template <class T> class Vec {
public:
    Vec(const Vec& v) { create(v.begin(), v.end()); }
    // 이전과 같음.
};
```

여기에서 사용한 또 다른 버전의 create 함수는 한 쌍의 반복자(포인터)를 전달받아 정해진 범위 안 요소에서 만들어지는 요소들을 초기화합니다.

11.3.2 할당

클래스 정의문에서 클래스의 객체가 복사될 때 일어나는 동작을 명시하는 것처럼 클래스 정의문은 **할당 연산자**assignment operator의 동작 또한 제어합니다. 클래스 정의문에서 인수에 따라 서로 다른 형식으로 오버로드되는 할당 연산자의 여러 인스턴스를 정의할 수 있습니다. 하지만 클래스 자체의 const 참조 타입을 인수로 갖는 할당 연산자는 특별합니다. 클래스 타입의 값을 할당하는 것이 무엇을 의미하는지 정의하기 때문입니다.

const 참조 타입을 인수로 갖는 할당 연산자는 클래스가 operator= 함수의 여러 다른 버전을 정의하더라도 일반적으로 '할당 연산자'라는 명칭으로 부릅니다. 할당 연산자는 인덱스 연산자와 마찬가지로 클래스의 멤버여야 합니다. 그리고 다른 연산자처럼 반환 값이 있으므로 반환 타입을 정의해야 합니다. 기본 할당 연산자와의 일관성 유지를 위해 연산자의 좌변에 관한 참조 타입을 반환합니다.

```
template <class T> class Vec {
public:
    Vec& operator=(const Vec&);
    // 이전과 같음.
};
```

할당은 항상 기존에 존재하는 값(좌변)을 제거하고 새로운 값(우변)으로 대체하는 동작이 필요하다는 점에서 복사 생성자와는 다릅니다. 복사본은 처음으로 새로운 객체를 만드는 것이기도 하므로 할당을 해제할 기존 객체가 존재하지 않습니다. 할당은 복사 생성자와 마찬가지로 보통 각 데이터 값을 할당하는 동작이 필요합니다. 이때 포인터인 데이터 멤버는 복사본을 만들 때와 같은 할당 관련 문제가 있습니다. 여러분이 원하는 것은 각 객체가 우변이 지닌 데이터의 복사본을 개별적으로 갖는 할당일 것입니다.

코드를 작성하기 전 마지막으로 고려할 것은 **자가 할당**Self-assignment입니다. 프로그래머가 객체를 객체 자신에게 할당할 수도 있습니다. 다음 코드처럼 할당 연산자가 자가 할당을 올바르게 처리하는 것은 매우 중요합니다.

```
template <class T> Vec<T>& Vec<T>::operator=(const Vec& rhs)
{
    // 자가 할당 여부 확인
    if (&rhs != this) {
        // 좌변이 지닌 배열이 점유하는 메모리를 해제
        uncreate();

        // 우변이 지닌 요소를 좌변으로 복사
        create(rhs.begin(), rhs.end());
    }
    return *this;
}
```

앞 함수는 몇 가지 새로운 개념을 사용하므로 따로 설명하겠습니다.

첫 번째는 클래스 헤더 외부에 템플릿 멤버 함수를 정의할 때 사용하는 문법입니다. 우선 다른 템플릿과 마찬가지로 템플릿을 정의한다는 것을 컴파일러에 알리고 템플릿 매개변수의 이름을 지정합니다.

그다음은 반환 타입입니다. 이 함수라면 Vec<T>&입니다. 이 함수의 헤더 파일 안 선언문을 확인해보면 함수의 반환 타입이 Vec&인 것을 볼 수 있습니다. 즉, 반환 타입에서 타입 매개변수의 이름을 명시하지 않은 것입니다. 프로그래밍 언어는 문법적 편의를 고려해 템플릿 범위 안에서 타입 매개변수를 생략할 수 있습니다. 따라서 헤더 파일 내부에는 템플릿 매개변수가 암묵적으로 존재하므로 <T>를 반복해서 사용하지 않아도 됩니다. 반면 반환 타입의 이름을 지정할 때는 클래스의 범위 밖이므로 템플릿 매개변수를 반드시 명시해야 합니다. 마찬가지로 함수 이름은 Vec::operator=가 아니라 Vec<T>::operator=입니다. 그러나 일단 여러분이 정의한 Vec<T>의 멤버임을 명시하면 템플릿 한정자를 더 이상 반복해서 사용하지 않아도 됩니다. 따라서 인수의 타입을 const Vec<T>&가 아닌 const Vec&로 간단히 나타낼 수 있습니다.

이 함수에서 처음 사용하는 두 번째 개념은 this라는 키워드입니다. this 키워드는 멤버 함수 내부에서만 유효하며 멤버 함수에서 동작하는 객체를 가리키는 포인터입니다. 예를 들어 Vec::operator= 함수 내부에서 this는 operator=를 멤버로 갖는 Vec 객체를 가리키는 포인터이므로 this의 타입은 Vec*입니다. 할당 연산자 같은 이항 연산자라면 this는 왼쪽 피연산자에 바인딩됩니다. 보통 this는 앞서 살펴본 함수의 if문 시작점과 return문에서처럼 객체 자신을 참조해야 할 때 사용합니다.

if문 시작점에서는 this를 사용하여 할당 연산자의 좌변과 우변이 같은 객체를 참조하는지 확인합니다. 만약 좌변과 우변이 같은 객체를 참조한다면 좌변과 우변은 같은 메모리 주소일 것입니다. 10.1.1/274p에서 살펴보았듯이 &rhs는 rhs의 주소를 나타내는 포인터를 반환합니다. 그리고 해당 포인터와 좌변을 가리키는 포인터인 this와 비교하여 자가 할당 여부를 명시적으로 판별합니다. 좌변의 객체와 우변의 객체가 같으면 할당 연산자가 실행할 동작이 없으므로 즉시 return문으로 넘어갑니다. 좌변의 객체와 우변의 객체가 서로 다르면 이전의 저장 공간을 비웁니다. 그리고 각 데이터 요소에 새로운 값을 할당해야 하므로 우변의 내용을 새로 할당한 배열로 복사합니다.

이 때문에 또 다른 유틸리티 함수인 uncreate를 작성해야 합니다. uncreate 함수는 Vec 객체에 존재하던 요소들을 소멸시키고 점유하던 저장 공간을 해제하는 동작을 실행합니다. 이전 값을 지우는 uncreate 함수를 호출한 후에는 기존 Vec 객체를 복사합니다. 그리고 새로운 저장 공간으로 할당하는 create 함수를 사용하여 우변 값을 좌변으로 복사할 수 있습니다.

할당 연산자가 자가 할당을 올바르게 처리하는 것은 매우 중요합니다. 여기에서는 왼쪽 피연산자와 오른쪽 피연산자가 같은 객체인지 명시적으로 판별하는 것으로 해당 동작을 실행합니다. 그 중요성을 알려면 앞서 구현한 할당 연산자에서 해당 판별 과정을 없앴을 때 어떤 일이 일어날지 생각해보아야 합니다. 일반적으로는 항상 uncreate 함수를 이용해 왼쪽 피연산자의 기존 배열의 요소를 소멸시키고 그 저장 공간을 반환할 것입니다. 하지만 두 피연산자가 동일한 객체라면 오른쪽 피연산자는 왼쪽 피연산자와 같은 저장 공간을 참조합니다. 따라서 오른쪽 피연산자의 요소들을 사용하여 왼쪽 피연산자의 새로운 배열을 만드는 동작은 논리적으로 올바르지 않습니다.

한편 왼쪽 피연산자가 차지하는 저장 공간을 해제하면 우변의 객체가 차지하는 공간도 해제됩니다. 즉, create 함수가 rhs의 요소들을 복사할 시점에 이미 해당 요소들은 소멸되었고 메모리를 시스템에 반환한 상태입니다. 즉, 앞서 살펴본 직접적인 판별 방법으로 자가 할당을 처리하는 것이 가장 일반적입니다. 하지만 보편적이거나 최선의 접근 방식은 아닙니다. 중요한 것은 자가 할당을 올바르게 처리하는 방법이 상황에 따라 다르다는 사실을 이해하는 것입니다.

마지막으로 살펴볼 흥미로운 부분은 return문입니다. return문에서는 this를 역참조하여 this가 가리키는 객체를 얻은 후 해당 객체의 참조를 반환합니다. 늘 그렇듯 참조를 반환하는 과정에서는 함수가 반환된 후에도 참조하는 객체가 계속 유지되는 것이 중요합니다. 따라서 지역 범위의 객체 참조를 반환하지 않도록 해야 합니다. 이때는 함수가 반환되면서 참조된 객체가 사라져버리므로 실제 반환 결과는 쓰레기 값을 참조하게 됩니다.

할당 연산자는 표현식의 좌변에 있는 객체의 참조를 반환합니다. 해당 객체는 할당 연산자의 범위 밖에 존재하므로 함수가 반환된 후에도 계속 유지됩니다.

11.3.3 할당과 초기화의 차이점

할당과 초기화의 차이점은 프로그래머들이 쉽게 인식하지 못하는 부분이므로 C++를 학습하는 과정 중 꽤 까다로운 부분입니다. 프로그래밍 언어(특히 C) 대부분은 할당과 초기화의 차이점이 드러나지 않기 때문입니다. = 기호가 할당과 초기화에 모두 필요다는 점 또한 해당 차이점을 이해하기 어렵게 만드는 부분입니다.

변수에 초깃값을 설정하려고 =를 사용할 때는 복사 생성자를 호출합니다. 할당 표현식에서 =를 사용할 때는 operator= 함수를 호출합니다. 클래스를 작성하는 프로그래머는 이러한 의미들을 올바르게 구현하도록 주의해야 합니다.

또한 할당(operator= 함수)은 항상 이전 값을 제거하지만 초기화는 절대로 그러한 동작을 실행하지 않습니다. 오히려 초기화는 새로운 객체를 생성하는 동시에 값을 부여합니다. 초기화는 다음 같은 상황에 만들어집니다.

- 변수의 선언문
- 함수에 진입할 때 함수의 매개변수
- 함수에서 빠져나올 때 함수의 반환 값
- 생성자로 초기화

할당은 표현식에서 = 연산자를 사용할 때만 발생합니다. 다음 코드를 예로 들어봅시다.

```
string url_ch = "~;/?:@=&$-_.+!*'()," // 초기화
string spaces(url_ch.size(), ' '); // 초기화
string y; // 초기화
y = url_ch; // 할당
```

첫 번째 선언문은 새로운 객체를 만듭니다. 따라서 해당 객체를 초기화해야 하므로 생성자를 호출할 것입니다. 해당 코드를 자세히 살펴봅시다.

```
string url_ch = "~;/?:@=&$-_.+!*'(),"
```

앞 코드는 문자열 리터럴인 "~;/?:@=&$-_.+!*'()," "을 나타내는 const char* 타입의 객체로 문자열을 만듭니다. 이 때문에 컴파일러는 const char* 타입을 전달받은 문자열 생성자를 호출합니다. 해당 문자열 생성자는 문자열 리터럴로 직접 url_ch를 만들 수 있습니다. 또는 문자열 리터럴로 이름 없는 일시적 변수를 만든 다음 복사 생성자를 호출하여 일시적 변수의 복사본으로 url_ch를 만들 수 있습니다.

두 번째 선언문은 또 다른 형태의 초기화로 생성자에 하나 이상의 인수를 직접 전달합니다. 컴파일러는 인수의 개수와 타입에 가장 알맞은 생성자를 호출합니다. 이 예제에서는 인수 2개가 있는 문자열 생성자를 사용합니다. 첫 번째 인수는 변수 spaces에 있는 문자 개수를 나타내고, 두 번째 인수는 각 문자에 부여하는 값을 나타냅니다. 그 결과 url_ch와 문자 개수가 같고 모든 문자가 공백인 spaces를 정의합니다.

세 번째 선언문은 빈 문자열을 생성하려고 기본 생성자를 호출합니다. 마지막 실행문은 결코 선언문이 아니며, 표현식의 일부로서 = 연산자를 사용하는 것이므로 할당입니다. 문자열 할당 연산자를 실행하여 할당됩니다.

다음으로 함수의 인수와 반환 값의 관계를 살펴보는 좀 더 복잡한 예제를 다뤄보도록 합시다. 예를 들어 입력한 문자열을 저장한 변수 line을 사용한다고 가정하고 6.1.1/173p에서 다룬 split 함수를 호출해봅시다.

```
vector<string> split(const string&); // 함수 선언문
vector<string> v; // 초기화

// 함수에 진입할 때 split 함수의 매개변수를 line으로 초기화
// 함수에서 빠져나올 때 반환 값을 초기화하고 v에 할당
v = split(line);
```

split 함수의 선언문이 흥미로운 이유는 반환 타입이 클래스 타입이기 때문입니다. 함수로부터 클래스 타입의 반환 값을 할당하려면 두 단계를 거칩니다. 먼저 복사 생성자를 실행하여 반환 값을 함수를 호출한 곳에 일시적으로 복사합니다. 그런 다음 할당 연산자를 실행하여 일시적으로 복사한 값을 왼쪽 피연산자에 할당합니다.

초기화와 할당이 서로 다른 동작을 실행하기 때문에 차이점을 파악하는 것이 중요합니다.

- 생성자는 항상 초기화를 제어합니다.
- 멤버 함수 operator=는 항상 할당을 제어합니다.

11.3.4 소멸자

Vec 객체가 소멸할 때 발생하는 일을 정의하는 또 하나의 동작을 제공해야 합니다. 지역 범위에서 만든 객체는 범위를 벗어나자마자 바로 소멸하며, 동적으로 할당된 객체는 객체를 가리키는 포인터를 삭제할 때 소멸합니다. 6.1.1/173p에서 살펴본 split 함수를 예로 들어봅시다.

```
vector<string> split(const string& str) {
    vector<string> ret;
    // str을 단어들로 구분하여 ret에 저장

    return ret;
}
```

split 함수가 반환되면 지역 변수인 ret는 범위를 벗어나므로 소멸합니다.

복사 및 할당과 마찬가지로 객체가 소멸할 때 발생하는 일을 명시하는 것은 클래스의 역할입니다. 객체를 만드는 방법을 명시한 생성자와 마찬가지로 생성자가 만든 타입의 객체가 소멸할 때 발생하는 일을 제어하는 **소멸자**Destructor라는 특별한 멤버 함수가 있습니다. 소멸자의 이름은 물결표(~)로 시작하며 클래스의 이름과 같습니다. 소멸자는 인수와 반환 값이 없습니다.

소멸자의 역할은 객체가 소멸할 때마다 필요한 후속 처리 동작을 실행하는 것입니다. 일반적으로 이러한 후속 처리 동작은 생성자가 할당한 메모리를 해제하는 과정을 포함합니다.

```cpp
template <class T> class Vec {
public:
    ~Vec() { uncreate(); }
    // 이전과 같음.
};
```

Vec는 생성자에서 메모리를 할당하므로 소멸자에서 해당 메모리를 해제해야 합니다. 이 동작은 할당 연산자가 좌변의 이전 데이터를 지우는 것과 비슷합니다. 당연하겠지만 할당 연산자에서 사용한 것과 같은 유틸리티 함수를 호출하여 요소들을 소멸하고 이들이 점유하던 저장 공간을 확보할 수 있습니다.

11.3.5 기본 동작

4장과 9장에서 정의한 Student_info와 같은 몇몇 클래스는 복사 생성자, 할당 연산자, 소멸자를 명시적으로 정의하지 않습니다. 그렇다면 이러한 타입의 객체가 생성, 복사, 할당, 소멸할 때는 어떤 일이 발생할까요? 클래스를 작성하는 프로그래머가 이러한 동작들을 명시하지 않았다면 컴파일러는 해당 동작들의 기본 버전을 실행합니다.

기본 버전은 해당 요소의 타입에 적합한 규칙에 따라 각 데이터 요소의 복사, 할당, 소멸 과정이 재귀적으로 동작하도록 정의되어 있습니다. 클래스 타입인 멤버는 해당 멤버의 복사 생성자, 할당 연산자, 소멸자를 호출하여 복사, 할당, 소멸 과정을 거칩니다. 기본 타입인 멤버는 값을 복사하거나 할당하여 복사, 할당 과정을 거칩니다. 기본 타입의 소멸자는 아무런 역할을 하지 않습니다. 타입이 포인터라도 마찬가지입니다. 특히 기본 소멸자로 포인터를 소멸시키더라도 해당 포인터가 가리키는 저장 공간은 해제되지 않습니다.

이제 Student_info 타입의 복사, 할당, 소멸을 어떻게 실행하는지 이해할 수 있습니다. 예를 들면 복사 생성자는 4개의 데이터 요소를 복사합니다. 따라서 문자열 복사 생성자와 벡터 복사 생성자를 호출하여 name 멤버와 homework 멤버를 각각 복사합니다. 그리고 2개의 double 타입 값인 midterm과 final은 직접 복사합니다.

마지막으로 살펴볼 것은 9.5/264p에서 살펴본 기본 생성자에 관한 기본 동작입니다. 클래스가 생성자를 전혀 정의하지 않았다면 컴파일러는 매개변수가 없는 생성자인 기본 생성자를 실행합니다. 이러한 기본 생성자는 객체 자체를 초기화하는 것과 같은 방식으로 각 데이터 멤버를 재귀적으로 초기화합니다. '기본 초기화'가 필요한 상황에서는 데이터 멤버를 '기본 초기화'하며 '값 초기화'가 필요한 상황에서는 데이터 멤버를 '값 초기화'합니다.

클래스가 명시적으로 정의하는 생성자가 있다면 복사 생성자일지라도 컴파일러는 해당 클래스의 기본 생성자를 실행하지 않는다는 점에 유의해야 합니다. 기본 생성자는 여러 상황에서 필수로 사용합니다. 예를 들어 컴파일러가 자동으로 실행하는 기본 생성자에 의존하는 클래스의 데이터 멤버이려면 데이터 타입 자체가 기본 생성자를 제공해야 합니다. 따라서 일반적으로 클래스에 기본 생성자를 명시적(9장) 또는 암묵적(4장)으로 제공하는 것이 좋습니다.

11.3.6 3의 법칙

메모리 같은 컴퓨터 자원을 관리하는 클래스는 복사 제어에 세심하게 주의를 기울여야 합니다. 모든 복사 과정을 제어하지 못한다면 클래스를 사용하는 프로그래머를 혼란스럽게 만들며 종종 런타임 오류가 발생하기도 합니다.

복사 생성자, 할당 연산자, 소멸자를 정의하지 않은 Vec 클래스가 있다고 가정해봅시다. 상황에 따라 Vec 클래스를 사용하는 프로그래머는 11.3.1/313p에서 살펴본 것처럼 복사했을 때 어떤 영향을 끼칠 것인지 몰라서 혼란스러울 것입니다. Vec 클래스를 사용하는 프로그래머는 하나의 Vec 객체를 또 다른 Vec 객체로 복사했을 때 당연히 두 객체가 확실하게 구분될 것으로 예상합니다. 즉, 하나의 Vec 객체로 실행한 동작이 다른 Vec 객체에 있는 데이터에 아무런 영향을 미치지 않을 것으로 예상합니다. 하지만 실제로는 그렇지 않을 수 있습니다.

더 나쁜 것은 소멸자를 정의하지 않으면 자동으로 기본 소멸자를 사용한다는 사실입니다. 기본 소멸자가 포인터를 소멸시키더라도 해당 포인터가 가리키는 저장 공간이 해제되지 않으므로 메모리 누수가 발생합니다. 즉, Vec 객체가 점유하던 저장 공간이 절대로 해제되지 않습니다.

만약 소멸자를 제공한다면 메모리 누수 문제를 해결할 수 있습니다. 하지만 복사 생성자와 할당 연산자까지 추가하지 않으면 오류가 발생할 가능성이 커질 수 있습니다. 즉, 11.3.1/314p 의 첫 번째 그림에서 설명한 것처럼 2개의 Vec 객체가 하나의 기저 저장 공간을 공유하는 상황이 생길 수 있습니다. 이때 둘 중 하나의 객체가 소멸하면 소멸자는 해당 공유 저장 공간을 해제시킵니다. 이후에 아직 소멸하지 않은 복사본을 참조한다면 심각한 오류로 이어질 것입니다.

생성자에서 컴퓨터 자원을 할당하도록 구현한 클래스는 모든 복사 과정에서 해당 자원을 올바르게 처리할 필요가 있습니다. 대체로 이러한 클래스는 할당된 자원을 해제하는 소멸자가 반드시 필요합니다. 소멸자가 필요한 클래스라면 대체로 할당 연산자뿐만 아니라 복사 생성자가 반드시 필요합니다. 컴퓨터 자원을 할당하도록 구현한 클래스의 객체를 복사하거나 할당할 때는 일반적으로 처음 객체를 만드는 것과 같은 방식으로 자원을 할당합니다. 예를 들어 T 클래스의 모든 객체가 컴퓨터 자원을 처리하는 방법을 제어하려면 다음과 같은 코드가 필요합니다.

```
T::T() // 필요하다면 인수가 있는 하나 이상의 생성자
T::~T() // 소멸자
T::T(const T&) // 복사 생성자
T::operator=(const T&) // 할당 연산자
```

일단 이러한 동작들을 정의하면 컴파일러는 여러분이 작성한 클래스 타입의 객체가 생성, 복사, 할당, 소멸할 때마다 해당 동작을 호출합니다. 객체의 생성, 복사, 소멸이 암묵적으로 일어날 수 있다는 점에 유의하도록 합시다. 암묵적이든 명시적이든 컴파일러는 알맞은 동작을 호출합니다.

복사 생성자, 소멸자, 할당 연산자가 아주 밀접하게 연결되어 있으므로 이들의 관계는 **3의 법칙** Rule of three[1]으로도 알려져 있습니다. 여러분이 작성하는 클래스가 소멸자를 필요로 할 때는 복사 생성자와 할당 연산자도 필요하다는 의미입니다.

---

1 옮긴이_ 빅3의 법칙, 빅3로도 알려져 있습니다.

11.4 동적인 Vec

메모리 관리 함수를 구현하기에 앞서 지금까지의 Vec가 표준 벡터보다 못한 점이 무엇인지 알아야 합니다. Vec는 push_back 함수를 제공하지 않으므로 크기가 고정되어 있습니다. push_back 함수는 전달된 인수를 벡터의 끝에 추가하며 그 과정에서 벡터 크기를 요소 하나만큼 증가시킵니다.

현재의 Vec보다 하나 더 많은 요소를 저장할 수 있는 새로운 저장 공간을 할당하는 데 push_back 함수를 추가해봅시다. 새롭게 할당한 저장 공간에 기존 요소들을 복사하고 push_back 함수에 전달한 인수로 새로운 마지막 요소를 만들어야 합니다. 이 방법은 프로그래머가 push_back 함수를 자주 호출할수록 컴퓨터 자원을 더 많이 사용하는 방식입니다.

이 문제를 해결하는 고전적인 접근 방식을 살펴봅시다. 우선 필요한 것보다 더 많은 저장 공간을 할당하고 사전에 할당된 저장 공간을 모두 사용했을 때만 다시 저장 공간을 할당하는 방식이 있습니다. 여러분이 구현할 push_back 함수에서는 더 많은 저장 공간을 확보할 때마다 기존에 사용하던 저장 공간의 2배를 할당할 것입니다. 즉, 100개 요소가 있는 Vec를 만든 후 처음으로 push_back 함수를 호출할 때는 200개 요소를 저장할 수 있을 만큼의 저장 공간을 할당할 것입니다. 그리고 기존 100개 요소를 새로 할당한 저장 공간의 앞선 절반에 복사하고 바로 이어 새로운 마지막 요소를 만들 것입니다. 이후에 push_back 함수를 99번 호출할 때까지 추가 저장 공간은 필요하지 않습니다.

이 방식을 사용하려면 요소들을 저장하는 배열 범위를 파악하는 기존 방법을 바꿔야 합니다. 첫 번째 요소의 위치를 파악하는 부분은 변함이 없지만 이제는 '마지막'을 나타내는 데 포인터 2개가 필요합니다. 하나는 마지막으로 만든 요소의 다음을 가리킵니다. 이는 사용할 수 있는 (할당했지만 아직 초기화하지 않은) 첫 번째 요소를 가리키는 포인터이기도 합니다. 다른 하나는 저장 공간을 할당한 마지막 요소의 다음을 가리키는 포인터입니다. 이러한 Vec 객체는 다음 그림처럼 표현할 수 있습니다.

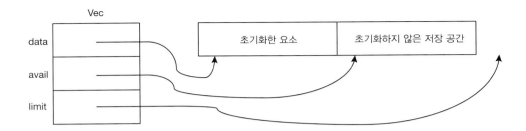

새로운 멤버인 avail을 사용하려면 size 함수와 end 함수를 다시 작성해야만 합니다. 이 함수들 외에도 push_back 함수와 아직 작성하지 않은 메모리 관리 함수들에서 새로운 멤버인 avail을 사용합니다. push_back 함수는 매우 단순하며 메모리 관리 함수들 가운데 grow 함수와 unchecked_append 함수를 사용하여 복잡한 동작을 실행합니다.

```
template <class T> class Vec {
public:
    size_type size() const { return avail - data; } // 변경됨.
    iterator end() { return avail; } // 변경됨.
    const_iterator end() const { return avail; } // 변경됨.
    void push_back(const T& val) {
        if (avail == limit) // 필요하다면 저장 공간 확보
            grow();

        unchecked_append(val); // 새로운 요소 추가
    }
private:
    iterator data; // Vec의 첫 번째 요소를 가리키는 포인터(이전과 같음)
    iterator avail; // 마지막으로 만든 요소의 다음을 가리키는 포인터
    iterator limit; // 사용할 수 있는 마지막 요소의 다음을 가리키는 포인터
    // 클래스 인터페이스 및 구현의 나머지 부분(이전과 같음)
};
```

11.5 유연한 메모리 관리

여러분은 Vec 클래스를 작성하면서 메모리를 관리하는 데 기본으로 제공되는 new 및 delete를 사용하지 않기로 정했습니다. 그 이유는 new 및 delete에 의존하면 Vec이 표준 벡터와 비

교했을 때 더 제한적으로 사용할 수밖에 없기 때문입니다. new 연산자로는 여러분이 의도한 메모리의 할당 및 초기화를 모두 감당할 수 없습니다. T 타입의 배열을 할당할 때는 T 타입에 관한 기본 생성자가 필요합니다. 따라서 이러한 접근 방식으로는 여러분이 의도한 만큼의 유연성을 제공하기 어렵습니다.

new 연산자를 사용해서 발생하는 컴퓨터 자원의 사용량 또한 만만치 않습니다. new 연산자를 사용할 때는 항상 T::T( )를 사용하여 T 타입 배열의 모든 요소를 초기화합니다. Vec의 요소들을 직접 초기화할 때는 각 요소를 두 번 초기화(new 연산자가 한 번, Vec 클래스를 사용하는 프로그래머가 제공한 값으로 한 번)하는 셈입니다.

더 나쁜 상황으로 push_back 함수에서 이뤄지는 할당에 관한 방식을 생각해봅시다. 이 방식을 따르면 더 많은 저장 공간이 필요할 때마다 Vec의 크기를 2배로 늘려야 합니다. 이때 늘어난 여분의 요소들은 초기화할 필요가 없습니다. 이 요소들은 push_back 함수로만 사용할 수 있으며 새로운 요소를 만들 때에 한해서만 해당 저장 공간을 사용할 것입니다. 만약 기저 배열을 할당하려고 new 연산자를 사용하면 여분의 요소들은 사용 여부에 상관없이 초기화됩니다.

기본으로 제공되는 new 및 delete 연산자를 사용하는 대신 유연한 메모리 관리를 지원하도록 설계된 표준 라이브러리의 기능들을 사용하면 앞서 언급한 문제들을 피할 수 있습니다. 기본 영역^{core language}은 메모리 할당이라는 개념을 자체 제공하지 않습니다. C++ 기본 영역에 메모리 할당을 자체적으로 포함하기에는 메모리의 특성이 매우 다양하기 때문입니다.

예를 들어 최근 컴퓨터에는 다양한 종류의 메모리를 사용합니다. 컴퓨터 장치에는 서로 다른 속도의 메모리를 사용할 수 있으며 그래픽 버퍼나 공유 메모리와 같은 특수한 속성이 있는 메모리거나 전원에 문제가 생겨도 유지되는 메모리일 수도 있습니다. 프로그래머가 이처럼 다양한 종류의 메모리에 데이터를 할당할 수 있으므로 메모리를 할당하고 관리하는 방법은 기본 영역보다 라이브러리에 맡기는 것이 최선입니다.

표준 라이브러리는 메모리 관리자에게 필요한 통합 인터페이스와 함께 메모리를 관리하는 기능을 제공합니다(물론 모든 종류의 메모리를 관리하도록 지원하는 것은 아닙니다). 입출력을 프로그래밍 언어의 자체 기능이 아닌 라이브러리로 구현한 것처럼 메모리 관리를 라이브러리의 일부로 구현한 것은 다양한 종류의 메모리를 사용할 때 더 큰 유연성을 발휘합니다.

<memory> 헤더가 제공하는 클래스 중에는 allocator<T>라는 클래스가 있습니다. T 타입인 객체를 저장할 초기화되지 않은 메모리 블록을 할당하고 해당 메모리의 첫 번째 요소를 가리키

는 포인터를 반환합니다. 반환한 포인터가 객체를 가리킨다는 사실을 포인터의 타입으로 알 수 있습니다. 하지만 아직 메모리에 해당 객체를 저장한 것은 아니므로 위험 요소가 존재합니다. 라이브러리는 또한 자체적으로 메모리 할당을 해제하지 않고서도 해당 메모리에 객체를 만들고 다시 소멸시키는 방법을 제공합니다. 프로그래머는 allocator 클래스를 사용하여 만든 객체를 보유하는 저장 공간과 아직 초기화되지 않은 저장 공간을 알아낼 수 있습니다.

allocator 클래스에서 흥미로운 부분은 용도에 따라 멤버 함수 4개와 멤버가 아닌 관련 함수 2개로 구성되어 있다는 점입니다. 멤버 함수는 다음과 같습니다.

```
template<class T> class allocator {
public:
    T* allocate(size_t);
    void deallocate(T*, size_t);
    void construct(T*, const T&);
    void destroy(T*);

    // ...
};
```

allocate 함수는 주어진 개수만큼의 요소를 저장하기에 충분한 크기가 있고, 타입이 정해졌지만 초기화되지 않은 저장 공간을 할당합니다. 저장 공간의 타입이 정해졌다고 하는 이유는 결국 해당 저장 공간을 사용하여 T 타입 값을 저장할 것이고, T* 타입의 포인터를 사용하여 해당 저장 공간을 다룰 것이기 때문입니다.

deallocate 함수는 앞서 언급한 초기화되지 않은 저장 공간을 해제합니다. deallocate 함수는 allocate 함수가 할당한 저장 공간을 가리키는 포인터와 할당된 요소의 개수를 나타내는 크기를 인수로 삼습니다.

construct 함수는 앞에서 언급한 초기화되지 않은 저장 공간에 객체 하나를 만듭니다. construct 함수에는 allocate 함수가 할당한 저장 공간을 가리키는 포인터와 해당 저장 공간에 복사할 값을 전달합니다. destroy 함수는 전달한 인수가 가리키는 T 타입의 객체를 소멸시킵니다. 즉, 해당 객체에 T 타입의 소멸자를 실행하여 저장 공간을 다시 초기화되지 않은 상태로 만듭니다.

allocator 클래스의 멤버가 아닌 관련 함수는 다음과 같습니다.

```
template<class In, class For> For uninitialized_copy(In, In, For);
template<class For, class T> void uninitialized_fill(For, For, const T&);
```

앞 함수들은 allocate 함수가 할당해 놓은 저장 공간에 새 객체들을 만들고 초기화합니다. In
은 입력 반복자(8.2.2/236p)고 For는 일반적으로 포인터인 순방향 반복자(8.2.4/238p)입
니다. 새로운 객체를 만드는 것은 단순히 객체를 할당하는 것 이상의 과정이 존재하므로 For는
출력 반복자가 아닌 순방향 반복자여야 합니다.

uninitialized_copy 함수는 처음에 있는 2개의 인수가 나타내는 배열 값을 세 번째 인수가
가리키는 배열로 복사한다는 점에서 라이브러리 함수인 copy 함수와 비슷하게 동작합니다.
uninitialized_fill 함수는 첫 2개의 인수로 주어진 저장 공간을 채우려고 세 번째 인수에
해당하는 개수만큼의 복사본을 만듭니다.

allocator<T> 타입을 사용할 때 컴파일러는 여느 템플릿과 마찬가지로 적절한 allocator
클래스를 만들 것입니다. 그리고 T 타입의 객체를 할당하고 해제하는데 사용할 수 있는
allocator 클래스를 얻으려고 Vec<T> 클래스에 alloc이라는 allocator<T>의 멤버를 추가
할 것입니다. 이 멤버를 추가하고 관련 라이브러리 함수를 사용해 표준 벡터 클래스가 제공하
는 것과 같은 수준으로 효율적이고 유연하게 메모리를 관리할 수 있습니다.

11.5.1 최종 Vec 클래스

메모리 관리 함수의 선언문을 포함하는(정의문은 포함하지 않음) 완전한 Vec 클래스는 다음과
같습니다.

```
template <class T> class Vec {
public:
    typedef T* iterator;
    typedef const T* const_iterator;
    typedef size_t size_type;
    typedef T value_type;
    typedef T& reference;
    typedef const T& const_reference;
```

```
    Vec() { create(); }
    explicit Vec(size_type n, const T& t = T()) { create(n, t); }

    Vec(const Vec& v) { create(v.begin(), v.end()); }
    Vec& operator=(const Vec&); // 11.3.2/315p에서 정의
    ~Vec() { uncreate(); }

    T& operator[](size_type i) { return data[i]; }
    const T& operator[](size_type i) const { return data[i]; }

    void push_back(const T& t) {
        if (avail == limit)
            grow();
        unchecked_append(t);
    }

    size_type size() const { return avail - data; } // 변경됨.

    iterator begin() { return data; }
    const_iterator begin() const { return data; }

    iterator end() { return avail; } // 변경됨.
    const_iterator end() const { return avail; } // 변경됨.
private:
    iterator data; // Vec가 갖는 첫 번째 요소
    iterator avail; // Vec가 갖는 마지막 요소의 다음
    iterator limit; // 할당된 메모리의 다음

    // 메모리 할당을 위한 기능
    allocator<T> alloc; // 메모리 할당을 다루는 객체

    // 기저 배열의 할당 및 초기화
    void create();
    void create(size_type, const T&);
    void create(const_iterator, const_iterator);

    // 배열에 있는 요소들을 소멸시키고 메모리를 비움.
    void uncreate();

    // push_back 함수를 지원하는 함수
    void grow();
    void unchecked_append(const T&);
};
```

이제 남은 일은 메모리 할당을 다루는 private 멤버들을 구현하는 것입니다. Vec 객체가 정상적이라면 다음 네 가지 사항을 항상 만족한다는 사실을 참고하기 바랍니다. private 멤버들을 구현할 때 프로그램을 더 쉽게 이해할 수 있습니다.

1 data는 첫 번째 데이터 요소를 가리키며 해당 요소가 존재하지 않으면 data 값은 0입니다.

2 data ≤ avail ≤ limit

3 요소들은 [data, avail) 범위 안에 만들어집니다.

4 요소들은 [avail, limit) 범위 안에 만들어지지 않습니다.

앞 조건들을 **클래스 불변성**^{class invariant}이라고 합니다. 2.3.2/54p에서 살펴본 루프 불변성과 마찬가지로 클래스 불변성도 클래스의 객체를 만든 직후부터 만족시키는 것이 좋습니다. 모든 멤버 함수가 클래스 불변성을 만족하도록 한다면 클래스 불변성이 항상 참이 됩니다.

모든 public 멤버들은 클래스 불변성을 거짓으로 만들 수 있는 권한이 없습니다. 클래스 불변성을 거짓으로 만드는 유일한 방법은 data, avail, limit 값을 바꾸는 과정을 거쳐야 합니다. 하지만 public 멤버 함수로는 이 과정을 실행할 수 없기 때문입니다.

우선 메모리를 할당하고 해당 메모리 안 요소들을 초기화하며 포인터를 알맞게 설정하는 역할인 다양한 create 함수들을 살펴보도록 합시다. 함수마다 할당된 모든 메모리를 초기화하므로 create 함수를 실행한 이후 limit와 avail은 항상 같은 메모리 주소를 가리키는 포인터입니다. 즉, 마지막으로 만든 요소는 할당된 마지막 요소와 같습니다. 단, 다음 함수 중 하나를 실행한 후 클래스 불변성이 참임을 직접 확인해야 합니다.

```
template <class T> void Vec<T>::create()
{
    data = avail = limit = 0;
}


template <class T> void Vec<T>::create(size_type n, const T& val)
{
    data = alloc.allocate(n);
    limit = avail = data + n;
    uninitialized_fill(data, limit, val);
}

template <class T> void Vec<T>::create(const_iterator i, const_iterator j)
{
```

```
        data = alloc.allocate(j - i);
        limit = avail = uninitialized_copy(i, j, data);
    }
```

인수가 없는 버전의 create 함수는 비어 있는 Vec를 만드므로 포인터들의 값이 0에서 시작하도록 만드는 동작을 실행해야 합니다.

벡터 크기와 값을 인수로 갖는 버전의 create 함수는 적절한 양의 메모리를 할당하려고 인수로 전달한 벡터 크기를 사용합니다. allocator<T> 클래스의 멤버인 allocate 함수는 지정된 개수의 T 타입 객체를 저장하기에 충분한 메모리 공간을 할당합니다. 따라서 alloc.allocate(n)은 n개 객체를 저장하기에 충분한 크기의 저장 공간을 할당합니다.

allocate 함수는 data에 저장한 첫 번째 요소를 가리키는 포인터를 반환합니다. allocate 함수가 반환한 메모리는 초기화되지 않았으므로 uninitialized_fill 함수를 호출하여 초기화할 준비를 합니다. uninitialized_fill 함수는 초기화되지 않은 요소로 이루어진 배열을 첫 2개의 인수로 지정해 세 번째 인수를 복사합니다. 함수 실행이 끝나면 allocate 함수가 반환한 저장 공간에 새로운 요소들을 만들 것이고 이 요소들은 각각 val로 초기화될 것입니다.

create 함수의 마지막 버전은 allocate 함수가 반환하는 저장 공간을 초기화하려는 목적으로 uninitialized_copy 함수를 호출한다는 점을 제외하면 다른 두 함수와 비슷하게 동작합니다. uninitialized_copy 함수는 첫 2개의 인수가 나타내는 배열 요소를 세 번째 인수가 가리키는 배열(초기화되지 않은 요소가 있는 배열)로 복사합니다. uninitialized_copy 함수는 초기화된 마지막 요소의 다음을 가리키는 포인터를 반환하며 이 포인터는 limit와 avail에 필요한 값입니다.

uncreate 함수는 create 함수가 실행한 동작을 원래 상태로 돌려야 합니다. 따라서 요소에 소멸자를 실행하고 Vec이 사용한 저장 공간을 반환해야 합니다.

```
template <class T> void Vec<T>::uncreate()
{
    if (data) {
        // 생성된 요소들을 역순으로 소멸
        iterator it = avail;
        while (it != data)
            alloc.destroy(--it);
```

```
        // 할당된 모든 저장 공간을 반환
        alloc.deallocate(data, limit - data);
    }
    // 비어 있는 Vec을 가리키도록 포인터를 재설정
    data = limit = avail = 0;
}
```

uncreate 함수는 data가 0일 때 아무런 동작을 하지 않습니다. 만약 delete를 사용하더라도 값이 0인 포인터와 함께 delete를 실행할 때는 어떠한 악영향도 끼치지 않습니다. 따라서 data를 0과 비교할 필요가 없습니다. 하지만 alloc.deallocate 함수는 delete와 달리 해제할 메모리가 없더라도 0이 아닌 포인터가 필요합니다. 따라서 data가 0인지 반드시 확인해야 합니다.

uncreate 함수가 동작을 실행할 때는 반복자 it를 이동시켜 Vec의 만들어진 요소들을 거치며 destroy 함수를 호출하여 각 요소를 소멸시킵니다. 이때 delete[]의 동작과 비슷하게 Vec를 역순으로 거치며 요소들을 소멸시킵니다. 요소들을 소멸시킨 후에는 deallocate 함수를 호출하여 모든 저장 공간을 해제합니다. deallocate 함수는 해제할 메모리의 첫 번째 요소를 가리키는 포인터와 해제할 T 타입 요소들의 개수를 의미하는 정숫값이 인수로 있습니다. 할당된 모든 저장 공간을 반환해야 하므로 data와 limit 사이의 저장 공간 할당을 해제합니다.

이제 남은 것은 push_back 함수가 사용하는 멤버의 구현입니다.

```
template <class T> void Vec<T>::grow()
{
    // 저장 공간을 늘릴 때는 현재 사용하는 저장 공간의 2배를 할당
    size_type new_size = max(2 * (limit - data), ptrdiff_t(1));

    // 새로운 저장 공간을 할당하고 기존 요소들을 새로운 저장 공간에 복사
    iterator new_data = alloc.allocate(new_size);
    iterator new_avail = uninitialized_copy(data, avail, new_data);

    // 기존의 저장 공간을 반환
    uncreate();

    // 새롭게 할당한 저장 공간을 가리키려고 포인터 재설정
    data = new_data;
    avail = new_avail;
```

```
        limit = data + new_size;
    }

    // avail은 할당되었지만 아직 초기화되지 않은 저장 공간을 가리킨다고 가정
    template <class T> void Vec<T>::unchecked_append(const T& val)
    {
        alloc.construct(avail++, val);
    }
```

grow 함수의 역할은 최소 요소 하나를 저장할 수 있을 만큼의 저장 공간을 할당하는 것입니다. push_back 함수의 계속된 호출 때문에 할당한 저장 공간을 초과할 수 있으므로 grow 함수는 빈번한 저장 공간 할당 과정에서 발생하는 오버헤드를 피해야 합니다. 따라서 필요한 것보다 더 많은 저장 공간을 할당합니다.

11.4/324p에서 살펴본 것처럼 여러분은 새로운 할당이 일어날 때마다 저장 공간의 크기를 2배로 늘리는 방법을 사용하기로 했습니다. 물론 현재 Vec가 비어 있을 수 있으므로 요소 하나에 해당하는 저장 공간 크기와 기존 저장 공간의 2배에 해당하는 크기 중 더 큰 값의 저장 공간을 할당합니다. 8.1.3/231p에서 살펴본 것처럼 max 함수에 있는 2개의 인수는 반드시 같은 타입이어야 합니다. limit - data의 타입은 10.1.4/283p에서 살펴본 것처럼 ptrdiff_t 타입입니다. 따라서 ptrdiff_t 타입의 값인 1에 해당하는 객체 하나를 명시적으로 만듭니다.

grow 함수에서는 먼저 new_size에 할당할 요소 개수를 저장합니다. 알맞은 크기의 저장 공간을 할당한 다음에는 uninitialized_copy 함수를 호출하여 기존 저장 공간에서 새롭게 할당한 저장 공간으로 요소들을 복사합니다. 그런 다음 uncreate 함수를 호출하여 기존 메모리에 있는 요소들을 소멸시킵니다. 마지막으로 포인터들 각각을 data가 새롭게 할당한 배열의 첫 번째 요소로, avail은 Vec에 마지막으로 만든 요소의 다음으로, limit는 할당했지만 아직 초기화하지 않은 마지막 요소의 다음을 가리키도록 재설정합니다.

allocate 함수와 uninitialized_copy 함수가 반환한 값을 저장하는 것은 매우 중요합니다. 해당 값들을 따로 저장하지 않고 직접 사용하여 data와 limit를 재설정한 후 uncreate 함수를 호출한다면 기존 저장 공간을 없애는 것이 아니라 방금 새롭게 할당한 메모리를 소멸 및 해제하기 때문입니다.

unchecked_append 함수는 만들어진 요소들 다음의 첫 번째 위치에 요소 하나를 만듭니다. avail은 할당되었지만, 아직 만들어진 요소를 저장하는 데 사용하지 않은 저장 공간을 가리킨

다고 가정합니다. grow 함수를 호출한 이후에만 바로 unchecked_append 함수를 호출하므로 unchecked_append 함수의 동작은 위험 요소가 없습니다.

11.6 핵심 정리

다음과 같은 사항들을 잘 기억해둡시다.

템플릿 클래스

8.1.1/227p에서 설명한 템플릿 기능을 사용하여 만들 수 있습니다.

```
template <class 타입-매개변수 [, class 타입-매개변수] ... >
class 클래스-이름 { ... } ;
```

앞 코드는 이름이 '클래스 이름'이고 주어진 매개변수의 타입에 따라 달라지는 템플릿 클래스를 만듭니다. '타입 매개변수'의 이름은 템플릿 내부에서 필요한 모든 곳에 사용됩니다. 템플릿 클래스는 클래스 범위 내부에서 정규화되지 않은 이름으로 참조할 수 있습니다. 하지만 클래스 범위 외부에서는 '타입 매개변수'와 함께 정규화된 이름으로 참조해야 합니다.

```
template <class T>
Vec<T>& Vec<T>::operator=(const Vec&) { ... }
```

프로그래머는 템플릿 타입의 객체를 만들 때 실제 타입을 명시합니다. 예를 들어 Vec<int>는 '타입 매개변수'에 int 타입을 바인딩하는 버전의 Vec 클래스를 인스턴스화합니다.

복사 제어

일반적으로 클래스는 객체의 생성, 복사, 할당, 소멸 상황에서 발생하는 일을 제어합니다. 생성자는 객체의 생성이나 복사가 일어날 때 부수적으로 발생하는 결과로 호출됩니다. 할당 연산자는 할당을 포함하는 표현식에서 호출됩니다. 소멸자는 객체가 소멸되거나 범위를 벗어날 때 자동으로 실행됩니다.

생성자에서 자원을 할당하는 클래스는 항상 변함 없이 복사 생성자, 할당 연산자, 소멸자를 정의해야 합니다. 할당 연산자를 작성할 때는 반드시 자가 할당 여부를 확인해야 합니다. 그리고 기본 할당 연산자와의 일관성을 유지하려면 왼쪽 피연산자의 참조를 반환하는 것이 좋습니다.

합성한 동작

클래스에서 생성자들을 정의하지 않았다면 컴파일러는 기본 생성자를 합성합니다. 해당 클래스에서 생성자들을 명시적으로 정의하지 않았다면 컴파일러는 복사 생성자, 할당 연산자, 소멸자를 합성합니다. 합성한 동작들은 재귀적으로 정의되며 합성한 각 연산자는 클래스의 데이터 멤버에 알맞은 동작을 재귀적으로 적용합니다.

오버로드된 연산자

operator op라는 함수 정의를 이용해 정의됩니다. 여기서 op는 이미 정의된 연산자입니다. 최소한 매개변수 하나는 클래스 타입이어야 합니다. 연산자 함수가 클래스의 멤버라면 왼쪽 피연산자(이항 연산자일 때) 또는 유일한 피연산자(단항 연산자일 때)는 연산자를 호출한 객체에 바인딩됩니다. 인덱스 연산자와 할당 연산자는 반드시 클래스의 멤버여야 합니다.

연습문제

11-0. 이 장에서 살펴본 프로그램들을 컴파일하고 실행하여 결과를 확인해보세요.

11-1. 9장에서 정의한 Student_info 구조체에서는 복사 생성자, 할당 연산자, 소멸자를 정의하지 않았습니다. 그 이유는 무엇일까요?

11-2. 9장에서 정의한 Student_info 구조체에서는 기본 생성자를 정의했습니다. 그 이유는 무엇일까요?

11-3. Student_info 객체에서 합성한 할당 연산자는 어떤 동작을 실행할까요?

11-4. Student_info 클래스에서 합성한 소멸자가 소멸시키는 멤버는 몇 개일까요?

11-5. Student_info 객체의 생성, 복사, 할당, 소멸 빈도를 셀 수 있도록 Student_info 클래스를 다시 구현해보세요. 그리고 이 클래스를 사용하여 6장에서 다룬 학생 정보 프로그램을 실

행해보세요. 다시 구현한 Student_info 클래스를 사용하면 알고리즘 라이브러리의 사용 빈도를 확인할 수 있습니다. 각 라이브러리 클래스를 사용한 빈도를 비교하여 여러분이 살펴본 알고리즘들의 컴퓨터 자원 사용량 차이가 어느 정도인지 추정해보세요.

11-6. Vec 객체에서 1개 요소를 제거하는 함수와 Vec 객체 전체를 비우는 함수를 Vec 클래스에 추가해보세요. 이 함수들은 표준 벡터 클래스의 erase 함수 및 clear 함수와 비슷하게 동작해야 합니다.

11-7. Vec 클래스에 earse 함수와 clear 함수를 추가하면 지금까지 이 책에서 살펴본 프로그램 대부분에서 표준 벡터 클래스 대신 Vec 클래스를 사용할 수 있습니다. 표준 벡터 클래스 대신 Vec 클래스를 사용하여 9장에서 살펴본 Student_info 프로그램과 5장에서 살펴본 문자 그림을 다루는 프로그램을 다시 작성해보세요.

11-8. 표준 리스트 클래스의 가벼운 버전과 이와 관련된 반복자를 작성해보세요.

11-9. 11.5.1/332p에서 살펴본 grow 함수는 필요할 때마다 메모리 크기를 2배로 늘립니다. 해당 함수의 효율성을 개선하는 방식을 추정해보세요. 또한 기존 방식과 얼마나 효율성 차이가 나는지 예측한 후 grow 함수를 적절하게 수정하고 효율성 차이를 측정해보세요.

CHAPTER 12

값처럼 동작하는 클래스 객체

일반적으로 기본 타입 객체는 값처럼 동작합니다. 이러한 타입의 객체를 복사할 때마다 원본과 복사본은 같은 값을 갖지만 독립적으로 존재합니다. 즉, 이들 중 한 객체를 바꿔도 다른 객체에 영향을 주지 않습니다. 여러분은 이러한 타입 객체를 만들어 함수와 주고받거나, 복사하거나, 다른 객체에 할당할 수 있습니다.

프로그래밍 언어는 기본 타입 대부분에 다양한 연산자 집단을 정의하고 논리적으로 비슷한 타입으로 자동 변환합니다. 예를 들어 int 타입 객체와 double 타입 객체를 더하면 컴파일러는 int 타입을 double 타입으로 자동 변환합니다.

여러분이 클래스를 정의할 때는 해당 클래스의 객체가 값처럼 동작하는 정도를 제어해야 합니다. 9장 및 11장에서 살펴본 것처럼 클래스 작성자는 객체의 생성, 복사, 할당, 소멸 시 발생하는 일들을 제어합니다. 클래스 작성자는 복사와 할당을 적절히 정의하여 해당 클래스 객체가 값처럼 동작하도록 만들 수 있습니다. 즉, 클래스 작성자는 객체 각각이 다른 객체들과 독립적인 상태가 되도록 만들 수 있습니다. 여러분이 작성한 Vec 클래스와 Student_info 클래스는 값처럼 동작하는 타입의 예입니다.

이 장에서는 클래스 작성자가 클래스 객체의 변환 및 관련 연산들을 제어하여 기본 타입 객체와 아주 비슷하게 동작하는 클래스 객체를 제공할 수 있다는 점을 살펴볼 것입니다. 이 같은 타입의 좋은 예로 다양한 연산자 집단이 있으며 자동 변환을 지원하는 표준 라이브러리 문자열 클래스가 있습니다. 따라서 11장에서 간단한 버전의 벡터를 정의한 것처럼 이 장에서는 간단한 버전의 문자열 클래스 Str을 정의할 것입니다. 문자열을 포함하는 표현식을 작성하는 연산자 만들기와 변환에 중점을 둘 것입니다. 이 장에서는 효율성을 고려하지 않을 것입니다. 대신 14장에서 각 Str 객체와 연관된 저장 공간을 더 효율적으로 관리하는 방법을 이해하도록 Str을 다시 살펴볼 것입니다.

Str 클래스의 세부적인 구현을 걱정할 필요는 없습니다. 왜냐하면 이미 Vec 클래스를 구현하면서 대부분의 내용을 살펴봤기 때문입니다. 따라서 이 장에서는 여러분이 작성하는 클래스에 적합한 인터페이스를 설계하는 방법을 중점적으로 다룰 것입니다.

12.1 간단한 문자열 클래스

여러분이 원하는 방식과 가깝게 동작하는 객체를 만들 수 있도록 Str 클래스를 정의해봅시다.

```
class Str {
public:
    typedef Vec<char>::size_type size_type;

    // 비어 있는 Str 객체를 만드는 기본 생성자
    Str() { }

    // c의 복사본 n개가 있는 Str 객체를 생성
    Str(size_type n, char c) : data(n, c) { }

    // null로 끝나는 char 타입의 배열에서 Str 객체를 생성
    Str(const char* cp) {
        std::copy(cp, cp + std::strlen(cp), std::back_inserter(data));
    }

    // 반복자 b와 e가 가리키는 범위에서 Str 객체를 생성
    template<class In> Str(In b, In e) {
        std::copy(b, e, std::back_inserter(data));
    }
private:
    Vec<char> data;
};
```

Str 클래스는 데이터를 관리하는 동작을 11장에서 작성한 Vec 클래스에 맡깁니다. Vec 클래스는 Str 클래스를 적절히 지원하며 11장의 연습문제로 제시한 clear 함수만 빠져 있습니다.

Str 클래스는 생성자 4개가 있으며 각 생성자는 적절히 초기화된 Vec 객체로 data를 만들도록 처리합니다.

Str 클래스의 기본 생성자는 Vec 클래스의 기본 생성자를 암묵적으로 호출하여 빈 Str 객체를 만듭니다. Str 클래스에는 기본 생성자 외의 생성자들도 있으므로 합성한 기본 생성자가 정확한 동작을 실행하더라도 기본 생성자를 명시적으로 정의해야 합니다. 다른 생성자 3개는 값을 사용하여 data를 생성하거나 초기화합니다.

벡터 크기와 문자 하나가 있는 생성자는 해당하는 Vec 클래스의 생성자를 사용하여 data를 만듭니다. 그 외의 동작은 없으므로 생성자의 본문은 비어 있습니다.

나머지 생성자 2개는 서로 비슷합니다. 이들의 생성자 이니셜라이저는 비어 있습니다. 즉, data는 비어 있는 Vec 객체로 암묵적으로 초기화됩니다. 각 생성자는 copy 함수를 호출하여 제공된 문자들을 비어 있는 data에 추가합니다. 예를 들어 const char* 타입의 객체를 전달받는 생성자는 strlen 함수를 사용하여 문자열의 길이를 정합니다. 이 길이를 사용하여 입력할 문자들을 나타내는 반복자 2개를 구하고 copy 함수와 back_inserter 함수를 호출하여 해당 문자들을 data에 추가합니다. 따라서 이 생성자 때문에 data는 cp가 가리키는 배열에 있는 문자들의 복사본이 있습니다.

가장 흥미로운 생성자는 네 번째 생성자이며 반복자 2개를 전달받아 주어진 범위 안 문자들의 복사본이 있는 새로운 Str 객체를 만듭니다. 세 번째 생성자와 마찬가지로 copy 함수와 back_inserter 함수를 사용하여 [b, e) 범위 안 값들을 data에 추가합니다. 이 생성자의 흥미로운 점은 생성자 자체가 템플릿 함수라는 것입니다. 따라서 여러 가지 타입의 반복자에 인스턴스화할 수 있는 생성자 집단을 효과적으로 정의합니다. 예를 들어 이 생성자를 사용하면 문자 배열이나 Vec<char>로부터 Str 객체를 만들 수 있습니다.

유의해야 하는 것은 Str 클래스가 복사 생성자, 할당 연산자, 소멸자를 정의하지 않는다는 점입니다. 기본값으로 동작하기 때문입니다. Str 클래스 자체는 메모리 할당을 하지 않습니다. Vec 클래스의 연산을 호출하여 세부적인 메모리 관리를 합성한 연산에 맡깁니다. 기본값으로 동작한다는 사실을 확인하는 한 가지 방법은 Str 클래스가 소멸자를 필요로 하지 않음을 확인하는 것입니다. 실제로 소멸자가 있더라도 동작하는 일은 없을 것입니다. 일반적으로 소멸자가 필요 없는 클래스는 명시적인 복사 생성자나 할당 연산자가 필요하지 않습니다 (11.3.6/322p).

12.2 자동 변환

앞서 생성자 집단을 정의했고 복사, 할당, 소멸은 암묵적으로 정의했습니다. 이 연산들은 Str 객체를 값처럼 동작하도록 만듭니다. 따라서 Str 객체를 복사할 때 원본과 복사본은 서로 독립적입니다. 이어서 여러분이 생각해볼 문제는 변환입니다. 기본 타입 값들은 보통 다른 타입으로 변환할 수 있습니다. 예를 들어 int 타입으로 double 타입을 초기화할 수 있으며 int 타입을 double 타입에 할당할 수도 있습니다.

```
double d = 10; // 10을 double 타입으로 변환하고 해당 값을 사용하여 d를 초기화
double d2;
d2 = 10; // 10을 double 타입으로 변환하고 해당 값을 d2에 할당
```

Str 클래스라면 const char* 타입 객체로 Str을 만드는 방법을 정의했으므로 다음처럼 작성할 수 있습니다.

```
Str s("hello"); // s를 생성
```

앞 정의문에서는 const char* 타입의 인수가 있는 생성자를 명시적으로 호출하여 s를 만듭니다. 또한 다음 코드를 작성할 수 있어야 합니다.

```
Str t = "hello"; // t를 초기화
s = "hello"; // s에 새로운 값을 할당
```

11.3.3/318p에서 살펴본 = 기호의 두 가지 의미를 떠올려 봅시다. 첫 번째 실행문은 t를 정의하므로 = 기호는 초기화를 나타냅니다. 이러한 형태의 초기화는 항상 const Str& 타입이 인수로 있는 복사 생성자가 필요합니다. 두 번째 실행문은 선언문이 아닌 표현식이므로 = 기호는 할당 연산자입니다. Str 객체와 관련된 유일한 할당 연산자는 컴파일러가 정의한 것이며 역시

const Str& 타입이 인수로 있습니다. 즉, 2개 실행문에서는 const Str& 타입의 인수로 const char* 타입의 문자열 리터럴을 사용합니다.

따라서 Str 클래스에 const char* 타입의 매개변수가 있는 추가 할당 연산자를 제공하고 복사 생성자를 오버로드하는 방법을 찾아야 합니다. 다행스럽게도 const char* 타입의 인수가 있는 생성자가 이미 존재합니다. 또한 해당 생성자는 **사용자 정의 변환**user-defined conversion 역할을 맡습니다. 사용자 정의 변환은 클래스 타입의 객체에서 다른 클래스 타입의 객체로 변환하는 방법을 나타냅니다. 기본 변환과 마찬가지로 컴파일러는 사용자 정의 변환을 적용하여 값을 필요한 타입으로 변환시킵니다.

클래스는 두 가지 방식으로 변환을 정의할 수 있습니다. 첫 번째는 다른 타입에서 해당 타입으로의 변환이고 두 번째는 해당 타입에서 다른 타입으로의 변환입니다. 두 번째 형태의 변환은 12.5/353p에서 다룰 것입니다. 보편적인 변환은 다른 타입에서 여러분이 원하는 타입으로 변환하는 방법을 정의합니다. 이 때문에 인수 하나가 있는 생성자를 정의해야 합니다.

Str 클래스는 지금까지 설명한 생성자가 있으며 해당 생성자는 const char* 타입의 인수가 있습니다. 따라서 Str 타입의 객체를 사용해야 하고, 사용할 수 있는 const char* 타입의 객체가 존재한다면 컴파일러는 해당 생성자를 사용할 것입니다. const char* 타입을 Str 타입에 할당하는 것이 이러한 상황에 해당합니다. s = "hello";라는 코드를 작성한다면 컴파일러는 Str(const char*) 생성자를 사용하여 문자열 리터럴로부터 Str 타입의 이름 없는 일시적 지역 객체를 만듭니다. 그리고 Str 클래스의 (합성한) 할당 연산자를 호출하여 일시적 객체를 s에 할당합니다.

12.3 Str 연산

지금까지 여러분은 문자열을 다루는 코드를 작성하면서 다양한 연산자를 사용했습니다.

```
cin >> s // 문자열을 읽는 데 사용한 입력 연산자
cout << s // 문자열을 출력하는 데 사용한 출력 연산자
s[i] // 문자에 접근하는 데 사용한 인덱스 연산자
s1 + s2 // 문자열 2개를 결합하는 데 사용한 더하기 연산자
```

이 모든 것은 이항 연산자이므로 함수로 정의할 때 각 함수는 매개변수 2개가 있습니다. 멤버 함수라면 매개변수 중 하나는 명시되지 않을 수 있습니다. 11.2.4/309p에서 살펴본 것처럼 오버로드된 연산자의 이름은 operator라는 단어에 연산자 기호를 붙여 구성합니다. 따라서 operator>>는 입력 연산자를 오버로드하는 함수 이름이고, operator[]는 인덱스 연산의 이름을 지정한 것입니다.

먼저 인덱스 연산자부터 살펴봅시다. 인덱스 연산자는 클래스의 멤버로 구현해야만 하며 그 이유와 방법은 이미 11.2.4/309p에서 다루었습니다.

```
class Str {
public:
    // 생성자는 이전과 같음.
    char& operator[](size_type i) { return data[i]; }
    const char& operator[](size_type i) const { return data[i]; }
private:
    Vec<char> data;
};
```

인덱스 연산자는 주어진 동작을 해당 Vec 클래스의 함수로 전달합니다. Str 클래스에서는 Vec 클래스처럼 두 가지 버전의 인덱스 연산을 정의합니다. 하나는 const 타입 객체에서 동작할 수 있으며 다른 하나는 동작할 수 없습니다. const 타입이 아닌 버전은 문자에 관한 참조를 반환하여 해당 문자에 쓰기 접근을 허용합니다. const 타입 버전은 const char 타입에 관한 참조를 반환하여 프로그래머가 원래 문자를 바꾸는 것을 방지합니다. char 타입 대신 const char& 타입을 반환하는 이유는 표준 문자열 클래스와의 일관성을 유지하려는 것입니다.

그 외 연산자를 살펴보기 전 생각해볼 중요한 문제는 함수들이 Str 클래스의 멤버여야 하는지 결정하는 것입니다. 따라서 각 연산자에 있는 서로 다른 특징을 파악해야 합니다. 우선 입출력 연산자를 살펴본 후 12.3.3/347p에서 문자열을 결합하는 더하기 연산자를 살펴보겠습니다.

12.3.1 입출력 연산자

9.2.2/257p에서는 compare 함수가 Student_info 클래스의 멤버인지 결정했습니다. 이를 결정하는 한 가지 방법은 함수가 객체 상태에 영향을 주는지 알아보는 것입니다. 입력 연산자는

객체 상태를 확실하게 바꿉니다. 어쨌거나 이미 존재하는 객체에 새로운 값을 읽어 들이려고 입력 연산자를 사용합니다. 따라서 입력 연산자는 Str 클래스의 멤버여야 한다는 생각을 할 수 있습니다. 하지만 실제로는 예상과 다릅니다.

그 이유는 오버로드된 연산자 함수의 매개변수에 표현식의 피연산자들을 바인딩하는 방식 때문입니다(11.2.4/309p). 이항 연산에서 왼쪽 피연산자는 항상 첫 번째 매개변수에 바인딩되고 오른쪽 피연산자는 두 번째 매개변수에 바인딩됩니다. 멤버 연산자 함수라면 첫 번째 매개변수(왼쪽 피연산자)는 항상 멤버 함수에 암묵적으로 전달됩니다.

다음 코드를 살펴봅시다.

```
cin >> s;
```

앞 코드는 객체 cin에 정의한 오버로드된 >> 연산자를 호출하는 코드와 같은 뜻입니다.

```
cin.operator>>(s);
```

이러한 동작은 >> 연산자가 istream 클래스의 멤버여야 한다는 것을 의미합니다.

하지만 istream 클래스의 정의문을 포함하지 않았으므로 해당 연산을 추가할 수 없습니다. 그렇다면 operator>> 함수를 Str 클래스의 멤버로 만든 후 프로그래머가 Str 객체에서 사용하도록 해당 연산을 호출해야 합니다. 다음 코드를 살펴봅시다.

```
s.operator>>(cin);
```

앞 코드는 다음 코드와 같은 의미입니다.

```
s >> cin;
```

이러한 코드들을 사용하면 라이브러리 전체에서 사용하는 규칙을 무시합니다. 따라서 입력 연산자는 멤버가 아니어야 한다는 결론을 내릴 수 있습니다. 마찬가지로 출력 연산자에도 같은 결론을 내릴 수 있습니다.

이제 입출력 연산자의 선언문을 Str.h 파일에 추가합니다. Str 클래스를 알맞게 수정할 수 있습니다.

```
std::istream& operator>>(std::istream&, Str&); // 추가됨.
std::ostream& operator<<(std::ostream&, const Str&) ; // 추가됨.
```

출력 연산자를 구현하는 것은 어렵지 않습니다. 한 번에 문자 하나를 출력하는 것을 반복 실행하면서 Str 객체를 거칩니다.

```
ostream& operator<<(ostream& os, const Str& s)
{
    for (Str::size_type i = 0; i != s.size(); ++i)
        os << s[i];

    return os;
}
```

한 가지 주목할 것은 이러한 방식의 구현이 Str 클래스에 size 함수를 어쩔 수 없이 추가하게 만든다는 사실입니다.

```
class Str {
public:
    size_type size() const { return data.size(); }
    // 이전과 같음.
};
```

출력 연산자의 형태가 단순하지만 반드시 완벽하게 이해해야 합니다. 반복문을 거칠 때마다 Str::operator[] 함수를 호출하여 출력할 문자를 가져옵니다. 결과적으로 해당 연산자는 Vec::operator[] 함수를 호출하여 기저 벡터에서 실제 값을 가져옵니다. 마찬가지로 반복문을 통과할 때마다 s.size()를 호출하여 Str 객체의 크기를 구합니다. s.size()는 기저 Vec 객체의 멤버인 size 함수를 호출하여 해당 객체의 크기를 구합니다.

12.3.2 friend 관계

입력 연산자의 구현은 출력 연산자보다 어렵지 않으며 입력 스트림에서 문자들을 읽어 저장해야 합니다. 입력 연산자를 호출할 때마다 선행 공백을 읽고 버린 후 공백이나 EOF에 도달할 때까지 문자들을 읽어 저장해야 합니다. Str 객체의 입력 연산자는 이 책에서는 다루지 않는 입출력 라이브러리의 난해한 부분을 걷어낸 단순한 버전이지만 필요한 동작을 실행하는데 문제가 없습니다.

```
// 아직 컴파일하지 않은 코드
istream& operator>>(istream& is, Str& s)
{
    // 기존의 값 제거
    s.data.clear(); // 컴파일 오류! data는 private임. 선행 공백을 읽고 버림.
    char c;

    // 조건을 판별하는 것 외의 동작은 없음.
    while (is.get(c) && isspace(c));

    // 읽을 문자가 남아 있다면 다음 공백 문자에 도달할 때까지 문자를 읽음.
    if (is) {
        do s.data.push_back(c); // 컴파일 오류! data는 private임.
        while (is.get(c) && !isspace(c));

        // 공백을 읽었다면 다시 스트림에 남겨둠.
        if (is)
            is.unget();
    }
    return is;
}
```

앞 함수를 살펴본 후 컴파일 오류가 발생하는 이유를 알아보도록 합시다.

먼저 data에 남아 있을지도 모르는 이전 값을 제거합니다. 왜냐하면 Str 객체에 스트림 값을 읽어 저장하는 동작은 기존에 존재한 데이터가 무엇이든 반드시 제거하는 과정이 필요하기 때문입니다. 다음에는 주어진 스트림에서 공백이 아닌 문자가 나올 때까지 문자를 한 번에 하나씩 읽어야 합니다. 공백 문자를 읽었는지 확인할 수 있어야 하므로 입력 스트림에 get 함수를 사용합니다. 오버로드된 >> 연산자는 공백을 무시하지만 get 함수는 공백을 포함하여 스트림의 다음 문자를 읽어 반환합니다. 따라서 while문은 공백이 아니거나 더 이상의 입력이 존재하지 않을 때까지 문자를 읽습니다. 읽은 문자가 공백이면 실행할 동작 없이 다시 다음 문자를 읽으므로 while문은 비어 있는 본문이 있습니다.

이어지는 if문 조건부에서는 while문을 빠져 나온 이유가 공백이 아닌 문자를 읽은 것인지 더 이상의 입력이 존재하지 않은 것인지 확인합니다. 전자는 다음 공백 문자가 나올 때까지 읽은 각 문자를 data에 추가해야 합니다. 이어지는 do while문에서 이러한 동작을 실행합니다. do while문은 앞서 실행한 while문에서 이미 읽은 문자를 data에 추가한 후 공백 문자가 나오거나 더 이상의 입력이 존재하지 않을 때까지 계속해서 문자를 읽습니다. 공백이 아닌 문자를 읽을 때마다 push_back 함수를 사용하여 해당 문자를 data에 추가합니다.

do while문을 빠져나오려면 is에서 더 이상 읽는 동작을 실행할 수 없거나 공백 문자를 읽었을 때여야 합니다. 후자라면 문자 하나를 더 읽은 상태이므로 is.unget( )을 호출하여 입력 스트림을 되돌려 놓습니다. unget 함수는 입력 스트림을 문자 하나만큼 역행해 가장 최근에 호출한 get 함수의 동작을 취소합니다. 즉, unget 함수를 호출한 후의 스트림은 직전의 get 함수가 동작하지 않은 것과 같은 상태입니다.

주석에서도 알 수 있듯이 앞 코드는 컴파일할 수 없습니다. 문제는 operator>> 함수가 Str 클래스의 멤버가 아니므로 s의 멤버인 data에 접근할 수 없다는 것입니다. 여러분은 이미 9.3.1/262p에서 Student_info 객체의 멤버인 name에 접근이 필요한 compare 함수로 이와 비슷한 문제를 다룬 적이 있습니다. 접근자 함수를 추가하여 해당 문제를 해결했습니다. 이번에는 data에 읽기 접근을 허용하는 것만으로는 해결되지 않습니다. 입력 연산자는 읽기 접근 뿐만 아니라 data에 쓰기 접근도 할 수 있어야 합니다. 입력 연산자는 일반적인 Str 추상화의 일부이므로 data에 쓰기 접근을 허용하는 것이 좋습니다. 그러나 data에 쓰기 접근하는 것을 모든 프로그래머에 허용하지는 않을 것이므로 operator>> 함수를 public 멤버로 추가하는 것은 올바른 해결법이 아닙니다. 모든 프로그래머가 data에 쓰기 접근하도록 허용하는 것이기 때문에 문제를 해결할 수 없습니다.

operator>> 함수를 public에 추가하는 대신 Str 클래스와 friend 관계라고 명시할 수 있습니다. friend 관계는 멤버와 같은 접근 권한이 있습니다. 입력 연산자를 friend 선언문을 사용해서 만들면 멤버 함수들과 마찬가지로 Str 클래스의 private 멤버에 접근할 수 있습니다. 다음처럼 Str 클래스에 friend 선언문을 추가해봅시다.

```
class Str {
    friend std::istream& operator>>(std::istream&, Str&);
    // 이전과 같음.
};
```

앞 friend 선언문은 istream& 타입 및 Str& 타입의 인수가 있는 operator>> 함수 버전이 Str 클래스의 private 멤버에 접근할 수 있음을 의미합니다. 앞 선언문을 Str 클래스에 추가 했다면 입력 연산자는 문제없이 컴파일됩니다.

클래스 정의문에서 friend 선언문은 어디에나 위치할 수 있습니다. 순서상 private 레이블 다음 또는 public 레이블의 다음에 위치하더라도 아무런 차이가 없습니다. friend 함수는 특별한 접근 권한이 있으므로 클래스의 인터페이스로 분류합니다. 따라서 friend 선언문은 클래스 정의문의 시작 부분인 클래스의 public 인터페이스와 이웃하여 모아 두는 것이 좋습니다.

12.3.3 기타 이항 연산자

지금부터는 + 연산자를 구현해보도록 합시다. 그에 앞서 + 연산자가 멤버인지, + 연산자의 피 연산자 타입은 무엇인지, + 연산자가 어떤 타입을 반환하는지 정해야 합니다. 앞으로 살펴볼 것이지만 이러한 사항은 여러 가지 의미를 지니고 있습니다.

일단 이러한 사항에 몇 가지 기초가 되는 부분을 추측해봅시다. 첫째, Str 타입인 값들을 결합 할 수 있어야 합니다. 둘째, 해당 결합이 두 피연산자 값을 바꾸지 않아야 합니다. 이러한 사실 에서 + 연산자를 멤버 함수로 만들어야 하는 특별한 이유는 없다고 추측할 수 있습니다. 마지 막으로 Str 타입인 s1, s2, s3에 다음처럼 표현식 하나로 다중 결합할 수 있어야 합니다.

```
s1 + s2 + s3
```

이 방식은 + 연산자가 Str 타입을 반환해야 한다는 것을 나타냅니다. 따라서 결합의 구현은 멤버가 아닌 함수여야 합니다.

```
Str operator+(const Str&, const Str&);
```

또한 + 연산자 외에 += 연산자를 제공하는 것도 생각할 수 있습니다. 즉, 프로그래머가 s와 s1을 결합하여 얻은 값을 s에 할당할 때 다음 두 가지 형태 중 하나를 사용할 수 있습니다.

```
s = s + s1;
s += s1;
```

operator+ 함수를 구현하는 가장 편리한 방법은 operator+= 함수를 먼저 구현하는 것입니다. 단일 결합 연산자와는 달리 복합 결합 연산자는 왼쪽 피연산자를 바꾸므로 Str 클래스의 멤버로 구현해야 합니다. 결합 연산의 정의문을 추가해 완성한 Str 클래스는 다음과 같습니다.

```cpp
class Str {
    // 12.3.2/347p에서 구현한 입력 연산자
    friend std::istream& operator>>(std::istream&, Str&);
public:
    Str& operator+=(const Str& s) {
        std::copy(s.data.begin(), s.data.end(), std::back_inserter(data));
        return *this;
    }

    // 이전과 같음.
    typedef Vec<char>::size_type size_type;
    Str() { }
    Str(size_type n, char c) : data(n, c) { }
    Str(const char* cp) {
        std::copy(cp, cp + std::strlen(cp), std::back_inserter(data));
    }
    template<class In> Str(In b, In e) {
        std::copy(b, e, std::back_inserter(data));
    }

    char& operator[](size_type i) { return data[i]; }
    const char& operator[](size_type i) const { return data[i]; }
    size_type size() const { return data.size(); }
private:
    Vec<char> data;
};

// 12.3.1/344p에서 구현한 출력 연산자 및 12.3.3/347p에서 구현한 operator+ 함수
std::ostream& operator<<(std::ostream&, const Str&);
Str operator+(const Str&, const Str&);
```

기저 저장 공간의 Vec 클래스를 사용하므로 operator+= 함수의 구현은 간단합니다. copy 함수를 호출하여 오른쪽 피연산자의 복사본을 왼쪽 피연산자인 Vec 객체에 추가합니다. 할당할 때 늘 그렇듯 왼쪽 객체의 참조 타입을 결과로 반환합니다.

이제는 += 연산자로 operator+ 함수를 구현할 수 있습니다.

```
Str operator+(const Str& s, const Str& t) {
    Str r = s;
    r += t;
    return r;
}
```

새로운 Str 객체를 만드는 결합 연산자 함수는 멤버가 아니라는 사실을 기억합시다. 지역 변수인 r을 s의 복사본으로 초기화하여 새로운 Str 객체를 만듭니다. 이 초기화 과정에서는 Str 복사 생성자를 사용합니다. 그런 다음 += 연산자를 호출하여 r과 t를 결합한 후 (복사 생성자의 암묵적 호출을 이용해) 결과로 r을 반환합니다.

12.3.4 혼합 타입 표현식

여러분은 const Str& 타입의 피연산자가 있는 결합 연산자를 정의했습니다. 그렇다면 문자 포인터를 포함하는 표현식은 어떻게 해야 할까요? 예를 들어 Str 클래스를 사용하여 1.2/41p에서 살펴본 프로그램을 구현하려면 어떻게 해야 할까요? 1.2/41p에서 살펴본 프로그램은 다음 코드를 포함하며, 이때 name은 문자열 타입입니다.

```
const std::string greeting = "Hello, " + name + "!";
```

이와 비슷하게 다음 코드를 작성할 수 있어야 하며 name은 Str 타입입니다.

```
const Str greeting = "Hello, " + name + "!";
```

+ 연산자는 왼쪽 우선 결합성이 있으므로 앞 코드는 다음 표현식을 실행한 후 그 결과와 '!'에 + 연산자를 적용하는 것과 같습니다.

```
"Hello, " + name
```

따라서 다음 표현식과 의미가 같습니다.

```
("Hello, " + name) + "!"
```

이 표현식을 작게 나누어 살펴보면 + 연산자의 두 가지 형태를 확인할 수 있습니다. 형태 하나는 문자열 리터럴을 첫 번째 피연산자, Str 객체를 두 번째 피연산자로 전달합니다. 다른 형태 하나는 결합 연산의 결과로 얻은 Str 객체를 왼쪽 피연산자, 문자열 리터럴을 오른쪽 피연산자로 전달합니다. 따라서 각각 const char* 타입이 인수로 있는 버전과 Str 타입이 인수로 있는 버전을 순서대로 호출합니다.

여러분은 12.3.3/347p에서 const char* 타입이 아닌 Str 타입의 인수가 있는 + 연산자를 정의했습니다. 12.2/340p에서는 const char* 타입의 인수가 있는 생성자를 정의하여 const char* 타입을 Str 타입으로 변환하는 변환 연산자도 정의했습니다. 따라서 Str 클래스는 앞서 살펴본 표현식을 이미 처리할 수 있습니다. 상황마다 컴파일러는 const char* 타입의 인수를 Str 타입으로 변환한 후 operator+ 함수를 호출합니다.

변환 연산의 숨겨진 과정을 이해하는 것은 중요합니다. 다음 코드를 예로 들어 봅시다.

```
Str greeting = "Hello, " + name + "!";
```

앞 코드에서 greeting에 부여한 값은 다음 코드를 실행했을 때와 같습니다.

```
Str temp1('Hello, "); // Str::Str(const char*)
Str temp2 = temp1 + name; // operator+(const Str&, const Str&)
Str temp3("!") // Str::Str(const char*)
Str greeting = temp2 + temp3; // operator+(const Str&, const Str&)
```

이러한 접근 방식은 일시적 객체들이 존재하므로 컴퓨터 자원의 사용량이 많다고 생각할 수 있습니다. 일시적 객체들을 만드는 것을 자원 사용량으로 인식하기 때문입니다.

따라서 상용 문자열 라이브러리의 구현에서는 다소 귀찮더라도 자동 변환에 의존하지 않고 피연산자들의 모든 조합에 결합 연산자의 특정 버전들을 정의하는 방식을 따릅니다.

12.3.5 이항 연산자 설계

이항 연산자 설계에서는 변환의 역할을 올바르게 이해하는 것이 중요합니다. 클래스가 변환을 제공하면 일반적으로 이항 연산자를 멤버 함수로 정의하지 않는 것이 좋습니다. 이렇게 하면 두 피연산자 사이의 대칭성을 유지할 수 있습니다.

만약 연산자가 클래스의 멤버라면 해당 연산자의 왼쪽 피연산자에는 자동 변환의 결과가 올 수 없습니다. 이러한 제약을 두는 이유는 프로그래머가 x + y와 같은 표현식을 작성할 때 operator+ 함수를 멤버로 갖는 타입으로 x를 변환할 수 있는지 알아내야 할 수 있으며, 이때 컴파일러가 전체 프로그램의 모든 타입을 검토할 필요는 없기 때문입니다. 해당 제약 때문에 컴파일러 및 프로그래머는 멤버가 아닌 operator+ 함수와 x의 타입을 정의한 클래스의 멤버인 operator+ 함수만 검토해야 합니다.

멤버가 아닌 연산자의 왼쪽 피연산자와 모든 연산자의 오른쪽 피연산자는 일반적인 함수의 인수와 같은 규칙을 따릅니다. 피연산자에는 매개변수 타입으로 변환할 수 있는 모든 타입이 올 수 있습니다. 만약 이항 연산자를 멤버 함수로 만들면 피연산의 비대칭성이 이루어집니다. 오른쪽 피연산자에는 자동 변환의 결과가 올 수 있지만 왼쪽 피연산자에는 자동 변화 결과가 올 수 없습니다. 이러한 비대칭성은 +=처럼 본질적으로 비대칭성이 있는 연산자에는 적용해도 문제가 없습니다. 하지만 대칭성이 있는 연산자에는 혼란과 오류를 일으킵니다. 해당 연산자의 양쪽 피연산자를 동등하게 취급하는 것이 언제나 바람직하며 이를 실현하려는 연산자를 멤버 함수로 정의하지 않는 방법밖에 없습니다.

이항 연산자 중 할당 연산자는 왼쪽 피연산자에 클래스 타입만 오도록 제한하려고 합니다. 이런 제한이없으면 어떤 일이 발생할까요? 만약 왼쪽 피연산자에 변환을 허용하면 해당 피연산자를 클래스 타입으로 변환하고 새로운 값을 일시적 저장 공간에 할당할 수 있습니다. 이 값은 일시적 객체이므로 할당이 끝난 후 방금 할당한 객체에 접근할 수 있는 방법이 없습니다. 따라서 할당 연산자와 마찬가지로 모든 복합 할당 연산자를 클래스의 멤버로 정의해야 합니다.

12.4 주의해야 할 변환

11.2.2/306p에서 벡터 크기를 인수로 갖는 생성자를 explicit로 정의한 것을 떠올려봅시다. 이제는 인수 하나가 있는 생성자가 변환을 정의한다는 사실을 알았으므로 생성자를 explicit로 만들 때 어떤 일이 일어나는지 이해할 수 있습니다. 생성자를 explicit로 만들면 객체를 명시적으로 생성할 때만 해당 생성자를 사용하도록 컴파일러에 지시합니다. 표현식이나 함수 호출에서 피연산자를 변환하여 객체를 암묵적으로 만들 때 컴파일러는 explicit로 정의한 생성자를 사용하지 않습니다.

explicit로 정의한 생성자가 유용한 이유를 이해하려면 Vec 생성자를 explicit로 선언하지 않았을 때를 가정하여 살펴보면 좋습니다. 그렇다면 주어진 벡터 크기가 있는 Vec 객체를 암묵적으로 만들 수 있습니다. 예를 들어 5.8.1/157p에서 살펴본 frame 같은 함수를 호출할 때는 암묵적 변환을 사용할 수 있습니다. frame 함수는 const vector<string>& 타입의 단일 매개변수가 있으며 전달된 벡터 주위에 테두리를 넣어 문자 그림을 만듭니다. frame 함수에서 벡터 대신 Vec를 사용한다고 가정한 후 다음 코드를 실행해봅시다. 앞서 Vec 클래스는 explicit로 정의한 생성자가 없다고 가정했습니다.

```
Vec<string> p = frame(42);
```

앞 코드를 실행하면 어떤 일이 일어날까요? 그리고 어떤 일이 일어나야 할까요? 더욱 중요한 것은 프로그래머 입장에서 어떤 일이 일어날지 어떻게 파악할 수 있을까요? 프로그래머는 42개의 빈 행에 테두리를 입힌 문자 그림 결과를 얻습니다. 이러한 동작이 프로그래머가 의도한 결과일까요? 이보다는 42라는 값 주위에 테두리를 만들 가능성이 더 높지 않을까요? 이러한 호출은 십중팔구 잘못된 것입니다. 따라서 Vec 클래스는 표준 벡터 클래스와 마찬가지로 정숫값이 있는 생성자를 explicit로 만듭니다.

일반적으로 만들어지는 객체의 내용이 아닌 구조를 정의하는 생성자를 explicit로 만드는 것이 유용합니다. 인수가 객체의 일부가 되는 생성자는 explicit로 만들면 안 됩니다. 예를 들어 문자열 클래스와 Str 클래스는 const char* 타입을 단일 인수로 전달받은 생성자가 있으며 해당 생성자는 explicit가 아닙니다. 각 생성자는 const char* 타입인 인수를 사용하여 객체 값을 초기화합니다. 생성된 객체 값을 인수가 결정하므로 표현식이나 함수 호출에서 const char* 타입의 자동 변환을 허용하는 것이 합리적입니다.

이와 반대로 벡터 클래스와 Vec 클래스는 Vec::size_type 타입을 단일 인수로 전달받은 생성자가 있으며 해당 생성자는 explicit입니다. 이 생성자는 인수로 전달한 값을 사용하여 할당할 요소 개수를 결정합니다. 이때 생성자의 인수가 결정하는 것은 객체 값이 아니라 객체 구조입니다.

12.5 변환 연산자

여러분은 12.2/340p에서 일부 생성자가 변환을 정의하는 것을 살펴보았습니다. 클래스를 작성하는 프로그래머는 객체를 다른 타입으로 변환하는 방법을 명시적으로 나타내는 데 **변환 연산자**conversion operator를 정의할 수도 있습니다.

변환 연산자는 반드시 클래스의 멤버로 정의해야 합니다. 변환 연산자의 이름은 operator와 변환할 타입의 이름으로 구성합니다. 따라서 클래스에 operator double이라는 멤버가 있다면 현재 클래스 타입에서 double 타입 값을 만드는 방법을 나타냅니다. 다음 코드를 예로 들어봅시다.

```
class Student_info {
public:
    operator double() const;
    // 중략
};
```

앞 코드는 Student_info 타입 객체로부터 double 타입을 만드는 방법을 나타냅니다. 이 변환의 의미는 연산자의 정의문에 따라 다르며 객체를 해당 최종 점수로 변환하는 것일 수도 있습니다. 컴파일러는 double 타입의 객체가 필요할 때마다 Student_info 타입 객체를 변환하는데 이 변환 연산자를 사용할 것입니다. 예를 들어 vs가 vector<Student_info> 타입이면 다음처럼 모든 학생의 평균 점수를 구할 수 있습니다.

```
vector<Student_info> vs;
// vs를 채우는 과정은 생략

double d = 0;
```

```
for (int i = 0; i != vs.size(); ++i)
    d += vs[i]; // vs[i]가 double 타입으로 자동 변환

cout << "Average grade: " << d / vs.size() << endl;
```

변환 연산자는 클래스 타입을 기본 타입으로 변환할 때 가장 유용합니다. 또한 여러분이 코드가 없는 다른 클래스로 변환할 때도 유용합니다. 둘 모두 변환하려는 타입에 생성자를 추가할 수 없으므로 여러분이 구현하는 클래스의 일부로만 변환 연산자를 정의할 수 있습니다.

사실 암묵적으로 istream 값을 검사하는 반복문을 작성할 때마다 이러한 종류의 변환 연산자를 사용합니다. 3.1.1/81p에서 살펴본 것처럼 다음 istream 객체를 반복문의 조건에 사용할 수 있습니다.

```
if (cin >> x) { /* 생략 */ }
```

앞 코드는 다음 코드와 같은 의미입니다.

```
cin >> x;
if (cin) { /* 생략 */ }
```

이제 방금 살펴본 표현식에서 어떤 일이 일어나는지 이해할 수 있습니다.

if문은 조건을 검사하며 조건은 진릿값을 반환하는 표현식입니다. 그리고 진릿값은 bool 타입입니다. 임의의 산술 타입이나 포인터 타입 값을 사용하면 bool 타입 값으로 자동 변환되므로 이러한 타입 값을 반복문의 조건을 구성하는 표현식으로 사용할 수 있습니다. 물론 istream은 포인터 타입이나 산술 타입이 아닙니다. 하지만 표준 라이브러리는 istream 타입에서 void 타입을 가리키는 void* 타입의 변환으로 정의합니다. 이 변환 연산자는 istream::operator void*로 정의하며, istream이 유효한지 판별하려고 다양한 상태 플래그를 검사합니다. 그리고 스트림 상태를 나타내려고 구현체가 정의한 0이 아닌 void* 타입 값이나 0을 반환합니다.

지금까지 여러분은 void* 타입을 사용한 적이 없습니다. 6.2.2/187p에서는 void 타입을 매우 적은 용도로만 사용할 수 있다고 언급했고 void를 가리키는 포인터인 void*가 해당 용도 중 하나입니다. void를 가리키는 포인터는 모든 타입의 객체를 가리킬 수 있는 포인터이므로 범

용 포인터라고 합니다. 물론 반환할 객체 타입을 알 수 없으므로 범용 포인터를 역참조할 수는 없습니다. 다만 void*로 실행할 수 있는 동작은 void*를 bool 타입으로 변환하는 것입니다. 이것이 여기에서 void* 타입의 사용을 다루는 명확한 이유입니다.

istream 클래스가 operator bool이 아닌 operator void*를 정의하는 것은 컴파일러가 다음과 같은 잘못된 코드를 알아내려는 것입니다.

```
int x;
cin << x; // cin >> x;라고 작성해야 함.
```

만약 istream 클래스가 정의하는 변환 연산자가 operator void*가 아닌 operator bool이라면 방금 살펴본 표현식은 istream::operator bool을 사용하여 cin을 bool로 변환합니다. 여기에서 얻은 bool 값을 int로 변환한 후 해당 값을 x 값과 같은 개수의 비트만큼 왼쪽으로 이동시킵니다. 그리고 그 결과는 그냥 버려집니다. 반면에 산술 타입이 아닌 void* 타입으로 변환을 정의하면 표준 라이브러리는 여전히 istream을 반복문의 조건으로 사용하지만 산술값으로 사용하지 못하게 막습니다.

12.6 변환 및 메모리 관리

C++로 구현한 프로그램 대부분은 C 또는 어셈블리 언어로 작성한 시스템의 인터페이스를 담당합니다. 이러한 프로그래밍 언어에서는 null로 끝나는 문자 배열을 사용하여 문자열 데이터를 저장합니다. 10.5.2/290p에서 살펴본 것처럼 C++ 표준 라이브러리는 자체적으로 이러한 규칙을 사용하여 입출력 파일의 이름을 가져옵니다.

따라서 Str 클래스는 Str에서 null로 끝나는 문자 배열로의 변환을 제공해야 한다는 결론을 내릴 수 있습니다. 이러한 변환을 제공한다면 Str 클래스를 사용하는 프로그래머는 null로 끝나는 배열을 다루는 함수에 Str 객체를 (자동으로) 전달할 수 있습니다. 하지만 앞으로 살펴볼 내용에 따르면 이러한 변환 때문에 메모리 관리의 보이지 않는 함정에 빠질 수 있습니다.

만약 Str 타입에서 char* 타입으로의 변환을 제공한다고 가정한다면 다음처럼 const 버전과 const가 아닌 버전을 모두 제공해야 합니다.

```
class Str {
public:
    // 그럴듯하지만 문제가 발생할 수 있는 변환 동작
    operator char*(); // 추가됨.
    operator const char*() const; // 추가됨. 이전과 같음.
private:
    Vec<char> data;
};
```

이제 Str 클래스를 사용하는 프로그래머는 다음과 같은 코드를 작성할 수 있습니다.

```
Str s;
// ...
ifstream in(s); // 희망 사항: s를 변환한 후 스트림 s를 사용할 수 있게 함.
```

문제는 이러한 변환을 실제로 구현하는 것이 거의 불가능하다는 점입니다. data를 반환할 수 없는 가장 분명한 이유는 잘못된 타입이기 때문입니다. data는 Vec<char> 타입이지만 필요한 것은 char 타입의 배열입니다. 더 자세히 들여다보자면 만약 타입이 일치하더라도 data를 반환하는 것은 Str 클래스의 은닉화에 반하는 동작입니다. 왜냐하면 data를 가리키는 포인터를 얻은 프로그래머는 해당 포인터를 사용하여 Str 객체 값을 바꿀 수 있기 때문입니다. 마찬가지로 Str 객체가 소멸될 때 일어나는 일을 생각해봅시다. 더 이상 존재하지 않는 Str 객체를 가리키는 포인터를 사용할 때 해당 포인터는 시스템에 반환된 메모리를 가리킬 것이고 더 이상 유효하지 않은 포인터입니다.

은닉화 문제를 해결하는 데 const char* 타입으로의 변환만을 제공할 수도 있습니다. 하지만 프로그래머가 Str 객체를 소멸시킨 후 해당 포인터를 사용하려는 것은 막을 수 없습니다. 이 문제는 data에 저장된 문자들의 복사본에서 사용할 새로운 저장 공간을 할당하고 이곳을 가리키는 포인터를 반환해야 해결할 수 있습니다. 이때 Str 클래스를 사용하는 프로그래머가 해당 저장 공간을 관리해야만 하며 더 이상 필요하지 않을 때 할당을 해제해야 합니다.

결과적으로 방금 언급한 설계 방식은 제대로 동작하지 않습니다. 변환은 암묵적으로 일어날 수 있으므로 프로그래머가 소멸시킬 포인터가 존재하지 않습니다.

다음 코드를 다시 살펴봅시다.

```
Str s;
ifstream is(s); // 암묵적 변환: 배열의 할당을 해제하려면 어떻게 해야 합니까?
```

만약 Str 클래스가 앞서 언급한 방식의 변환을 제공한다면 ifstream 생성자에 s를 전달했을 때는 암묵적인 변환이 일어납니다. 따라서 Str 타입을 생성자에 필요한 const char* 타입으로 변환합니다. 이 변환은 s 값의 복사본을 저장하려고 새로운 저장 공간을 할당합니다. 그러나 이러한 저장 공간을 가리키는 명시적인 포인터가 없으므로 프로그래머는 해당 저장 공간의 할당을 해제할 방법이 없습니다. 분명한 것은 메모리 누수를 일으키는 설계 방식은 옳지 않다는 점입니다.

클래스를 설계할 때는 클래스를 사용하는 프로그래머가 아무런 이상이 없어 보이지만 문제를 일으키는 코드를 작성해서 실수하는 일은 없도록 해야 합니다. C++ 표준이 완성되기 전까지는 라이브러리를 만드는 많은 업체의 다양한 문자열이 존재했습니다. 이들 중 일부는 문자 배열로의 암묵적 변환을 제공했습니다. 하지만 앞서 언급한 잠재적인 오류 2개 중 최소한 한 가지를 피할 수 있는 방법은 없었습니다.

표준 문자열 라이브러리는 이와 다른 접근 방식입니다. 프로그래머가 문자열 복사본을 문자 배열로 가져오는 동작이 명시적으로 이루어집니다. 표준 문자열 클래스는 문자열에서 char 타입의 배열을 얻을 때 사용하는 멤버 함수 3개를 제공합니다. 첫 번째 함수인 c_str( )은 문자열 내용을 null로 끝나는 char 타입의 배열로 복사합니다. 문자열 클래스가 내부적으로 배열을 다루므로 클래스를 사용하는 프로그래머가 포인터를 삭제하는 일은 없을 것입니다.

배열의 데이터는 일시적으로 저장되며 해당 문자열을 바꾸는 멤버 함수가 호출될 때까지만 유효합니다. 즉, 프로그래머는 포인터를 즉시 사용하거나 저장 공간에 데이터를 복사하고 해당 저장 공간을 관리해야 합니다. 두 번째 함수인 data( )는 null로 끝나지 않는 배열을 반환한다는 점을 제외하면 c_str( )과 같습니다. 마지막으로 copy 함수는 char*와 정수가 인수로 있으며 정수 개수만큼의 문자를 char*가 가리키는 저장 공간에 복사합니다. 해당 저장 공간은 프로그래머가 반드시 할당 및 해제해야 합니다. 이러한 세 가지 함수들은 이 장의 연습문제에서 구현해보도록 합시다.

유의해야 할 것은 c_str 함수와 data 함수가 const char* 타입으로의 암묵적 변환 과정에서 일어나는 위험 요소를 공유한다는 점입니다. 프로그래머는 명시적으로 변환을 요청해야 하므로 호출하는 함수에 관한 많은 부분을 파악하고 있을 것입니다. 여기에는 포인터의 복사본을 유지하는 것에서 비롯한 위험 요소가 반드시 포함되어야 합니다.

만약 라이브러리가 암묵적 변환을 허용한다면 해당 위험 요소 때문에 어렵지 않게 난관에 봉착할 것입니다. 심지어 변환이 일어난 것조차 알지 못할 수 있으므로 난관에 봉착했을 때 그 이유를 모를 수도 있습니다.

12.7 핵심 정리

다음과 같은 사항들을 잘 기억해둡시다.

변환

explicit가 아니면서 단일 인수가 있는 생성자로 정의되거나 operator 타입-이름() 형태의 변환 연산자로 정의됩니다. 여기서 '타입 이름'은 변환할 수 있는 클래스 타입의 이름입니다. 변환 연산자는 반드시 멤버여야 합니다. 만약 두 클래스가 서로의 변환을 정의할 때는 모호한 결과를 낳을 수 있습니다.

friend 관계

friend 선언문은 클래스 정의문 내부의 어느 곳에서든 작성할 수 있으며 friend 관계인 클래스의 private 멤버에 접근할 수 있는 권한을 부여합니다.

```
template<class T>
class Thing {
    friend std::istream& operator >> (std::istream&, Thing&);
    // 중략
};
```

13.4.2/389p에서 살펴볼 것인데 클래스 또한 friend로 지정할 수 있습니다.

멤버로의 템플릿 함수

클래스는 템플릿 함수를 멤버로 삼을 수 있습니다. 클래스 자체가 템플릿이 될 수도 있고 그렇지 않을 수도 있습니다. 템플릿 멤버 함수가 있는 클래스는 실제 같은 이름인 바인딩되지 않은 멤버 함수 집단이 있는 셈입니다. 템플릿 멤버 함수의 선언 및 정의는 템플릿 함수와 같습니다.

문자열과 관련된 함수

이 장에서 설명한 문자열 관련 함수에는 다음 같은 것이 있습니다.

- s.c_str(): null로 끝나는 배열을 가리키는 const char* 타입을 반환합니다. 배열 데이터는 다음 순서로 s를 바꾸는 문자열 관련 함수를 실행할 때까지만 유효합니다. 프로그래머는 포인터를 삭제할 수 없으며 배열 데이터의 수명이 제한적이므로 포인터의 복사본을 저장하면 안 됩니다.
- s.data(): s.c_str()과 비슷하지만 배열은 null로 끝나지 않습니다.
- s.copy(p, n): 문자 포인터 p가 가리키는 저장 공간에 s의 문자들을 정수 n개만큼 복사합니다. 프로그래머는 p가 가리키는 저장 공간이 n개 문자를 충분히 저장할 수 있는지 확인해야 합니다.

연습문제

12-0. 이 장에서 살펴본 프로그램들을 컴파일하고 실행하여 결과를 확인해보세요.

12-1. 클래스가 자체적으로 저장 공간을 관리하는 방식을 적용하여 Str 클래스를 다시 구현해보세요. 예를 들어 char 타입 배열과 문자 길이를 저장할 수 있습니다. 이러한 설계 변경이 복사 제어에 어떤 영향을 미치는지 생각해보세요. Vec 객체의 사용에 따른 비용(예: 저장 공간 오버헤드)도 생각해보세요.

12-2. 이 장에서 소개한 Str 클래스에 c_str 함수, data 함수, copy 함수를 구현해보세요.

12-3. <cstring> 헤더가 정의하는 strcmp 함수를 살펴본 후 Str 클래스의 관계 연산자를 정의해보세요. strcmp 함수는 문자 포인터 2개를 비교해야 합니다. 첫 번째 포인터가 가리키는 null로 끝나는 문자 배열이 두 번째 포인터가 가리키는 null로 끝나는 문자 배열보다 작다면 음수, 같다면 0, 크다면 양수를 반환하도록 만듭니다.

12-4. Str 클래스의 일치 연산자(==)와 불일치 연산자(!=)를 정의해보세요.

12-5. const char* 타입을 이용한 변환에 의존하지 않게 Str 클래스의 결합을 구현해보세요.

12-6. Str 객체를 암묵적인 조건으로 사용하도록 만드는 함수를 Str 클래스에 추가해보세요. 만약 Str 객체가 비어 있다면 거짓, 그렇지 않으면 참을 반환해야 합니다.

12-7. 표준 문자열 클래스는 문자열의 문자를 조작하는 데 임의 접근 반복자를 제공합니다. Str 클래스에 반복자, begin 함수, end 함수를 추가해보세요.

12-8. Str 클래스에 getline 함수를 추가해보세요.

12-9. ostream_iterator 클래스를 사용하여 Str 클래스의 출력 연산자를 다시 구현해보세요. 이 문제에서 istream_iterator 클래스를 사용하여 입력 연산자를 다시 구현하는 것을 요청하지 않은 이유는 무엇일까요?

12-10. 12.1/338p에서는 Str 클래스가 한 쌍의 반복자가 인수로 있는 생성자를 정의하는 방법을 살펴보았습니다. 여러분은 이와 같은 생성자가 Vec 클래스에 유용할 것이라고 예상할 수 있습니다. Vec 클래스에 생성자를 추가하고 copy 함수를 호출하는 대신 Vec 클래스의 생성자를 사용하도록 Str 클래스를 다시 구현해보세요.

12-11. 이 장의 연습문제에서 구현한 함수들을 추가하면 이 책의 모든 예제에서 Str 클래스를 사용할 수 있습니다. 5장에서 살펴본 문자 그림을 다루는 함수들과 5.6/150p, 6.1.1/173p에서 살펴본 split 함수를 Str 클래스를 이용하도록 다시 구현해보세요.

12-12. Vec 클래스와 Str 클래스에 반복자 2개가 인수로 있는 insert 함수를 정의해보세요.

12-13. 배열 값을 Vec 객체에 할당하는데 사용할 수 있는 assign 함수를 제공해보세요.

12-14. 문자열로 Vec 객체를 초기화하는 프로그램을 작성해보세요.

12-15. 4.1.3/106p에서 살펴본 read_hw 함수는 EOF에 도달하거나 유효하지 않은 입력 내용이 발생하는지 파악하려고 입력 스트림을 확인합니다. 하지만 이 장에서 살펴본 Str 클래스의 입력 연산자는 입력 스트림을 확인하지 않습니다. 그 이유는 무엇일까요? 유효하지 않은 상태의 스트림을 내버려 두는 것일까요?

CHAPTER 13

상속과 동적 바인딩

앞선 몇 개 장에서는 사용자가 직접 데이터 타입을 만드는 방법을 살펴보았습니다. 이는 객체
지향 프로그래밍의 바탕이 되는 개념 중 하나입니다. 이 장에서는 객체지향 프로그래밍의 또
다른 핵심 요소인 상속과 동적 바인딩을 살펴볼 것입니다.

9장에서는 4장부터 살펴본 성적 산출 문제를 해결하는데 사용하는 동작들을 은닉화하는 간단
한 클래스를 다루었습니다. 이 장에서는 해당 문제를 다시 살펴볼 것입니다. 이번에는 구현 내
용을 다음처럼 바꾸려고 합니다.

- 학생들은 대학생 신분이나 대학원생 신분으로 해당 과목을 수강할 수 있습니다.
- 대학원생이 과목을 수료하려면 추가 과제 제출이 필요합니다.
- 모든 학생이 반드시 완료해야 하는 과제와 시험 외에 대학원생은 추가로 논문을 작성해야 합니다.

이러한 변경 사항은 객체지향적인 문제 해결 방식에 적합하며 여러분은 객체지향 프로그래밍
을 지원하려고 C++가 제공하는 프로그래밍 언어의 기능을 살펴볼 것입니다.

여러분의 목표는 새로운 요구 사항들을 반영하는 클래스들을 새로 작성하는 것, 동시에
9.6/268p에서 성적 산출 문제를 해결하는 데 구현한 솔루션들이 그대로 동작하도록 만드는
것입니다. 즉, 기존에 구현한 코드를 사용하여 점수를 기록한 파일을 읽고 성적 보고서를 만드
는 클래스를 작성할 것입니다.

13.1 상속

여러분이 아는 것은 대학원생에 적용되는 성적 산출 방식이 논문 관련 추가 사항만 제외하면 대학생과 같다는 점입니다. 이러한 사실은 **상속**inheritance을 적용하기에 아주 적합한 상황입니다.

상속은 객체지향 프로그래밍의 핵심 요소 중 하나입니다. 상속의 기본 개념은 클래스 하나에서 몇 가지 확장을 제외하면 또 다른 클래스와 동일하게 여길 수 있다는 것입니다. 여러분이 다루는 문제라면 모든 학생은 반드시 과제와 시험을 완료해야 하고 그중 일부는 논문도 작성해야 합니다. 따라서 클래스 2개를 정의해야 하며, 하나는 대학생과 공통 요구 사항을 다루는 클래스고 다른 하나는 대학원생의 요구 사항을 나타내는 클래스입니다.

이들 가운데 첫 번째 클래스는 Student_info 클래스와 비슷하므로 어렵지 않게 작성할 수 있습니다. 다만 클래스 이름을 Student_info가 아닌 Core라고 새로 이름 지을 것이며 그 이유는 13.4/385p에서 밝혀집니다. 지금 당장 알아야 하는 것은 Core 클래스가 대학생과 대학원생 모두를 나타내는 것이 아니라 과목의 공통 요구 사항을 충족하는 학생들만을 다룬다는 점입니다. Student_info라는 클래스 이름은 모든 학생을 나타내는 클래스에서 사용하도록 아껴둡시다.

클래스 이름을 바꾸는 것 외에도 모든 학생에게 공통으로 있는 학생 정보 중 일부를 읽어 들이는 함수를 다음처럼 Core 클래스의 private 레이블에 추가합니다.

```
class Core {
public:
    Core();
    Core(std::istream&);
    std::string name() const;
    std::istream& read(std::istream&);
    double grade() const;
private:
    std::istream& read_common(std::istream&);
    std::string n;
    double midterm, final;
    std::vector<double> homework;
};
```

두 번째 클래스인 Grad 클래스는 대학원생을 대상으로 하는 추가 요구 사항을 의미합니다.

```
class Grad : public Core {
public:
    Grad();
    Grad(std::istream&);
    double grade() const;
    std::istream& read(std::istream&);
private:
    double thesis;
};
```

앞 클래스 정의문에서 새로운 타입인 Grad는 Core 클래스에서 **파생**derive 또는 **상속**inherit한 것입니다. 그리고 Core 클래스는 Grad 클래스의 **기본**base **클래스**입니다. Grad 클래스가 Core 클래스를 상속하므로 Core 클래스의 생성자, 할당 연산자, 소멸자를 제외한 모든 멤버는 Grad 클래스의 멤버이기도 합니다. Grad 클래스는 데이터 멤버인 thesis와 Grad 클래스의 생성자처럼 자체 멤버를 추가할 수 있습니다. 그리고 grade 함수와 read 함수처럼 기본 클래스의 멤버를 재정의할 수도 있습니다. 하지만 파생 클래스는 기본 클래스의 어떤 멤버도 삭제할 수 없습니다.

Grad 클래스의 정의문 중 public Core에서 public을 사용한 것은 Grad 클래스가 Core 클래스를 상속하는 것이 구현의 일부가 아닌 인터페이스의 일부임을 나타냅니다. 즉, Grad 클래스는 Core 클래스의 public 레이블에 속한 인터페이스를 상속합니다. 상속한 인터페이스는 Grad 클래스에서 public 레이블에 속한 인터페이스의 일부가 됩니다. 실제로 Core 클래스의 public 레이블에 속한 멤버는 Grad 클래스의 public 레이블에 속합니다. 예를 들어 Grad 객체 하나가 있다고 가정하면 Grad 클래스에서 자체적으로 name 함수를 정의하지 않더라도 멤버 함수인 name을 호출하여 학생 이름을 얻을 수 있습니다.

Grad 클래스가 Core 클래스와 다른 점은 최종 점수를 구할 때 논문 점수를 고려한 다른 알고리즘을 사용하는 것입니다. 따라서 Grad 객체에 있는 데이터 멤버는 5개입니다. 이중 4개는 Core 클래스에서 상속한 것이고 나머지 1개는 double 타입 값인 thesis입니다. 그리고 Grad 객체는 생성자 2개와 멤버 함수 4개가 있습니다. 멤버 함수 중 2개는 Core 클래스의 해당 멤버 함수를 재정의한 것이며 다른 함수 2개인 name 함수와 read_common 함수는 Core 클래스에서 상속한 것입니다.

13.1.1 보호 레이블 다시 살펴보기

현재 상태에서 Grad 클래스의 멤버 함수는 Core 클래스의 데이터 멤버 4개와 read_common 함수에 접근하지 못합니다. Core 클래스에서 해당 멤버들은 private 레이블에 속해 있습니다. private 레이블에 속한 멤버는 클래스 내부에서만 접근할 수 있거나 클래스와 friend 관계일 때만 접근할 수 있습니다. 공교롭게도 grade 함수와 read 함수의 Grad 클래스 버전을 작성하려면 이러한 private 멤버에 접근할 수 있어야 합니다. 이 문제를 해결하려고 지금까지 보지 못했던 보호 레이블을 사용하여 다음처럼 Core 클래스를 다시 작성해보도록 합시다.

```cpp
class Core {
public:
    Core();
    Core(std::istream&);
    std::string name() const;
    double grade() const;
    std::istream& read(std::istream&);
protected:
    std::istream& read_common(std::istream&);
    double midterm, final;
    std::vector<double> homework;
private:
    std::string n;
};
```

n은 여전히 private 레이블에 속해 있습니다. 하지만 read_common 함수와 데이터 멤버 중 midterm, final, homework는 protected 레이블에 속해 있습니다. protected 레이블은 Grad와 같은 파생 클래스가 기본 클래스 객체를 이루는 protected 레이블에 속한 멤버에 접근할 수 있도록 만듭니다. 하지만 클래스를 사용하는 프로그래머는 이러한 요소에 접근할 수 없습니다.

n은 Core 클래스의 private 레이블에 속한 멤버이므로 Core 클래스의 멤버이거나 Core 클래스와 friend 관계일 때만 n에 접근할 수 있습니다. Grad 클래스에서 n에 접근할 수 있는 별도 권한은 없으며 Core 클래스의 public 레이블에 속한 멤버 함수로만 n에 접근할 수 있습니다.

read, name, grade 함수는 Core 클래스의 public 레이블에 속한 멤버이므로 Core 클래스의 파생 클래스를 포함해 Core 클래스를 사용하는 모든 프로그래머가 사용할 수 있습니다.

13.1.2 멤버 함수

앞서 살펴본 클래스들을 완성하려면 생성자 4개를 구현해야 합니다. 이 생성자들은 각 클래스에 하나씩 존재하는 기본 생성자와 istream 타입이 인수로 있는 생성자입니다. 또한 멤버 함수 6개도 구현해야 합니다. 이 멤버 함수들은 Core 클래스의 name 함수와 read_common 함수, 그리고 두 클래스에서 모두 필요한 read 함수와 grade 함수입니다. 생성자를 작성하는 과정은 13.1.3/367p에서 살펴볼 것입니다.

코드를 작성하기 전 학생 정보를 구조화하는 방법을 생각해봅시다. 이전과 마찬가지로 과제 개수는 유동적이므로 과제 점수가 각 학생 정보의 마지막에 와야 합니다. 따라서 학생 정보는 학생 이름, 중간시험 점수, 기말시험 점수 순서로 구성됩니다. 대학생의 학생 정보면 과제 점수가 뒤따릅니다. 대학원생의 학생 정보면 논문 점수가 기말시험 점수 다음에 오고 이어서 과제 점수가 뒤따릅니다.

지금까지 살펴본 것들을 참고하여 Core 클래스의 멤버 함수들을 작성해봅시다.

```cpp
string Core::name() const { return n; }
double Core::grade() const
{
    return ::grade(midterm, final, homework);
}
istream& Core::read_common(istream& in)
{
    // 학생 이름과 시험 점수를 입력받아 저장
    in >> n >> midterm >> final;
    return in;
}
istream& Core::read(istream& in)
{
    read_common(in);
    read_hw(in, homework);
    return in;
}
```

Grad::read 함수는 Core::read 함수와 비슷합니다. 단, read_hw 함수를 호출하기 전에 thesis를 입력받습니다.

```
istream& Grad::read(istream& in)
{
    read_common(in);
    in >> thesis;
    read_hw(in, homework);
    return in;
}
```

Grad::read 함수의 정의문에서 주목할만한 것은 별도의 표기 없이 기본 클래스의 요소들을 참조할 수 있다는 점입니다. 왜냐하면 해당 요소들도 Grad 클래스의 멤버이기 때문입니다. 만약 해당 멤버가 Core 클래스에서 상속받았다는 것을 명시하고 싶다면 다음처럼 범위 연산자를 사용하면 됩니다.

```
istream& Grad::read(istream& in)
{
    Core::read_common(in);
    in >> thesis;
    read_hw(in, Core::homework);
    return in;
}
```

당연히 thesis는 Core::thesis라고 표기할 수 없습니다. thesis는 Grad 클래스에 속한 것이지 Core 클래스에 속한 것이 아니기 때문입니다. 즉, Grad::thesis라고 표기할 수는 있지만 Core::thesis라고 표기할 수는 없습니다.

Grad 클래스의 grade 함수는 thesis의 영향 때문에 바꿔야 합니다. 대학원생의 최종 점수는 논문 점수와 시험 및 과제에서 얻은 점수 중 더 낮은 점수입니다. 이러한 채점 방식을 구현한 grade 함수는 다음과 같습니다.

```
double Grad::grade() const
{
    return min(Core::grade(), thesis);
}
```

여기에서는 논문 점수와는 별개로 점수를 계산하는 데 기본 클래스의 grade 함수를 호출해야 합니다. 이때 범위 연산자가 반드시 필요합니다. 만약 범위 연산자를 사용하지 않고 다음처럼 코드를 작성한다면 Grad 클래스의 grade 함수를 (재귀적으로) 호출하는 끔찍한 일이 발생할 것입니다.

```
return min(grade(), thesis);
```

Grad::grade 함수에서는 반환할 점수를 결정하는 데 <algorithm> 헤더에서 가져온 min 함수를 사용합니다. min 함수는 두 피연산자 중 더 작은 값을 반환한다는 점을 제외하면 max 함수와 비슷하게 동작합니다. max 함수와 마찬가지로 두 피연산자는 정확하게 같은 타입이어야 합니다.

13.1.3 상속과 생성자

Core 클래스와 Grad 클래스의 생성자를 작성하기에 앞서 구현체가 파생된 타입의 객체를 어떻게 만들어야 하는지 이해해야 합니다. 모든 클래스 타입 객체를 만들 때와 마찬가지로 구현체는 먼저 객체에 필요한 저장 공간을 할당합니다. 그런 다음 알맞은 생성자를 실행하여 객체를 초기화합니다. 초기화한 객체가 파생된 타입일 때는 기본 클래스에서 상속한 부분을 만들어야 하므로 생성 과정에서 단계 하나가 추가됩니다. 정리하자면 파생된 객체는 다음 과정을 거쳐 만들어집니다.

- 기본 클래스 멤버와 파생 클래스 멤버를 모두 포함하는 객체에 필요한 저장 공간 할당
- 기본 클래스 생성자를 호출하여 객체가 기본 클래스에서 상속한 부분을 초기화
- 생성자 이니셜라이저의 지시에 따라 파생 클래스 멤버를 초기화
- 파생 클래스 생성자의 본문이 존재할 때 이를 실행

새롭게 살펴볼 부분은 실행할 기본 클래스 생성자를 선택하는 방법입니다. 당연하겠지만 생성자 이니셜라이저를 사용하여 원하는 기본 클래스 생성자를 지정합니다. 파생 클래스의 생성자 이니셜라이저에서 이를 표기하는 방식은 기본 클래스의 이름과 (어쩌면 비어 있는) 인수 목록 순서입니다. 이 인수들은 객체가 기본 클래스에서 상속한 부분을 만들 때 사용할 초깃값입니다. 또한 해당 부분을 초기화하는 데 실행할 기본 클래스 생성자를 선택하는 역할이기도 합니다. 만약 이니셜라이저가 실행할 기본 클래스 생성자를 지정하지 않았다면, 객체가 기본 클래스에서 상속한 부분을 만들려고 기본 클래스의 기본 생성자가 사용됩니다.

```
class Core {
public:
    // Core 클래스의 기본 생성자
    Core() : midterm(0), final(0) { }

    // istream으로 Core 객체 생성
    Core(std::istream& is) { read(is); }

    // 중략
};

class Grad : public Core {
public:
    // 두 생성자 모두 암묵적으로 Core::Core()를 사용하여
    // 객체가 기본 클래스에서 상속한 부분을 초기화
    Grad() : thesis(0) { }

    Grad(std::istream& is) { read(is); }
    // 중략
};
```

Core 클래스의 생성자는 9.5.1/266p와 9.5.2/267p에서 살펴본 Student_info 클래스의 생성자와 같습니다. 인수가 없는 형태나 istream& 타입의 인수가 있는 형태로 Core 객체를 만드는 방법을 나타냅니다. Grad 클래스의 생성자도 인수가 없는 형태나 istream& 타입의 인수가 있는 형태로 Grad 객체를 만드는 방법을 나타냅니다. 파생 클래스 생성자가 기본 클래스 생성자와 같은 인수가 있어야 한다는 요구 사항이 없다는 점에 주목해야 합니다.

Grad 클래스의 기본 생성자는 인수 없이 Grad 객체를 만들며, 구현체는 해당 객체가 Core 클래스에서 상속한 부분을 만들고 thesis를 0으로 설정합니다. 현재 이러한 동작 대부분이 암묵적으로 일어납니다. 생성자 이니셜라이저가 비어 있으므로 Core 클래스의 기본 생성자를 암묵적으로 호출하여 midterm, final, homework, name을 초기화하는 것입니다. 이때 Core 클래스의 기본 생성자는 name과 homework를 암묵적으로 초기화하고 midterm과 final만 명시적으로 초기화합니다. Grad 클래스의 기본 생성자가 명시적으로 실행하는 유일한 동작은 thesis를 초기화하는 것입니다. 이 동작이 끝나면 생성자가 실행할 다른 작업이 없으므로 기본 생성자의 본문은 비어 있습니다.

istream에서 Grad 객체를 생성하는 방식은 istream에서 Core 객체를 생성하는 것과 거의 같습니다. 다시 말해 istream에서 Grad 객체를 만들 때는 멤버 함수인 read를 호출합니다. 우선 이러한 동작 전에 기본 클래스의 기본 생성자를 (암묵적으로) 호출하여 Grad 객체가 기본 클래스에서 상속한 부분을 초기화합니다. 그다음에 read 함수를 호출합니다. 해당 생성자가 Grad 클래스의 멤버이므로 호출하는 함수는 Grad::read입니다. read 함수가 is에서 thesis로 값을 읽어 들이므로 thesis를 따로 초기화할 필요는 없습니다.

파생 클래스 객체가 어떠한 구조로 만들어지는지 이해하는 것이 중요합니다. 다음 코드를 예로 살펴봅시다.

```
Grad g;
```

앞 코드를 실행하면 시스템은 Grad 객체에 있는 데이터 요소 5개를 저장하기에 충분한 공간을 할당하고 Core 클래스의 기본 생성자를 실행하여 g가 Core 클래스에서 상속한 부분의 데이터 멤버들을 초기화합니다. 그런 다음 Grad 클래스의 기본 생성자를 실행합니다. 한 가지 예를 더 살펴봅시다.

```
Grad g(cin);
```

마찬가지로 앞 코드를 실행하면 알맞은 크기의 저장 공간을 할당한 후 구현체는 Core 클래스의 기본 생성자를 실행합니다. 그 이후에 Grad::Grad(istream&) 생성자를 실행하여 name, midterm, final, thesis, homework에 값을 읽어 들입니다.

13.2 다형성과 가상 함수

아직 기존 Student_info 클래스를 완전하게 다시 구현한 것은 아닙니다. Student_info 클래스의 일부 인터페이스는 멤버가 아닌 함수인 compare를 사용합니다. 두 학생의 정보를 비교하는 compare 함수는 학생 정보들을 알파벳 순서로 나열하는 sort 함수에서 사용합니다.

새롭게 구현한 compare 함수는 타입 이름을 바꾼 것 외에는 9.3.1/262p에서 작성한 compare 함수와 같습니다.

```
bool compare(const Core& c1, const Core& c2)
{
    return c1.name() < c2.name();
}
```

두 학생의 정보를 비교할 때는 이들의 이름을 비교합니다. 실제 동작은 문자열 라이브러리의 < 연산자에 맡깁니다. 여기에서 흥미로운 점은 compare 함수를 사용하여 Core 객체 2개나 Grad 객체 2개를 비교할 수 있다는 것입니다. 그뿐만 아니라 Core 객체와 Grad 객체도 비교할 수 있습니다.

```
Grad g(cin); // Grad 객체 생성
Grad g2(cin); // Grad 객체 생성

Core c(cin); // Core 객체 생성
Core c2(cin); // Core 객체 생성

compare(g, g2); // Grad 객체 2개 비교
compare(c, c2); // Core 객체 2개 비교
compare(g, c); // Grad 객체와 Core 객체 비교
```

각 compare 함수를 호출하면 Core 클래스의 멤버 함수인 name을 실행하여 compare 함수에서 반환할 값을 결정합니다. 이러한 동작이 Core 클래스를 대상으로 한다면 올바른 호출입니다. 하지만 Grad 클래스를 대상으로 하면 어떨까요? 여러분은 Grad 클래스를 정의하면서 Core 클래스를 상속했고 name 함수를 재정의하지 않았습니다. 따라서 Grad 클래스의 객체인 g에 g.name()을 호출하면 Core 클래스에서 상속한 멤버 함수인 name을 호출합니다. 이 name 함수가 Grad 객체와 함께 동작하는 방식은 Core 객체에서와 같습니다. 즉, 객체가 Core 클래스에서 상속한 부분에서 n 값을 가져옵니다.

Core& 타입이 인수로 있는 함수에 Grad 객체를 전달할 수 있는 이유는 Grad 클래스가 Core 클래스를 상속하기 때문입니다. 즉, 다음 그림처럼 모든 Grad 객체는 Core 클래스에서 상속한 부분이 있다고 할 수 있습니다.

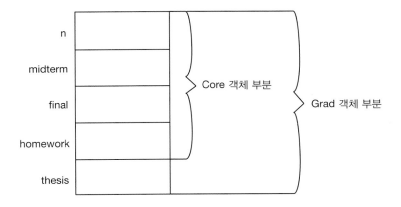

모든 Grad 객체가 Core 클래스에서 상속한 부분이 있으므로 compare 함수의 참조 타입 매개변수를 Grad 객체가 Core 클래스에서 상속한 부분에 바인딩할 수 있습니다. 이는 해당 매개변수를 Core 객체에 바인딩하는 것과 같습니다.

마찬가지로 compare 함수가 Core 객체를 가리키는 포인터를 다루거나 Core 객체의 참조가 아닌 Core 타입의 객체를 다루도록 정의할 수 있습니다. 두 가지 상황 모두 Grad 객체를 대신하여 compare 함수를 호출할 수 있습니다.

compare 함수가 포인터 타입의 인수를 갖는다면 Grad 객체를 가리키는 포인터를 전달할 수 있습니다. 컴파일러는 Grad* 타입을 Core* 타입으로 변환하고 해당 포인터를 Grad 객체가 Core 클래스에서 상속한 부분에 바인딩합니다. compare 함수가 Core 객체를 인수로 갖는다면 Grad 객체가 Core 클래스에서 상속한 부분만 전달합니다. 즉, 객체 자체를 전달하는지, 객체의 참조나 포인터를 전달하는지에 따라 함수 동작에 현저한 차이가 발생할 수 있습니다. 이를 지금부터 자세히 살펴보도록 합시다.

13.2.1 런타임 시점에 객체 타입을 결정해 함수 실행

Grad 및 Core 객체가 name 함수를 공유하므로 앞서 새롭게 구현한 compare 함수에 Grad 객체를 인수로 전달하면 정상적으로 동작합니다. 여기서 만약 학생 이름이 아닌 최종 점수를 기준으로 학생 정보를 비교하고 싶다면 어떻게 해야 할까요? 예를 들어 이름순으로 정렬한 목록을 작성하는 대신 최종 점수순으로 정렬한 목록을 작성해야 할 수도 있습니다.

첫 번째 방법은 compare 함수와 비슷한 다음과 같은 함수를 작성하는 것입니다.

```
bool compare_grades(const Core& c1, const Core& c2)
{
    return c1.grade() < c2.grade();
}
```

compare_grades 함수가 compare 함수와 다른 점은 함수 본문에서 name 함수가 아닌 grade 함수를 호출한다는 것입니다. 여기에서 grade 함수 호출은 특별한 의미가 있습니다.

Grad 클래스에서는 grade 함수의 동작을 재정의합니다. 지금까지 grade 함수를 사용하면서 Core 클래스의 grade 함수와 Grad 클래스의 grade 함수를 특별히 구별하지 않았습니다. compare_grades 함수를 실행하면 compare 함수 본문에서 Core::name 함수를 실행하는 것과 같은 형태로 Core::grade 함수를 실행합니다. Core 클래스와 Grad 클래스의 grade 함수는 서로 다르게 동작하므로 Grad 객체를 다룬다면 Core 클래스에서 정의한 grade 함수 때문에 의도하지 않은 결과를 얻습니다. Grad 객체는 thesis를 처리하는 데 Grad::grade 함수를 실행해야 합니다.

이 때문에 인수로 전달된 객체의 실제 타입에 따라 compare_grades 함수가 알맞은 grade 함수를 호출해야 합니다. 예를 들어 c1 또는 c2가 Grad 객체를 참조하면 Grad 클래스에서 정의한 grade 함수를 호출해야 합니다. Core 객체를 참조하면 Core 클래스에서 정의한 grade 함수를 호출해야 합니다.

여기에서는 앞 결정을 프로그램 실행 중에 이루어지도록 구현하려 합니다. 즉, 함수에 전달한 객체의 실제 타입에 따라 시스템이 알맞은 함수를 실행하도록 구현할 것입니다. 어떤 함수를 호출할지는 프로그램 실행 중에만 알 수 있습니다.

이처럼 런타임 시점에 객체 타입에 따라 함수를 선택해 실행할 수 있도록 C++는 **가상**virtual **함수**를 제공합니다.

```
class Core {
public:
    virtual double grade() const; // virtual 추가
    // 중략
};
```

이제 grade 함수는 가상 함수가 되었습니다. compare_grades 함수를 호출하면 구현체는 참조 타입인 c1과 c2에 바인딩된 객체의 실제 타입을 파악한 후 실행할 grade 함수를 결정합니다. 즉, compare_grades 함수의 인수로 전달한 각 객체를 조사하여 실행할 함수를 결정합니다. 이때 compare_grades 함수에 전달한 인수가 Grad 객체라면 Grad::grade 함수를 실행하고 Core 객체라면 Core::grade 함수를 실행합니다.

virtual 키워드는 클래스 정의문 안에서만 사용할 수 있습니다. 만약 방금 살펴본 코드처럼 함수 선언문과 정의문을 분리했다면 정의문에서는 반복해서 virtual 키워드를 붙이지 않습니다. 따라서 앞서 작성한 Core::grade 함수는 정의문을 바꿀 필요가 없습니다. 가상 함수는 상속되므로 Grad 클래스에서 정의한 grade 함수에서도 반복해서 virtual을 기재할 필요가 없습니다. 새롭게 정의한 Core 클래스로 프로그램을 다시 컴파일하면 기본 클래스의 grade 함수가 가상 함수이므로 앞서 고민한 동작을 정상적으로 실행할 수 있습니다.

13.2.2 동적 바인딩

실행할 가상 함수를 객체 타입에 따라 런타임 시점에 선택하는 동작은 참조 또는 포인터로 함수를 호출할 때만 해당합니다. 참조 또는 포인터가 아니라 객체로 가상 함수를 호출할 때는 컴파일 과정에서 객체 타입을 확실하게 알 수 있습니다. 해당 객체 타입은 결정되어 있으며 실행 과정에서 달라지지 않습니다.

반대로 기본 클래스 객체를 가리키는 참조나 포인터는 기본 클래스 객체 또는 기본 클래스에서 파생한 타입의 객체를 참조하거나 가리킬 수 있습니다. 이는 참조 또는 포인터 타입과 참조 또는 포인터에 바인딩된 객체 타입이 실행 과정에서 달라질 수 있다는 의미입니다. 이때는 가상 함수의 개념이 필요합니다.

예를 들어 다음처럼 compare_grades 함수를 작성했다고 가정해봅시다.

```
// 잘못된 구현!
bool compare_grades(Core c1, Core c2)
{
    return c1.grade() < c2.grade();
}
```

앞 함수의 매개변수는 객체입니다. 객체의 참조가 아닙니다. 이때 c1과 c2가 나타내는 객체 타입이 Core인 것을 항상 알 수 있습니다. 물론 Grad 객체로 이 함수를 호출할 수 있지만 그럼 인수 타입이 Grad인 의미가 없습니다. 이때 함수에 전달하는 것은 Grad 객체의 내용 중 기본 클래스에서 상속한 부분입니다. 즉, Core 클래스에서 상속한 부분을 잘라내어 해당 복사본을 compare_grades 함수에 전달합니다. compare_grades 함수의 매개변수가 Core 객체이므로 함수 본문에서 호출하는 grade 함수는 Core::grade 함수에 **정적 바인딩**static binding됩니다.

동적 바인딩dynamic binding과 정적 바인딩을 구분하는 것은 C++에서 객체지향 프로그래밍을 지원하는 방법을 이해하는 데 필수입니다. 동적 바인딩이라는 용어 자체가 실행 과정에서 함수가 바인딩되는 것을 나타냅니다. 이와 달리 정적 바인딩은 컴파일 과정에서 함수를 바인딩합니다. 만약 객체로 가상 함수를 호출할 때는 객체의 타입이 실행 과정에서 바뀔 가능성이 없으므로 정적으로 바인딩됩니다. 즉, 컴파일 과정에서 바인딩됩니다.

이와 반대로 포인터나 참조를 이용해 가상 함수를 호출할 때는 동적으로 바인딩됩니다. 즉, 실행 과정에서 바인딩됩니다. 실행 과정에서 사용할 가상 함수는 참조 또는 포인터에 바인딩된 객체의 타입에 따라 달라집니다.

```
Core c;
Grad g;
Core* p;
Core& r = g;

c.grade(); // Core::grade()에 정적 바인딩
g.grade(); // Grad::grade()에 정적 바인딩
p->grade(); // p가 가리키는 객체 타입에 따라 동적 바인딩
r.grade(); // r이 참조하는 객체 타입에 따라 동적 바인딩
```

앞 코드에서 첫 2개의 호출은 정적 바인딩입니다. c는 Core 객체며 실행 과정에서도 c는 여전히 Core 객체입니다. 따라서 grade 함수가 가상 함수더라도 컴파일러는 정적으로 호출을 실행할 수 있습니다. 반면 세 번째와 네 번째 호출에서는 p 또는 r이 참조하는 객체의 타입을 실행 과정 전까지 알 수 없습니다.

기본 클래스 객체를 가리키는 포인터 또는 참조 위치에 파생 클래스 객체를 사용할 수 있다는 사실은 객체지향 프로그래밍의 핵심 개념인 **다형성**polymorphism의 적절한 예입니다. 다형성

의 영문 표기인 polymorphism은 19세기 중반에 영국에서 사용한 단어입니다. 그리스어인 polymorphos가 어원이며 '여러 가지 형태'라는 의미입니다. 프로그래밍 영역에서는 타입 하나로 다수 타입에 관련된 동작을 실행하는 개념을 말합니다. C++는 가상 함수의 동적 바인딩을 이용해 다형성을 지원합니다. 포인터나 참조를 이용해 가상 함수를 호출할 때는 다형성에 기반하여 함수를 호출합니다. 참조나 포인터의 타입은 변하지 않습니다. 하지만 참조나 포인터가 가리키는 객체의 타입은 참조나 포인터의 타입이거나 그로부터 파생된 타입일 수 있습니다. 따라서 타입 하나로 여러 함수 중 한 가지를 호출하는 동작을 할 수 있습니다.

마지막으로 가상 함수에 관해 알아야 할 것은 프로그램이 가상 함수를 호출하는지와 관계없이 가상 함수를 반드시 정의해야 한다는 것입니다. 가상 함수가 아닌 함수는 프로그램이 함수를 호출하지 않는 한 선언만 하고 정의하지 않은 상태로 존재할 수 있습니다. 컴파일러 대부분은 하나 이상의 가상 함수를 정의하지 않은 클래스에 알 수 없는 오류 메시지를 내보냅니다. 만약 프로그램을 실행할 때 컴파일러가 보낸 알 수 없는 오류 메시지의 내용이 무언가가 정의되지 않았다는 것이라면, 모든 가상 함수가 정의되어 있는지 확인해야 합니다. 모든 가상 함수를 정의하면 오류 메시지가 사라지는 것을 확인할 수 있습니다.

13.2.3 가상 함수를 적용한 클래스

추가 변경 사항으로 read 함수를 가상 함수로 만듭니다. 그리고 read 함수를 호출할 때 객체 타입에 따라 실행할 read 함수를 선택해봅시다. 지금까지 설명한 사항을 모두 반영한 클래스는 다음과 같습니다.

```cpp
class Core {
public:
    Core() : midterm(0), final(0) { }
    Core(std::istream& is) { read(is); }

    std::string name() const;

    // 13.1.2/366p에서 정의
    virtual std::istream& read(std::istream&);
    virtual double grade() const;
protected:
    // 파생 클래스에서 접근할 수 있음.
```

```
        std::istream& read_common(std::istream&);
        double midterm, final;
        std::vector<double> homework;
    private:
        // Core 클래스에서만 접근할 수 있음.
        std::string n;
    };

    class Grad : public Core {
    public:
        Grad() : thesis(0) { }
        Grad(std::istream& is) { read(is); }

        // 13.1.2/366p에서 정의
        // 참고: grade 함수와 read 함수는 상속받은 가상 함수
        double grade() const;
        std::istream& read(std::istream&);
    private:
        double thesis;
    };

    bool compare(const Core&, const Core&);
```

클래스 2개를 정의하여 두 종류의 학생 정보를 은닉화했습니다. 첫 번째 클래스인 Core 클래스는 해당 과목의 주요 요구 사항을 충족하는 학생들을 나타냅니다. Core 클래스를 상속한 두 번째 클래스는 추가로 논문 작성 여부를 요구합니다.

Core 및 Grad 객체를 생성하는 방법은 두 가지입니다. 기본 생성자는 알맞게 초기화된 비어 있는 객체를 생성합니다. 다른 생성자는 istream& 타입의 인수가 있으며 지정된 스트림에서 초깃값을 읽습니다. 멤버 함수들의 역할은 객체에 저장할 데이터를 읽어 객체를 재설정하고 학생 이름이나 최종 점수를 구하는 것입니다. 앞서 살펴본 클래스에서는 grade 함수와 read 함수를 가상 함수로 만들었습니다.

마지막으로 클래스의 인터페이스는 전역 범위이자 멤버 함수가 아닌 compare 함수를 포함합니다. compare 함수는 학생 이름을 대조하여 두 객체를 비교합니다.

13.3 상속을 사용하여 문제 해결하기

지금까지 두 종류의 학생을 나타내는 클래스들을 살펴보았습니다. 9.6/268p에서 다루었던 성적 산출 문제에 이 클래스들을 사용해봅시다.

9.6/268p에서 살펴본 프로그램의 역할은 학생이 취득한 점수 기록을 저장한 파일을 읽어 각 학생의 최종 점수를 계산하고 학생 이름을 알파벳 순으로 정렬해 보고서 형식으로 출력하는 것이었습니다. 이번에는 두 종류의 학생 정보를 저장한 파일로 같은 동작을 실행하도록 만들어봅시다.

문제를 전체적으로 다루기에 앞서 단순한 두 가지 문제부터 해결해봅시다. 여러분은 두 종류의 학생 기록을 따로 저장한 파일을 읽을 수 있는 프로그램 2개를 작성할 것입니다. 프로그램 2개는 타입 선언문을 제외하면 기존 프로그램과 별다른 차이가 없습니다.

```cpp
int main()
{
    vector<Core> students; // Core 객체에 해당하는 기록을 읽고 처리
    Core record;
    string::size_type maxlen = 0;

    // 데이터를 읽고 저장
    while (record.read(cin)) {
        maxlen = max(maxlen, record.name().size());
        students.push_back(record);
    }

    // 학생 기록을 알파벳 순으로 정렬
    sort(students.begin(), students.end(), compare);

    // 이름과 점수 출력
    for (vector<Core>::size_type i = 0; i != students.size(); ++i) {
        cout << students[i].name() << string(maxlen + 1 - students[i].name().size(), ' ');
        try {
            double final_grade = students[i].grade(); // Core::grade
            streamsize prec = cout.precision();
            cout << setprecision(3) << final_grade << setprecision(prec) << endl;
        }
        catch (domain_error e) {
            cout << e.what() << endl;
        }
```

```
    }
    return 0;
}
```

앞 프로그램에서 타입 정의문을 바꾸면 다음처럼 Grad 객체에 해당하는 기록을 처리하는 프로 그램을 작성할 수 있습니다.

```
int main()
{
    vector<Grad> students; // 벡터의 타입 변경
    Grad record; // read 함수로 읽을 타입 변경
    string::size_type maxlen = 0;

    // 데이터를 읽고 저장
    while (record.read(cin)) { // Core 객체가 아닌 Grad 객체를 읽음
        maxlen = max(maxlen, record.name().size());
        students.push_back(record);
    }

    // 학생 기록을 알파벳 순으로 정렬
    sort(students.begin(), students.end(), compare);

    // 이름과 점수 출력
    for (vector<Grad>::size_type i = 0; i != students.size(); ++i) {
        cout << students[i].name() << string(maxlen + 1 - students[i].name().size(), ' ');
        try {
            double final_grade = students[i].grade(); // Grad::grade
            streamsize prec = cout.precision();
            cout << setprecision(3) << final_grade << setprecision(prec) << endl;
        }
        catch (domain_error e) {
            cout << e.what() << endl;
        }
    }
    return 0;
}
```

이때 각 인스턴스를 이용해 실행되는 함수는 record의 타입과 벡터에 있는 객체 타입에 따라 달라집니다. 예를 들어 다음 표현식을 살펴봅시다.

```
record.read(cin)
```

앞 표현식은 record의 타입에 따라 Core::read 함수나 Grad::read 함수를 호출합니다. 여기에서 중요한 점은 read 함수의 가상 함수 여부가 Core::read 함수와 Grad::read 함수 중 호출할 함수를 결정하는데 영향을 주지 않는다는 것입니다. 객체를 가리키는 포인터나 참조가 아니라 객체로 read 함수를 호출하므로 실행하는 프로그램이 무엇이냐에 따라 record의 타입이 Core나 Grad로 결정되는 것입니다. 즉, 프로그램에서 정의한 record의 타입은 변하지 않으므로 record.read(cin)의 호출 결과는 고정입니다

마찬가지로 출력 결과를 만들면서 students[i].grade()를 실행할 때 호출하는 grade 함수를 생각해봅시다. 첫 번째 프로그램에서는 Core::grade 함수를 호출하고, 두 번째 프로그램에서는 Grad::grade 함수를 호출합니다. students[i]의 타입은 컴파일 과정에서 알 수 있으므로 바인딩 결과 역시 컴파일 과정에서 알 수 있습니다. 실제로 함수의 바인딩이 컴파일 과정에서 일어나든지 실행 과정에서 일어나든지 결과는 같습니다.

앞서 살펴본 프로그램 2개에서 사용한 name 함수는 Core 클래스에서 정의한 (가상 함수가 아닌) 함수를 참조합니다. Grad 클래스는 name 함수를 상속하므로 Grad 객체로 name 함수를 실행할 때는 Core 클래스에서 정의한 name 함수를 실행하는 것입니다. sort 함수에 인수로 전달한 compare 함수는 Core 객체의 참조로 동작합니다. 따라서 Grad 객체를 다루는 프로그램에서 사용하는 compare 함수는 Grad 객체가 Core 클래스에서 상속한 부분만을 비교합니다.

그런데 프로그램을 두 가지 버전으로 나누어 작성하는 것은 불편한 일입니다. 따라서 Core 객체 또는 Grad 객체를 처리할 수 있는 하나의 프로그램으로 합할 필요가 있습니다.

대학생 정보 또는 대학원생 정보를 담은 파일을 읽을 수 있는 단일 함수를 작성하려면 코드를 자세히 살펴보고 객체 타입에 영향을 받는 부분을 확인해야 합니다. 2개 프로그램을 하나의 프로그램으로 합하려면 다음 부분의 타입 의존성을 제거해야 합니다.

- 학생 정보를 읽어 저장하는 벡터의 정의문
- 학생 정보를 읽어 들이는 일시적 지역 변수의 정의문
- read 함수
- grade 함수

이들을 제외한 나머지는 타입과 독립적인 코드(벡터를 정렬하는 코드, 벡터를 거치는 반복문 코드)이거나 대상 객체가 Grad 타입이든 Core 타입이든 동작에 변함이 없는 코드(name 함수, compare 함수)입니다. grade 함수와 read 함수는 가상 함수로 정의하여 타입 의존성 문제를 이미 해결했습니다.

첫 2개의 부분(컨테이너에 저장할 타입과 일시적 지역 변수의 타입)에서 고려해야 하는 문제는 같은 방법으로 해결할 수 있습니다. 방법에는 두 가지가 있습니다. 첫 번째 방법은 복잡하지 않으며 다음 절에서 살펴볼 것입니다. 두 번째 방법은 일반적이면서도 중요한 C++ 프로그래밍 형태며 13.4/385p에서 다룰 것입니다.

13.3.1 알 수 없는 타입이 있는 컨테이너

여러분이 해결해야 할 문제는 다음 코드에서 나타나는 타입 의존성을 덜어내는 일입니다.

```
vector<Core> students; // 다형성에 기반한 타입이 아닌 Core 타입 객체만을 저장
Core record; // Core 클래스에서 파생된 타입이 아닌 Core 타입 객체
```

앞과 같은 코드에서는 타입 의존성을 명확하게 드러내야 합니다. record를 정의할 때는 record가 어떤 타입의 객체인지 정확하게 나타내야 합니다. 앞 코드에서는 record를 Core 타입으로 명시했습니다.

마찬가지로 students를 정의할 때는 Core 타입 객체가 있는 벡터로 명시했습니다. 컨테이너와 관련된 내용은 13.6.1/393p에서 더 많이 다룰 것입니다. 여기에서 중점적으로 살펴볼 것은 vector<Core> 타입 벡터에 있는 각 객체가 Core 클래스에서 파생된 타입이 아닌 Core 타입이라는 점입니다.

앞서 살펴본 두 프로그램의 타입 의존성을 설명할 때 read 함수와 grade 함수를 가상 함수로 정의하여 타입 의존성 문제의 절반을 해결했다고 언급했습니다. 타입 의존성 문제의 나머지 절반은 두 프로그램에서 정적 바인딩으로 가상 함수들을 호출하는 것입니다. 함수 호출을 동적으로 실행하려면 Core 객체를 가리키는 포인터나 참조로 read 함수와 grade 함수를 호출해야 합니다. 이렇게 하면 바인딩된 객체의 타입이 포인터나 참조 타입과 다른 상황을 허용할 수 있습니다.

이러한 사실은 타입 의존성 문제 네 가지를 모두 해결할 수 있는 방안을 제시하는 기반입니다. 여러분은 객체가 아닌 포인터를 다루도록 프로그램을 작성할 수 있습니다. 즉, vector<Core*> 타입의 컨테이너를 다루고 record를 포인터 타입으로 정의할 수 있습니다. 이러한 방식으로 벡터와 일시적 지역 변수의 정의문에 있는 타입 의존성을 제거하여 함수 호출을 동적으로 실행할 수 있습니다. 하지만 이러한 해결 방안은 클래스를 사용하는 프로그래머가 사용하기 불편합니다. 예를 들어 방금 언급한 해결 방안을 적용한 다음 코드는 올바르게 동작하지 않습니다.

```
int main()
{
    vector<Core*> students;

    Core* record;
    while (record->read(cin)) { // 충돌 발생!
        // 중략
    }
}
```

이 프로그램이 지닌 문제점은 record가 가리키는 객체가 존재하지 않으므로 충돌이 일어난다는 것입니다.

이 문제를 해결하려면 파일에서 읽어 들인 객체가 점유하는 저장 공간을 클래스를 사용하는 프로그래머가 능동적으로 관리해야 합니다. 또한 클래스를 사용하는 프로그래머는 프로그램이 읽어 들이는 학생 정보가 대학생의 것인지 대학원생의 것인지 파악할 수 있어야 합니다. 따라서 대학원생의 학생 정보는 G로 시작하고 대학생의 학생 정보는 U로 시작하도록 표시할 것입니다.

포인터를 사용하도록 프로그램을 다시 작성하기에 앞서 해결해야 할 문제가 하나 더 있습니다. 포인터 벡터를 정렬하려면 어떻게 해야 할까요? 쉽게 생각하면 Core 객체를 가리키는 포인터 2개가 인수로 있는 새로운 비교 함수가 필요합니다. 까다로운 점은 함수 이름이 compare일 수 없다는 것입니다. 8.1.3/230p에서는 템플릿 인수로 전달하는 값의 올바른 타입을 결정하는 여러 가지 복잡한 상황을 살펴보았습니다. 그와 비슷한 이유로 오버로드된 함수 이름을 템플릿 인수로 전달할 수 없습니다. 만약 오버로드된 함수 이름을 템플릿 인수로 전달하면 컴파일러는 프로그래머가 의도한 함수 버전을 결정할 방법이 없습니다. 따라서 오버로드되지 않은 이름으로 새로운 비교 함수를 작성하여 sort 함수에 전달해야 합니다.

```
bool compare_Core_ptrs(const Core* cp1, const Core* cp2)
{
    return compare(*cp1, *cp2);
}
```

앞 비교 함수를 반영하여 다시 작성한 프로그램은 다음과 같습니다.

```
// 이 코드는 거의 완벽하며 추가 사항은 13.3.2/383p 참고
int main()
{
    vector<Core*> students; // 객체가 아닌 포인터를 저장
    Core* record; // 일시적 변수는 반드시 포인터 타입
    char ch;
    string::size_type maxlen = 0;

    // 데이터를 읽고 저장
    while (cin >> ch) {
        if (ch == 'U')
            record = new Core; // Core 객체 할당
        else
            record = new Grad; // Grad 객체 할당
        record->read(cin); // 가상 함수 호출
        maxlen = max(maxlen, record->name().size()); // 역참조
        students.push_back(record);
    }

    // 포인터로 동작하는 compare 함수를 전달
    sort(students.begin(), students.end(), compare_Core_ptrs);

    // 이름과 점수 출력
    for (vector<Core*>::size_type i = 0; i != students.size(); ++i) {
        // 함수를 호출하려고 포인터인 students[i]를 역참조
        cout << students[i]->name() << string(maxlen + 1 - students[i]->name().size(), ' ');
        try {
            double final_grade = students[i]->grade();
            streamsize prec = cout.precision();
            cout << setprecision(3) << final_grade << setprecision(prec) << endl;
        }
        catch (domain_error e) {
            cout << e.what() << endl;
        }
        delete students[i]; // 읽어 들인 객체의 할당을 해제
```

```
        }
    return 0;
}
```

코드에 주석으로 기존 코드와의 다양한 차이점을 기록해두었습니다. 이러한 변경 사항은 객체가 아닌 포인터를 다루어야 한다는 사실에서 비롯된 것입니다.

앞 코드에서는 첫 번째 입력한 문자를 읽어 어떤 종류의 학생 정보인지 파악할 수 있게 while문을 바꿨습니다. 객체 종류를 알면 알맞은 타입으로 객체를 할당하고 해당 객체를 사용하여 표준 입력으로 read 함수를 호출합니다. read 함수는 가상 함수이므로 record가 가리키는 것이 Grad 객체인지 Core 객체인지에 따라 각 함수 버전을 호출합니다. 두 가지 모두 read 함수는 이어지는 입력값을 객체에 저장합니다. read 함수에 접근하려면 포인터인 record를 반드시 역참조해야 합니다. 가장 긴 학생 이름을 구하는 코드도 포인터를 역참조하게 바꿨습니다.

출력을 담당할 반복문을 살펴보기에 앞서 students[i]가 포인터를 반환한다는 것을 기억합시다. students[i]의 값은 기저 객체를 얻으려고 역참조해야 하는 포인터입니다. read 함수 호출과 마찬가지로 grade 함수 호출도 가상 함수 호출입니다. 따라서 객체 타입이 Grad라면 논문 점수를 포함하고, Core라면 포함하지 않도록 자동으로 알맞은 grade 함수를 호출하여 최종 점수를 계산합니다.

마지막으로 살펴볼 변경 사항은 객체가 점유하는 저장 공간을 구현체에 반환하는 것입니다. 이 동작은 students[i]에 있는 포인터의 delete를 호출하여 실행합니다.

13.3.2 가상 소멸자

앞서 살펴본 프로그램은 거의 완벽하게 동작합니다. 남은 문제는 출력을 담당하는 반복문 내부에서 객체 할당을 해제할 때 발생합니다. 해당 객체는 Grad 타입 객체나 Core 타입 객체로 할당되지만 이러한 객체를 가리키는 포인터는 Grad* 타입이 아닌 Core* 타입으로 저장했습니다. 따라서 객체 할당을 해제할 때는 실제로 해당 포인터가 Grad 객체를 가리키더라도 Grad 객체를 가리키는 포인터가 아닌 Core 객체를 가리키는 포인터를 삭제해야 합니다. 다행히 이 문제는 쉽게 해결할 수 있습니다.

포인터에 delete를 호출하면 다음 두 가지 상황이 발생합니다. 해당 객체에 소멸자가 실행되며 객체가 점유하는 저장 공간이 해제됩니다. students[i]에 있는 포인터는 Core 객체나 Grad 객체를 가리킵니다. Core 클래스와 Grad 클래스에서는 소멸자를 명시적으로 정의하지 않았으므로 delete를 실행하면 합성한 소멸자를 호출한 후 객체가 점유하는 저장 공간을 반환합니다. 합성한 소멸자는 클래스의 각 데이터 요소에 소멸자를 실행합니다.

그렇다면 delete를 호출할 때 시스템이 실행하는 소멸자는 어떤 것일까요? 해당 소멸자가 Core 객체의 멤버나 Grad 객체의 멤버를 소멸시킬 수 있을까요? 그리고 객체가 점유하는 저장 공간을 해제할 때 얼만큼의 저장 공간을 반환해야 할까요?

이 질문은 가상 함수가 동작하는 원리로 해결할 수 있음을 짐작하게 만들고 실제로도 가능합니다. 가상 소멸자를 사용하려면 클래스에 소멸자가 있어야 합니다.

다음처럼 해당 소멸자를 가상 소멸자로 만들 수 있습니다.

```
class Core {
public:
    virtual ~Core() { }
    // 이전과 같음.
};
```

이제는 delete students[i]를 실행할 때 students[i]가 실제로 가리키는 객체 타입에 따라 실행하는 소멸자가 결정됩니다. 마찬가지로 시스템에 반환하는 메모리 타입도 students[i]가 실제로 가리키는 객체 타입에 따라 결정됩니다.

소멸자의 본문이 비어 있음을 주목해봅시다. Core 객체를 소멸할 때 필요한 동작은 Core 객체의 멤버를 소멸시키는 것이며 시스템은 자동으로 이러한 동작을 실행합니다. 본문이 비어 있는 가상 소멸자가 보기 드문 것은 아닙니다. 가상 소멸자는 기본 타입을 가리키는 포인터로 파생 타입인 객체를 소멸시킬 때 필요합니다. 소멸자를 정의할 다른 이유가 없다면 소멸자는 실행할 동작 없이 비어 있어야 합니다.

소멸자를 추가하려고 Grad 클래스를 바꿀 필요는 없습니다. 모든 가상 함수와 마찬가지로 소멸자가 가상이라는 사실도 상속됩니다. Grad 클래스와 Core 클래스 모두 객체를 소멸시키려고 명시적으로 실행하는 동작이 없으므로 파생 클래스에서 소멸자를 재정의할 필요는 없습니다.

파생 클래스는 기본 클래스에 있는 가상 소멸자의 속성을 상속하므로 단지 프로그램을 다시 컴파일하면 됩니다.

13.4 핸들 클래스

여러분이 방금 살펴본 접근 방식은 포인터 관리가 복잡하고, 오류를 일으키는 몇 가지 위험 요소를 포함합니다. 클래스를 사용하는 프로그래머는 학생 정보를 읽을 때 학생 정보를 저장할 공간을 할당해야 한다는 것과 더 이상 데이터가 필요 없을 때 해당 저장 공간을 비워야 한다는 것을 반드시 기억해야 합니다. 물론 코드상에서 기저 객체에 접근하려고 포인터의 역참조가 지속해서 일어남에도 여러분은 두 종류의 학생 정보가 섞인 파일을 성공적으로 읽을 수 있는 프로그램을 작성했습니다.

지금부터 해야 할 일은 Core 객체 또는 Grad 객체를 모두 처리할 수 있는 프로그램의 좋은 점을 유지하면서 새롭게 생긴 문제점을 제거하는 것입니다. 이 때문에 **핸들 클래스**handle class라는 범용적인 프로그래밍 기술을 사용합니다.

런타임할 때까지 알 수 없는 타입의 객체를 다루려고 코드가 복잡해졌습니다. 각 객체는 Core 타입이거나 Core 클래스에서 파생된 타입입니다. 앞서 새롭게 작성한 코드에서는 Core 객체를 가리키는 포인터를 할당하여 해당 포인터가 Core 객체 또는 Grad 객체를 가리키도록 만들었습니다. 이때 문제점은 클래스를 사용하는 프로그래머 때문에 오류가 쉽게 발생할 수 있다는 것입니다. 그렇다고 포인터를 사용하는 방식을 포기할 수는 없습니다. 대신에 Core 객체를 가리키는 포인터를 은닉화하는 새로운 클래스를 작성하여 프로그래머의 실수 때문에 생기는 오류를 방지할 수 있습니다.

```
class Student_info {
public:
    // 생성자 및 복사 제어
    Student_info() : cp(0) { }
    Student_info(std::istream& is) : cp(0) { read(is); }
    Student_info(const Student_info&);
    Student_info& operator=(const Student_info&);
    ~Student_info() { delete cp; }
```

```
    // 멤버 함수
    std::istream& read(std::istream&);

    std::string name() const {
        if (cp) return cp->name();
        else throw std::runtime_error("uninitialized Student");
    }
    double grade() const {
        if (cp) return cp->grade();
        else throw std::runtime_error("uninitialized Student");
    }
    static bool compare(const Student_info& s1, const Student_info& s2) {
        return s1.name() < s2.name();
    }
private:
    Core* cp;
};
```

앞 코드에 담긴 의미는 Student_info 객체가 Core 객체 또는 Grad 객체를 나타낼 수 있다는 것입니다. 즉, Student_info 객체는 포인터처럼 동작합니다. 그리고 Student_info 클래스를 사용하는 프로그래머는 Student_info 객체가 바인딩된 기저 객체를 할당하는 것에 신경 쓸 필요가 없습니다. Student_info 클래스는 프로그램에서 복잡하고 오류가 발생하기 쉬운 부분을 처리합니다.

각 Student_info 객체에는 Core 타입 객체 또는 Core 클래스에서 파생된 타입의 객체를 가리키는 cp라는 포인터가 있습니다. read 함수에서 cp가 가리키는 객체를 할당하며 자세한 내용은 13.4.1/388p에서 확인할 수 있습니다. 따라서 생성자 2개는 Student_info 객체가 아직 바인딩되지 않았음을 나타내려고 cp를 0으로 초기화합니다. istream이 인수로 있는 생성자에서는 Student_info::read 함수를 호출합니다. 이 함수는 알맞은 타입의 새로운 객체를 할당하고 인수로 전달한 istream에서 읽은 값을 해당 객체에 저장합니다.

3의 법칙(11.3.6/322p)에 따라 포인터를 관리하려면 복사 생성자, 할당 연산자, 소멸자가 필요합니다. 소멸자의 역할은 단순하며 단지 생성자가 할당한 객체를 소멸시키면 됩니다. 13.3.2/384p에서 Core 클래스에 가상 소멸자를 추가했으므로 Student_info 클래스의 소멸자는 소멸시킬 객체가 Grad 타입이든 Core 타입이든 올바르게 동작할 것입니다. 복사 생성자와 할당 연산자 정의는 13.4.2/389p에서 자세히 다룰 것입니다.

이제 프로그래머는 Core 객체 또는 Grad 객체의 관점이 아닌 Student_info 객체의 관점에서 프로그램을 작성할 것입니다. 따라서 Student_info 클래스는 Core 클래스와 같은 인터페이스를 제공해야 합니다. name 함수와 grade 함수에 Student_info 클래스가 실행할 별도의 동작은 없으므로 두 함수는 cp가 가리키는 Core 객체 또는 Grad 객체의 해당 멤버 함수에 동작을 전달합니다.

한편 cp가 0이 될 수 있습니다. 클래스를 사용하는 프로그래머가 기본 생성자를 사용하여 Student_info 객체를 만들고 read 함수를 거치지 않았을 때 cp는 0입니다. 이때는 name 함수 또는 grade 함수를 기저 객체로 전달할 수 없습니다. 대신 runtime_error 함수로 문제가 발생했음을 나타냅니다.

Core::grade 함수는 가상 함수이므로 cp로 해당 함수를 호출하면 런타임할 때 호출되는 함수 버전이 cp가 가리키는 객체 타입에 따라 달라집니다. 예를 들어 cp가 Grad 객체를 가리킬 때는 Grad::grade 함수를 실행할 것입니다.

새로운 Student_info 클래스의 인터페이스에서 유일하게 변한 한 가지는 compare 함수입니다. 이 함수는 몇 가지 흥미로운 특성이 있습니다. 먼저 Core 클래스의 compare 함수는 전역 범위이자 멤버가 아닌 함수였지만 여기에서는 **정적 멤버 함수**static member function로 구현했습니다. 정적 멤버 함수는 해당 클래스 타입의 객체를 이용해 호출하지 않는다는 점에서 일반적인 멤버 함수와 다릅니다. 일반적인 멤버 함수와는 달리 정적 멤버 함수는 해당 클래스와 연관될 뿐 특정 객체와 연관되지 않습니다. 따라서 정적 멤버 함수는 클래스 객체의 정적이지 않은 데이터 멤버에 접근할 수 없습니다.

새롭게 작성한 Student_info 클래스에서는 정적 멤버 함수의 주요 장점 한 가지를 사용합니다. 정적 멤버 함수의 이름은 Student_info 클래스 범위 안에 존재합니다. 즉, compare 함수를 정적 멤버로 명시하는 것은 Student_info::compare 함수를 정의하는 것입니다. 함수 이름이 제한적이므로 Core 객체를 비교할 때 사용하는 compare 함수를 오버로드하지 않습니다. 따라서 Student_info 클래스를 사용하는 프로그래머는 sort 함수를 호출할 때 Student_info::compare 함수를 전달할 수 있고 컴파일러는 프로그래머가 의도한 compare 함수가 어떤 종류인지 알 수 있습니다.

compare 함수에 있는 또 다른 흥미로운 점은 함수 본문에서 찾을 수 있습니다. compare 함수는 Student_info::name 함수를 사용하여 학생 이름을 가져옵니다. 이때 일어나는 동작을 살퍼보도록 합시다. 만약 cp가 0이 아니라면 Student_info::name 함수는 Core::name 함수를 호출할 것입니다. 만약 cp가 0이라면 name 함수는 문제가 발생한 사실을 compare 함수를 호출한 지점으로 전달합니다. compare 함수는 Student_info 클래스가 제공하는 public 수준의 인터페이스를 사용하므로 함수에서 직접 cp를 확인할 필요는 없습니다. 즉, 해당 문제를 Student_info 클래스로 넘깁니다.

13.4.1 핸들 클래스의 read 함수

read 함수가 담당해야 하는 세 가지 역할은 다음과 같습니다. 첫째, 핸들 클래스 객체에 바인딩된 객체가 있으면 해당 객체의 할당을 해제해야 합니다. 둘째, 읽으려는 객체가 어떤 종류인지 결정해야 합니다. 셋째, 알맞은 종류의 객체를 할당해야 합니다. 해당 객체는 read 함수에 인수로 전달한 스트림으로 초기화할 수 있습니다.

```
istream& Student_info::read(istream& is) {
    delete cp; // 이전 객체가 있으면 삭제

    char ch;
    is >> ch; // 학생 정보의 유형 파악

    if (ch == 'U') {
        cp = new Core(is);
    }
    else {
        cp = new Grad(is);
    }

    return is;
}
```

먼저 read 함수는 핸들 클래스 객체에 바인딩된 이전 객체가 존재하면 해당 객체의 할당을 해제합니다. delete를 호출하기 전 cp가 0인지 확인할 필요는 없습니다. 값이 0인 포인터를 삭제해도 아무 문제가 없다는 것을 프로그래밍 언어에서 보장하기 때문입니다. 기존 값의 할당을 해제했으므로 새 값을 읽을 준비가 되었습니다. 우선 스트림에서 첫 번째 문자를 읽고 판별합니다. 그리고 해당 문자를 기반으로 알맞은 타입의 객체를 만들고 istream이 인수로 있는 알맞은 생성자를 실행해 해당 객체를 초기화합니다. 이때 실행되는 생성자는 각자의 read 함수를 호출하여 입력 스트림의 값을 읽어 새롭게 생성한 객체에 저장합니다. 객체를 생성한 후에는 해당 객체를 가리키는 포인터를 cp에 저장합니다. 마지막에는 주어진 스트림을 반환합니다.

13.4.2 핸들 클래스 객체의 복사

Core 타입을 가리키는 포인터를 관리하려면 복사 생성자와 할당 연산자가 필요합니다. 생성자는 read 함수를 호출하여 Core 타입을 가리키는 포인터를 할당합니다. Student_info 객체를 복사할 때는 새로운 객체를 할당하고 복사하려는 객체의 값으로 새로운 객체를 초기화하려고 합니다. 하지만 한 가지 걸림돌이 있습니다. 복사하려는 객체의 종류는 무엇일까요? 복사하려는 Student_info 객체가 가리키는 것이 Core 객체인지 Core 클래스에서 파생된 타입의 객체인지 알 수 있는 확실한 방법은 없습니다.

이 문제를 해결하는 방법은 Core 클래스와 Core 클래스에서 파생된 클래스에 새로운 가상 함수를 제공하는 것입니다. 새로운 가상 함수는 기존 객체에 있는 값의 복사본을 저장하는 새로운 객체를 만듭니다.

```
class Core {
    friend class Student_info;
protected:
    virtual Core* clone() const { return new Core(*this); }
    // 이전과 같음.
};
```

clone 함수는 앞서 설명한 그대로이며 아주 간결합니다. clone 함수는 새로운 Core 객체를 할당하고 Core 클래스의 복사 생성자를 사용하여 새로운 객체에 알맞은 값을 저장합니다. Core 클래스에서는 복사 생성자를 명시적으로 정의하지 않으므로 컴파일러는 11.3.5/321p에서 살펴본 것처럼 기존 Core 객체에 있는 각 멤버를 새롭게 만든 객체로 복사하도록 기본 복사 생성자를 합성합니다.

clone 함수는 인터페이스가 아닌 구현의 산물이므로 Core 클래스의 public 인터페이스에 속하지 않습니다. clone 함수가 protected 레이블에 속한 것은 Student_info 객체가 clone

함수에 접근할 수 있도록 Student_info 클래스를 Core 클래스의 friend로 지정해야 한다는 것을 의미합니다. friend 클래스는 12.3.2/347p에서 살펴본 friend 함수와 비슷합니다. 12.3.2/347p에서는 friend 함수가 클래스의 private 레이블과 protected 레이블에 속한 멤버에 접근할 수 있음을 살펴보았습니다. 클래스를 friend로 지정하는 것은 해당 클래스의 모든 멤버를 friend로 만드는 것과 같습니다. 따라서 Core 클래스 정의문에 다음과 같은 코드를 추가하면 Student_info 클래스의 모든 멤버 함수는 Core 클래스의 private 레이블과 protected 레이블에 속한 모든 멤버에 접근할 수 있습니다.

```
friend class Student_info;
```

가상 함수 clone을 기본 클래스에 추가한 후에는 파생 타입 객체를 복사할 때 새로운 Grad 객체를 할당해야 합니다. 따라서 파생 클래스에서 해당 함수를 재정의해야 합니다.

```
class Grad {
protected:
    Grad* clone() const { return new Grad(*this); }
    // 이전과 같음.
};
```

Grad::clone 함수는 Core::clone 함수와 마찬가지로 *this의 복사본으로 새로운 객체를 할당하지만 Core* 타입이 아닌 Grad* 타입을 반환합니다. 일반적으로 파생 클래스에서 기본 클래스의 함수를 재정의할 때는 매개변수 목록과 반환 타입이 기본 클래스의 함수와 같습니다. 그러나 기본 클래스의 함수가 기본 클래스의 포인터(또는 참조)를 반환한다면 파생 클래스의 함수는 해당 파생 클래스의 포인터(또는 참조)를 반환할 수 있습니다.

비록 friend 관계가 상속되는 것은 아니지만 Student_info 클래스가 Grad::clone 함수를 직접 참조하는 일이 없으므로 Student_info 클래스를 Grad 클래스의 friend로 지정할 필요는 없습니다. 가상 함수인 Core::clone 함수의 호출로만 Grad::clone 함수를 호출할 수 있습니다. 이는 Core 클래스와 Grad 클래스가 friend 관계이기 때문에 가능합니다.

지금까지의 변경 사항을 토대로 복사 생성자와 할당 연산자를 구현할 수 있습니다.

```
Student_info::Student_info(const Student_info& s) : cp(0)
{
    if (s.cp) cp = s.cp->clone();
}

Student_info& Student_info::operator=(const Student_info& s)
{
    if (&s != this) {
        delete cp;
        if (s.cp)
            cp = s.cp->clone();
        else
            cp = 0;
    }
    return *this;
}
```

복사 생성자에서는 포인터인 cp를 0으로 초기화하고 복사할 무언가가 있다면 조건에 따라 clone 함수를 호출합니다. 그렇지 않으면 cp는 0으로 유지되어 핸들 객체가 바인딩되지 않음을 나타냅니다. 마찬가지로 할당 연산자도 조건에 따라 clone 함수를 호출합니다. 물론 clone 함수를 호출하기 전 할당 연산자가 실행해야 하는 동작이 있습니다. 먼저 두 피연산자의 주소가 같은지 판별하여 자체 할당을 방지해야 합니다. 두 피연산자가 서로 다른 객체라면 cp가 새롭게 생성된 객체를 가리키기에 앞서 현재 cp가 가리키는 객체의 할당을 해제해야 합니다.

바인딩되지 않은 핸들 객체를 복사하거나 할당하는 것은 아무런 문제가 되지 않으므로 cp가 0일 때는 복사 생성자나 대입 연산자가 특별한 동작을 실행하지 않습니다.

13.5 핸들 클래스 사용하기

핸들 클래스를 완성했다면 9.6/268p에서 다룬 초기 프로그램이 핸들 클래스를 사용하여 동작하도록 만들 수 있습니다. 한 가지만 바꾸면 됩니다.

```
int main()
{
    vector<Student_info> students;
```

```
    Student_info record;
    string::size_type maxlen = 0;

    // 데이터를 읽어 저장
    while (record.read(cin)) {
        maxlen = max(maxlen, record.name().size());
        students.push_back(record);
    }

    // 학생 정보를 알파벳 순으로 정렬
    sort(students.begin(), students.end(), Student_info::compare);

    // 이름과 점수를 출력
    for (vector<Student_info>::size_type i = 0; i != students.size(); ++i) {
        cout << students[i].name() << string(maxlen + 1 - students[i].name().size(), ' ');
        try {
            double final_grade = students[i].grade();
            streamsize prec = cout.precision();
            cout << setprecision(3) << final_grade << setprecision(prec) << endl;
        }
        catch (domain_error e) {
            cout << e.what() << endl;
        }
    }
    return 0;
}
```

이제는 데이터를 읽어 저장하는 반복문에서 두 가지 종류의 학생 정보를 읽고 처리할 수 있습니다. 그중 한 가지는 해당 과목에서 요구하는 공통 사항만을 만족하는 대학생 정보고, 다른 한 가지는 공통 사항에 논문 점수를 추가한 대학원생 정보입니다.

데이터를 읽어 저장하는 반복문에서는 Student_info 클래스의 멤버인 read 함수가 두 가지 종류의 학생 정보를 읽습니다. read 함수는 우선 어떤 종류의 학생 정보를 읽는지 나타내는 문자를 읽은 후 알맞은 타입의 객체를 할당하고 입력 스트림을 이용해 해당 객체를 초기화합니다. 데이터를 읽어 기저 Core 객체나 Grad 객체를 만들고, 만들어진 객체를 가리키는 포인터를 record에 저장합니다. Student_info 객체를 벡터로 복사할 때는 Student_info 클래스의 복사 생성자로 객체가 복사됩니다.

다음 단계는 sort 함수를 호출할 때 Student_info::compare 함수를 전달하여 데이터를 정렬하는 것입니다. Student_info::compare 함수는 기본 클래스의 name 함수를 호출하여 객체에 있는 학생 이름을 비교합니다.

출력을 담당하는 반복문의 변경 사항은 없습니다. 반복문을 순회할 때 students[i]는 Student_info 객체를 나타내며 해당 객체는 Core 객체 또는 Grad 객체를 가리키는 포인터를 포함합니다. Student_info 객체로 grade 함수를 호출하면 해당 함수는 Core 객체 또는 Grad 객체를 가리키는 포인터를 사용하여 기저 객체의 grade 함수를 호출합니다. 포인터가 가리키는 객체 타입은 런타임할 때 결정됩니다.

Student_info 객체로 호출한 read 함수 내부에 할당된 객체는 main 함수가 종료되면 자동으로 할당이 해제됩니다. main 함수를 종료할 때 벡터가 소멸되며 벡터의 소멸자가 students의 각 요소를 소멸시킬 때 Student_info 클래스의 소멸자가 실행됩니다. Student_info 클래스의 소멸자를 실행하면 read 함수 내부에 할당된 각 객체가 삭제됩니다.

13.6 미묘한 사항들

상속과 동적 바인딩은 처음에 이해하기 어려울 수 있습니다. 지금까지는 상속과 동적 바인딩을 사용하는 예제들을 살펴보았습니다. 이제부터는 종종 오류를 일으키는 몇 가지 미묘한 사항들을 살펴보도록 합시다.

13.6.1 상속과 컨테이너

13.3.1/380p에서 언급한 바에 따르면 컨테이너에 Core 객체를 저장한다고 명시했을 때 해당 컨테이너는 Core 객체만 저장해야 합니다. 하지만 여러분이 구현해야 할 사항은 Core 객체나 Core 클래스에서 파생된 타입의 객체를 컨테이너에 저장하는 것입니다. 한편 11장에서 살펴본 Vec의 구현에서는 어떤 시점에서 Vec에 저장하는 객체에 필요한 저장 공간을 할당합니다. 저장 공간을 할당할 때는 할당할 정확한 타입을 명시해야 합니다. 가상 함수나 가상 클래스처럼 객체 종류를 판단한 후 객체를 저장할 공간을 할당하는 동작은 존재하지 않습니다.

더욱 놀라운 점은 Core나 Grad 객체를 저장하려고 정의하는 컨테이너 타입으로 vector〈Core〉 만 사용해도 된다는 것입니다. 예를 들어 다음 코드를 살펴봅시다.

```
vector<Core> students;
Grad g(cin); // Grad 객체 생성
students.push_back(g); // students에 g의 Core 클래스에서 상속한 부분을 저장
```

Core 객체의 참조가 필요한 곳이라면 언제든지 Grad 객체를 사용할 수 있으므로 Grad 객체를 students에 저장할 수 있습니다. push_back 함수의 인수는 벡터에 있는 요소 타입의 참조이 므로 g를 push_back 함수로 전달할 수 있습니다. 다만 g를 students에 넣을 때 복사되는 것 은 Core 클래스에서 상속한 부분입니다. 13.2.2/373p에서 살펴본 것처럼 이러한 동작은 여러 분이 의도한 것입니다. push_back 함수는 Core 객체가 전달될 것을 예상합니다. 따라서 Grad 클래스에만 존재하는 특정 부분을 제외한 Core 클래스에서 상속한 부분만을 복사하여 Core 타 입인 요소를 만듭니다.

13.6.2 호출할 함수의 선택

기본 클래스의 멤버 함수와 파생 클래스의 멤버 함수가 같은 이름일 때 매개변수 개수와 매개 변수의 타입이 정확히 일치하지 않으면 전혀 관련 없는 함수처럼 동작합니다. 예를 들어 학생 의 기말시험 점수를 바꾸는데 사용할 수 있는 접근자 함수를 추가해봅시다. 이 함수는 대학생 이라면 기말시험 점수만 할당하고 대학원생이라면 추가로 논문 점수까지 할당하려고 매개변수 2개가 있어야 합니다.

```
void Core::regrade(double d) { final = d; }
void Grad::regrade(double d1, double d2) { final = d1; thesis = d2; }
```

그리고 r이 Core 객체를 참조한다고 가정해봅시다.

```
r.regrade(100); // Core::regrade 함수 호출
r.regrade(100, 100); // Core::regrade 함수는 한 개의 인수를 가지므로 컴파일 오류
```

여기에서 두 번째 호출은 r이 Grad 타입인 객체를 참조할 때도 오류를 일으킵니다. r의 타입은 Core 타입의 참조며, Core 타입에 관한 regrade 함수는 double 타입인 값 하나가 인수로 있습니다. r이 Grad 객체를 참조할 때는 더 놀랄 것입니다.

```
r.regrade(100); // Grad::regrade 함수는 인수 2개가 있으므로 컴파일 오류
r.regrade(100, 100); // Grad::regrade 함수 호출
```

r은 Grad 타입 객체며 Grad 객체에 적용되는 regrade 함수는 인수 2개가 있습니다. 인수 하나가 있는 기본 클래스 버전의 regrade 함수는 파생 클래스에 존재하는 regrade 함수 때문에 숨겨집니다. 따라서 기본 클래스 버전의 regrade 함수를 실행하려면 다음처럼 명시적으로 호출해야 합니다.

```
r.Core::regrade(100); // Core::regrade 함수 호출
```

만약 regrade 함수를 가상 함수로 사용하려면 기본 클래스와 파생 클래스에서 같은 인터페이스를 제공해야 합니다. 다음처럼 Core 클래스 버전의 regrade 함수에 기본 인수가 있는 매개변수를 추가하여 해당 인터페이스를 구성할 수 있습니다.

```
virtual void Core::regrade(double d, double = 0) { final = d; }
```

13.7 핵심 정리

다음과 같은 사항들을 잘 기억해둡시다.

상속

상속을 사용하면 몇 가지를 제외하고 임의 클래스와 비슷한 클래스를 모델링할 수 있습니다.

```
class base {
public:
    // public 인터페이스
```

```
     protected:
         // 파생 클래스에서 접근할 수 있는 구현 멤버
     private:
         // base 클래스에서만 접근할 수 있는 구현 멤버
     };

     // base 클래스에 있는 public 인터페이스는 derived 클래스에 있는 인터페이스의 일부
     class derived: public base { ... };
```

기본 클래스에서 파생된 클래스는 기본 클래스의 함수들을 재정의할 수 있으며 파생 클래스만의 멤버를 추가할 수 있습니다.

클래스는 private 상속도 할 수 있습니다.

```
     class priv_derived: private base { ... };
```

private 상속은 흔하지 않지만 보통 구현 편의 때문에 사용합니다. 파생 타입(public 상속)의 객체는 기본 클래스 객체가 필요한 위치에서 객체, 참조, 포인터로 사용할 수 있습니다.

파생 클래스는 여러 단계의 깊이가 있을 수 있습니다.

```
     class derived2: public derived { ... };
```

derived2 타입 객체는 derived 클래스 영역을 포함하며 이는 다시 base 클래스 영역을 포함합니다. 따라서 derived2 객체는 derived 객체와 base 객체 속성이 있습니다.

파생 클래스 객체는 전체 객체에 필요한 충분한 저장 공간을 할당하고 기본 클래스 영역을 구성한 다음 파생 클래스를 구성하여 만들어집니다. 실행되는 파생 클래스의 생성자는 일반적으로 파생 클래스 객체를 만들 때 사용하는 인수에 따라 달라집니다.

파생 클래스의 생성자는 생성자 이니셜라이저 목록을 이용해 가장 가까운 기본 클래스를 만들 때 사용할 인수를 전달할 수 있습니다. 만약 생성자 이니셜라이저가 기본 클래스를 명시적으로 초기화하지 않으면 기본 클래스의 기본 생성자가 실행됩니다.

동적 바인딩

함수를 호출하는 객체의 실제 타입을 기반으로 실행할 함수를 런타임에 선택하는 기능입니다. 동적 바인딩은 포인터나 참조를 이용해 가상 함수를 호출할 때 적용됩니다. 함수가 가상 함수라는 사실은 상속되므로 파생 클래스에서 해당 사실을 반복해서 명시할 필요는 없습니다.

파생 클래스가 가상 함수를 재정의해야 할 필요는 없습니다. 만약 클래스에서 가상 함수를 재정의하지 않으면 가장 가까운 기본 클래스에 있는 해당 가상 함수의 정의문을 상속합니다. 그러나 클래스가 포함하는 모든 가상 함수는 반드시 정의되어야 합니다. 흔히 컴파일러가 내뱉는 알 수 없는 오류 메시지는 가상 함수를 선언만 하고 정의하지 않기 때문입니다.

오버라이딩

두 함수가 매개변수 개수, 타입이 같고 모두 const를 사용했을 때(또는 모두 const가 아닐 때) 파생 클래스의 멤버 함수는 기본 클래스에서 같은 이름인 함수를 오버라이딩합니다. 이때 13.4.2/391p에서 살펴본 상황을 제외한다면 반환 타입 또한 일치해야 합니다. 13.4.2/391p에서는 기본 클래스의 함수가 기본 클래스를 가리키는 포인터(또는 참조)를 반환했을 때 파생 클래스의 함수가 파생 클래스를 가리키는 포인터(또는 참조)를 반환할 수 있다는 것을 살펴보았습니다. 만약 인수 목록이 일치하지 않으면 기본 클래스의 함수와 파생 클래스의 함수는 사실상 관련이 없습니다.

가상 소멸자

기본 클래스를 가리키는 포인터가 실제로 파생 클래스 객체일지도 모르는 객체를 삭제하는 데 사용된다면 기본 클래스에 가상 소멸자가 있어야 합니다. 기본 클래스가 소멸자를 필요로 하지 않더라도 가상 소멸자는 반드시 정의되어 있어야 하며 소멸자의 본문은 비어 있어야 합니다.

```
class base {
public:
    virtual ~base(){ }
};
```

다른 함수와 마찬가지로 소멸자의 가상 속성은 파생 클래스에 상속되므로 파생 클래스에서 소멸자를 재정의할 필요는 없습니다.

생성자와 가상 함수

생성하려는 객체가 파생 클래스 타입이더라도 기본 클래스 생성자를 실행하는 중에 해당 객체는 기본 클래스 타입입니다. 따라서 생성자 내부에서 가상 함수를 호출하면 만들어지는 타입의 버전으로 정적 바인딩됩니다.

friend 클래스

클래스는 또 다른 클래스를 friend로 지정할 수 있습니다. 그렇게 하면 다른 클래스의 모든 멤버 함수와 friend 관계가 성립됩니다. friend 관계는 상속되거나 전이되지 않습니다. friend 클래스의 friend 클래스, friend 클래스의 파생 클래스는 특별한 권한이 없습니다.

정적 멤버

정적 멤버는 각 클래스 객체의 인스턴스가 아닌 클래스의 멤버로 존재합니다. 따라서 static 멤버 함수에는 this 키워드를 사용할 수 없습니다. static 멤버 함수는 static 데이터 멤버에만 접근할 수 있습니다. 클래스 전체에서 각 static 데이터 멤버의 인스턴스는 하나만 존재하며 일반적으로 클래스 멤버 함수를 구현하는 소스 파일에서 반드시 초기화되어야 합니다. 멤버가 클래스 정의문의 외부에서 초기화되므로 초기화할 때 완전히 정규화된 이름을 사용해야 합니다.

```
값-타입 클래스-이름::정적-멤버-이름 = 값;
```

'클래스 이름'으로 나타낸 클래스의 이름이 '정적 멤버 이름'인 static 멤버의 타입은 '값 타입'이며 초깃값은 '값'입니다.

연습문제

13-0. 이 장에서 살펴본 프로그램들을 컴파일하고 실행하여 결과를 확인해보세요.

13-1. Core 생성자와 Grad 생성자에 코드를 추가하여 생성자가 실행될 때 생성자의 이름을 출력하도록 만들어보세요.

예를 들면 istream& 타입의 매개변수가 있는 Grad 생성자에 다음과 같은 실행문을 추가해야 합니다.

```
cerr ≪ "Grad::Grad(istream&)" ≪ endl;
```

그런 다음 각 생성자를 실행하는 간단한 프로그램을 작성해보세요. 출력 결과를 예상해보고 실제 출력과 일치하는지 확인해보세요.

13-2. 이 장에서 정의한 Core 클래스와 Grad 클래스를 사용한 다음 코드에서 호출되는 각 함수가 어느 클래스의 멤버 함수인지 표시해보세요.

```
Core* p1 = new Core;
Core* p2 = new Grad;
Core s1;
Grad s2;

p1->grade();
p1->name();

p2->grade();
p2->name();

s1.grade();
s1.name();

s2.name();
s2.grade();
```

name 함수와 grade 함수에 출력문을 추가하여 앞서 표시한 결과가 올바른지 확인해보세요.

13-3. 9장에서 만든 Student_info 클래스는 vaild 함수가 멤버로 있으며 이를 이용해 객체가 학생 정보에 해당하는 값이 있는지 확인할 수 있습니다. 이 함수를 클래스의 상속 구조에 추가해보세요.

13-4. [연습 문제 13-3]에서 수정한 Student_info 클래스에 10.3/286p에서 설계한 성적 산출 방식에 따라 숫자로 된 최종 점수를 문자 등급으로 나타내는 함수를 추가해보세요.

13-5. [연습 문제 13-4]에서 수정한 Student_info 클래스에 특정 학생이 모든 요구 사항을 충족했는지 확인하는 서술 함수를 작성해보세요. 즉, 학생이 모든 과제를 완료했는지, 대학원생이라면 논문까지 작성했는지 확인해보세요.

13-6. [연습 문제 13-5]에서 수정한 Student_info 클래스에 어떤 과목을 수강하는 학생을 수료 또는 수료하지 못함으로 나타내는 체계를 추가해보세요. 학생들은 과제를 제출할 수도 있고 제출하지 않을 수도 있다고 가정합니다. 과제를 제출한 학생이라면 과제 점수를 반영한 일반적인 공식에 따라 해당 과목의 수료 여부를 결정합니다. 과제를 제출하지 않은 학생이라면 최종 점수를 중간시험과 기말시험의 평균값으로 계산합니다. 수료 가능 점수는 60점 이상입니다.

13-7. [연습 문제 13-6]에서 수정한 Student_info 클래스에 과목을 청강하는 학생을 나타내는 클래스를 추가해보세요.

13-8. 네 가지 종류의 학생 집단을 처리할 수 있는 성적 보고서를 만드는 프로그램을 작성해보세요.

13-9. 13.4.2/391p에서 살펴본 할당 연산자가 자가 할당을 확인하지 못한다면 어떤 일이 발생하는지 설명해보세요.

CHAPTER 14

메모리 관리 자동화

13장에서 만든 Student_info 핸들 클래스는 2개의 독립적인 추상화를 결합한 형태입니다. 하나는 학생 정보를 다루는 인터페이스를 분류하고 다른 하나는 객체를 가리키는 포인터를 관리합니다. 그런데 2개의 독립적인 추상화를 클래스 하나로 결합하는 것을 좋은 설계 방식이라 할 수는 없습니다.

이 장에서는 Student_info와 비슷한 클래스를 정의하되 인터페이스만을 담당하는 인터페이스 클래스를 정의할 것입니다. 인터페이스 클래스는 C++ 프로그래밍에서 일반적으로 사용하며 특히 상속 구조의 인터페이스를 구성할 때 사용합니다. 인터페이스 클래스의 세부 구현 사항은 다른 클래스에 맡길 것이며 해당 클래스는 포인터처럼 동작할 뿐만 아니라 기저 메모리를 관리합니다. 인터페이스 클래스에서 포인터처럼 동작하는 클래스를 분리했다면 포인터처럼 동작하는 클래스 1개를 인터페이스 클래스 여러 개와 함께 사용할 수 있습니다.

또한 이와 같은 클래스들을 사용하여 메모리 관리가 잦은 프로그램의 성능을 향상시킬 수 있습니다. 포인터처럼 동작하는 클래스의 객체 여럿이 기저 객체 하나를 참조하도록 만들어 객체의 불필요한 복사를 막을 수 있습니다.

이 장의 대부분은 다음 질문의 답을 하는 내용 위주로 이루어져 있습니다.

객체를 복사한다는 것은 무엇을 의미할까요?

언뜻 보기에 이 질문의 답은 명확한 것 같습니다. 객체의 복사본이란 기존 객체의 모든 속성을 갖는 별개의 객체이기 때문입니다.

하지만 한 객체가 다른 객체를 참조할 수 있다면 질문은 더욱 복잡해집니다. 만약 객체 x가 객체 y를 참조할 때 x를 복사하면 y도 복사되는 것일까요?

이 질문의 답은 상황에 따라 명확합니다. 만약 y가 x의 멤버라면 답은 '예'여야 하고, 만약 x가 y를 가리키는 포인터에 불과하다면 답은 '아니오'입니다. 이 장에서 여러분은 포인터처럼 동작하는 클래스의 세 가지 다른 버전을 정의할 것이며 각 버전은 복사를 정의하는 방식에서 차이가 납니다.

복사에 관한 질문들과 포인터처럼 동작하는 클래스 개념은 상당히 추상적입니다. 앞으로 여러분은 이러한 추상화들을 구현할 것이며 이 장이 이 책에서 가장 추상적인 부분입니다. 신중하게 학습해야 할 부분이며 충분히 그럴만한 가치가 있습니다.

14.1 핸들 클래스

13장에서 다룬 성적 산출 문제를 떠올려보도록 합시다. 이 문제를 해결하려고 여러분은 두 종류의 학생을 나타내는 객체의 집합을 저장하고 처리했습니다. 이러한 객체들은 상속 관계에 있는 2개 타입 중 하나며 추후 더 많은 타입이 추가될 가능성이 있습니다. 주어진 문제를 해결하는 데 13.3.1/380p에서 살펴본 첫 번째 방안은 포인터를 사용하여 두 가지 타입의 객체가 섞인 집합을 저장하는 방식입니다. 포인터 각각은 Core 객체나 Core 클래스에서 파생된 타입의 객체를 가리킬 수 있습니다. 이 때문에 프로그래머는 객체의 동적 할당 및 객체의 할당 해제를 책임져야 합니다. 이렇게 작성된 프로그램은 포인터 관리와 연관된 세부 사항 때문에 복잡하며 전반적으로 다루기 쉽지 않습니다.

그 원인은 포인터가 원시적인 저수준 데이터 구조이기 때문입니다. 포인터를 사용한 프로그래밍은 오류가 발생하기 쉬운 것으로 악명이 높습니다. 포인터 때문에 발생하는 오류 대부분은 포인터와 포인터가 가리키는 객체 사이의 독립성 때문에 발생합니다. 이때 빠지기 쉬운 함정은 다음과 같습니다.

- 포인터를 복사해도 포인터가 가리키는 객체는 복사되지 않으므로 실수로 두 포인터가 같은 객체를 가리키는 상황을 초래합니다.
- 포인터를 소멸시켜도 포인터가 가리키던 객체는 소멸되지 않으므로 메모리 누수가 발생합니다.

- 포인터를 소멸시키지 않은 채 포인터가 가리키는 객체를 소멸시키면 해당 포인터는 허상 포인터[1]가 됩니다. 이때 프로그램이 해당 포인터를 사용하면 정의하지 않은 동작이 발생합니다.

- 포인터를 만들 때 초기화하지 않으면 포인터는 바인딩하지 않은 상태가 됩니다. 이때 프로그램이 해당 포인터를 사용하면 정의하지 않은 동작이 발생합니다.

13.5/391p에서는 성적 산출 문제를 다시 다루면서 Student_info 핸들 클래스를 사용했습니다. Student_info 핸들 클래스는 포인터를 관리하므로 프로그래머들은 Student_info 객체로 포인터를 다룹니다. 이와 동시에 Student_info 핸들 클래스는 Core 클래스와 직접 관련이 있으며 Core 클래스의 public 레이블에 속한 인터페이스를 그대로 반영합니다.

여러분이 앞으로 해야 할 것은 이러한 2개의 추상화를 분리하는 것입니다. Student_info 클래스를 사용하여 인터페이스를 제공하는 것은 이전과 같지만 새로운 클래스로 핸들 객체를 관리할 것입니다. 새로운 클래스는 객체를 가리키는 포인터를 관리합니다. 새로운 타입의 동작과 핸들 객체에 바인딩될 객체의 타입은 독립성이 있습니다.

14.1.1 제네릭 핸들 클래스

새로운 클래스와 이 클래스가 관리하는 객체의 타입이 독립성이 있으려면 새로운 클래스는 템플릿 클래스여야 합니다. 핸들 객체의 동작을 은닉화하는 것이므로 새로운 클래스의 이름을 Handle로 정합시다. Handle 클래스가 제공하려는 속성은 다음과 같습니다.

- Handle 객체는 객체를 참조하는 값입니다.
- Handle 객체는 복사할 수 있습니다.
- Handle 객체를 판별하여 다른 객체에 바인딩되어 있는지 확인할 수 있습니다.
- Handle 객체가 상속 계층 구조에 속한 클래스의 객체를 가리키면 Handle 객체를 사용하여 다형성 동작을 실행하게 만들 수 있습니다. 즉, Handle 클래스로 가상 함수를 호출할 때는 실제 포인터로 함수를 호출한 것처럼 구현체가 동적으로 실행할 함수를 선택합니다.

Handle 클래스는 제한된 인터페이스가 있으며 Handle 객체에 바인딩된 다른 객체의 메모리 관리를 대신 실행합니다. 프로그래머는 모든 객체에 단 하나의 Handle 객체를 바인딩해야 하며 포인터를 이용해 객체에 직접 접근해서는 안 됩니다. 즉, 모든 접근이 Handle 객체를 이용해 이루어져야 합니다. 이 같은 제한 덕분에 Handle 객체는 C++의 기본 포인터에 있는 고유

---

1 옮긴이_ 댕글링 포인터(Dangling Pointer), 고아 포인터, 현수 포인터로도 알려져 있습니다.

한 문제점들을 피할 수 있습니다. Handle 객체를 복사할 때는 바인딩된 객체의 복사본을 만들어 각 Handle 객체가 복사본을 가리키도록 합니다. Handle 객체를 소멸시킬 때는 바인딩된 객체도 소멸될 것입니다. 이는 객체의 할당을 해제하는 유일한 방법입니다. 프로그래머는 바인딩되지 않은 Handle 객체를 만들 수 있으나 Handle 객체가 참조하는 객체에 접근하려고 시도하면 예외가 발생합니다. 더 정확하게 말하자면 Handle 객체가 어떠한 객체도 참조하지 않을 때입니다. 예외의 발생을 피하려는 프로그래머는 Handle 객체가 바인딩되었는지 판별할 수 있습니다.

이러한 속성들은 이전의 Student_info 클래스에서 구현한 것과 같습니다. Student_info 클래스의 복사 생성자와 할당 연산자는 clone 함수를 호출하여 Core 객체를 복사합니다. Student_info 클래스의 소멸자는 Core 객체를 소멸시킵니다. Student_info 객체가 가리키는 기저 객체를 사용하는 함수들은 각각의 동작에 앞서 Student_info 객체에 실제로 객체가 바인딩되었는지 판별합니다. 여러분이 작성할 Handle 클래스는 이러한 동작들을 은닉화하는 동시에 어떤 타입의 객체라도 관리할 수 있어야 합니다.

```
template <class T> class Handle {
public:
    Handle() : p(0) { }
    Handle(const Handle& s) : p(0) { if (s.p) p = s.p->clone(); }
    Handle& operator=(const Handle&);
    ~Handle() { delete p; }

    Handle(T* t) : p(t) { }

    operator bool() const { return p; }
    T& operator*() const;
    T* operator->() const;
private:
    T* p;
};
```

Handle 클래스는 템플릿 클래스이므로 다양한 타입을 참조하는 Handle 객체 각각을 만들 수 있습니다. Handle<T> 객체 각각은 다른 객체를 가리키는 포인터를 포함하며 멤버 함수들은 해당 포인터를 관리합니다. Handle 클래스의 정의문에서 첫 4개의 함수는 변수 이름이 바뀐 것을 제외하면 Student_info 클래스와 같습니다. 기본 생성하는 포인터를 0으로 설정하여

Handle 객체가 바인딩되지 않았음을 나타냅니다. 복사 생성자는 Handle 객체에 바인딩된 객체의 clone 함수를 (조건에 따라) 호출하여 해당 객체의 새로운 복사본을 만듭니다. 소멸자는 객체 할당을 해제시킵니다. 할당 연산자는 복사 생성자와 마찬가지로 clone 함수를 (조건에 따라) 호출하여 객체의 새로운 복사본을 만듭니다.

```
template<class T> Handle<T>& Handle<T>::operator=(const Handle& rhs)
{
    if (&rhs != this) {
        delete p;
        p = rhs.p ? rhs.p->clone() : 0;
    }
    return *this;
}
```

할당 연산자는 일단 예외 없이 자가 할당 여부를 판별하며 자가 할당이면 아무 동작도 실행하지 않습니다. 자가 할당이 아닐 때는 기존에 관리하던 객체 할당을 해제한 후 할당 연산자의 오른쪽 피연산자인 객체의 복사본을 만듭니다. 복사본을 생성하는 실행문에서는 조건(삼항) 연산자(3.2.2/88p)를 사용하여 clone 함수 호출의 타당성을 결정합니다. 만약 rhs.p가 어떤 객체를 가리킨다면 rhs.p->clone 함수를 호출한 결과 포인터를 p에 할당합니다. 그렇지 않고 만약 rhs.p가 가리키는 객체가 존재하지 않는다면 p를 0으로 설정합니다.

Handle 클래스는 포인터 동작을 모델링한 것이므로 포인터를 실제 객체에 바인딩하는 과정을 구현해야 합니다. 해당 동작은 T* 타입이 인수로 있는 생성자가 담당합니다. 이 생성자는 인수로 전달된 포인터를 생성자 이니셜라이저에 사용하여 t가 가리키는 객체에 Handle 객체를 바인딩합니다. 다음과 같은 정의문을 예로 들어봅시다.

```
Handle<Core> student(new Grad);
```

앞 정의문은 Core* 타입 포인터를 포함하며 이름이 student인 Handle 객체를 만듭니다. 그리고 해당 포인터는 방금 만든 Grad 타입 객체를 가리키도록 초기화됩니다.

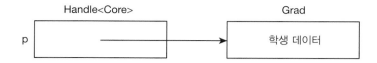

다시 Handle 클래스의 정의문으로 돌아가서 남은 연산자 함수 3개를 살펴봅시다. 먼저 operator bool( )은 조건에 포함된 Handle 객체 값을 판별하는 데 사용됩니다. 이 함수는 Handle 객체가 다른 객체에 바인딩되었으면 참을 반환하고 그렇지 않으면 거짓을 반환합니다. 나머지 연산자 함수 2개는 Handle 객체에 바인딩된 객체로의 접근을 제공하는 * 연산자와 -> 연산자를 정의합니다.

```
template <class T> T& Handle<T>::operator*() const
{
    if (p)
        return *p;

    throw runtime_error("unbound Handle");
}

template <class T> T* Handle<T>::operator->() const
{
    if (p)
        return p;

    throw runtime_error("unbound Handle");
}
```

C++가 기본으로 제공하는 단항 연산자인 *를 포인터에 적용하면 포인터가 가리키는 객체를 반환합니다. Handle 클래스에서는 * 연산자를 새롭게 정의한 후 Handle 객체에 적용하면 Handle 객체의 멤버인 포인터에 C++가 기본으로 제공하는 * 연산자를 적용한 결과를 반환합니다. 앞서 살펴본 객체 student를 예로 들어보면 멤버 p에 접근할 수 있다는 가정 아래 *student는 student.p에 *를 적용한 결과를 반환합니다. 즉, *student의 결과는 student를 초기화할 때 생성한 Grad 객체의 참조입니다.

-> 연산자는 * 연산자보다 조금 더 복잡합니다. 겉으로 보기에 -> 연산자는 이항 연산자처럼 보이지만 실제로는 보통의 이항 연산자들과 다르게 동작합니다. -> 연산자는 범위(::) 연산자

나 점(.) 연산자와 마찬가지로 왼쪽 피연산자에 해당하는 이름의 객체에 있는 오른쪽 피연산자에 해당하는 이름의 멤버에 접근할 때 사용합니다. 이름 자체는 표현식이 아니므로 프로그래머가 명시한 이름에 직접 접근할 수는 없습니다. 대신 포인터로 다룰 수 있는 값을 반환하도록 -> 연산자를 정의해야 합니다. operator-> 함수를 정의하고 x가 operator-> 함수를 정의하는 타입의 값이라면 다음 두 가지 코드는 같은 의미입니다.

```
x->y
```

```
(x.operator->())->y
```

이때 operator-> 함수는 해당 객체에 있는 포인터를 반환합니다. 객체 student를 예로 들어봅시다.

```
student->y
```

앞 코드는 다음 코드와 같은 의미입니다.

```
(student.operator->())->y
```

---

operator-> 함수를 정의한 바에 따르면 앞 코드는 다음 코드와도 같은 의미입니다(실제로는 데이터 보호 때문에 student.p에 직접 접근하는 것을 허용하지 않습니다).

```
student.p->y
```

결과적으로 -> 연산자는 Handle 객체로 이루어진 호출을 Handle 객체의 멤버인 기저 포인터에 전달합니다.

여러분의 목표 중 하나는 C++가 제공하는 기본 포인터와 연관된 동작의 다형성을 Handle 클래스에서 보존하는 것이었습니다. 앞서 다룬 operator* 함수와 operator-> 함수의 정의문으로 해당 목표를 이루었습니다. 이 함수들은 참조 또는 포인터를 반환하며 이를 이용해 동적 바인딩을 할 수 있습니다. 예를 들어 student->grade()를 실행하면 객체 student의 멤버인 포인터 p로 grade 함수를 호출합니다. 이때 실행되는 grade 함수의 버전은 p가 가리키는 객체의 타입에 따라 다릅니다. 만약 student가 변함없이 Grad 객체를 가리킨다면 Grad::grade 함수가 호출될 것입니다. 마찬가지로 operator* 함수는 참조를 반환하므로 (*student). grade()를 실행하면 참조를 이용해 grade 함수를 호출하며 구현체는 런타임 시점에 호출할 함수를 결정합니다.

14.1.2 제네릭 핸들 클래스 사용하기

여러분은 13.3.1/380p에서 포인터 기반으로 구현한 성적 산출 프로그램을 Handle 객체를 사용하여 다시 작성할 수 있습니다.

```
int main()
{
    vector< Handle<Core> > students; // 타입 변경됨.
    Handle<Core> record; // 타입 변경됨.
    char ch;
    string::size_type maxlen = 0;

    // 데이터를 읽고 저장
    while (cin >> ch) {
        if (ch == 'U')
            record = new Core; // Core 객체 할당
        else
            record = new Grad; // Grad 객체 할당

        record->read(cin); // Handle<T>::-> 연산자 함수 호출 후 가상 함수 호출
        maxlen = max(maxlen, record->name().size()); // Handle<T>::-> 연산자 함수 호출
        students.push_back(record);
    }

    // const Handle<Core>& 타입으로 동작하도록 compare 함수를 다시 작성해야 함.
    sort(students.begin(), students.end(), compare_Core_handles);

    // 이름과 점수 출력
    for (vector< Handle<Core> >::size_type i = 0; i != students.size(); ++i) {
        // 함수를 호출하려고 Handle 객체 students[i]를 역참조
        cout << students[i]->name() << string(maxlen + 1 - students[i]->name().size(), ' ');
        try {
```

```
            double final_grade = students[i]->grade();
            streamsize prec = cout.precision();
            cout << setprecision(3) << final_grade << setprecision(prec) << endl;
        }
        catch (domain_error e) {
            cout << e.what() << endl;
        }
        // delete문 삭제
    }
    return 0;
}
```

앞 프로그램에서는 벡터에 Core* 객체 대신 Handle<Core> 객체를 저장합니다. 따라서 13.3.1/382p 처럼 const Handle<Core>& 타입으로 동작하는 오버로드되지 않은 비교 함수를 작성하여 sort 함수에 전달해야 합니다. 해당 함수의 이름은 compare_Core_handles이며 함수 구현은 연습문제로 남겨둘 것입니다.

또한 Handle 클래스는 바인딩된 객체의 멤버인 clone 함수를 사용하므로 Handle<Core> 객체가 clone 함수를 사용할 수 있도록 Core 클래스(13.4.2/389p)를 바꿔야 합니다. 따라서 Handle<Core>를 friend로 만들거나 멤버인 clone 함수를 public으로 만들어야 합니다.

마지막으로 살펴볼 이전 버전과의 차이점은 출력에 필요한 반복문입니다. students[i]를 역참조하면 Handle 객체를 반환합니다. Handle 객체는 기저 Core* 객체로 name 함수와 grade 함수로의 접근에 사용하는 operator-> 함수가 멤버로 있습니다. 예를 들어 students[i]->grade()와 같은 표현식은 오버로드된 -> 연산자를 사용하며 이 덕분에 students[i].p->grade()를 효과적으로 호출할 수 있습니다. grade 함수는 가상 함수이므로 students[i].p가 가리키는 객체 타입에 따라 알맞은 버전을 실행합니다. 또한 Handle 클래스가 메모리 관리를 담당하므로 students의 요소들이 참조하는 객체를 delete문으로 할당 해제할 필요는 없습니다.

더욱 중요한 점은 Handle 클래스에 포인터들을 관리하는 역할을 맡겨 Student_info 클래스를 순수한 인터페이스 클래스로 다시 구현할 수 있다는 것입니다.

```
class Student_info {
public:
    Student_info() { }
```

```
        Student_info(std::istream& is) { read(is); }
        // 복사 생성자, 할당 연산자, 소멸자가 더 이상 필요하지 않음.

        std::istream& read(std::istream&);

        std::string name() const {
            if (cp)
                return cp->name();
            else
                throw std::runtime_error("uninitialized Student");
        }

        double grade() const {
            if (cp)
                return cp->grade();
            else
                throw std::runtime_error("uninitialized Student");
        }

        static bool compare(const Student_info& s1, const Student_info& s2) {
            return s1.name() < s2.name();
        }
    private:
        Handle<Core> cp;
};
```

새로운 Student_info 클래스에서 cp는 Core* 타입이 아닌 Handle<Core> 타입입니다. Handle 클래스가 기저 객체를 관리하므로 이제 Student_info 클래스에서 복사 제어 함수를 구현할 필요가 없습니다. 그 외 생성자들은 이전과 같은 동작을 합니다. name 함수와 grade 함수는 이전과 같아 보입니다. 하지만 이 함수들이 동작하려면 cp를 판별하는 과정과 Handle 클래스의 멤버인 오버로드된 operator-> 함수에서 bool 함수 호출이 필요합니다.

마지막으로 read 함수를 작성하여 새로운 Student_info 클래스를 완성하도록 합시다.

```
istream& Student_info::read(istream& is)
{
    char ch;
    is >> ch; // 학생 정보의 유형 파악

                // 알맞은 타입의 새로운 객체를 할당
```

```
                // 생성자 Handle<T>(T*)를 사용하여
                // 새롭게 할당한 객체를 가리키는 포인터로 Handle<Core> 객체를 생성
                // Handle<T>::operator= 함수를 호출하여 cp에 Handle<Core> 객체를 할당
    if (ch == 'U')
        cp = new Core(is);
    else
        cp = new Grad(is);

    return is;
}
```

앞 코드는 이전 Student_info::read 함수와 비슷하지만 실행하는 동작은 매우 다릅니다. 가장 눈에 띄는 차이점은 delete문이 사라진 것입니다. delete문이 필요하지 않는 이유는 cp의 할당 과정에서 상황에 따라 객체의 할당 해제가 일어나기 때문입니다. 새로운 read 함수를 이해하려면 코드를 꼼꼼하게 따라가야 합니다. 예를 들어 new Core(is)를 실행하여 얻은 Core* 객체는 생성자 Handle(T*)에 전달되어 Handle<Core> 객체로 암묵적으로 변환됩니다. 이 Handle 객체 값은 Handle 클래스의 할당 연산자를 사용하여 cp에 할당됩니다. 만약 이전에 참조된 Handle 객체가 존재할 때는 자동으로 이전 객체를 삭제합니다. 이러한 할당 과정에서는 여러분이 만든 Core 객체의 여분의 복사본을 만들고 소멸시킵니다. 앞으로 이러한 여분의 복사본 만들기를 피하는 방법을 살펴볼 것입니다.

14.2 참조 카운트

지금까지 기존 인터페이스 클래스에서 포인터를 관리하는 동작을 성공적으로 분리했습니다. 이제 Handle 객체를 사용하여 다양한 인터페이스 클래스를 구현할 수 있으며 각 Handle 객체의 메모리 관리를 걱정할 필요가 없습니다. 한편 Handle 클래스에 여전히 남아 있는 문제는 객체를 복사하거나 할당할 때 필요하지 않은 상황에도 기저 데이터를 복사한다는 것입니다. 왜냐하면 Handle 객체는 항상 바인딩된 객체를 복사하기 때문입니다.

보통은 복사본을 만들 것인지 여러분이 선택할 수 있어야 합니다. 예를 들어 Handle 객체와 해당 Handle 객체의 복사본이 서로 기저 정보를 공유하도록 만들 수 있습니다. 해당 Handle 클래스의 객체는 값처럼 동작하지 않으며 그럴 필요도 없습니다. 다른 Handle 클래스는 객체를

만든 후 상태를 바꾸지 않을 수 있습니다. 이때는 기저 객체를 복사할 이유가 전혀 없으며 해당 객체를 복사하는 것은 실행 시간과 저장 공간을 낭비하는 일입니다.

앞 설명과 같은 Handle 클래스가 되려면 Handle 객체의 복사본을 만들 때 기저 객체를 복사하지 않는 형태가 필요합니다. 물론 같은 기저 객체에 Handle 객체 다수가 바인딩되더라도 특정 시점에 기저 객체의 할당 해제가 일어나야 합니다. 기저 객체의 할당 해제가 일어나는 명확한 시점은 기저 객체를 가리키는 마지막 Handle 객체가 사라질 때입니다.

이 문제를 해결할 때는 얼마나 많은 객체가 또 다른 객체를 참조하는지 추적하는 객체인 **참조 카운트**reference count를 사용합니다. 참조 대상이 되는 객체는 저마다 참조 카운트가 있습니다. 참조 대상이 되는 객체를 참조하는 객체를 새롭게 만들 때마다 참조 카운트는 증가하며 반대로 참조 대상이 되는 객체를 참조하는 객체가 없어질 때마다 참조 카운트는 감소합니다. 참조 대상이 되는 객체를 참조하는 마지막 객체가 없어지면 참조 카운트는 0이 됩니다. 그리고 비로소 참조 대상이 되는 객체를 소멸시키는 것이 안전하다는 것을 알 수 있습니다.

참조 카운트를 사용하면 불필요한 메모리 관리 및 데이터 복사를 크게 줄일 수 있습니다. 앞으로 Handle 클래스에 참조 카운트를 추가하여 Ref_handle이라는 새로운 클래스를 작성할 것입니다. 그런 다음 이어지는 두 절에서는 기저 객체를 공유하면서 값처럼 동작하는 객체의 클래스를 정의할 때 참조 카운트가 어떠한 도움을 주는지 살펴볼 것입니다.

기존의 Handle 클래스에 참조 카운트를 추가하려면 참조 카운트를 할당하고 적절하게 조작할 수 있도록 객체의 생성, 복사, 소멸을 담당하는 함수들을 바꿔야 합니다. Ref_handle 객체가 가리키는 기저 객체는 저마다 참조 카운트가 있습니다. 그렇다면 참조 카운트는 어디에 저장해야 할까요? 일반적으로 Ref_handle 클래스는 Ref_handle 객체가 가리킬 수 있는 타입의 소스 코드를 포함하지 않으므로 참조 카운트를 Ref_handle 객체가 가리키는 객체의 클래스 타입 자체에 추가할 수는 없습니다. 대신 Ref_handle 클래스에 포인터를 하나 더 추가하여 참조 카운트를 관리합니다. 또한 Ref_handle 객체가 가리키는 기저 객체는 저마다 참조 카운트를 사용하여 복사본 개수를 파악합니다.

```cpp
template <class T> class Ref_handle {
public:
    // 참조 카운트를 포인터처럼 관리
    Ref_handle() : p(0), refptr(new std::size_t(1)) { }
    Ref_handle(T* t) : p(t), refptr(new std::size_t(1)) { }
```

```cpp
    Ref_handle(const Ref_handle& h) : p(h.p), refptr(h.refptr) {
        ++*refptr;
    }

    Ref_handle& operator=(const Ref_handle&);
    ~Ref_handle();

    // 이전과 같음.
    operator bool() const { return p; }
    T& operator*() const {
        if (p)
            return *p;

        throw std::runtime_error("unbound Ref_handle");
    }
    T* operator->() const {
        if (p)
            return p;

        throw std::runtime_error("unbound Ref_handle");
    }
private:
    T* p;
    std::size_t* refptr; // 추가됨.
};
```

기존의 Handle 클래스에 두 번째 데이터 멤버를 추가하고, 새로운 멤버를 초기화하도록 생성자들을 다시 작성하여 Ref_handle 클래스를 정의했습니다. 기본 생성자와 T* 타입의 인수가 있는 생성자는 새로운 Ref_handle 객체를 만들며 새로운 참조 카운트(size_t 타입)를 할당하고 해당 참조 카운트 값을 1로 설정합니다. 복사 생성자는 새로운 객체를 만들지 않습니다. 대신 인수로 전달된 Ref_handle<T> 객체에 있는 포인터를 복사하고, 이전보다 T 객체를 가리키는 포인터가 하나 더 있음을 나타내려고 참조 카운트를 증가시킵니다. 따라서 새로운 Ref_handle<T> 객체는 복사 대상이 된 Ref_handle<T> 객체와 같은 T 객체 및 참조 카운트를 가리킵니다.

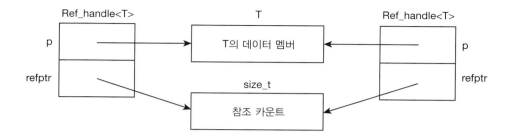

또한 할당 연산자는 기저 객체를 복사하는 대신 참조 카운트를 조작합니다.

```
template<class T> Ref_handle<T>& Ref_handle<T>::operator=(const Ref_handle& rhs)
{
    ++*rhs.refptr;

    // 상황에 따라 좌변을 할당 해제하고 포인터 소멸
    if (--*refptr == 0) {
        delete refptr;
        delete p;
    }

    // 우변 값들을 복사
    refptr = rhs.refptr;
    p = rhs.p;

    return *this;
}
```

할당 연산자를 구현할 때는 좌변의 참조 카운트를 감소시키기 전 우변의 참조 카운트를 증가시켜 자가 할당을 방지하는 것이 중요합니다. 만약 두 피연산자가 같은 객체를 참조한다면 실수로 참조 카운트가 0이 되지 않도록 보장하는 동시에 참조 카운트를 바꾸지 않고 그대로 두어야 합니다.

만약 참조 카운트를 감소시켜 0이 된다면 왼쪽 피연산자는 기저 객체에 바인딩된 마지막 Ref_handle 객체입니다. 왼쪽 피연산자 값을 없애려고 하므로 기저 객체를 가리키는 마지막 참조를 제거해야 합니다. 따라서 refptr와 p에 오른쪽 피연산자의 값을 덮어쓰기 전에 왼쪽 피연산자에 있는 Ref_handle 객체와 해당 참조 카운트를 제거해야 합니다. refptr와 p는 모두 동적으로 할당된 객체이므로 메모리 누수를 방지하려면 둘 다 제거하여 할당을 해제해야 합니다.

상황에 따라 refptr와 p를 제거한 후에는 왼쪽 피연산자 값을 오른쪽 피연산자로 복사하고 왼쪽 피연산자의 참조를 반환합니다.

소멸자는 할당 연산자와 마찬가지로 소멸 대상인 Ref_handle 객체가 T 객체에 바인딩된 마지막 Ref_handle 객체인지 확인합니다. 만약 마지막 Ref_handle 객체라면 소멸자는 포인터가 가리키는 객체를 제거합니다.

```
template<class T> Ref_handle<T>::~Ref_handle()
{
    if (--*refptr == 0) {
        delete refptr;
        delete p;
    }
}
```

이러한 버전의 Ref_handle 클래스는 서로 다른 객체 복사본끼리 상태를 공유할 수 있는 클래스를 대상으로 잘 동작합니다. 하지만 Student_info 클래스처럼 객체가 값처럼 동작하는 클래스에 지금 만든 Ref_handle 클래스를 적용하면 어떨까요? 예를 들어 Ref_handle 클래스를 사용하여 Student_info 클래스를 구현했을 때를 가정해봅시다.

```
Student_info s1(cin); // 표준 입력 내용으로 s1을 초기화
Student_info s2 = s1; // 해당 값을 s2로 '복사'
```

앞 코드에서는 s2가 s1의 복사본인 것처럼 보이지만 s1과 s2는 같은 기저 객체를 참조합니다. 만약 이러한 객체 중 하나의 값을 변경하는 동작을 실행하면 다른 객체의 값도 바뀝니다.

14.1.1/404p에서 정의한 기존 Handle 클래스는 항상 clone 함수를 호출하여 객체 복사를 실행하므로 Handle 객체는 값처럼 동작합니다. 반면 Ref_handle 클래스에서는 clone 함수의 호출을 전혀 찾아볼 수 없습니다. Ref_handle 객체가 clone 함수를 호출하지 않으므로 Ref_handle 타입의 핸들 객체는 바인딩된 객체를 복사하지 않습니다. 대신에 Ref_handle 클래스는 불필요한 데이터의 복사를 피할 수 있다는 장점이 있습니다. 문제는 필요하든 불필요하든 무조건 모든 복사를 피한다는 것입니다. 그렇다면 이제 여러분은 무엇을 해야 할까요?

14.3 데이터 공유를 결정할 수 있는 핸들 클래스

지금까지 제네릭 핸들 클래스의 두 가지 예를 살펴보았습니다. 첫 번째 버전은 항상 기저 객체를 복사하고 두 번째 버전은 절대로 기저 객체를 복사하지 않습니다. 이들보다 더 유용한 것은 기저 객체를 복사할 때와 복사하지 않을 때를 결정할 수 있는 핸들 클래스입니다.

이러한 핸들 클래스는 Ref_handle 클래스의 성능을 보장하는 동시에 객체가 값처럼 동작하는 Handle 클래스의 속성을 제공합니다. 즉, C++의 기본 포인터에 있는 유용한 속성들은 보장하고 많은 함정은 피할 수 있습니다. C++가 제공하는 기본 포인터를 대체하는 의미에서 해당 핸들 클래스의 이름을 Ptr로 정하도록 합시다. 일반적으로 Ptr 클래스는 여러분이 기저 객체의 내용을 바꾸려고 할 때 해당 기저 객체에 또 다른 핸들 객체가 바인딩되었을 때만 기저 객체를 복사합니다. 다행히 핸들 객체가 기저 객체에 유일하게 바인딩된 것인지는 참조 카운트로 알 수 있습니다.

Ptr 클래스의 주요 부분은 14.2/412p에서 구현한 Ref_handle 클래스와 같습니다. 여러분이 해야 할 일은 Ptr 클래스에 멤버 함수 하나를 추가하여 Ptr 클래스를 사용하는 프로그래머에게 제어 권한을 주는 것입니다.

```
template<class T> class Ptr {
public:
    // 필요하면 조건에 따라 객체를 복사하는 새로운 멤버 함수
    void make_unique() {
        if (*refptr != 1) {
            --*refptr;
            refptr = new size_t(1);
            p = p ? p->clone() : 0;
        }
    }

    // 나머지 부분은 클래스 이름을 제외하면 Ref_handle 클래스와 같음.
    Ptr() : p(0), refptr(new size_t(1)) { }
    Ptr(T* t) : p(t), refptr(new size_t(1)) { }
    Ptr(const Ptr& h) : p(h.p), refptr(h.refptr) { ++*refptr; }

    Ptr& operator=(const Ptr&); // 14.2/413p과 비슷하게 구현
    ~Ptr(); //§14.2/413p와 비슷하게 구현
    operator bool() const { return p; }
    T& operator*() const; // 14.2/413p과 비슷하게 구현
```

```
        T* operator->() const; // 14.2/413p과 비슷하게 구현
    private:
        T* p;
        std::size_t* refptr;
    };
```

새로운 멤버 함수인 make_unique는 참조 카운트가 1일 때 아무 동작을 실행하지 않습니다. 반대로 참조 카운트가 1이 아니라면 핸들 객체에 바인딩된 기저 객체의 멤버 함수인 clone을 사용하여 기저 객체의 복사본을 만들고 p가 그 복사본을 가리키도록 설정합니다.

참조 카운트가 1이 아닐 때를 자세히 살펴보자면 기저 객체를 참조하는 다른 Ptr 객체가 적어도 하나 이상 존재하므로 기저 객체와 연관된 참조 카운트를 감소시킵니다. 이때 참조 카운트는 최소 1이 될 수 있으며 0이 될 수는 없습니다. 그런 다음 기저 객체 복사본에 바인딩된 핸들 객체에 필요한 새로운 참조 카운트를 만듭니다. 아직은 기저 객체 복사본에 바인딩된 Ptr 객체가 하나뿐이므로 참조 카운트는 1로 초기화됩니다.

clone 함수를 호출하기 전에는 복사하려는 기저 객체를 가리키는 포인터가 실제로 유효한 객체에 바인딩되었는지 확인합니다. 복사하려는 기저 객체가 유효한 객체라면 clone 함수를 호출하여 해당 기저 객체를 복사합니다. make_unique 함수를 실행하면 해당 Ptr 객체는 p가 가리키는 기저 객체에 바인딩된 유일한 핸들 객체일 것입니다. p가 가리키는 기저 객체는 이전에 p가 가리키던 기저 객체와 같거나(이전의 참조 카운트가 1일 때) 이전에 p가 가리키던 기저 객체의 복사본(이전의 참조 카운트가 1보다 클 때)입니다.

방금 다룬 Ptr 클래스를 14.1.2/409p에서 살펴본 Student_info 클래스의 구현에 사용해봅시다. Student_info 클래스의 어떠한 멤버 함수도 핸들 객체 값을 바꾸지 않으므로 Student_info 클래스의 구현을 수정할 필요가 전혀 없습니다.

핸들 객체 값을 바꾸는 Student_info 클래스의 유일한 멤버로 read 함수가 있습니다. 하지만 read 함수는 항상 새롭게 만드는 값을 Ptr 타입인 데이터 멤버 cp에 할당합니다. 이때 Ptr 클래스의 할당 연산자는 이전 값을 참조하는 다른 핸들 객체가 있는지에 따라 이전 값을 할당 해제하거나 그대로 둡니다. 어떤 때든 read 함수로 읽어 들일 객체는 새로운 Ptr 객체가 가리킵니다. 즉, 해당 Ptr 객체는 read 함수로 읽어 들일 객체를 가리키는 유일한 핸들 객체일 것입니다. 다음 코드를 작성할 때 두 번째 read 함수 호출에서는 s2 값만 재설정되며 s1 값은 바뀌지 않습니다.

```
Student_info s1;
read(cin, s1); // s1에 값을 할당
Student_info s2 = s1; // s1의 값을 s2로 복사
read(cin, s2); // s2에 값을 할당, s2 값만 재설정되며 s1 값은 그대로임.
```

한편 13.6.2/394p에서 살펴본 regrade 함수의 가상 함수 버전을 Core 클래스 계층 구조에
추가하고, 해당 인터페이스 함수를 Student_Info 클래스에 추가하려면 make_unique 함수를
호출하도록 바꿔야 합니다.

```
void Student_info::regrade(double final, double thesis)
{
    // 객체를 바꾸기 전 복사본을 생성
    cp.make_unique();

    if (cp)
        cp->regrade(final, thesis);

    else
        throw run_time_error("regrade of unknown student");
}
```

14.4 Ptr 핸들 클래스 개선하기

Ptr 핸들 클래스는 유용하지만 여러분이 원하는 모든 기능을 실행하지 못합니다. 예를 들어
Ptr 핸들 클래스를 사용하여 12장에서 다룬 Str 클래스를 다시 구현하는 것을 가정해봅시다.
12.3.4/349p에서 살펴본 바에 따르면 이미 존재하는 Str 객체 2개를 결합하여 새로운 Str 객
체를 만들려고 여러 개 문자를 암묵적으로 복사합니다. 이러한 복사를 조금이라도 줄일 수 있
도록 Str 클래스에 참조 카운트를 적용할 때를 생각해봅시다.

```
// 이 클래스는 올바르게 동작할까요?
class Str {
    friend std::istream& operator >> (std::istream&, Str&);
public:
    Str& operator+=(const Str& s) {
        data.make_unique();
```

```
        std::copy(s.data->begin(), s.data->end(), std::back_inserter(*data));
        return *this;
    }

    // 이전과 같은 인터페이스
    typedef Vec<char>::size_type size_type;

    // Ptr 객체를 생성하려고 생성자를 다시 구현
    Str() : data(new Vec<char>) { }
    Str(const char* cp) : data(new Vec<char>) {
        std::copy(cp, cp + std::strlen(cp), std::back_inserter(*data));
    }

    Str(size_type n, char c) : data(new Vec<char>(n, c)) { }
    template<class In> Str(In i, In j) : data(new Vec<char>) {
        std::copy(i, j, std::back_inserter(*data));
    }

    // 필요에 따라 make_unique 함수 호출
    char& operator[](size_type i) {
        data.make_unique();
        return (*data)[i];
    }
    const char& operator[](size_type i) const { return (*data)[i]; }
    size_type size() const { return data->size(); }
private:
    // 벡터에 Ptr 객체 저장
    Ptr< Vec<char> > data;
};

// 12.3.1/344p 및 12.3.3/347p에서 구현한 것과 같음.
std::ostream& operator<<(std::ostream&, const Str&);
Str operator+(const Str&, const Str&);
```

새롭게 구현한 Str 클래스는 기존 인터페이스를 유지하지만 완전히 구현이 바뀌었습니다. Str 객체 각각에 Vec를 직접 저장하는 대신 Vec에 Ptr 객체를 저장합니다. 이러한 설계 방식 때문에 Str 객체 다수가 같은 기저 문자 데이터를 공유할 수 있습니다.

생성자들은 알맞은 값으로 초기화된 새로운 Vec를 할당하여 Ptr 객체를 초기화합니다. data를 읽는 함수들의 코드는 이전 버전과 같습니다. 물론 이제부터 data를 읽는 함수들은 Ptr 객체로 동작하므로 Str 객체를 구성하는 기저 문자들을 얻으려면 Ptr 객체에 저장된 포인터를 이용해 간접적으로 접근해야 합니다. 흥미로운 것은 입력 연산자, 복합 결합 연산자, const 버전이 아닌 인덱스 연산자처럼 Str 객체를 바꾸는 함수들입니다.

예를 들어 Str::operator+= 함수의 구현을 살펴보도록 합시다. 이 함수에서는 기저 Vec 객체에 데이터를 추가하기 전 data.make_unique()를 호출합니다. 이를 이용해 Str 객체는 기저데이터의 복사본을 갖게 되며 이를 자유롭게 수정할 수 있습니다.

14.4.1 제어할 수 없는 복사 유형

안타깝게도 make_unique 함수의 정의문에는 심각한 문제가 있습니다.

```
template<class T> void Ptr<T>::make_unique()
{
    if (*refptr != 1) {
        --*refptr;
        refptr = new size_t(1);
        p = p ? p->clone() : 0; // 여기가 문제
    }
}
```

p->clone 함수 호출에 주목합시다. Ptr< Vec<char> > 객체를 다루므로 p->clone 함수를 호출하면 Vec<char> 객체의 멤버인 clone 함수를 호출하려고 할 것입니다. 불행히도 그러한 함수는 존재하지 않습니다!

한편 clone 함수가 가상 함수려면 Ptr 객체에 바인딩될 클래스의 멤버여야 합니다. 다시 말해 clone 함수를 Ptr 객체에 바인딩될 클래스의 멤버 함수로 만드는 것은 Ptr 객체가 상속 계층 구조의 모든 멤버에서 동작하는데 매우 중요합니다. 그러나 Vec 클래스의 정의문을 바꿀 수 없으므로 clone 함수를 Ptr 객체에 바인딩될 클래스의 멤버 함수로 만드는 것은 불가능합니다.

Vec 클래스는 표준 벡터 클래스에 관한 인터페이스의 하위 버전을 구현하는 것으로 설계되었습니다. 만약 clone 함수를 멤버로 추가한다면 표준 벡터 클래스에 없는 멤버를 추가하는 것이므로 Vec 클래스는 더 이상 표준 벡터 클래스의 하위 버전이 아닙니다. 이러한 상황에서 여러분이 할 수 있는 것은 무엇일까요?

이와 같은 어려운 문제의 해결책은 프로그래머들이 농담 삼아 소프트웨어 공학의 기본 정리라고 하는 다음 말에 함축되어 있습니다.

모든 문제는 간접 접근 단계를 추가로 도입해서 해결할 수 있다.

여러분이 처한 문제는 존재하지 않는 멤버 함수를 호출하려 한다는 것과 해당 멤버 함수를 존재시킬 수 있는 방법이 없다는 것입니다. 이를 해결하려면 멤버 함수를 직접 호출하는 것이 아니라 중개인 역할을 하는 전역 함수를 정의하는 것이 필요합니다. 이름이 clone인 새로운 함수는 다음과 같습니다.

```
template<class T> T* clone(const T* tp)
{
    return tp->clone();
}
```

그리고 멤버 함수 make_unique를 다음과 같이 수정하여 전역 함수 clone을 호출하도록 만듭니다.

```
template<class T> void Ptr<T>::make_unique()
{
    if (*refptr != 1) {
        --*refptr;
        refptr = new size_t(1);
        p = p ? clone(p) : 0; // 멤버가 아닌 전역 버전의 clone 함수를 호출
    }
}
```

중개인 역할인 함수를 도입해도 make_unique 함수의 동작은 변함이 없어야 합니다. make_unique 함수는 변함 없이 clone 함수를 호출하며 복사할 객체의 멤버인 clone 함수를 호출합니다. 하지만 이제 make_unique 함수는 간접 접근 단계를 이용해 동작합니다.

make_unique 함수는 멤버가 아닌 clone 함수를 호출하며 이 clone 함수는 p가 가리키는 객체의 멤버인 clone 함수를 차례로 호출합니다. Student_info 클래스처럼 clone 함수를 멤버로 정의한 클래스라면 방금 살펴본 간접 접근이 아무 영향을 주지 않습니다. 하지만 Str 클래스처럼 clone 함수를 제공하지 않는 타입에 바인딩된 Ptr 객체가 있는 클래스라면 올바른 동

작을 위해 방금 살펴본 간접 접근이 반드시 필요합니다. 이 때문에 여러분은 중개인 역할을 하는 또 다른 함수를 정의할 수 있습니다.

```
// Ptr< Vec<char> > 객체 동작에 필수적
template<> Vec<char>* clone(const Vec<char>* vp)
{
    return new Vec<char>(*vp);
}
```

앞 함수의 시작 부분에 사용한 template<>은 해당 함수가 **템플릿 특수(전문)화**template specialization를 나타냅니다. 템플릿 특수화는 특정 인수 타입이 있는 템플릿 함수의 특수화된 버전을 정의합니다. 템플릿 특수화를 정의하여 clone 함수의 인수가 Vec<char> 객체를 가리키는 포인터일 때는 이와 다른 타입의 객체를 가리키는 포인터일 때와 동작이 다르다는 점을 명시합니다.

clone 함수에 Vec<char>* 타입의 인수를 전달하면 컴파일러는 방금 살펴본 clone 함수의 특수화된 버전을 사용합니다. clone 함수에 Vec<char>* 타입이 아닌 다른 타입의 인수를 전달하면 clone 함수의 일반적인 템플릿 형태를 인스턴스화하여 인수로 전달한 포인터가 가리키는 객체의 멤버인 clone 함수를 호출합니다.

앞서 살펴본 특수화된 clone 함수는 Vec<char> 타입의 복사 생성자를 사용하여 인수로 전달한 포인터가 가리키는 Vec<char> 객체와 같은 Vec<char> 객체를 새로 만듭니다. 이러한 clone 함수의 특수화된 버전이 가상 함수로서 동작하는 것은 아니지만 Vec 클래스에서 파생된 클래스가 없으므로 해당 동작이 필요하지 않습니다.

지금까지 살펴본 내용은 멤버 함수 clone이 존재하지 않을 수도 있다는 사실을 인지하여 멤버 함수 clone의 의존성을 덜어내는 과정입니다. 즉, 간접 접근 단계를 추가로 도입해 clone 템플릿 함수를 특수화하여 특정 클래스의 객체를 복사했습니다.

또한 멤버 함수 clone을 호출하거나 복사 생성자를 호출하는 등 모든 동작을 실행할 수 있도록 clone 템플릿 함수를 특수화했습니다. 이러한 특수화가 없다면 Ptr 클래스는 make_unique 함수를 호출할 때만 멤버 함수 clone을 사용합니다.

이를 좀 더 구체적으로 살펴보면 다음처럼 정리할 수 있습니다.

- 만약 Ptr⟨T⟩ 객체를 사용하지만 Ptr⟨T⟩::make_unique 함수를 사용하지 않는다면 T::clone 함수의 정의 여부는 문제가 되지 않습니다.
- 만약 Ptr⟨T⟩::make_unique 함수를 사용하고 T::clone 함수가 정의되었다면 make_unique 함수는 T::clone 함수를 사용합니다.
- 만약 Ptr⟨T⟩::make_unique 함수를 사용하고 T::clone 함수의 사용을 원하지 않는다면(아마도 존재하지 않으므로) clone⟨T⟩ 함수를 특수화하여 원하는 모든 동작을 실행할 수 있습니다.

간접 접근 단계를 도입함으로써 Ptr 객체의 동작을 아주 세밀하게 제어할 수 있습니다. 그러나 이들 중 어떠한 동작을 사용할지 결정하는 것은 어려운 일입니다.

14.4.2 복사본이 필요한 때

앞서 살펴본 Str 클래스로 되돌아가서 operator[ ] 함수의 두 가지 버전을 살펴보도록 합시다. 하나는 data.make_unique 함수를 호출하고 다른 하나는 그렇지 않습니다. 두 가지 operator[ ] 함수의 차이점은 무엇일까요?

이들의 차이점은 operator[ ] 함수가 const 멤버인지와 관련이 있습니다. operator[ ] 함수의 두 번째 버전은 const 멤버 함수로서 객체의 내용을 바꾸지 않습니다. 이 operator[ ] 함수가 const char& 타입의 값을 반환하는 것이 그 증거입니다.

따라서 기저 Vec⟨char⟩ 객체를 다른 Str 객체와 공유하는 데 아무 문제가 없습니다. 결과적으로 프로그래머는 operator[ ] 함수가 반환한 값을 사용하여 Str 객체 값을 바꿀 수 없습니다.

이와 대조적으로 operator[ ] 함수의 첫 번째 버전은 char& 타입 값을 반환합니다. 즉, 프로그래머는 operator[ ] 함수가 반환한 값을 사용하여 Str 객체의 내용을 바꿀 수 있습니다. 이때 Str 객체의 변경에 제한을 두며 기저 Vec 객체를 공유하는 다른 Str 객체는 바뀌지 않습니다. Vec 객체에 있는 문자의 참조를 반환하기 전 Ptr 객체로 make_unique 함수를 호출하여 다른 Str 객체 값이 바뀌지 않도록 방지합니다.

14.5 핵심 정리

다음과 같은 사항들을 잘 기억해둡시다.

템플릿 특수화

특수화된 템플릿 정의문과 비슷하지만 하나 이상의 타입 매개변수를 생략하고 특정 타입으로 대체합니다. 템플릿 특수화의 무수히 많은 사용처는 이 책의 범위를 밖입니다. 하지만 여러분은 템플릿 특수화라는 개념이 존재하며 컴파일하는 동안 타입을 결정하기에 유용하다는 사실을 알아야 합니다.

연습문제

14-0. 이 장에서 살펴본 프로그램들을 컴파일하고 실행하여 결과를 확인해보세요.

14-1. Ptr⟨Core⟩ 객체로 동작하는 비교 함수를 구현해보세요.

14-2. Ptr⟨Core⟩ 객체를 사용하여 학생 성적 산출 프로그램을 구현하고 결과를 확인해보세요.

14-3. Ptr 클래스의 최종 버전을 사용하여 Student_info 클래스를 구현하고 이를 사용하여 13.5/391p에서 살펴본 성적 산출 프로그램을 구현해보세요.

14-4. Ptr 클래스의 최종 버전을 사용하여 Str 클래스를 다시 구현해보세요.

14-5. Vec⟨Str⟩ 객체를 사용하는 버전의 split 함수 및 문자 그림을 다루는 함수처럼 Str 클래스를 사용하는 프로그램을 다시 컴파일하고 실행하여 앞서 다시 구현한 Str 클래스를 확인해보세요.

14-6. Ptr 클래스는 실제로 참조 카운트 관리와 객체의 할당 및 할당 해제라는 두 가지 문제를 해결합니다. 참조 카운트 관리 외에는 아무것도 실행하지 않는 클래스를 정의하고 이 클래스를 사용하여 Ptr 클래스를 다시 구현해보세요.

CHAPTER 15

문자 그림 다시 살펴보기

상속 개념은 C++ 기초보다 훨씬 어려운 크고 복잡한 시스템을 모델링할 때 가장 쓸모 있습니다. 여기에서는 5.8/155p에서 소개한 문자 그림을 또다시 예로 들 것입니다. 그 이유는 문자 그림이 객체지향을 적용한 문제 해결 방식에 적합할뿐더러 몇백 행에 불과한 코드로 충분히 구현할 수 있기 때문입니다.

그런데 이 책을 집필하기 전 수년간 문자 그림 예제를 사용하여 강의를 진행했고 코드를 개선하고 보여주는 방식을 단순화했습니다. 이 책에 실린 예제를 검토하며 표준 라이브러리와 14장에서 살펴본 제네릭 핸들 클래스를 사용하여 거의 절반 가량의 코드를 줄일 수 있었습니다.

5.8/155p에서는 문자 그림을 vector⟨string⟩ 객체로 나타내는 몇 가지 함수를 작성했습니다. 이 방식을 따르면 틀림없이 새로운 문자 그림을 만들 때마다 문자를 복사해야 합니다. 모든 문자를 복사하는 것은 실행 시간과 저장 공간을 낭비하는 일입니다. 예를 들어 문자 그림 복사본 2개를 결합하면 각 문자의 복사본은 3개씩 저장됩니다. 하나는 원본이고 나머지는 새롭게 결합한 문자 그림을 둘로 나눈 각 면입니다.

더 중요한 것은 5.8/155p에서 살펴본 해결 방식이 문자 그림의 모든 구조 정보를 간직하지 않고 버린다는 사실입니다. 여러분은 주어진 문자 그림이 어떻게 형성되었는지 알 수 없습니다. 문자 그림은 프로그램의 사용자가 초기에 입력한 것일 수도 있고 단순한 문자 그림에 하나 이상의 함수를 적용하여 만든 것일 수도 있습니다.

함수 중 일부는 문자 그림 구조를 보존해야 합니다. 예를 들어 문자 그림에서 테두리를 나타내는 문자를 바꿀 수 있게 하려면 문자 그림의 어떤 부분이 테두리고 어떤 부분이 테두리가 아닌지 알아야 합니다. 테두리를 나타내는 문자가 우연히 문자 그림 일부일 수도 있으므로 테두리를 나타내는 문자의 인스턴스만 파악하는 것은 옳지 않습니다.

이 장에서 하나씩 살펴보겠지만 상속과 제네릭 핸들 클래스를 사용하면 문자 그림의 구조 정보를 보존하고 동시에 시스템이 점유하는 저장 공간을 획기적으로 줄일 수 있습니다.

15.1 설계

여러분이 해결해야 할 문제는 두 가지로 구분할 수 있습니다. 하나는 설계상의 문제며 문자 그림이 어떻게 만들어졌는지 구조 정보를 유지해 해결할 것입니다. 다른 하나는 구현상의 문제며 같은 데이터의 복사본을 더 적게 저장하여 해결할 것입니다. 이 두 가지 문제의 원인은 문자 그림을 vector<string> 객체에 저장했기 때문입니다. 따라서 해당 부분을 재검토해야 합니다.

구현상의 문제는 14장에서 다룬 Ptr 클래스를 사용하여 데이터를 관리하면 해결할 수 있습니다. Ptr 클래스를 사용하면 실제 문자 데이터를 객체 하나에 저장한 후 문자 그림 다수가 해당 객체를 공유하도록 만들 수 있습니다. 예를 들어 주어진 문자 그림의 테두리를 만들 때는 더 이상 문자 그림을 구성하는 문자들을 복사할 필요가 없습니다. 그 대신 Ptr 클래스는 데이터와 연관된 참조 카운트를 관리합니다. 이 참조 카운트는 얼마나 많은 문자 그림이 해당 데이터를 사용하는지 나타냅니다.

설계상의 문제는 구현상의 문제보다 해결하기 더 어렵습니다. 만드는 문자 그림 각각은 여러분이 의도한 구조가 있습니다. 문자 그림 형태는 초기에 주어진 문자의 집합 또는 다음 세 가지 함수 중 하나로 만듭니다. frame 함수는 테두리로 둘러싸인 문자 그림을 만들고 hcat 함수 및 vcat 함수는 가로 또는 세로로 결합한 문자 그림을 만듭니다.

다시 말해 여러분이 만들 수 있는 문자 그림 형태는 네 가지며 이들은 서로 비슷합니다. 그러나 이러한 비슷함에도 이들은 생성 방식이 서로 다릅니다. 지금부터 이들의 차이점을 알아봅시다.

15.1.1 상속을 사용한 구조 모델링

설계상의 문제는 상속을 사용해 해결하기에 안성맞춤입니다. 문자 그림 형태는 서로 비슷한 여러 종류의 데이터 구조지만 다루는 방식에는 차이가 있습니다. 각 데이터 구조는 한 종류의 문자 그림이며 상속 개념은 이러한 데이터 구조들을 나타내는 합리적인 방법입니다. 따라서 모든 종류의 문자 그림에 있는 공통 속성을 모델링한 기본 클래스를 정의합니다. 그리고 제공하려는 특정 종류의 문자 그림을 나타내는 개별 클래스를 기본 클래스에서 파생시킬 수 있습니다.

파생 클래스의 이름은 각각 String_Pic, Frame_Pic, HCat_Pic, VCat_Pic으로 정하도록 합시다. String_Pic은 주어진 문자열로 만든 문자 그림에 필요한 클래스고 Frame_Pic은 또 다른 문자 그림에 테두리를 입혀 만든 문자 그림에 필요한 클래스입니다. HCat_Pic과 VCat_Pic은 서로 다른 문자 그림 2개를 각각 가로 또는 세로로 결합한 결과인 문자 그림에 필요한 클래스입니다. 이러한 클래스들을 상속 개념으로 묶고 가상 함수를 사용하면 현재 다루는 것이 정확히 어떤 종류의 문자 그림인지 알 필요가 없어도 괜찮은 코드를 작성할 수 있습니다. 따라서 프로그래머는 조작하려는 문자 그림이 어떤 종류인지 알지 못해도 여러분이 구현한 함수들을 사용할 수 있습니다. 앞서 언급한 클래스 4개는 Pic_base라는 기본 클래스에서 파생시킬 것이며 상속 계층 구조는 다음 그림과 같습니다.

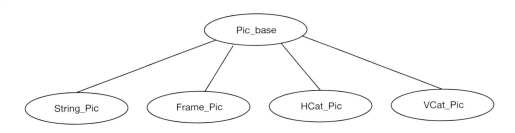

이어서 해결할 문제는 상속 계층 구조를 프로그래머에게 공개할지 여부입니다. 여러분이 구현할 함수가 특정 종류의 문자 그림을 다루는 대신 문자 그림의 추상 개념을 다루므로 상속 계층 구조를 프로그래머에게 공개할 필요는 없습니다. 또한 참조 카운트도 적용할 것이므로 상속 및 참조 카운트를 드러내지 않고서 프로그래머에게 코드 작성의 편리성을 제공합니다.

프로그래머가 Pic_base 클래스 및 파생 클래스에 직접 접근할 필요가 없도록 문자 그림의 인터페이스 클래스를 정의할 것입니다. 즉, 프로그래머는 인터페이스 클래스에 접근해 모든 구현 세부 사항을 파악할 필요가 없습니다. 특히 인터페이스 클래스를 사용하면 Ptr 클래스를 사용한다는 사실과 상속 계층 구조를 숨길 수 있습니다. 여러분이 정의할 클래스는 총 6개며 인터페이스 클래스, 상속 계층 구조의 기본 클래스, 4개의 파생 클래스입니다. 인터페이스 클래스 이름은 Picture이며 Ptr 객체를 사용하여 데이터를 관리할 것입니다.

Ptr 객체가 관리하는 객체 타입은 구현 클래스인 Pic_base입니다. 따라서 Picture 클래스는 Ptr⟨Pic_base⟩ 타입의 데이터 멤버 하나가 있습니다. 한편 Ptr 객체에 바인딩될 객체 타입은 언제나 파생 타입 중 하나입니다. 따라서 Pic_base 타입인 포인터를 이용해 Pic_base 객체를 만들고 소멸시키지만 실제 동작 대상은 파생 타입의 객체입니다. 이러한 설계 방식은 13.3.2/383p에서 살펴본 것처럼 Pic_base 클래스에 가상 소멸자가 필요합니다. 이 가상 소멸자를 public 레이블에 포함시켜 Ptr 객체가 사용할 수 있도록 만들 것입니다.

앞서 Pic_base 클래스 및 Pic_base 클래스의 계층 구조를 프로그래머에게 공개하지 않는다고 했습니다. 따라서 프로그래머는 Picture 클래스로 상속 계층 구조에 속한 클래스들의 객체를 간접적으로만 조작할 것이고 이 클래스들에 직접 접근하지는 않습니다. 이러한 클래스들을 숨기는 가장 직접적인 방법은 일반적인 보호 형태를 갖추는 것입니다. 해당 클래스들에 비어 있는 public 인터페이스가 있게 만들어서 문자 그림과의 모든 상호작용이 Picture 클래스로만 이루어지도록 여러분의 의도를 컴파일러에 강요할 수 있습니다.

이를 구상화[1]하도록 지금까지 다룬 내용을 코드로 작성해봅시다.

```cpp
// 구현에만 사용하는 private 클래스
class Pic_base { };

class String_Pic : public Pic_base { };
class Frame_Pic : public Pic_base { };
class VCat_Pic : public Pic_base { };
class HCat_Pic : public Pic_base { };

// public 인터페이스 및 함수
class Picture {
public:
    Picture(const std::vector<std::string>& = std::vector<std::string>());
private:
    Ptr<Pic_base> p;
};
```

---

[1] 옮긴이_ 구체화라고도 합니다. 추상화의 반대 개념입니다.

Picture 객체 각각은 private 멤버로 Ptr⟨Pic_base⟩ 객체가 있습니다. Pic_base 클래스는 네 종류의 문자 그림을 나타내는 네 가지 클래스의 공통 기본 클래스입니다. Ptr 클래스는 Pic_base 타입의 기저 객체를 공유할 수 있도록 참조 카운트를 관리합니다. 여러분은 Ptr 객체로 파생 클래스 타입의 기저 객체에 함수를 전달하여 Picture 객체를 다루는 각 함수를 실행할 것입니다. 아직 해당 함수들이 무엇인지는 생각해보지 않았으므로 지금 당장은 Pic_base 클래스의 본문과 Pic_base 클래스의 파생 클래스의 본문을 비워두었습니다.

Picture 클래스는 아직까지 매우 단순합니다. Picture 클래스의 유일한 함수는 문자열 벡터로 Picture 객체를 만드는 것입니다. 이 생성자에서는 기본 인수(7.3/207p)를 사용하여 인수를 생략할 수 있게 만들었습니다. 만약 프로그래머가 인수 없이 Picture 객체를 만든다면 컴파일러는 vector⟨string⟩( )을 인수로 자동 제공하여 요소가 없는 vector⟨string⟩ 객체를 만듭니다. 즉, 기본 인수를 사용하면 다음과 같은 정의문을 사용하여 아무 행이 없는 Picture 객체를 만들 수 있습니다.

```
Picture p; // 비어 있는 Picture 객체
```

다음으로 여러분은 Picture 객체를 다루는 동작들을 어떻게 나타낼지 생각해야 합니다. frame 함수, hcat 함수, vcat 함수를 구현할 것입니다. 이 함수들의 구현 방식과 더불어 Picture 클래스의 멤버여야 하는지 결정해야 합니다. 이 함수들은 Picture 객체의 상태를 바꾸지 않으므로 Picture 클래스의 멤버로 구현할 뚜렷한 이유는 없습니다. 오히려 Picture 클래스의 멤버로 구현하지 말아야 할 뚜렷한 이유가 있습니다. 12.3.5/351p에서 살펴본 것처럼 멤버 함수로 구현하지 않고 변환을 허용할 수 있습니다.

예를 들어 앞서 작성한 Picture 클래스의 생성자는 explicit가 아니므로 프로그래머는 다음과 같은 코드를 작성할 수 있으며 이때 구현체는 vs를 Picture 객체로 변환합니다.

```
vector⟨string⟩ vs;
Picture p = vs;
```

이러한 동작을 허용한다면 프로그래머는 frame(vs)와 같은 표현식을 작성할 수 있습니다. 만약 frame 함수가 Picture 클래스의 멤버 함수라면 겉으로 보기에 frame(vs)와 같은 의미

가 있는 것처럼 보이는 vs.frame()과 같은 표현식을 작성할 수 없습니다. 변환은 점(.) 연산자의 왼쪽 피연산자에는 적용되지 않으므로 vs.frame()은 vs의 존재하지 않는 멤버 함수인 frame을 호출하는 것으로 해석될 것입니다.

또한 프로그래머가 결합을 이용하여 복잡한 문자 그림을 만든다면 표현식 구문을 사용하는 것이 편리합니다. 예를 들어 다음 코드를 살펴봅시다.

```
hcat(frame(p), p)
```

이러한 형태로 코드를 작성하는 것이 다음 형태로 코드를 작성하는 것보다 더 깔끔합니다.

```
p.frame().hcat(p)
```

왜냐하면 첫 번째 예제에서는 hcat 함수에 있는 인수들이 대칭적으로 나열되지만 두 번째 예제에서는 그러한 사실이 드러나지 않기 때문입니다.

여러분은 Picture 객체를 생성하는 몇 가지 함수 외에도 Picture 객체의 내용을 출력할 수 있는 출력 연산자를 정의하여 인터페이스 설계를 마무리할 수 있습니다.

```
Picture frame(const Picture&);
Picture hcat(const Picture&, const Picture&);
Picture vcat(const Picture&, const Picture&);
std::ostream& operator<<(std::ostream&, const Picture&);
```

15.1.2 Pic_base 클래스

설계의 다음 단계는 Pic_base 계층 구조의 세부 사항을 완성하는 것입니다. 초기의 구현을 참고해보면 주어진 문자 그림이 몇 개의 문자열이 있는지 확인하려고 vector<string>이 제공하는 size 함수를 사용했습니다. 그리고 출력 결과가 차지하는 공간 크기를 파악할 때 유용한 width 함수(5.8.1/156p)를 별도로 작성했습니다.

문자 그림의 출력 형태를 생각해보면 Pic_base 클래스의 파생 클래스들에서 이와 같은 동작을 실행해야 한다는 것을 알 수 있습니다. 임의 Pic_base 객체에 있는 행 개수와 그중 가장 긴 문자열 길이를 요청해야 하므로 해당 함수들은 가상 함수여야 합니다.

또한 프로그래머가 특정 Pic_base 객체 내용을 출력하는 데 출력 연산자를 사용할 것이므로 주어진 ostream 객체에 있는 Pic_base 객체를 출력하는 또 다른 가상 함수가 필요하다는 것을 추측할 수 있습니다.

지금부터 설명할 함수 중 깊이 이해해야 하는 것은 display 함수입니다. display 함수의 매개변수 가운데 하나를 출력을 담당하는 스트림으로 결정하는 것은 어렵지 않습니다. 하지만 나머지 매개변수를 결정하려면 display 함수가 어떻게 동작하는지 주의 깊게 생각해야 하기 때문입니다.

출력할 Picture 객체는 하나 이상의 구성 요소로 이루어져 있으며 구성 요소 각각은 Pic_base 클래스에서 파생된 클래스의 객체입니다. 수평으로 결합된 문자 그림 출력을 예로 들어 봅시다. Picture 객체 하나를 출력할 때 각 행은 하나 이상의 하위 문자 그림에 있는 해당 행을 포함할 수 있습니다. 특히 하위 문자 그림 하나의 전체 내용을 출력한 다음 다른 하위 문자 그림의 전체 내용을 출력하는 것이 아니라 하위 문자 그림 내용 각각을 한 번에 한 행씩 차례대로 출력해야 합니다. 따라서 display 함수에는 출력할 행을 나타내는 매개변수가 필요하다는 결론을 내릴 수 있습니다.

한편 수평으로 결합된 문자 그림의 왼쪽 부분을 출력할 때는 해당 하위 문자 그림에 있는 문자열의 최대 길이를 사용하여 각 행을 출력해야 합니다. Frame_Pic 객체에 포함된 문자 그림도 해당 문자 그림에 있는 문자열의 최대 길이를 사용하여 각 행을 출력해야 합니다.

반면 String_Pic 객체만 포함하는 Picture 객체나 String_Pic 객체들만으로 수직 결합된 Picture 객체를 출력할 때 이와 같은 방식을 적용하면 불필요한 공백을 많이 출력할 수 밖에 없습니다. 따라서 최적화하려면 display 함수에 공백을 채울지 나타내는 세 번째 인수를 전달할 것입니다.

방금 살펴본 내용을 바탕으로 display 함수에 인수 3개가 있어야 한다는 사실을 알 수 있습니다. 인수 각각은 출력 결과를 만드는 스트림, 출력할 행 개수, 문자 그림을 출력할 때 각 행을 문자 그림의 최대 가로 크기에 맞춰 공백으로 채울지 나타내는 bool 타입 값입니다.

지금까지 살펴본 내용으로 Pic_base 클래스의 세부 사항을 완성할 수 있습니다.

```
class Pic_base {
    // 소멸자를 제외한 public 인터페이스 없음.
    typedef std::vector<std::string>::size_type ht_sz;
    typedef std::string::size_type wd_sz;

    virtual wd_sz width() const = 0;
    virtual ht_sz height() const = 0;
    virtual void display(std::ostream&, ht_sz, bool) const = 0;
};
```

우선 구현할 때 필요한 size_type의 이름을 줄여서 정의합니다. 미리 언급하자면 기저 데이터는 변함 없이 vector<string> 객체일 것이므로 vector<string> 객체의 멤버인 size_type은 문자 그림의 세로 크기를 나타내기 적합한 타입입니다.

문자열 객체의 멤버인 size_type은 문자 그림의 가로 크기를 나타내기 적합한 타입입니다. 이러한 타입의 이름을 각각 ht_sz와 wd_sz로 축약할 것입니다.

또한 기본 클래스의 가상 함수들을 새로운 형태로 정의합니다. 함수 각각의 본문이 있어야 할 곳에는 = 0이 명시되어 있습니다. 이러한 형태는 해당 가상 함수가 정의문이 없음을 나타냅니다. 이러한 방식으로 함수를 정의하는 이유는 무엇일까요?

이 질문에 답하려면 가상 함수의 본문을 채워 정의할 때 정의문이 어떤 생김새인지 생각해봐야 합니다. 여러분이 의도한 설계에 따르면 Pic_base 클래스는 구상 중인 문자 그림 클래스들의 공통된 기본 클래스로 동작하는 데만 존재합니다. 이러한 구상 타입들의 객체 생성은 Picture 객체를 다루는 함수 중 하나를 실행한 결과로 이루어지거나 vector<string> 객체로 Picture 객체를 만드는 과정에서 이루어집니다.

이때 어떠한 함수도 Pic_base 객체를 직접 만들거나 조작하지 않습니다. 따라서 Pic_base 클래스에서 파생된 타입 객체의 가로 크기나 세로 크기를 구하는 것과 대조적으로 Pic_base 객체의 가로 크기나 세로 크기를 구하는 것은 아무런 의미가 없습니다. 이러한 동작들은 항상 구상 중인 문자 그림이 존재하는 파생 클래스에서만 필요합니다. Pic_base 클래스 자체로는 가로 크기나 세로 크기를 구할 필요가 없습니다.

C++는 이러한 함수들의 정의문을 작성하는 것을 강제하지 않는 대신 주어진 가상 함수의 정의문이 없음을 명시하도록 합니다. 또한 이처럼 가상 함수를 구현하지 않고 해당 타입의 객체가 결코 존재하지 않도록 보장합니다.

해당 타입에서 파생된 타입의 객체는 존재할 수 있습니다. 하지만 해당 타입의 객체는 존재하지 않습니다.

가상 함수를 구현하지 않으려면 height 함수, width 함수, display 함수처럼 본문 대신 = 0을 명시해야 합니다. 이러한 가상 함수를 **순수 가상 함수**^{pure virtual function}라고 합니다. 클래스에 순수 가상 함수가 하나라도 있으면 해당 클래스의 객체가 결코 존재하지 않는다는 사실을 암묵적으로 명시하는 것과 같습니다. 이러한 클래스는 상속 계층 구조에서 추상 인터페이스를 담는데만 존재하므로 **추상 기본 클래스**^{abstract base class}라고 합니다. 순수하게 추상적이므로 기본 클래스 자체의 객체는 존재하지 않습니다. 클래스에 순수 가상 함수가 존재하면 컴파일러는 추상 클래스의 객체를 만들지 못하도록 제한할 것입니다.

15.1.3 파생 클래스

순수 가상 함수는 가상 함수와 마찬가지로 상속됩니다. 만약 파생 클래스가 상속받은 모든 순수 가상 함수를 정의한다면 해당 파생 클래스는 구상 클래스²가 되며 객체를 만들 수 있습니다. 그러나 만약 파생 클래스가 상속받은 순수 가상 함수 중 하나라도 정의하지 못한다면 추상 특성이 상속됩니다.

이때는 파생 클래스 자체가 추상 클래스이므로 해당 파생 클래스의 객체를 만들 수 없습니다. 즉, 각 파생 클래스는 구상 클래스를 모델링하려는 것이므로 각 파생 클래스가 상속받은 모든 가상 함수를 재정의해야 합니다.

지금 당장 여러분이 생각해야 할 것은 각 파생 클래스에 있는 데이터는 무엇이며 타입 각각의 객체를 만드는 방법은 무엇인지를 질문하는 것입니다. 여러분은 문자 그림이 만들어지는 구조를 모델링하려고 파생 클래스들을 설계했습니다. 즉, 문자 그림 객체의 타입은 해당 문자 그림을 만드는 방법을 알려줍니다.

---

2 옮긴이_ 구체 클래스라고도 합니다. 추상 클래스의 반대 개념입니다.

예를 들어 String_Pic 객체는 프로그래머가 제공한 문자 데이터로 만들어지며 Frame_Pic 객체는 frame 함수로 또 다른 Picture 객체에 테두리를 입힌 결과입니다. 객체를 만드는 방법 외에도 생성한 객체를 어떻게 저장할지 알아야 합니다. String_Pic 클래스는 프로그래머가 제공한 문자들을 기억해야 하며 해당 문자들은 vector<string> 객체에 저장할 수 있습니다.

Frame_Pic 클래스는 또 다른 Picture 객체에 테두리를 입혀 Frame_Pic 객체를 만들므로 테두리를 입힌 Picture 객체를 저장해야 합니다. 마찬가지로 HCat_Pic 객체와 VCat_Pic 객체는 다른 Picture 객체 2개를 결합하여 만들어지며 HCat_Pic 클래스와 VCat_Pic 클래스는 새로운 객체를 만들 때 사용되는 두 Picture 객체를 저장할 것입니다.

Pic_base 클래스의 파생 클래스마다 Picture 객체를 저장하는 설계 방식을 따르기에 앞서 이러한 설계 방식이 미칠 영향을 좀 더 깊이 생각해야 합니다. Picture 클래스는 프로그래머가 사용하도록 정의한 인터페이스 클래스입니다. 따라서 해결하려는 문제 영역의 인터페이스를 포함하지만 구현은 포함하지 않습니다. 특히 Picture 클래스에는 height 함수, width 함수, display 함수가 없습니다.

이러한 함수들을 어떻게 구현할지 조금 생각해보면 각 파생 타입에 저장된 Picture 객체에 상응하는 함수로 접근해야 한다는 사실을 알 수 있습니다. 예를 들어 VCat_Pic 객체의 세로 크기를 구하려면 VCat_Pic 객체를 구성한 두 Picture 객체의 세로 크기를 더해야 합니다. 마찬가지로 가로 크기를 구하려면 VCat_Pic 객체를 구성한 두 Picture 객체의 가로 크기 중 최댓값을 찾아야 합니다.

파생 클래스 각각에 Picture 객체를 저장하는 것은 Picture 클래스가 제공하는 함수가 Pic_base 클래스가 제공하는 함수들과 같아야 한다는 의미입니다. 그렇게 하면 Picture 클래스가 구현이 아닌 인터페이스와 관련되어야 한다는 초기 설계 의도가 모호해집니다. 파생 클래스에서 필요로 하는 것이 인터페이스 객체가 아닌 구현 객체라는 점을 인식한다면 설계 의도를 해치지 않을 수 있습니다. 이는 파생 클래스에 Picture 객체가 아닌 Ptr<Pic_base> 객체를 저장해야 한다는 의미입니다.

지금까지 앞서 언급한 설계상의 문제를 해결했습니다. 다음 그림으로 확실하게 이해합시다.

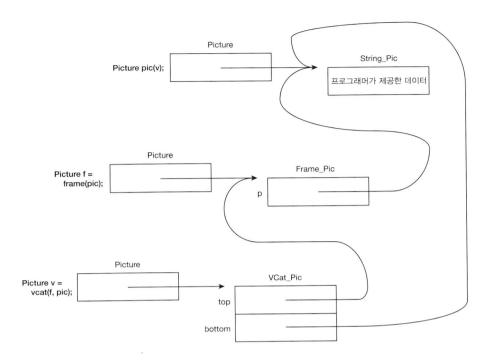

여기에서는 여러분이 3개의 Picture 객체를 만든다고 가정합니다. 첫 번째 Picture 객체는 프로그래머가 제공한 데이터를 저장하는 String_Pic 객체를 나타냅니다. 두 번째 Picture 객체는 초기 Picture 객체에서 frame 함수를 호출하여 만든 Frame_Pic 객체를 나타냅니다. 세 번째 Picture 객체는 방금 살펴본 두 Picture 객체로 vcat 함수를 실행한 결과를 나타냅니다.

Picture 객체 각각은 단일 데이터 멤버로 Ptr<Pic_base> 객체가 있습니다. Ptr 객체는 Pic_base 클래스의 파생 타입 객체 중 하나를 가리킵니다. 파생 타입 객체 각각은 프로그래머가 제공한 데이터의 복사본을 저장한 벡터를 포함하거나 Picture 객체를 만들 때 사용된 Pic_base 객체를 가리키는 1개 혹은 2개의 Ptr 객체를 포함합니다. 앞 그림에서는 Ptr 객체와 관련된 참조 카운트가 표시되어 있지 않지만 Ptr 클래스가 제 기능을 잘 실행한다고 가정하므로 Ptr 클래스의 자세한 동작은 신경 쓸 필요가 없습니다.

5장에서 다룬 내용과 다른 점은 오직 String_Pic 객체만 실제 문자를 포함한다는 것입니다. 다른 파생 타입 객체들은 1개 혹은 2개의 Ptr 객체를 포함합니다. 즉, f 또는 v를 만들 때는 문자들을 복사하지 않습니다. 대신 해당 파생 타입 객체가 포함하는 Ptr 객체는 새로운 Picture 객체를 만들 때 사용되는 Picture 객체가 포함하는 Ptr 객체를 참조합니다.

이때 Ptr 클래스는 참조 카운트를 처리합니다. 즉, frame(pic)을 호출하면 새로운 Frame_Pic 객체를 만들며 이 Frame_Pic 객체가 포함하는 Ptr 객체는 pic에 저장된 것과 같은 String_Pic 객체를 가리킵니다. 이와 비슷하게 VCat_Pic 객체는 각각 Frame_Pic 객체와 String_Pic 객체를 가리키는 Ptr 객체 2개를 포함합니다. Pic_base 객체의 소멸은 Ptr 클래스의 역할이며 객체 각각을 참조하는 마지막 Ptr 객체가 없어질 때 각 Pic_base 객체를 소멸시킵니다.

이제 여러분은 각 객체가 포함하는 데이터가 무엇이며 필요한 함수가 무엇인지 파악했습니다. 지금까지 살펴본 설계 방식을 코드로 표현해봅시다.

```cpp
class Pic_base {
    // 소멸자를 제외한 public 인터페이스 없음.
    typedef std::vector<std::string>::size_type ht_sz;
    typedef std::string::size_type wd_sz;

    // 이 클래스는 추상 기본 클래스
    virtual wd_sz width() const = 0;
    virtual ht_sz height() const = 0;
    virtual void display(std::ostream&, ht_sz, bool) const = 0;
public:
    virtual ~Pic_base() { }
};

class Frame_Pic : public Pic_base {
    // public 인터페이스 없음.
    Ptr<Pic_base> p;
    Frame_Pic(const Ptr<Pic_base>& pic) : p(pic) { }

    wd_sz width() const;
    ht_sz height() const;
    void display(std::ostream&, ht_sz, bool) const;
};
```

Frame_Pic 클래스는 Pic_base 클래스를 상속받으며 기본 클래스의 세 가지 가상 함수를 파생 클래스 각각의 특성에 맞게 정의합니다. 따라서 Frame_Pic 클래스는 추상 클래스가 아니며 Frame_Pic 객체를 만들 수 있습니다.

클래스의 private 레이블 영역에 가상 함수들을 선언한 점은 주목할 만한 가치가 있습니다.

이를 이용해 컴파일러는 Picture 클래스와 Picture 객체를 다루는 함수들만 Pic_base 계층 구조에 접근할 수 있다는 여러분의 설계 의도를 따를 수 있습니다. 물론 이러한 가상 함수들이 private 레이블 영역에 속해 있으므로 필요에 따라 Picture 클래스나 관련 함수들의 friend 선언을 포함하도록 클래스 정의문을 다시 살펴보아야 합니다.

Frame_Pic 클래스의 생성자는 테두리를 입힐 객체에 있는 Ptr 객체를 복사하기만 하면 되며, 해당 동작은 생성자 이니셜라이저에서 실행합니다. 그 외 실행하는 동작은 없으므로 생성자의 본문은 비어 있습니다.

계속해서 다른 파생 클래스들을 살펴보도록 합시다. 문자 그림 2개를 결합하는 클래스들은 Frame_Pic 클래스와 비슷하게 동작합니다. 각 클래스는 새로운 Picture 객체의 구성 요소가 되는 문자 그림 2개를 기억해야 합니다. 이들이 수직 또는 수평으로 결합하는 방식은 각 클래스 안에 포함되어 있습니다.

```cpp
class VCat_Pic : public Pic_base {
    Ptr<Pic_base> top, bottom;
    VCat_Pic(const Ptr<Pic_base>& t, const Ptr<Pic_base>& b) : top(t), bottom(b) { }

    wd_sz width() const;
    ht_sz height() const;
    void display(std::ostream&, ht_sz, bool) const;
};

class HCat_Pic : public Pic_base {
    Ptr<Pic_base> left, right;
    HCat_Pic(const Ptr<Pic_base>& l, const Ptr<Pic_base>& r) : left(l), right(r) { }

    wd_sz width() const;
    ht_sz height() const;
    void display(std::ostream&, ht_sz, bool) const;
};
```

String_Pic 클래스는 문자 그림의 데이터가 들어 있는 vector<char> 객체의 복사본을 저장한다는 점에서 다른 클래스들과 약간 차이점이 있습니다.

```cpp
class String_Pic : public Pic_base {
    std::vector<std::string> data;
```

```
    String_Pic(const std::vector<std::string>& v) : data(v) { }

    wd_sz width() const;
    ht_sz height() const;
    void display(std::ostream&, ht_sz, bool) const;
};
```

String_Pic 클래스에서는 프로그래머가 제공하는 벡터 타입 매개변수인 v에 들어 있는 기저 문자들을 멤버인 data로 복사합니다. 이는 전체 프로그램에서 문자들을 복사하는 유일한 부분이며 다른 곳에서는 Ptr<Pic_base> 객체만 복사하여 포인터를 복사하고 참조 카운트를 조작합니다.

15.1.4 복사 제어

지금까지 설명한 설계 내용에서 가장 흥미로운 부분은 복사 생성자, 할당 연산자, 소멸자가 없다는 점입니다. 왜 그럴까요? 그 이유는 합성한 기본 동작들을 실행하기 때문입니다.

벡터 클래스는 새로운 Picture 객체를 만드는 과정에서 프로그래머가 제공한 문자들의 초기 복사본에 필요한 저장 공간을 관리합니다. String_Pic 객체 2개를 참조하는 Picture 객체 각각을 복사 또는 할당하거나 Picture 객체를 소멸시켜야 한다고 생각해봅시다. Ptr 클래스의 함수들은 Picture 객체를 관리하는 데 적절한 동작을 실행하고 적절한 때 기저 String_Pic 객체를 삭제합니다. 더 일반적으로 Ptr 클래스는 Pic_base 클래스 및 Picture 클래스에 있는 Ptr 멤버의 복사, 할당, 소멸을 관리합니다.

15.2 구현

현재 여러분은 인터페이스와 클래스 구현에 필요한 상당히 좋은 설계 방식을 따르고 있습니다. Picture 클래스 및 Picture 객체와 관련된 함수들은 인터페이스를 관리합니다. Picture 클래스의 생성자와 함수들은 Pic_base 클래스에서 파생된 타입 중 객체 하나를 만듭니다. 기저 저장 공간은 Ptr<Pic_base> 객체를 사용하여 관리하므로 데이터의 불필요한 복사본 생성을 피할 수 있습니다. 지금부터 인터페이스 함수들과 각 파생 클래스를 구현해봅시다.

15.2.1 인터페이스 구현

먼저 인터페이스 클래스와 함수들을 구현해봅시다. 지금까지 아는 인터페이스 클래스와 함수들은 다음과 같습니다.

```
class Picture {
public:
    Picture(const std::vector<std::string>& = std::vector<std::string>());
private:
    Ptr<Pic_base> p;
};

Picture frame(const Picture&);
Picture hcat(const Picture&, const Picture&);
Picture vcat(const Picture&, const Picture&);
std::ostream& operator<<(std::ostream&, const Picture&);
```

우선 새로운 Picture 객체를 만드는 함수들을 살펴봅시다. 이 함수들은 저마다 Pic_base 클래스에서 파생된 클래스의 객체를 만듭니다. 해당 객체는 함수의 인수로 전달한 Picture 객체에 있는 Ptr 객체의 복사본이 있습니다. 새롭게 생성한 Pic_base 객체에 Picture 객체를 바인딩하고 이 Picture 객체를 반환합니다. 예를 들어 p가 Picture 객체일 때 frame(p)를 실행하면 p에 있는 Ptr 객체가 가리키는 것과 같은 Pic_base 객체에 바인딩된 새로운 Frame_Pic 객체를 만듭니다. 그러면 새로운 Frame_Pic 객체에 바인딩된 새로운 Picture 객체가 만들어집니다. 다음 코드를 살펴봅시다.

```
Picture frame(const Picture& pic) {
    Pic_base* ret = new Frame_Pic(pic.p);
    // 반환되는 것은 무엇인가요?
}
```

여기에서는 우선 Pic_base 타입의 지역 포인터를 정의합니다. 이 포인터는 pic에 있는 Ptr 객체를 복사해 새 Frame_Pic 객체를 만들어 초기화합니다. 그런데 두 가지 문제가 있습니다.

첫 번째 문제는 Frame_Pic 클래스의 생성자가 private 레이블이라는 것입니다. 15.1.3/436p에서 살펴본 것처럼 각 Pic_base 클래스의 내부 구현은 다른 프로그래머가 알 수 없습니다. 프로그래머가 이러한 클래스들을 알지 못하게 하려고 private 레이블에 속하는 함수들만 정의하여 컴파일러가 설계 의도를 따르도록 만들었습니다. 여러분은 frame 함수를 Frame_Pic 클래스의 friend로 명시하여 첫 번째 문제를 해결할 수 있습니다.

두 번째 문제는 좀 더 복잡합니다. Frame_Pic 타입의 새로운 객체를 만들었지만 함수 반환에 필요한 것은 Picture 타입 객체입니다. 좀 더 일반적으로 생각해보면 hcat 함수, vcat 함수 및 여러분이 이후에 작성할지도 모르는 다른 함수는 Pic_base 클래스에서 파생된 각 타입의 객체를 만들며 역시나 함수 각각의 반환에 필요한 것은 Picture 타입 객체입니다. 요점은 frame 함수와 다른 함수가 Pic_base 객체가 아닌 Picture 객체를 반환한다는 것입니다. 다행스럽게도 알맞은 생성자를 제공하여 한 타입을 다른 타입으로 변환할 수 있다는 사실을 12.2/340p에서 살펴보았습니다. 따라서 Pic_base* 객체로 Picture 객체를 만드는 생성자가 필요합니다.

```
class Picture {
    Ptr<Pic_base> p;
    Picture(Pic_base* ptr): p(ptr) { }
    // 이전과 같음.
};
```

새로운 생성자는 인수로 주어진 Pic_base 객체를 가리키는 포인터로 p를 초기화합니다. Ptr 클래스에는 T* 객체(여기에서는 Pic_base* 객체)가 인수로 있는 생성자가 있습니다. 생성자 이니셜라이저인 p(ptr)은 Ptr::Ptr(T*) 생성자를 호출하여 ptr을 전달합니다. 이러한 Picture 생성자가 있으면 frame 함수를 완성할 수 있습니다.

```
Picture frame(const Picture& pic)
{
    return new Frame_Pic(pic.p);
}
```

필요하지 않은 Pic_base 타입의 지역 포인터는 삭제했습니다. 대신 새로운 Frame_Pic 객체를 만들며 해당 객체의 주소 값은 Picture 객체로 자동 변환되어 함수에서 반환됩니다. 이 짧은 함수를 완전히 이해하려면 자동 변환과 복사 생성자의 사용에 관련된 미묘한 사항들을 잘 파악해야 합니다.

frame 함수에 있는 실행문 한 행의 의미는 다음 코드를 실행한 것과 같습니다.

```
// 새로운 Frame_Pic 객체 생성
Pic_base* temp1 = new Frame_Pic(pic.p);

// Pic_base* 객체로 Picture 객체 생성
Picture temp2(temp1);

// Picture 클래스의 복사 생성자를 호출할 Picture 객체 반환
return temp2;
```

frame 함수와 마찬가지로 결합 함수들 또한 새로운 Picture 생성자를 사용합니다.

```
Picture hcat(const Picture& l, const Picture& r)
{
    return new HCat_Pic(l.p, r.p);
}

Picture vcat(const Picture& t, const Picture& b)
{
    return new VCat_Pic(t.p, b.p);
}
```

함수 각각은 알맞은 타입의 객체를 만들어 Ptr⟨Pic_base⟩ 객체에 바인딩하고 Ptr⟨Pic_base⟩ 객체로 Picture 객체를 만든 다음에 이 Picture 객체의 복사본을 반환합니다. 물론 해당 함수들을 컴파일하려면 HCat_Pic 클래스와 VCat_Pic 클래스에 적절한 friend 선언문을 추가해야 합니다.

vector⟨string⟩ 객체로 Picture 객체를 만들 때는 앞서 다른 종류의 문자 그림을 만들 때 사용한 것과 같은 방법을 적용합니다.

```
Picture::Picture(const vector<string>& v): p(new String_Pic(v)) { }
```

여전히 새로운 String_Pic 객체를 만들지만 이번에는 해당 객체를 반환하지 않고 p의 초기화에 직접 사용합니다. 물론 Picture 클래스를 Stirng_pic 클래스의 friend로 지정하여 String_Pic 생성자에 접근할 수 있도록 해야 합니다.

방금 작성한 생성자가 frame 함수, hcat 함수, vcat 함수와 어떻게 다른지 파악하는 것은 중요합니다. 함수들은 Picture 객체를 반환하도록 정의되었으며 함수 각각의 반환문에서 Pic_base 클래스의 파생 클래스를 가리키는 포인터를 사용합니다. 따라서 암묵적으로 Picture (Pic_base*) 생성자를 사용하여 반환할 Picture 객체를 만듭니다.

방금 작성한 Picture 생성자는 여전히 Pic_base 클래스의 파생 클래스인 String_Pic 클래스를 가리키는 포인터를 만듭니다. 하지만 이 포인터를 사용하여 Ptr⟨Pic_base⟩ 타입인 멤버 p를 초기화합니다. 이렇게 하면 Picture 클래스의 Picture (Pic_base*) 생성자가 아닌 Pic_base 클래스의 Ptr(T*) 생성자를 사용하여 Picture 객체가 아닌 Ptr⟨Pic_base⟩ 객체를 만듭니다.

인터페이스 함수들의 구현을 완성하려면 반드시 출력 연산자를 정의해야 합니다. 출력 연산자 함수는 복잡하지 않습니다. 기저 Pic_base 객체를 거치며 행 각각을 출력하려고 display 함수를 반복해서 호출합니다.

```
ostream& operator≪(ostream& os, const Picture& picture)
{
    const Pic_base::ht_sz ht = picture.p->height();
    for (Pic_base::ht_sz i = 0; i != ht; ++i) {
        picture.p->display(os, i, false);
        os ≪ endl;
    }
    return os;
};
```

기저 Pic_base 객체의 height 함수를 호출하여 ht를 초기화하므로 반복문으로 매번 문자 그림의 세로 길이를 다시 계산할 필요는 없습니다. p는 실제로 Ptr⟨Pic_base⟩ 객체며 Ptr 클래스는 Ptr 객체가 포함하는 포인터를 이용한 참조를 대신합니다. 그리고 Ptr 객체를 이용한 참조를 구현하려고 -> 연산자를 오버로딩합니다. for문에서는 ht만큼 반복 실행해 기저 Pic_base 객체를 거치며 매번 display 함수를 호출하여 현재 행을 출력하도록 요청합니다.

display 함수의 세 번째 인수 false는 행 각각을 출력할 때 문자 그림의 최대 가로 크기에 맞춰 공백을 채울 필요가 없음을 나타냅니다. 만약 하위 문자 그림 중 하나를 출력하려고 공백 추가가 필요할 때는 출력 연산자 내부의 display 함수가 문자 그림의 최대 가로 크기에 맞춰 공백이 필요함을 나타낼 것입니다. 지금 단계에서는 공백 추가가 필요한지 아직 알 수 없습니다. 출력 결과의 행 각각을 끝내려면 endl을 출력하고 모든 행을 출력하면 os를 반환합니다.

앞서 구현한 다른 함수처럼 Pic_base 클래스에 friend 선언문을 추가하여 operator<< 함수가 Pic_base 클래스의 멤버 함수인 display 함수와 height 함수에 접근할 수 있도록 만들어야 합니다. 또한 operator<< 함수가 Picture 클래스의 멤버인 p에 접근하도록 하려면 Picture 클래스에 friend 선언문을 추가해야 합니다.

15.2.2 String_Pic 클래스

인터페이스 클래스와 함수들을 완성했으므로 이제 파생 클래스에 신경 써보겠습니다. 먼저 String_Pic 클래스를 살펴봅시다.

```
class String_Pic : public Pic_base {
    friend class Picture;
    std::vector<std::string> data;
    String_Pic(const std::vector<std::string>& v) : data(v) { }

    ht_sz height() const { return data.size(); }
    wd_sz width() const;
    void display(std::ostream&, ht_sz, bool) const;
};
```

앞 String_pic 클래스는 height 함수를 구현한 것 외에는 15.1.3/437p에서 살펴본 String_Pic 클래스와 별반 다르지 않습니다. height 함수는 간단하며 벡터의 멤버 함수인 size에 요청을 전달합니다.

String_Pic 객체의 가로 크기를 결정하려면 벡터 data의 요소 각각을 살펴보고 가장 큰 가로 크기를 확인해야 합니다.

```
Pic_base::wd_sz String_Pic::width() const {
    Pic_base::wd_sz n = 0;
    for (Pic_base::ht_sz i = 0; i != data.size(); ++i)
        n = max(n, data[i].size());
```

```
        return n;
    }
```

타입 이름들을 제외하면 앞 width 함수는 5.8.1/156p에서 다룬 초기 width 함수와 비슷합니다. String_Pic 클래스가 vector<string> 객체를 포함하므로 당연히 비슷할 것입니다. display 함수는 더 복잡합니다. 반복문을 사용하여 기저 벡터를 거치며 현재 행 번호에 맞는 문자열을 출력합니다.

공백 추가는 어떻게 다뤄야 할까요? display 함수는 출력할 Picture 객체가 String_pic 객체를 가리킬 때처럼 출력 연산자 함수에서 직접 호출할 수 있습니다. 또는 String_Pic 객체를 일부로 갖는 Picture 객체를 출력할 때처럼 간접 호출할 수 있습니다.

후자라면 display 함수는 공백을 추가하여 전체 출력 결과에서 각 행이 같은 가로 크기가 되도록 만들어야 합니다. 추가할 공백의 양은 문자열마다 다르며 가로 크기가 가장 큰 문자열만큼 공백이 필요합니다. 즉, 문자열 각각의 가로 크기부터 해당 String_Pic 객체의 width 함수가 반환한 값까지의 범위에 공백을 채워야 합니다.

나중 일을 조금 생각한다면 다른 문자 그림에도 공백 추가가 필요할 것입니다. 지금 당장은 출력 스트림과 공백을 채울 범위가 인수로 있는 pad 함수가 있다고 가정해봅시다. 곧 pad 함수를 구현할 것입니다.

display 함수를 복잡하게 만드는 또 다른 요인은 display 함수에 전달된 행 번호가 String_Pic 객체의 세로 크기를 초과할 수 있다는 점입니다. 이러한 상황이 발생할 수 있는 한 가지 상황은 한 쪽이 다른 한 쪽보다 세로 크기가 작은 두 문자 그림이 수평 결합된 Picture 객체 일부로 String_Pic 객체가 있을 때입니다. 하위 Picture 객체 2개는 상단 테두리에 맞춰 정렬되지만 세로 크기가 서로 다를 수 있습니다. 따라서 출력하려는 행이 범위 안에 있는지 확인해야 합니다. 이러한 분석을 마쳤다면 다음 코드를 작성할 수 있습니다.

```
void String_Pic::display(ostream& os, ht_sz row, bool do_pad) const
{
    wd_sz start = 0;

    // 아직 범위 안에 있다면 행을 출력
    if (row < height()) {
        os << data[row];
```

```
            start = data[row].size();
    }

    // 필요하다면 공백 추가
    if (do_pad)
        pad(os, start, width());
}
```

display 함수에서는 우선 출력하려는 행이 범위 안에 있는지 확인합니다. 즉, String_Pic 객체의 height 함수가 반환한 값보다 row가 작은지 확인합니다. 만약 그러하다면 해당 행을 출력하고 그 과정에서 출력한 문자 개수를 나타내려고 start 값을 바꿉니다.

두 번째 if문에서는 행 출력 여부에 관계없이 공백을 채워야 하는지 확인합니다. 만약 공백을 채워야 한다면 start부터 String_Pic 객체의 width 함수가 반환한 값까지 공백을 채웁니다. 행이 범위를 벗어났다면 start 값은 0입니다. 따라서 전체가 공백으로 이루어진 행 하나를 출력합니다.

15.2.3 pad 함수

지금부터는 pad 함수를 살펴보도록 합시다. 각 파생 클래스에서 pad 함수에 접근하므로 Pic_base 클래스의 static이며 protected 레이블에 속한 멤버 함수로 pad 함수를 정의합니다.

```
class Pic_base {
    // 이전과 같음.
protected:
    static void pad(std::ostream& os, wd_sz beg, wd_sz end) {
        while (beg != end) {
            os << " ";
            ++beg;
        }
    }
};
```

pad 함수는 공백을 출력하는 ostream 객체와 출력할 공백 개수를 제어하는 값 2개가 인수로 있습니다. display 함수가 pad 함수를 호출할 필요가 있다면 display 함수의 동작으로 채워야 하는 현재 열 번호와 마지막 열 번호의 다음을 나타내는 값을 인수로 전달합니다. pad 함수는 해당 범위를 공백으로 채웁니다.

pad 함수의 선언문에 사용한 static을 주목해봅시다. 13.4/386p에서 살펴보았듯이 static 사용은 pad 함수가 정적 멤버 함수임을 나타냅니다. 클래스 타입의 객체와 관련 없다는 점에서 일반 멤버 함수와는 다릅니다.

추상 기본 클래스의 멤버 함수를 정의할 수 있다는 것 또한 놀라운 일입니다. 기본 클래스의 객체가 존재할 수 없는데 대체 왜 멤버 함수가 있어야 할까요? 파생 클래스의 객체 각각은 기본 클래스의 속성을 포함합니다. 그리고 파생 클래스 각각은 기본 클래스에 정의된 모든 멤버 함수를 상속합니다. 따라서 기본 클래스의 멤버 함수는 파생 클래스의 객체에 있는 속성 중 기본 클래스 부분에서 실행됩니다.

pad 함수는 static 멤버이므로 사실 기본 클래스 멤버로의 접근 문제는 고려할 필요가 없습니다. 하지만 추상 클래스에 데이터 멤버와 일반 및 정적 멤버 함수를 정의할 수 있다는 사실을 인식하는 것은 중요합니다. 이러한 함수들은 파생 클래스 객체의 일부인 기본 클래스 객체에 접근합니다.

정적 멤버(여러분이 정의할 수 있는 함수와 정적 데이터 멤버)는 전역 범위로 정의한 이름 개수를 최소화할 수 있도록 돕는데 유용합니다. pad 함수는 공백 추가라는 개념이 있는 많은 추상화를 상상하기에 좋은 예입니다. 이 책에서는 Picture 객체를 출력하는 과정뿐만 아니라 형식이 정해진 학생 성적 보고서를 출력하는 과정에서도 공백 추가의 개념을 언급했습니다.

만약 Picture 클래스가 pad 함수를 전역 함수로 정의한다면 Student_info 클래스에 pad 함수를 정의하는 것이 불가능하며 그 반대도 마찬가지입니다. pad 함수를 정적 멤버로 만들면 프로그램의 다른 추상화도 공백 추가의 개념을 포함할 수 있다는 의미입니다. 클래스 각각이 해당 클래스 안에서만 의미가 있도록 pad 함수를 정의한다면 상호 독립적인 공백 추가의 개념들은 프로그램 안에서 공존할 수 있습니다.

15.2.4 VCat_Pic 클래스

결합 클래스들의 구현은 어렵지 않습니다. 먼저 VCat_Pic 클래스를 살펴봅시다.

```
class VCat_Pic : public Pic_base {
    friend Picture vcat(const Picture&, const Picture&);
    Ptr<Pic_base> top, bottom;
    VCat_Pic(const Ptr<Pic_base>& t, const Ptr<Pic_base>& b) : top(t), bottom(b) { }

    wd_sz width() const { return std::max(top->width(), bottom->width()); }
    ht_sz height() const { return top->height() + bottom->height(); }
    void display(std::ostream&, ht_sz, bool) const;
};
```

VCat_Pic 클래스에서는 vcat 함수에 friend 선언을 추가하고 height 함수와 width 함수를 인라인으로 구현했습니다. 문자 그림을 수직 결합할 때 세로 크기는 두 구성 요소의 세로 크기를 합한 값입니다. 가로 크기는 두 구성 요소의 가로 크기 중 가장 큰 값입니다.

display 함수의 구현도 그다지 어렵지 않습니다.

```
void VCat_Pic::display(ostream& os, ht_sz row, bool do_pad) const
{
    wd_sz w = 0;
    if (row < top->height()) {
        // 위쪽 하위 문자 그림
        top->display(os, row, do_pad);
        w = top->width();
    }
    else if (row < height()) {
        // 아래쪽 하위 문자 그림
        bottom->display(os, row - top->height(), do_pad);
        w = bottom->width();
    }
    if (do_pad)
        pad(os, w, width());
}
```

먼저 현재 행의 가로 크기를 저장하는 변수 w를 정의합니다. w는 공백 추가가 필요할 때 사용합니다. 다음으로 현재 출력하는 것이 위쪽 문자 그림인지 확인하려고 top이 참조하는 문자 그림의 height 함수가 반환한 값과 row를 비교합니다. 만약 현재 출력하는 것이 위쪽 문자 그림이라면 top이 참조하는 문자 그림을 출력하려고 display 함수를 호출하며 공백 추가를 나타내는 bool 값을 전달합니다. display 함수는 가상 함수이므로 top이 실제로 참조하는 Pic_base

객체의 종류에 알맞은 display 함수를 호출합니다. 주어진 행을 출력한 후에는 w에 해당 행의 가로 크기를 저장합니다.

현재 출력하는 것이 위쪽 문자 그림이 아니라면 아래쪽 문자 그림일 것입니다. else문을 실행할 때는 row가 top->height( )보다 큰 상황이므로 row가 전체 문자 그림 범위 안에 있는지 확인합니다. 만약 else문을 만족한다면 현재 출력하는 것은 아래쪽 문자 그림이므로 top에 실행한 동작처럼 bottom이 참조하는 문자 그림을 출력하려고 display 함수를 호출합니다. 그리고 이미 출력한 위쪽 문자 그림의 세로 크기만큼 행 번호를 상쇄합니다. 아래쪽 문자 그림의 행 각각을 출력한 후에는 w에 해당 행의 가로 크기를 저장합니다. 만약 row가 범위를 벗어나면 w는 0으로 유지됩니다.

행을 출력한 후에는 항상 공백 추가가 필요한지 확인합니다. 만약 공백 추가가 필요하다면 w에 저장한 해당 행의 가로 크기와 top 또는 bottom이 참조하는 문자 그림의 width 함수가 반환한 값이 이루는 범위를 공백으로 채웁니다.

15.2.5 HCat_Pic 클래스

HCat_Pic 클래스는 당연히 VCat_Pic 클래스와 비슷합니다.

```
class HCat_Pic : public Pic_base {
    friend Picture hcat(const Picture&, const Picture&);
    Ptr<Pic_base> left, right;
    HCat_Pic(const Ptr<Pic_base>& l, const Ptr<Pic_base>& r) : left(l), right(r) { }

    wd_sz width() const { return left->width() + right->width(); }
    ht_sz height() const { return std::max(left->height(), right->height()); }
    void display(std::ostream&, ht_sz, bool) const;
};
```

문자 그림 2개를 나란히 결합하므로 이번에 가로 크기는 두 구성 요소의 가로 크기를 합한 값이고 세로 크기는 두 구성 요소의 세로 크기 중 가장 큰 값입니다. HCat_Pic 클래스의 display 함수는 VCat_Pic 클래스의 display 함수보다 더 단순합니다. 현재 행이 범위 안에 있는지 확인하는 동작을 하위 문자 그림의 display 함수가 대신 처리하기 때문입니다.

```
void HCat_Pic::display(ostream& os, ht_sz row, bool do_pad) const
{
    left->display(os, row, do_pad || row < right->height());
    right->display(os, row, do_pad);
}
```

먼저 display 함수를 호출하여 left가 참조하는 문자 그림의 현재 행을 출력합니다. 이때 do_pad 값으로 공백을 추가하거나 현재 행이 오른쪽 문자 그림의 범위 안에 있다면 현재 행에 공백을 추가합니다. 후자라면 왼쪽 문자 그림의 각 행에 공백을 채워서 오른쪽 문자 그림의 해당 행이 올바른 위치에서 출력을 시작할 수 있도록 해야 합니다.

현재 행이 left가 참조하는 문자 그림의 범위를 벗어났다면 left가 참조하는 문자 그림의 display 함수가 문제를 처리합니다. 마찬가지로 오른쪽 문자 그림의 현재 행 출력은 오른쪽 문자 그림의 display 함수가 대신 처리합니다. 이때는 오른쪽에 공백을 추가할 이유가 없으므로 주어진 do_pad 값을 그대로 전달합니다.

15.2.6 Frame_Pic 클래스

마지막으로 살펴볼 파생 클래스는 Frame_Pic 클래스입니다.

```
class Frame_Pic : public Pic_base {
    friend Picture frame(const Picture&);
    Ptr<Pic_base> p;
    Frame_Pic(const Ptr<Pic_base>& pic) : p(pic) { }

    wd_sz width() const { return p->width() + 4; }
    ht_sz height() const { return p->height() + 4; }
    void display(std::ostream&, ht_sz, bool) const;
};
```

height 함수와 width 함수는 각 계산 결과를 테두리를 씌운 문자 그림에 전달합니다. 함수 내부의 계산 과정에서는 좌, 우, 상, 하에 존재하는 테두리와 공백(테두리와 내부의 문자 그림을 구분)을 고려하여 4를 더합니다.

display 함수는 복잡해 보이지만 어렵지 않습니다.

```cpp
void Frame_Pic::display(ostream& os, ht_sz row, bool do_pad) const
{
    if (row >= height()) {
        // 범위를 벗어남.
        if (do_pad)
            pad(os, 0, width());
    }
    else {
        if (row == 0 || row == height() - 1) {
            // 최상단 행 또는 최하단 행
            os << string(width(), '*');
        }
        else if (row == 1 || row == height() - 2) {
            // 최상단에서 두 번째 행 또는 최하단에서 두 번째 행
            os << "*";
            pad(os, 1, width() - 1);
            os << "*";
        }
        else {
            // 내부의 문자 그림에 해당하는 행
            os << "* ";
            p->display(os, row - 2, true);
            os << " *";
        }
    }
}
```

먼저 현재 행이 문자 그림의 범위 안에 있는지 확인합니다. 현재 행이 문자 그림의 범위를 벗어 난다면 pad 함수로 현재 행을 전부 공백으로 채웁니다. 현재 행이 문자 그림의 범위 안이라면 다음 세 가지 상황을 고려해야 합니다.

- 현재 행이 최상단 또는 최하단인 상황
- 현재 행이 테두리와 내부의 문자 그림을 구분하는 공백인 상황
- 현재 행이 내부의 문자 그림에 해당하는 상황

만약 행 번호가 0 또는 height() - 1이면 최상단 또는 최하단 테두리를 의미합니다. 이때는 테두리를 만들려고 전체가 별표만으로 이루어진 행을 출력합니다. 만약 현재 행이 최상단에서

두 번째 행 또는 최하단에서 두 번째 행이면 별표 1개, 적당한 개수의 공백, 별표 1개를 차례대로 출력합니다. 내부 문자 그림에 해당하는 행을 출력할 때는 별표 1개, 공백 1개, 내부 문자 그림, 공백 1개, 별표 1개를 차례대로 출력합니다.

display 함수를 호출하여 내부의 문자 그림을 출력할 때는 이미 출력한 테두리를 고려하여 행 번호를 상쇄합니다. 그리고 display 함수를 호출할 때 내부 문자 그림에 공백을 추가하여 오른쪽 테두리가 일직선이 되도록 세 번째 인수로 true를 전달합니다.

15.2.7 friend 선언문

이제 남은 것은 Picture 클래스와 Pic_base 클래스에 알맞은 friend 선언문을 추가하는 일입니다. 이 장에서는 이미 Picture 객체를 다루는 함수 각각의 friend 선언문을 Picture 클래스에 추가해야 한다고 언급했습니다. 이러한 함수들은 모두 Picture 객체에 있는 Ptr 객체를 사용하며 Picture 클래스의 멤버에 접근할 수 있는 권한이 필요합니다. 반면 아직 분명하지 않은 것은 Pic_base 클래스에 추가해야 하는 friend 선언문들입니다.

```cpp
// 전방 선언문(15.3/454p)
class Picture;

class Pic_base {
    friend std::ostream& operator<<(std::ostream&, const Picture&);
    friend class Frame_Pic;
    friend class HCat_Pic;
    friend class VCat_Pic;
    friend class String_Pic;

    // 소멸자를 제외한 public 인터페이스 없음.
    typedef std::vector<std::string>::size_type ht_sz;
    typedef std::string::size_type wd_sz;

    // 이 클래스는 추상 기본 클래스
    virtual wd_sz width() const = 0;
    virtual ht_sz height() const = 0;
    virtual void display(std::ostream&, ht_sz, bool) const = 0;
public:
    virtual ~Pic_base() { }
protected:
```

```
        static void pad(std::ostream& os, wd_sz, wd_sz);
    };

    class Picture {
        friend std::ostream& operator<<(std::ostream&, const Picture&);
        friend Picture frame(const Picture&);
        friend Picture hcat(const Picture&, const Picture&);
        friend Picture vcat(const Picture&, const Picture&);
    public:
        Picture(const std::vector<std::string>& = std::vector<std::string>());
    private:
        Picture(Pic_base* ptr) : p(ptr) { }
        Ptr<Pic_base> p;
    };

    // Picture 객체를 다루는 함수들
    Picture frame(const Picture&);
    Picture hcat(const Picture&, const Picture&);
    Picture vcat(const Picture&, const Picture&);
    std::ostream& operator<<(std::ostream&, const Picture&);
```

Pic_base 클래스의 첫 번째 friend 선언문은 이해하기 쉽습니다. 출력 연산자가 height 함수와 display 함수를 모두 호출합니다. 따라서 멤버 함수의 접근 권한을 출력 연산자에 부여해야 합니다.

Pic_base 클래스에서 주목해야 할 것은 Pic_base 클래스를 상속받은 클래스들의 friend 선언문입니다. 이는 파생 클래스가 상속으로 Pic_base 클래스의 멤버에 접근할 수 없다는 의미일까요? 그렇습니다. 원칙상 pad 함수를 제외한 Pic_base 클래스의 모든 멤버는 private 레이블에 포함됩니다.

그럼 pad 함수 외의 멤버들을 protected 레이블에 포함시키지 않은 이유는 무엇일까요? 프로그램을 올바르게 구현할 수 없기 때문입니다. 파생 클래스의 멤버는 해당 파생 클래스의 객체나 해당 파생 클래스에서 파생된 다른 클래스의 객체가 포함하는 기본 클래스 영역의 protected 멤버에 접근할 수 있습니다. 하지만 독립적인 기본 클래스 객체의 protected 멤버에는 접근할 수 없습니다. 독립적인 기본 클래스 객체의 protected 멤버는 파생 클래스 객체의 일부가 아니기 때문입니다. 즉, Pic_base 클래스에서 파생된 Frame_Pic 클래스의 멤버 함수들은 Frame_Pic 객체나 Frame_Pic 클래스에서 파생된 클래스의 객체가 포함하는 Pic_ base 클래스 영역의 protected 멤버에 접근할 수 있습니다. 하지만 독립적인 Pic_base 클래스 객체의 protected 멤버에는 직접 접근할 수 없습니다.

이러한 제한 사항이 현재 다루는 프로그램과 아무 관련이 없다고 생각할 수도 있습니다. 어쨌든 Pic_base 클래스는 추상 기본 클래스이므로 독립적인 Pic_base 객체는 존재할 수 없습니다. 하지만 독립적인 Pic_base 객체로 보여도 런타임 시점에 파생 클래스 타입인 객체의 멤버에 접근하는 모든 동작에 이러한 접근 규칙이 적용됩니다.

예를 들어 Frame_Pic 클래스의 height 함수를 살펴봅시다.

```
ht_sz Frame_Pic::height() const { return p->height() + 4; }
```

Frame_Pic::height 함수는 p->height( )이라는 표현식을 사용합니다. 이때 Ptr 클래스 (14.3/417p)의 멤버인 operator-> 함수를 암묵적으로 호출하여 기저 객체를 가리키는 포인터를 얻습니다. 이 포인터는 Pic_base* 타입이며 이를 역참조하여 기저 객체의 height 함수에 접근합니다.

포인터의 타입이 Pic_base*이므로 컴파일러는 실제 객체가 Pic_base 클래스에서 파생된 타입이더라도 Pic_base 객체의 멤버에 접근을 시도한다고 인식하고 앞서 언급한 접근 규칙을 적용합니다. 따라서 height 함수가 protected 레이블에 속한 멤버라고 가정하더라도 height 함수로의 접근을 허용하려면 반드시 friend 선언문을 추가해야 합니다. 계층 구조 내부의 각 파생 클래스도 비슷한 이유로 friend 선언문이 필요합니다.

이 접근 규칙의 논리는 단순합니다. 만약 파생 클래스 객체가 기본 클래스 객체의 protected 멤버에 접근하는 것을 프로그래밍 언어에서 허용한다고 생각해봅시다. 클래스의 설계자가 본래 의도한 멤버 보호 수준은 쉽게 무너질 것입니다.

예를 들어 클래스의 protected 멤버에 접근이 필요하다면 해당 클래스를 상속받은 새로운 클래스를 정의하고 protected 멤버에 접근하는 함수를 새로운 파생 클래스의 멤버로 정의할 수 있습니다. 이렇게 하면 클래스의 설계자가 본래 의도한 멤버 보호 수준을 무시할 수 있습니다. 이를 방지하려고 파생 클래스 객체가 포함하는 기본 클래스 영역의 멤버만 기본 클래스의 protected 멤버에 접근할 수 있도록 제한을 둡니다. 그 외의 직접적인 접근은 허용하지 않습니다.

15.3 핵심 정리

다음과 같은 사항들을 잘 기억해둡시다.

추상 기본 클래스

추상 기본 클래스는 하나 이상의 순수 가상 함수가 있습니다.

```
class Node {
    virtual Node* clone() const = 0;
};
```

앞 코드에서 clone 함수는 순수 가상 함수며 Node는 추상 기본 클래스입니다. 추상 클래스의 객체를 만들 수 없으며 추상 클래스의 속성은 상속됩니다.

상속한 순수 가상 함수를 하나라도 재정의하지 못하면 파생 클래스 또한 추상 클래스입니다.

전방 선언문

이름의 정의는 이름을 사용하기 전에 해야 한다는 요구 사항(0.8/33p)이 있습니다. 이 때문에 서로 참조 관계인 클래스의 집단을 만들 때 문제를 일으킵니다. 이 문제를 피하려면 다음처럼 클래스 이름만 선언할 수 있습니다.

```
class 클래스-이름;
```

'클래스 이름'은 클래스의 이름일 뿐 클래스 자체를 표현하는 것은 아닙니다.

15.2.7/451p에서 Picture 클래스의 전방 선언문을 사용했습니다. Picture 클래스에는 Ptr<Pic_base> 타입의 멤버가 포함되었고 Pic_base 클래스는 const Picture& 타입을 사용하는 operator<< 함수의 friend 선언문이 있습니다. 따라서 두 클래스는 서로를 참조합니다.

이러한 상호적인 타입 의존성은 실행할 수 없는 프로그램을 만들 수 있습니다. 예를 들어 다음 코드를 살펴봅시다.

```
class Yang; // 전방 선언문

class Yin {
    Yang y;
};

class Yang {
    Yin y;
};
```

앞 코드에 따르면 모든 Yin 객체는 Yin 객체를 포함하는 Yang 객체를 포함합니다. 이러한 유형의 프로그램을 구현하려면 무한한 메모리가 필요합니다.

여러분이 다룬 문자 그림 클래스의 상호 의존성은 이러한 문제를 일으키지 않습니다. Picture 클래스에 Pic_base 타입의 멤버가 직접 포함되지 않기 때문입니다. 대신 Pic_base* 객체가 있는 Ptr⟨Pic_base⟩ 타입의 멤버가 있습니다. 이처럼 포인터를 사용하면 무한히 중첩한 객체 생성을 피할 수 있습니다.

또한 포인터(또는 참조)는 컴파일러가 해당 포인터(또는 참조)를 이용해 함수를 호출하기 전까지 실제로 포인터가 가리키는 타입의 세부 사항을 알 필요가 없습니다. operator<< 함수의 선언문은 매개변수 타입을 선언하는 데만 const Picture& 타입을 사용합니다. 따라서 컴파일러는 Picture라는 이름이 타입 이름이라는 것만 알면 됩니다. operator<< 함수를 정의하기 전까지 Picture 타입의 세부 사항은 알 필요가 없습니다.

연습문제

15-0. 이 장에서 살펴본 프로그램들을 컴파일하고 실행하여 결과를 확인해보세요.

15-1. 다음 코드를 실행하는 프로그램을 작성하여 결과를 확인해보세요.

```
Picture p = // 임의 초기 문자 그림
Picture q = frame(p);
Picture r = hcat(p, q) ;
Picture s = vcat(q, r);
cout << frame(hcat(s, vcat(r, q))) << endl;
```

15-2. 다른 문자 3개를 사용하여 테두리를 출력하도록 Frame_Pic 클래스를 다시 구현해보세요. 문자 3개는 각각 모서리, 최상단 및 최하단, 측면의 테두리를 구성합니다.

15-3. 프로그램을 사용하는 사람에게 테두리로 사용할 문자들을 지정할 수 있도록 선택권을 제공해보세요.

15-4. Picture 객체에 테두리 문자를 바꾸는 reframe 함수를 추가해보세요. 이 함수는 내부의 문자 그림에 있는 모든 테두리를 바꿔야 합니다.

15-5. 세로 크기가 서로 다른 문자 그림을 수평 결합할 때 세로 크기가 작은 문자 그림이 세로 크기가 큰 문자 그림이 차지하는 공간의 중앙에 위치하도록 HCat_Pic 클래스를 다시 구현해보세요. 예를 들어 문자 그림 2개를 수평 결합할 때 그중 하나가 행 4개고 다른 하나가 행 2개라면 결과로 출력될 문자 그림에서 세로 크기가 작은 하위 문자 그림쪽의 첫 번째 행과 마지막 행은 공백으로 채워집니다.

15-6. 11장과 12장에서 다룬 Vec 클래스와 Str 클래스는 Picture 클래스를 구현하는 데 효과적입니다. vector<string> 대신 Vec<Str>을 사용하여 이 장에서 살펴본 내용을 다시 구현하고 결과를 확인해보세요.

CHAPTER 16

앞으로 나아갈 방향

드디어 이 책의 마지막입니다. 여기서 마무리를 짓기에는 시기상조일지도 모릅니다. 아직 살펴보지 못한 C++의 주요 영역과 라이브러리가 꽤 많기 때문입니다. 하지만 여기서 이 책을 끝맺는 두 가지 중요한 이유가 있습니다.

첫 번째 이유는 광범위한 프로그래밍 문제 해결에 사용할 수 있는 내용을 이미 설명했기 때문입니다. 여러분이 이 시점에서 선택할 가장 좋은 전략은 새로운 내용을 더 살펴보기 전 지금까지 학습한 내용들을 여러분이 해결하려는 문제에 적용해보는 것입니다. 이 책을 전체적으로 다시 훑어보며 혹시라도 지나친 모든 연습문제를 풀어보는 것도 좋은 방법입니다. 만일 프로그래밍 스타일이나 기술을 배우고 싶다면 관련 이론과 프로그래밍 예제가 수록된 『Ruminations on C++』(Addison-Wesley, 1997)을 추천합니다. 두 번째 이유는 지금까지 살펴본 개념을 사용하는 프로그램을 충분히 만들어봤기 때문입니다. 지금부터는 이 책보다 더 자세한 정보를 담은 책들을 읽어 풍부한 C++ 프로그래밍 경험을 얻어야 합니다.

16.1 추상화 사용하기

피아노 연주회 티켓을 지닌 채 뉴욕에서 길을 잃은 방문객에 관한 이야기를 해봅시다. 지나가던 행인을 멈춰 세우고 방문객이 질문합니다.

"실례지만 카네기 홀까지 가는 방법을 알려주시겠습니까?"

돌아오는 대답은 다음과 같았습니다.

"연습하세요!"[1]

새로운 개념을 학습하기 전 여러분이 살펴본 추상화를 사용하는 방법을 철저하게 이해하는 것이 중요합니다. 앞서 여러분이 살펴본 추상화 중에서는 표준 라이브러리의 추상화와 여러분이 프로그래밍 문제를 해결하면서 만든 추상화가 있습니다. 다양한 문제에 적용할 수 있는 표준 라이브러리의 개념과 특정 응용 프로그래밍 영역의 문제를 해결하는 개념들을 조합한다면 아주 작은 노력으로 유용한 프로그램을 작성할 수 있습니다. 특히 여러분이 추상화를 잘 설계했다면 해당 추상화를 사용하여 여러분이 각 추상화를 설계할 때 고려하지 않았던 문제들까지 해결할 수 있습니다.

이러한 개념의 예로 13장에서 학생 점수를 저장하려고 만든 클래스와 15장에서 문자 그림을 만드는 데 사용한 클래스를 조합한다고 생각해봅시다. 지금까지 수년간 강의를 진행하며 다양한 형태로 문자 그림 클래스를 사용했습니다. 반면 학생 정보 클래스는 이 책을 집필하면서 처음 만든 것입니다. 즉, 추상화를 설계할 때 고려하지 않았던 문제들을 해결하는 방법의 하나로 2개 추상화를 조합하여 유용한 프로그램을 작성할 수 있다는 것이 이 장에서 다루려는 내용입니다.

2개 추상화의 조합은 학생 점수를 히스토그램으로 출력하도록 문자 그림을 사용하는 것입니다. 히스토그램과 같은 시각 표현은 단순한 숫자표보다 훨씬 빠르게 상황을 파악할 수 있도록 도와줍니다. 기본 생각은 최종 점수 각각을 점수와 비례하는 길이가 있는 = 기호로 구성된 문자열로 변환하는 것입니다.

예를 들어 임의 입력으로 다음과 같은 출력 결과를 만들 수 있습니다.

```
**********************************
*                                *
* James ================         *
* Kevin ================         *
* Lynn ================          *
* MaryKate ===============       *
* Pat ============               *
* Paul ===============           *
```

---

1 옮긴이_ 자세한 이야기는 나무위키에서 '카네기 홀' 검색 또는 카네기 홀 홈페이지의 내용(https://www.carnegiehall.org/Blog/2016/04/The-Joke)을 참고하세요.

```
* Rhia ==============        *
* Sarah ==============       *
*                           *
*****************************
```

출력된 문자 그림을 보면 Pat이 해당 과목에서 좋은 점수를 받기 어려워한다는 것을 바로 알
수 있습니다.

앞 예제의 좋은 점은 프로그램 크기가 작으면서도 문제를 직관적으로 해결하는 방식이라는 것
입니다.

```cpp
Picture histogram(const vector<Student_info>& students) {
    Picture names;
    Picture grades;

    // 각 학생을 대상으로 동작을 실행
    for (vector<Student_info>::const_iterator it = students.begin();
        it != students.end(); ++it) {
        // 이름들을 수직 결합한 문자 그림과 점수들을 수직 결합한 문자 그림을 각각 생성
        names = vcat(names, vector<string>(1, it->name()));
        grades = vcat(grades, vector<string>(1, " " + string(it->grade() / 5, '=')));
    }

    // 생성한 두 문자 그림을 수평 결합
    return hcat(names, grades);
}
```

histogram 함수는 학생을 나타내는 Student_info 객체가 저장된 벡터의 const 참조가 인수
로 있습니다. 이 학생 정보를 사용하여 Picture 객체 2개를 만듭니다. 그중 names는 모든 학
생의 이름을 포함하며 grades는 학생 각각의 최종 점수를 포함합니다. Picture 객체 2개에 모
든 학생의 정보를 반영했다면 두 문자 그림을 수평 결합하여 학생 이름과 해당 점수를 일렬로
연결합니다. 각 문자 그림은 개념상 직사각형 형태이므로 수평 결합하면 학생 이름 길이가 다
른 문제를 자동으로 처리합니다.

main 함수는 학생 정보를 저장한 파일을 읽어 벡터를 구성합니다. 그런 다음 histogram 함수
를 호출하여 Picture 객체를 만들고 이 Picture 객체에 테두리를 씌운 후 출력 연산자를 사용
하여 출력합니다.

```
int main()
{
    vector<Student_info> students;
    Student_info s;

    // 이름과 점수를 읽음.
    while (s.read(cin))
        students.push_back(s);

    // 학생들을 알파벳순으로 정렬
    sort(students.begin(), students.end(), Student_info::compare);

    // 이름과 히스토그램을 출력
    cout << frame(histogram(students)) << endl;
    return 0;
}
```

앞 예제에서 중요한 점은 새로운 개념을 전혀 사용하지 않았다는 것입니다. 여러분이 이 책에서 살펴본 개념에 익숙해진다면 해당 개념들을 조합하여 새로운 방식으로 손쉽게 유용한 프로그램을 작성할 수 있습니다.

물론 이러한 프로그래머가 되려면 많은 프로그래밍 연습을 거쳐야 합니다.

16.2 다음 학습 단계

여러분은 앞으로 C++와 라이브러리에 관한 더 자세한 내용을 원할 것입니다. 이 책에서 살펴본 모든 내용을 완전히 이해하기 전까지는 새로운 개념을 학습하지 않는 것이 가장 이상적입니다. 하지만 사실 전적으로 이러한 방법을 따를 수는 없습니다. 어느 시점에서는 이 책에서 답을 얻을 수 없는 C++ 영역을 배우려고 다른 곳에서 조언을 구할 것입니다.

여기에서는 2권의 책을 추천합니다. 첫 번째로 비야네 스트롭스트룹[Bjarne Stroustrup]이 집필한 『The C++ Programming Language, 4판』(에이콘출판사, 2015)은 가장 완벽한 C++ 바이블입니다. C++의 모든 영역과 라이브러리를 다루며 여러분이 알아야 할 모든 것을 알려주는 책입니다. 두 번째로 매튜 오스턴[Matthew Austern]이 집필한 『일반적 프로그래밍과 STL』(정보문화사, 2005)은 표준 라이브러리의 알고리즘과 데이터 구조를 매우 자세하게 설명합니다. 오스턴이 표준 라이브러리를 설계한 것은 아니지만(알렉산더 스테파노프Alexander Stepanov가 설계) 수년 동안 스테파노프와 긴밀하게 협력해왔고 해당 라이브러리의 발전을 주도하는 역할을 하므로 권위 있는 책입니다.

앞서 언급한 『Ruminations on C++』와 더불어 스트롭스트룹과 오스턴이 집필한 책은 2,000 페이지가 넘으므로 여러분에게 권유하기 망설여지기도 합니다. 하지만 여러분의 지적 호기심이 왕성하다면 http://www.accu.org에 방문해보길 추천합니다. 이곳에는 2,000권이 넘는 도서 리뷰가 있으며 대부분 C++와 관련된 책입니다. 물론 가장 많이 추천하는 책은 『Ruminations on C++』, 『The C++ Programming Language, 4판』, 『일반적 프로그래밍과 STL』입니다.

서재에 놓인 책이 당신을 훌륭한 프로그래머로 만드는 것은 아닙니다. 여러분의 프로그래밍 실력을 향상시키는 유일한 방법은 많은 프로그램을 작성해보는 것입니다. 프로그래밍을 즐기기 바랍니다!

연습문제

16-0. 이 장에서 살펴본 프로그램들을 컴파일하고 실행하여 결과를 확인해보세요.

16-1. 자가 복제 프로그램을 작성해보세요. 이 프로그램은 입력이 없으며 자체 보유한 원본의 복사본을 출력합니다.

C++ 세부 사항

부록은 두 가지 용도로 사용할 수 있습니다. 첫 번째는 몇 가지 저수준 개념이 추가된 '찾아보기' 용도입니다. 두 번째는 이 책에서 사용하지 않은 표현식과 실행문의 요약 용도로 사용하는 것입니다. 저수준 개념은 주로 C++가 제공하는 선언자 문법의 복잡성, 기본 산술 타입의 세부 사항과 관련 있으며 모두 C에서 상속한 개념입니다. 이러한 저수준 개념이 이 책에서 살펴본 프로그램들을 이해하는 데 혹은 좋은 C++ 프로그램을 작성하는 데 반드시 필요한 것은 아닙니다. 하지만 이러한 개념에 관한 지식이 필요한 프로그램을 많이 접할 것이므로 해당 내용을 검토하는 것이 좋습니다.

참고로 부록에서 문법을 설명하는 방식은 다음과 같습니다.

- 하이픈으로 연결된 단어는 복합명사이므로 하나의 개념으로 생각해야 합니다.
- 굵은 글자로 표기한 단어는 문법 카테고리를 나타냅니다.
- …은 바로 앞에 오는 항목을 반복한다는 의미입니다.
- 굵은 글자로 표기한 [ ]로 묶인 구문은 선택 사항입니다.
- 굵은 글자로 표기한 { }는 그룹화에 사용합니다.
- |는 대체할 수 있는 것들을 표시합니다.

예를 들면 다음과 같습니다.

선언문: 선언-지정자 [선언자 [이니셜라이저]] [, 선언자 [이니셜라이저]]… ;

이는 선언문이 선언-지정자, 선택적인 0개 이상의 선언자 및 이니셜라이저, 세미콜론으로 이뤄져 있음을 의미합니다.

A.1 선언문

한 번에 서로 다른 타입의 여러 이름을 선언하거나 함수를 가리키는 포인터를 반환하는 함수는 선언문을 이해하기 어렵습니다. 10.1.1/275p에서 살펴본 코드를 첫 번째 예로 살펴봅시다.

```
int* p, q;
```

앞 코드는 int 타입을 가리키는 포인터 타입 객체로 p를 정의하고 int 타입 객체로 q를 정의합니다. 10.1.2/279p에서 살펴본 코드를 두 번째 예로 살펴봅시다.

```
double (*get_analysis_ptr())(const vector<Student_info>&);
```

앞 코드는 인수가 없고 함수를 가리키는 포인터를 반환하는 함수로 get_analysis_ptr을 선언합니다. get_analysis_ptr 함수가 반환하는 포인터가 가리키는 함수는 const vector<Student_info>& 타입의 인수가 있고 double 타입을 반환합니다.

방금 살펴본 선언문 2개는 다음처럼 다시 작성하여 명확하게 나타낼 수 있습니다.

```
int* p;
int q;
```

혹은 다음처럼 나타낼 수도 있습니다.

```
// vector<Student_info>& 타입의 인수가 있고 double 타입을 반환하는
// 함수의 타입 이름으로 analysis_fp를 정의
typedef double (*analysis_fp)(const vector<Student_info>&);
analysis_fp get_analysis_ptr();
```

안타깝게도 이처럼 다시 명확하게 작성했더라도 선언문을 해석할 때 겪는 혼란을 줄일 수는 없습니다.

일반적으로 선언문은 다음과 같은 형식을 갖습니다.

선언문: 선언-지정자 [선언자 [이니셜라이저]] [, 선언자 [이니셜라이저]]··· ;

선언문은 각 선언자의 이름을 선언합니다. 이러한 이름들은 선언된 지점부터 선언문의 범위가 끝나는 지점까지 의미가 있습니다. 어떤 선언문은 정의문이기도 합니다. 이름은 여러 번 선언될 수 있지만 반드시 한 번만 정의되어야 합니다. 저장 공간을 할당하거나 클래스 및 함수의 본문을 정의하는 선언문은 정의문입니다.

C++는 선언문 문법을 C에서 상속받습니다. 선언문을 이해하려면 선언문 각각이 타입과 기타 속성을 총괄하여 지정하는 선언-지정자로 시작함을 인식하는 것이 중요합니다. 선언-지정자 이후에 오는 0개 이상의 선언자는 각각 이니셜라이저가 있을 수 있습니다. 각 선언자는 지정자와 선언자 형식에 따라 달라지는 타입이 있는 이름입니다.

선언문을 이해하는 첫 단계는 지정자와 선언자 사이의 경계를 찾는 것이며 이는 매우 간단합니다. 모든 지정자는 키워드이거나 타입 이름이므로 지정자는 키워드 또는 타입 이름이 아닌 첫 번째 기호 바로 전에 끝납니다. 예를 들어봅시다.

```
const char * const * const * cp;
```

키워드 또는 타입 이름이 아닌 첫 번째 기호는 *이므로 지정자는 const char이고 (유일한) 선언자는 * const * const * cp입니다.

또 다른 예로 10.1.2/279p에서 다룬 어려운 선언문을 살펴봅시다.

```
double (*get_analysis_ptr())(const vector<Student_info>&);
```

여기서 지정자와 선언자 사이의 경계를 찾는 것은 어렵지 않습니다. double은 타입 이름이며, 뒤에 오는 괄호는 키워드 또는 타입 이름이 아닙니다. 따라서 선언-지정자 부분은 double이고 선언자는 세미콜론을 제외한 선언문의 나머지 부분입니다.

A.1.1 지정자

선언 지정자는 다음처럼 크게 세 가지 카테고리로 구분할 수 있습니다.

선언-지정자: {타입-지정자 ¦ 스토리지-클래스-지정자 ¦ 기타-선언-지정자} …

물론 이러한 구분은 이해를 도우려는 것일 뿐입니다. 선언문 자체에는 이러한 구분이 존재하지 않습니다. 선언-지정자는 어떤 순서로든 나타날 수 있습니다.

타입 지정자는 선언문의 기초가 되는 타입을 결정할 때 사용합니다. 기본 타입에 관한 내용은 A.2/470p에서 다룰 것입니다.

타입-지정자: char ¦ wchar_t ¦ bool ¦ short ¦ int ¦ long ¦ signed ¦
        unsigned ¦ float ¦ double ¦ void ¦ **타입-이름** ¦ const ¦ volatile

타입-이름: **클래스-이름** ¦ **열거-타입-이름** ¦ **typedef**로-정의한-이름

---

const 지정자는 해당 타입의 객체를 수정할 수 없음을 나타냅니다. volatile은 변수가 프로그래밍 언어에서 정의하지 않은 방식으로 바뀔 수 있음을 컴파일러에 알리고 컴파일러가 실행하는 최적화를 제한합니다.

const가 지정자의 일부면 타입을 한정할 수 있고 선언자의 일부면 const 포인터를 지정할 수 있다는 점을 유의해야 합니다. const가 선언자의 일부라면 항상 * 연산자 뒤에 오므로 두 가지를 구별하는 것은 어렵지 않습니다.

스토리지 클래스 지정자는 변수 위치와 수명을 결정합니다.

스토리지-클래스-지정자: register ¦ static ¦ extern ¦ mutable

---

register 지정자는 가능하면 객체를 레지스터에 넣어 성능을 최적화할 것을 컴파일러에 알려줍니다. 일반적으로 지역 변수는 선언된 블록을 빠져나갈 때 소멸됩니다. static 변수는 범위를 드나들며 보존됩니다.

extern 지정자는 현재 선언문이 정의문이 아니라는 것을 나타내며 해당 정의문은 다른 곳에 있음을 의미합니다.

mutable 지정자는 클래스의 '데이터 멤버'에만 사용할 수 있으며, '데이터 멤버'가 const 객체의 멤버일지라도 바꿀 수 있습니다.

기타 선언 지정자는 타입과 관련이 없는 속성을 정의합니다.

기타-선언-지정자: friend ¦ inline ¦ virtual ¦ typedef

---

friend 지정자(12.3.2/345p, 13.4.2/389p)는 멤버의 보호 수준을 무효로 만듭니다.

inline은 함수 정의문에 사용하는 지정자며 가능하면 코드를 인라인으로 배치하도록 컴파일러에 알립니다. 함수 호출이 확장될 때 함수 정의문이 범위 안에 있어야만 하므로 보통 인라인 함수의 본문은 함수를 선언한 헤더에 함께 두는 것이 좋습니다.

virtual 지정자(13.2.1/372p)는 멤버 함수에만 사용할 수 있으며 호출을 동적으로 바인딩할 수 있는 함수를 나타냅니다.

typedef 지정자(3.2.2/86p)는 타입의 동의어를 정의합니다.

A.1.2 선언자

선언문은 각 선언자에 개체 하나를 선언하고 해당 개체에 이름을 부여합니다. 그리고 지정자를 이용해 명시된 스토리지 클래스, 타입, 기타 속성을 암묵적으로 개체에 부여합니다. 해당 이름이 객체, 배열, 포인터, 참조, 함수 중 어느 것의 이름인지는 지정자와 선언자가 함께 결정합니다. 예를 들어 다음 코드는 x가 int 타입을 가리키는 포인트이고 f가 int 타입을 반환하는 함수임을 선언합니다.

---

int *x, f();

여기서 x와 f의 형식을 구별하는 것은 선언자인 *x와 f( )입니다.

선언자: [* [const] ¦ &] ... 직접-선언자

직접-선언자: 선언자-ID ¦ (선언자) ¦ 직접-선언자 (매개변수-선언-목록) ¦
　　　　　　직접-선언자 [상수-표현식]

선언자-ID는 식별자이며 (아마도) 정규화되어 있습니다.

선언자-ID: [중첩된-이름-지정자] 식별자

중첩된-이름-지정자: { 클래스-또는-네임스페이스-이름 :: } ...

만약 선언자가 선언자-ID로만 구성된 직접-선언자라면 선언되는 식별자는 선언-지정자가 지닌 속성이 있습니다. 다음과 같은 선언문을 예로 들어봅시다.

```
int n;
```

선언자는 선언자-ID로만 구성된 직접-선언자인 n이므로 암묵적으로 n은 int 타입 값입니다.

선언자가 이와 다른 형식일 때는 다음 과정으로 식별자 타입을 결정할 수 있습니다. 우선 타입이 아닌 지정자(예를 들어 friend 또는 static) 외의 선언-지정자가 나타내는 타입을 T, 선언자를 D라고 정해봅시다.

그런 다음 D를 선언자-ID의 형태로 축소할 때까지 다음 단계를 반복하면 여러분이 찾는 타입이 T로 결정될 것입니다.

1 D의 형식이 (D1)일 때는 D를 D1로 치환합니다.

2 D의 형식이 * D1 또는 * const D1일 때는 const인지에 따라 T를 'T에 관한 포인터' 또는 'T에 관한 상수 포인터'('상수 T에 관한 포인터'가 아님)로 치환합니다. 그런 다음 D를 D1로 치환합니다.

3 D의 형식이 D1 (매개변수—선언—목록)일 때는 T를 '매개변수—선언—목록으로 정의된 인수가 있는 'T를 반환하는 함수'로 치환합니다. 그런 다음 D를 D1로 치환합니다.

4 D의 형식이 D1 [상수—표현식]일 때는 T를 '상수—표현식'을 이용해 주어진 개수의 요소갖는 'T의 배열'로 치환합니다. 그런 다음 D를 D1로 치환합니다.

5 끝으로 선언자의 형식이 & D1일 때는 T를 'T에 관한 참조'로 치환합니다. 그런 다음 D를 D1로 치환합니다.

예를 들어 다음과 같은 선언문을 살펴봅시다.

```
int *f();
```

앞 선언문에서 T와 D는 각각 int와 *f ( )입니다. 따라서 D의 형식은 *D1이며 D1은 f ( )입니다.

D의 형식이 D1 ( ) 또는 *D1 가운데 하나라고 생각할 수 있습니다. 하지만 D의 형식이 D1 ( )일 때는 D1이 *f여야 합니다. 또한 앞서 살펴본 문법에서 ( ) 앞에는 직접-선언자만 허용되므로 D1은 직접-선언자여야 합니다. 그러나 직접-선언자의 정의를 살펴보면 *를 포함할 수 없다는 사실을 알 수 있습니다. 따라서 D는 *f ( )일 수 밖에 없고 D의 형식은 *D1이며 D1은 f ( )입니다.

이제 D1이 f ( )라고 결정되었으므로 T를 'T에 대한 포인터', 즉 'int에 관한 포인터'로 치환하고 D를 f ( )로 치환해야 합니다. 아직 D를 선언자-ID의 형태로 축소하지 않았으므로 이 과정을 반복해야 합니다. 이번에는 D1이 f일 수 밖에 없으므로 T를 T를 반환하는 함수로 치환합니다. 이 함수는 '인수가 없고 int의 포인터를 반환하는 함수'입니다. 그리고 D를 f로 치환합니다.

이제 D를 선언자-ID의 형태로 축소했으므로 모든 과정이 끝났으며 다음 선언문이 f를 '인수가 없고 int에 관한 포인터를 반환하는 함수'로 선언한다는 것을 알았습니다.

```
int *f();
```

또 다른 예로 다음과 같은 선언문을 살펴봅시다.

```
int* p, q;
```

이 선언문은 *p와 q라는 선언자 2개가 있습니다. 각 선언자의 T는 int입니다. 첫 번째 선언자의 D는 *p이므로 T를 'int에 관한 포인터'로 치환하고 D를 p로 치환합니다. 따라서 이 선언문은 p를 'int에 관한 포인터'로 선언합니다.

두 번째 선언자는 첫 번째 선언자와 독립적으로 분석하며 T는 int이고 D는 q입니다. 여기서 분명히 해야 할 것은 앞 선언문이 q를 int로 선언한다는 사실입니다.

마지막으로 10.1.2/279p에서 살펴본 복잡하고 난해한 코드를 분석해봅시다.

```
double (*get_analysis_ptr())(const vector<Student_info>&);
```

분석은 다음 다섯 단계로 진행됩니다.

1-T. double

1-D. (*get_analysis_ptr())(const vector〈Student_info〉&)

2-T. const vector〈Student_info〉& 타입의 인수가 있고 double 타입을 반환하는 함수

2-D. (*get_analysis_ptr())

3-T. const vector〈Student_info〉& 타입의 인수가 있고 double 타입을 반환하는 함수(이전 단계와 같음)

3-D. *get_analysis_ptr()

4-T. const vector〈Student_info〉& 타입의 인수가 있고 double 타입을 반환하는 함수의 포인터

4-D. get_analysis_ptr()

5-T. const vector〈Student_info〉& 타입의 인수가 있고 double 타입을 반환하는 함수의 포인터를 반환하는 함수

5-D. get_analysis_ptr

이를 이용해 get_analysis_ptr이 double 타입을 반환하는 함수에 관한 포인터를 반환하는 함수이며 const vector〈Student_info〉& 타입의 인수가 있다는 것을 알 수 있습니다. const vector〈Student_info〉&를 전개하는 것은 여러분의 몫으로 남깁니다.

다행히도 방금 살펴본 것처럼 복잡한 형태의 함수 선언문은 드뭅니다. 함수 선언문 대부분은 다음과 같은 형태입니다.

선언자: 선언자-ID (매개변수-선언-목록)

확실히 사람 대다수가 어려움을 느낄 때는 함수에 관한 포인터를 반환하는 함수입니다.

A.2 타입

타입은 C++ 프로그램의 곳곳에 존재하는 개념입니다. 모든 객체, 표현식, 함수는 타입이 있습니다. 그리고 개체 각각의 타입이 개체의 동작을 결정합니다. 한 가지 상황(포인터 또는 참조를 이용해 접근하는 상속 계층 구조 내부 객체의 타입)를 제외하면 모든 개체의 타입은 컴파일 타임에 알려집니다.

C++에서 타입은 메모리를 구조화하고 접근하는 방식일 뿐만 아니라 각 타입 객체로 실행할 수 있는 동작들을 정의하는 방식이기도 합니다. 즉, 타입은 데이터의 특성과 해당 데이터로 실행하는 동작의 특성을 모두 지정합니다.

이 책에서는 상위 수준의 데이터 구조를 사용하고 작성하는 데 중점을 둡니다. 하지만 이를 작성할 때 사용하는 기본 타입들을 이해할 필요가 있습니다. 기본 타입은 하드웨어와 밀접한 일반적인 추상화를 표현하며 숫자(정수 및 부동 소수점), 문자(다국어 문자 집합에 필요한 확장 문자들을 포함), 진릿값, 기계 주소(포인터, 참조, 배열) 같은 것들이 있습니다. 상수라고도 하는 리터럴은 정수, 부동 소수점, 불리언, 문자, 문자열 값을 표현합니다. 이 절에서는 기본 타입과 관련된 특징을 다시 살펴보고 더 자세한 내용을 파악합니다.

A.2.1 정수 타입

C++는 정수, 불리언, 문자 타입을 비롯한 매우 다양한 정수 타입을 C에서 상속받습니다. C++는 광범위한 종류의 하드웨어에서 효율적으로 실행될 수 있도록 고안되었으므로 기본 타입들을 정확하게 정의하기보다는 기본 타입의 많은 세부 사항을 구현체에 맡깁니다.

A.2.1.1 정수

정수 타입에는 부호 있는 정수 타입 세 가지와 부호 없는 정수 타입(unsigned 접두어로 표현) 세 가지가 있습니다.

- short int
- int
- long int
- unsigned short int
- unsigned int
- unsigned long int

short 및 long 타입은 키워드 int를 생략하여 축약할 수 있습니다. 여러 개 키워드가 있다면 순서에 상관없이 표기할 수 있습니다.

이러한 타입 각각은 구현체가 정의한 범위 안 모든 정수를 표현할 수 있습니다. 앞서 표기한 순서대로 타입이 표현할 수 있는 정수 범위가 늘어납니다. short int와 int의 표현 범위는 최소한 ± 32767 ($\pm (2^{15} - 1)$) 이상이어야 하고 long int의 표현 범위는 최소한 ± 2147483647 ($\pm (2^{31} - 1)$) 이상이어야 합니다.

부호 있는 정수 타입과 짝을 이루는 부호 없는 정수 타입이 존재합니다. 부호 없는 타입은 2^n진법의 정수를 표현하며 여기서 n은 타입과 구현체에 따라 달라집니다. unsigned char를 제외한 부호 없는 타입은 앞에서 표기한 순서대로 n의 크기가 커집니다. 또한 부호 없는 타입은 상응하는 부호 있는 타입이 표현할 수 있는 범위 안에서 음수가 아닌 모든 값을 저장할 수 있어야 합니다. 부호 있는 타입은 해당 타입에 상응하는 부호 없는 타입과 공통 값에 관한 내부 표현 방식이 같아야 합니다. 이러한 요구 사항에 따라 unsigned char를 포함한 부호 없는 타입 4개는 각각 상응하는 부호 있는 타입의 부호 비트에 해당하는 여분의 비트를 있어야 합니다. 이는 부호 없는 타입들에 있는 n 값이 각각 최소한 8, 16, 16, 32여야 함을 의미합니다.

부호 있는 타입에 컴파일러는 1의 보수 표현이나 2의 보수 표현을 사용할 수 있습니다.

표준 라이브러리는 부호 없는 타입 중 하나의 동의어인 타입으로 size_t를 정의합니다. size_t는 배열을 포함하여 가능하면 가장 큰 객체 크기를 담을 만큼 충분한 크기를 설정합니다. size_t는 시스템 헤더인 <cstddef>에 정의되어 있습니다.

정수 리터럴은 숫자들의 순차열이며 앞에는 선택해서 사용하는 기본 지시어가 오고, 뒤에는 역시 선택해서 사용할 수 있는 크기 지시어가 옵니다. 굳이 덧붙이자면 정수 리터럴은 부호가 없으므로 −3은 표현식이지 리터럴이 아닙니다.

만약 리터럴이 0x 또는 0X로 시작하면 해당 정수는 16진수를 나타내며 10진법 숫자뿐만 아니라 AaBbCcDdEeFf 중 한 가지를 사용하여 숫자를 표현할 수 있습니다. 만약 리터럴이 0으로 시작하고 뒤에 x 또는 X가 오지 않으면 해당 정수는 8진수를 나타내며 0~7만을 사용하여 숫자를 표현할 수 있습니다.

크기 지시어는 u, l, ul, lu이며 대문자 또는 소문자로 표기합니다. 크기 지시어가 lu 또는 ul이면 리터럴 타입은 unsigned long입니다. 만약 크기 지시어가 u면 리터럴 타입은 값에 따라 unsigned이거나 unsigned long입니다. 크기 지시어가 l이면 리터럴 타입은 값에 따라 long이거나 unsigned long입니다.

기본 지시어는 있고 크기 지시어가 없다면 리터럴 타입은 int입니다. 기본 지시어와 크기 지시어가 모두 없다면 리터럴 타입은 값에 따라 int이거나 long입니다.

이러한 규칙은 정수 리터럴의 타입이 구현체에 따라 달라진다는 것을 의미합니다. 다행히 완성도가 높은 프로그램에서 정수 리터럴은 작은 부분이므로 방금 설명한 사항은 대체로 문제가 되지 않습니다. 하지만 여러분이 해당 내용을 다시 검토해야 할 때를 대비하여 알아둘 필요는 있습니다.

A.2.1.2 불리언

조건을 처리하는 표현식 타입은 bool입니다. bool 타입 값은 true와 false가 있습니다. 숫자 또는 포인터를 진릿값으로 사용할 수 있으며, 이때 0은 false로 간주하고 그 외 값은 true로 간주합니다.

bool 값이 숫자로 사용될 때는 false는 0으로 처리되고 true는 1로 처리됩니다.

불리언 리터럴은 true와 false뿐입니다. 이들은 bool 타입이며 단어 그대로의 의미입니다.

A.2.1.3 문자

C++에서 문자는 아주 작은 크기의 정수입니다. 특히 산술 표현식에서 정수와 같은 방식으로 사용할 수 있습니다. 정수와 마찬가지로 문자는 부호가 있을 수도 있고 없을 수도 있습니다. 따라서 signed char 타입과 unsigned char 타입이 각각 존재합니다. 구현체에서 signed char 타입이 표현할 수 있는 값 범위는 최소한 $\pm127(\pm(2^7-1))$이어야 하고, 컴퓨터의 기본 문자 집합에 있는 모든 문자를 포함해야 합니다.

그리고 이러한 두 가지 타입과는 별개로 일반 char 타입이 있습니다. 다른 두 가지 타입 중 한 가지와 같은 표현 방식이어야 합니다. 표현 방식을 결정하는 것은 구현체마다 다르며 일반적으로 컴퓨터에 가장 적합한 표현 방식을 반영하여 이루어집니다.

또한 '확장 문자' 타입인 wchar_t도 있습니다. 최소한 16비트의 크기로 설정하며 일본어처럼 라틴 알파벳보다 많은 문자를 제공하는 언어의 문자를 표현하는 데 사용됩니다. wchar_t 타입은 다른 정수 타입 한 가지와 같은 방식으로 동작해야 합니다. 이 방식을 결정하는 것은 구현체마다 다르며 일반적으로 가장 효율적인 표현 방식을 따릅니다.

문자 리터럴은 예를 들어 'a'처럼 보통 영문 작은따옴표로 묶인 하나의 문자입니다. char 타입이며 A.2.1.3/173p에서 언급한 것처럼 실제로는 정수의 한 종류입니다. 모든 구현체는 문자와 정숫값 사이의 관련성을 정의합니다. 그런데 프로그램 대부분에서 이 관련성을 따를 이유는 없습니다. 프로그래머가 'a'와 같은 리터럴을 '문자 a에 해당하는 정수'라는 의미로 작성할 수 있기 때문입니다. 해당 관련성은 구현체마다 다르므로 프로그래머는 문자의 산술적 속성에 의존해서는 안 됩니다. 예를 들어 'a' + 1이 'b'와 같다는 보장은 없습니다. 하지만 숫자는 연속값의 산술 연산을 어느 정도 보장합니다. 예를 들어 '3' + 1은 항상 '4'와 같습니다. 그러나 반드시 정수 4와 같다고는 할 수 없습니다.

문자열 리터럴은 "Hello, world!"처럼 큰따옴표로 묶인 0개 이상 문자들의 순차열입니다. 문자열 리터럴 타입은 const char*입니다. 컴파일러는 모든 문자열 리터럴 끝에 null 문자를 삽입합니다.

공백으로만 구분된 문자열 리터럴 2개는 자동으로 결합되어 더 긴 문자열 리터럴을 만들어 냅니다. 이러한 동작으로 여러 행에 걸친 문자열 리터럴을 더 편리하게 작성할 수 있습니다.

A.2.1.4 문자 표현

문자 리터럴은 일반적으로 작은따옴표로 묶인 하나의 문자이고 문자열 리터럴은 일반적으로 큰따옴표로 묶인 문자들의 순차열입니다. 여기서 '일반적'이라고 언급한 이유는 규칙에 몇 가지 예외가 있기 때문입니다. 문자 리터럴과 문자열 리터럴에 똑같이 적용되는 예외들은 다음과 같습니다.

- 리터럴의 시작을 나타내는 것과 같은 종류의 따옴표를 표기하려면 '\'' 또는 "the \ "quotes\""와 같이 역슬래시를 앞에 붙여 해당 따옴표가 리터럴을 끝내는 의미가 아님을 명확히 해야 합니다. ""처럼 다른 종류의 따옴표를 표기할 때는 역슬래시가 필요하지 않지만 편의상 '\"'처럼 다른 종류의 따옴표 앞에 역슬래시를 붙일 수도 있습니다.
- 역슬래시를 표기하려면 '\\'처럼 역슬래시 앞에 역슬래시를 붙여야 합니다. 그러면 컴파일러는 역슬래시 뒤에 오는 문자에 특수한 의미가 없다고 여깁니다.
- 이 책의 범위를 벗어나지만 다국어 문자 집합과 관련된 규칙[1]이 있습니다. 이 규칙은 코드에 2개 이상 연속된 물음표가 있는 프로그램에 영향을 미칩니다. 연속된 물음표를 피할 수 있도록 C++에서는 \?를 사용해 물음표를 표기할 수 있습니다. 따라서 연속된 물음표가 없는 "What?\?"와 같은 리터럴을 작성할 수 있습니다.

---

1 옮긴이_ 트라이그래프(trigraph) 규칙 또는 삼중자 규칙으로 알려져 있습니다. 단, 최신 버전의 C++ 컴파일러에는 적용되지 않는 규칙입니다.

- 다양한 방법으로 출력에 영향을 주는 많은 제어 문자는 리터럴 내부에서 행 바꿈(\n), 수평 탭(\t), 수직 탭(\v), 백스페이스(\b), 커서 복귀(\r)[2], 서식 이송[3](\f), 경고(\a)와 같이 출력 가능한 표현 방식이 있습니다. 출력 장치에 출력할 때의 실제 효과는 구현체에 따라 다릅니다.

- 만약 특정한 내부 표현이 있는 문자가 필요하다면 \x 다음에 16진수를 표기하거나 \ 다음에 세 자리의 8진수를 표기할 수 있습니다. 예를 들어 '\x20'과 '\40'는 모두 내부 표현이 10진수 32(16진수 20, 8진수 40)인 문자를 나타냅니다. 이 문자는 아스키(ASCII) 문자 집합을 기반으로 하는 구현체에서 ' '(공백 문자)와 같습니다. 이러한 표현 중 가장 보편적으로 사용하고 많은 프로그램에서 볼 수 있는 것은 값이 0인 문자인 '\0'입니다.

A.2.2 부동 소수점

C++에는 정밀도가 낮은 순서대로 float, double, long double이라는 세 가지 부동 소수점 타입이 있습니다. 구현체는 double과 같은 정밀도로 float를 구현하거나 long double과 같은 정밀도로 double을 구현할 수 있습니다. 모든 구현체는 float 타입에 최소한 6개의 유효 자릿수를 제공해야 하고 double 및 long double 타입에 최소한 10개의 유효 자릿수를 제공해야 합니다. 구현체 대부분은 float 타입에 6개의 유효 자릿수를 제공하고 double 타입에 15개의 유효 자릿수를 제공합니다.

부동 소수점 리터럴은 끝에 지수가 있거나 어딘가에 소수점이 있는, 비어 있지 않은 숫자 순차열입니다. 부동 소수점 리터럴은 정수 리터럴과 마찬가지로 부호로 시작하지 않습니다. 즉, -3.1은 표현식이며 리터럴이 아닙니다. 소수점은 숫자 순차열의 처음, 중간, 끝에 있을 수 있고 지수가 있다면 완전히 생략될 수 있습니다. 지수는 e 또는 E, 그 다음에 오는 부호(선택적), 한 자리 이상의 숫자로 구성됩니다. 지수는 항상 10진수로 해석됩니다.

예를 들어 312E5와 31200000은 같은 숫자입니다. 하지만 31200000는 정수 리터럴이며 부동 소수점 리터럴이 아닙니다. 또 다른 예로 1.2E-3은 .0012 또는 0.000012e+2와 같은 숫자입니다.

부동 소수점 리터럴의 타입은 일반적으로 double입니다. 만약 리터럴이 float 타입이길 원할 때는 f 또는 F를 붙일 수 있습니다. 만약 리터럴이 long double 타입이길 원할 때는 l 또는 L을 붙일 수 있습니다.

---

2 옮긴이_ 캐리지 리턴(carriage return)
3 옮긴이_ 폼 피드(form feed)

A.2.3 상수 표현식

상수 표현식은 컴파일 시점에 알 수 있는 값이 있는 정수 타입의 표현식입니다. 상수 표현식의 피연산자는 상수 표현식이나 sizeof 표현식으로 초기화되는 정수 타입의 리터럴, 열거자, const 변수, static 데이터 멤버만 포함할 수 있으며 해당 표현식은 함수, 클래스 객체, 포인터, 참조를 포함할 수 없고 할당 연산자, 증가 연산자, 감소 연산자, 함수 호출, 쉼표를 사용할 수 없습니다.

상수 표현식은 상수가 와야 할 위치라면 어디든지 등장할 수 있습니다. 그와 같은 예는 배열 선언문(10.1.3/281p), switch문의 레이블(A.4/483p), 열거자의 이니셜라이저(A.2.5/478p)에서 살펴볼 수 있습니다.

A.2.4 변환

변환은 각 연산자의 피연산자들을 공통 타입으로 제공할 필요가 있을 때 실행합니다. 변환할지 선택할 수 있다면 정보를 잃는 변환보다 보존하는 변환을 따릅니다. 또한 부호 있는 타입으로 변환하는 것보다 부호 없는 타입으로 변환합니다. short 타입 정수나 문자를 대상으로 하는 모든 연산은 int 또는 int보다 큰 타입으로 변환한다고 암시하며 부동 소수점 연산은 double 또는 double보다 큰 타입으로 변환함을 암시합니다.

가장 단순한 변환은 **프로모션**promotion입니다. 프로모션은 더 작은 타입(예: char) 값을 더 큰 관련 타입(예: int)으로 변환시키며 초깃값의 부호를 보존합니다. 정수 프로모션은 char, signed char, unsigned char, short, unsigned short 타입을 값에 따라 int 타입이나 unsigned int 타입으로 변환시킵니다. 확장 문자 타입과 열거 타입(A.2.5/478p)은 기저 타입의 모든 값을 표현할 수 있는 가장 작은 크기의 int 타입(순서대로 int, unsigned int, long, unsigned long)으로 변환됩니다. bool 타입은 int 타입으로 변환됩니다.

정수 타입에서 부동 소수점 타입으로 변환할 때는 하드웨어에서 표현할 수 있는 수준의 정밀도를 보존합니다.

부호 있는 더 큰 값(예: long)에서 더 작은 값(예: short)으로 변환할 때는 구현체의 정의를 따릅니다. 부호 없는 더 큰 값에서 더 작은 값으로 변환할 때는 2^n진법을 따릅니다.

여기서 n은 크기가 더 작은 타입의 비트 개수입니다. 부동 소수점 값에서 정수 타입으로 변환할 때는 소수점 이하 부분을 버립니다. 버린 후 값이 알맞지 않으면 동작은 정의되지 않습니다.

포인터, 정수 타입, 부동 소수점 값은 bool 타입으로 변환할 수 있습니다. 값이 0이면 bool 타입으로 false고 그렇지 않으면 true입니다. bool 타입을 다른 타입으로 변환할 수도 있습니다. true는 1로 변환되고 false는 0으로 변환됩니다.

결과가 0인 상수 표현식(A.2.3/476p)은 포인터로 변환할 수 있습니다.

모든 포인터는 void*로 변환될 수 있습니다. 또한 const가 아닌 객체를 가리키는 포인터는 const인 객체를 가리키는 포인터로 변환될 수 있습니다. const가 아닌 객체의 참조도 마찬가지입니다. public으로 파생된 타입의 객체를 가리키는 포인터 또는 참조는 기본 클래스들 가운데 하나를 가리키는 포인터 또는 참조로 변환될 수 있습니다.

산술 변환은 피연산자가 정수 타입이거나 부동 소수점 타입일 수 있고 부호가 있거나 없을 수 있으므로 산술 연산 결과의 타입을 파악하는 것이 다소 까다로울 수 있습니다. 이를 파악할 수 있도록 하는 규칙을 **일반 산술 변환**usual arithmetic conversions이라고 하며 다음과 같이 동작합니다.

- 두 피연산자 중 하나가 부동 소수점 타입이면 연산 결과는 부동 소수점 타입이며 가장 정밀한 피연산자의 정밀도를 따릅니다.
- 앞서 살펴본 조건을 만족하지 않고 두 피연산자 중 하나가 unsigned long 타입이면 연산 결과는 unsigned long 타입입니다.
- 앞서 살펴본 모든 조건을 만족하지 않고 두 피연산자 중 하나가 int보다 크기가 작은 타입이면 해당 피연산자는 값에 따라 int 타입이나 unsigned int 타입으로 변환됩니다.
- 하나의 피연산자가 long int 타입이고 다른 피연산자가 unsigned int 타입이면 연산 결과의 타입이 구현체에 따라 달라집니다. long int 타입의 표현 범위가 unsigned int 타입의 표현 범위를 포함하면 연산 결과가 long int 타입이고 그렇지 않으면 연산 결과가 unsigned int 타입입니다.
- 앞서 살펴본 모든 조건을 만족하지 않고 두 피연산자 중 하나가 long int 타입이면 연산 결과는 long int 타입입니다.
- 앞서 살펴본 모든 조건을 만족하지 않고 두 피연산자 중 하나가 unsigned 타입이면 연산 결과는 unsigned int 타입입니다.
- 앞서 살펴본 모든 조건을 만족하지 않으면 연산 결과는 int 타입입니다.

이 규칙에 있는 한 가지 핵심은 산술 연산의 결과가 부호가 있든 없든 결코 short 타입이나 char 타입이 아니라는 것입니다. 모든 산술 연산은 int 타입 또는 int보다 크기가 더 큰 타입에서만 실행됩니다.

A.2.5 열거 타입

열거 타입은 정숫값의 집단을 지정합니다. 열거 타입 객체는 타입으로 지정된 값만 사용할 수 있습니다.

```
enum 열거-이름 {
    열거자 [ , 열거자 ] ...
};
```

열거-이름은 타입-이름이며 타입-이름 위치에 사용할 수 있습니다. 열거-이름 타입의 변수는 열거자 목록에 있는 값만 사용할 수 있습니다.

```
열거자: 식별자 [ = 상수-표현식 ]
```

열거 타입의 값들은 따로 지정하지 않아도 0부터 연속해서 증가하는 정수에 대응합니다. 또한 열거자에 명시적인 값을 지정할 수도 있습니다. 이니셜라이저는 정수 타입(A.2.1/471p)이어야 하고 컴파일러가 컴파일할 때 판단할 수 있는 값(A.2.3/476p)이어야 합니다. 만약 열거 타입 값이 정수가 필요할 때 사용되면 해당 값을 자동 변환합니다.

A.2.6 오버로딩

매개변수의 타입 또는 개수가 서로 다른 하나 이상의 함수는 같은 이름을 사용할 수 있습니다. 오버로드된 함수를 호출하면 컴파일할 때 오버로드된 함수 집단 중 어느 함수를 호출한 것인지 판단하는 과정을 진행합니다. 호출할 함수는 호출 시점의 실제 인수와 함수의 매개변수를 비교하여 결정됩니다. 실제 인수와 가장 일치하는 함수가 선택됩니다. 가장 일치하는 함수는 다른 함수보다 하나 이상의 인수가 더 일치해야 합니다.

특정 인수와 가장 일치한다는 것은 다음처럼 정의합니다.

- 가장 나은 것은 완전한 일치(인수 타입이 같음)입니다.
- 그 다음으로 나은 것은 프로모션(A.2.4/476p)을 사용한 일치, 기본 변환을 사용한 일치, 클래스 타입으로 정의된 변환(12.2/340p, 12.5/353p)을 사용한 일치 순서입니다.

호출과 가장 일치하는 함수가 하나 이상일 때는 오류가 발생합니다.

A.3 표현식

C++는 C의 풍부한 표현식 문법을 상속받으며 여기에 연산자 오버로딩(A.3.1/481p)을 추가합니다. 프로그램 작성자는 연산자 오버로딩으로 연산자의 인수, 반환 타입, 의미를 새롭게 정의할 수 있습니다. 하지만 연산자의 우선순위, 피연산자 개수, 결합성, 기본 타입인 피연산자에 관한 기본 연산자의 의미는 새롭게 정의할 수 없습니다. 이 절에서는 몇 가지 추가 사항과 더불어 기본 타입에 적용되는 연산자들을 설명합니다.

모든 연산자는 값을 반환하며 해당 값 타입은 피연산자의 타입에 따라 달라집니다. 일반적으로 피연산자들의 타입이 같으면 해당 타입이 연산 결과의 타입입니다. 그렇지 않으면 공통 타입으로 만드는 표준 변환(A.2.4/477p)을 실행합니다.

lvalue는 비일시적 객체를 나타내는 값이므로 주소를 갖습니다. 어떤 연산은 lvalue에만 유효하며 어떤 연산은 lvalue를 반환합니다. 모든 표현식은 값을 반환하며 그중 일부는 lvalue를 반환하기도 합니다.

피연산자의 판별 순서가 확실하게 정해져 있는 연산자는 네 가지입니다.

- &&: 왼쪽 피연산자가 참일 때만 오른쪽 피연산자를 판별합니다.
- ||: 왼쪽 피연산자가 거짓일 때만 오른쪽 피연산자를 판별합니다.
- ? : : 조건에 따라 하나의 표현식만 판별합니다. ? 다음에 오는 표현식은 조건이 참일 때 판별됩니다. 조건이 거짓일 때는 : 다음에 오는 표현식이 판별됩니다. 연산 결과는 판별된 표현식입니다. 만약 두 표현식이 같은 타입의 lvalue면 연산 결과는 lvalue입니다.
- ,: 우선 왼쪽 피연산자를 판별하고 버립니다. 연산 결과는 오른쪽 피연산자입니다.

이들을 제외한 다른 연산자는 우선순위 규칙 외에는 판별 순서가 확실하게 정해져 있지 않습니다. 즉, 컴파일러가 임의 순서대로 피연산자를 판별할 수 있습니다. 괄호를 사용하여 기본 우선순위를 무시할 수 있지만 판별 순서를 완벽하게 제어하려면 일시적 객체를 사용해야 합니다.

각 연산자는 지정된 우선순위와 결합성이 있습니다. 다음 표에서는 우선순위에 따라 모든 연산자를 요약합니다. 이중선을 경계로 그룹을 이룬 연산자끼리는 같은 우선순위와 결합성을 갖습니다. 이 표는 2장에서 소개한 표를 확장한 것이며 모든 연산자를 포함합니다.

연산자	설명
terminal	식별자 또는 리터럴 상수. 식별자는 lvalue이며 리터럴은 lvalue가 아님

연산자	설명
C::m	클래스 C의 멤버 m
N::m	네임스페이스 N의 멤버 m
::m	전역 범위의 이름 m
x[y]	객체 x에서 인덱스가 y인 요소. lvalue를 반환
x->y	x가 가리키는 객체의 멤버 y. lvalue를 반환
x.y	객체 x의 멤버 y. x가 lvalue면 lvalue를 반환
f(**args**)	**args**를 인수로 전달하며 함수 f를 호출
x++	lvalue인 x를 증가시키고 기존 x 값을 반환
x--	lvalue인 x를 감소시키고 기존 x값을 반환
*x	포인터 x를 역참조. lvalue인 객체를 반환
&x	객체 x의 주소. 포인터를 반환
-x	단항 마이너스. 숫자 타입의 표현식에만 적용할 수 있음
!x	논리 부정. x가 0이면 !x는 참이고 x가 0 이외의 값이면 !x는 거짓
~x	x에 관한 1의 보수. x는 반드시 정수 타입
++x	lvalue인 x를 증가시키고 증가된 값을 lvalue로 반환
--x	lvalue인 x를 감소시키고 감소된 값을 lvalue로 반환
sizeof(e)	표현식 e가 사용하는 바이트 수(size_t 타입)
sizeof(T)	T 타입 객체가 사용하는 바이트 수(size_t 타입)
T(**args**)	**args**로 T 객체를 생성
new T	'기본 초기화'된 T 타입의 새로운 객체를 할당
new T(**args**)	**args**로 초기화된 T 타입의 새로운 객체를 할당
new T[n]	'기본 초기화'된 T 타입 객체 n개 배열을 할당
delete p	p가 가리키는 객체를 할당 해제
delete [] p	p가 가리키는 객체 배열을 할당 해제
x * y	x와 y의 곱
x / y	x를 y로 나눈 몫이며 두 피연산자가 모두 정수 타입이면 결과도 정수 타입. 구현체가 0 또는 −∞로 반올림할지 선택
x % y	x를 y로 나눈 나머지며 x − ((x / y) * y)와 같음. x와 y는 반드시 정수
x + y	두 피연산자가 모두 숫자 타입이면 x와 y의 합. 두 피연산자가 각각 포인터 타입과 정수 타입이면 x 이후 y번째 요소를 가리키는 포인터를 반환
x − y	두 피연산자가 숫자 타입이면 x에서 y를 뺀 결과. 두 피연산자가 포인터 타입이면 두 포인터가 가리키는 요소 사이의 거리를 반환

연산자	설명
x >> y	정수 x, y에 한해서 x를 y비트만큼 오른쪽으로 시프트(y는 음수가 아님). 만약 x가 istream이면 x에서 y로 읽어 들이고 lvaue x를 반환
x << y	정수 x, y에 한해서 x를 y비트만큼 왼쪽으로 시프트(y는 음수가 아님). 만약 x가 ostream이면 y를 x로 출력하고 lvalue x를 반환
x **relop**[4] y	관계 연산자는 관계의 참과 거짓을 나타내는 bool 타입의 값을 반환. 관계 연산자의 종류는 <, >, <=, >=이다. x와 y가 포인터면 반드시 같은 객체나 배열을 가리켜야 함
x == y	x가 y와 같은지 나타내는 bool 타입 값을 반환
x != y	x가 y와 같지 않은지 나타내는 bool 타입 값을 반환
x & y	비트 곱. x와 y는 반드시 정수 타입
x ^ y	배타적 비트 합. x와 y는 반드시 정수 타입
x | y	비트 합. x와 y는 반드시 정수 타입
x && y	x와 y가 모두 참인지 나타내는 bool 타입 값을 반환. x가 참일 때만 y를 판별
x || y	x 또는 y가 참인지 나타내는 bool 타입 값을 반환. x가 거짓일 때만 y를 판별
x = y	y 값을 x에 할당하고 결과로 lvalue인 x를 반환
x **op**[5] = y	복합 할당 연산자며 x = x **op** y와 같음. **op**는 산술 연산자 또는 비트 연산자 또는 시프트 연산자
x ? y1 : y2	x가 참이면 y1을 반환하고 그렇지 않으면 y2를 반환. y1과 y2 중 하나만 참 거짓을 판별하며 y1과 y2는 반드시 같은 타입이어야 함. y1과 y2가 lvalue이면 연산 결과는 lvalue. 연산자는 오른쪽 우선 결합성이 있음
throw x	x 값을 던져 오류가 있음을 알림. x의 타입은 오류를 잡아낼 핸들러(handler)를 결정
x , y	x를 판별하고 버린 후 y를 판별. y를 반환

A.3.1 연산자

기본 연산자 대부분은 오버로드될 수 있습니다. throw 연산자, 범위 연산자, 점 연산자, 조건 연산자(? : 연산자)는 오버로드될 수 없지만 이외의 연산자들은 오버로드될 수 있습니다. 오버로드된 연산자를 정의하는 방법은 11.2.4/309p에서 설명합니다.

후위 증감 연산자는 사용하지 않는 가짜 매개변수가 있도록 정의해 전위 증감 연산자와 구별합니다.

즉, 후위 증감 연산자를 오버로드하려면 다음처럼 작성합니다.

```
class Number {
public:
    Number operator++(int) { /* 함수 본문 */ }
    Number operator--(int) { /* 함수 본문 */ }
};
```

가장 흔하게 오버로드되는 연산자로는 할당 연산자, 인덱스 연산자, ostream 및 istream으로 입출력을 실행하는 데 사용하는 시프트 연산자, B.2.5/494p에 요약한 반복자들을 구현하는 데 사용하는 연산자가 있습니다.

A.4 실행문

C++는 다른 프로그래밍 언어와 마찬가지로 선언문, 표현식, 실행문을 구별합니다. 상황에 따라 선언문과 실행문은 다른 선언문과 실행문 내부에 중첩될 수 있지만 표현식 내부에는 중첩될 수 없습니다. 모든 실행문은 궁극적으로 함수 정의문 내부에 등장하며 함수가 호출될 때 실행하는 동작의 일부를 구성합니다.

별도로 지정하지 않는 한 함수를 구성하는 실행문들은 작성 순서대로 실행됩니다. 예외 상황은 반복문, 함수 호출, goto, break, continue, 예외 처리에 관련된 try 및 throw가 있습니다.

실행문은 자유로운 형식입니다. 실행문의 작성 도중에 새로운 행을 시작하더라도 실행문의 의미에는 영향을 미치지 않습니다. 실행문 대부분은 세미콜론으로 끝납니다. 대표적인 예외로는 블록({로 시작하고 }로 끝남)이 있습니다. 다음은 실행문과 관련된 여러 가지 형태입니다.

;

null문이며 실행하더라도 아무런 효과가 없습니다.

e;

표현식을 실행문으로 만든 것이며 부수적으로 발생하는 결과로 e를 실행합니다.

{ }

실행문 블록이며 블록 내부의 실행문들을 순서대로 실행합니다. 블록 내부에서 정의된 변수들은 블록 끝에서 소멸됩니다.

if (조건) 실행문1

조건을 판별하고 조건이 참이라면 실행문1을 실행합니다.

if (조건) 실행문1 else 실행문2

조건을 판별하고 조건이 참이라면 실행문1을 실행합니다. 조건이 거짓이라면 실행문2를 실행합니다. 각 else문은 가장 가까운 짝 없는 if문과 연결됩니다.

while (조건) 실행문

조건을 판별하고 조건이 참인 동안 실행문을 실행합니다.

do 실행문 while (조건);

실행문을 실행한 후 조건을 판별합니다. 조건이 거짓일 때까지 계속해서 실행문을 실행합니다.

for (초기-실행문 조건; 표현식) 실행문

반복문에 진입하면 초기-실행문을 실행한 후 조건을 판별합니다. 조건이 참이면 실행문을 실행한 후 표현식을 실행합니다. 조건을 판별하고 실행문과 표현식을 실행하는 과정을 조건이 거짓일 때까지 계속합니다.

초기-실행문이 선언문이라면 해당 변수의 범위는 for문 자체입니다.

switch (표현식) 실행문

실제로 실행문은 레이블에 속한 실행문들을 포함하는 블록이 거의 대부분이며 레이블의 형태는 다음과 같습니다.

```
case 값:
```

여기서 각 값은 서로 다른 상수 표현식(A.2.3/476p)이어야 합니다. 또한 다음과 같은 레이블은 선택해서 사용해야 하며 한 번만 등장해야 합니다.

```
default:
```

switch문을 실행하면 **표현식**을 판별하고 그것과 일치하는 값이 있는 case 레이블로 건너뜁니다. 일치하는 값이 있는 case 레이블이 없으면 default: 레이블로 제어를 넘깁니다. default: 레이블이 존재하지 않으면 switch문 전체의 바로 다음 지점으로 제어를 넘깁니다.

case 레이블은 단지 레이블일 뿐이므로 프로그래머가 별도로 동작을 명시하지 않는 이상 제어의 흐름은 바로 다음 레이블로 이동합니다. 이를 방지하려면 첫 번째 case 레이블 이후의 각 case 레이블 앞에 break문을 사용합니다.

break;

가장 가까운 while문, for문, do문, switch문이 끝난 직후 지점으로 건너뜁니다.

continue;

가장 가까운 while문, for문, do문에서 순서상 다음 반복(판별 과정 포함) 실행의 시작 지점으로 건너뜁니다. 가장 가까운 실행문이 for문이면 순서상 다음 반복은 for문의 표현식을 포함합니다.

다음 코드를 예로 들어봅시다.

```
for (int i = 0; i < 10; ++i) {
    if (i % 3 == 0)
        continue;
    cout << i << endl;
}
```

앞 코드를 실행하면 각 행에 1, 2, 4, 5, 7, 8을 순서대로 출력합니다.

goto 레이블;

다른 프로그래밍 언어의 goto문과 비슷하게 동작합니다. goto문의 대상 지점은 레이블이며 이는 뒤에 콜론(:)이 오는 식별자입니다. 레이블 범위는 해당 레이블을 선언한 함수 전체며 이는 블록 외부에서 내부로 건너뛸 수 있음을 의미합니다. 하지만 이러한 건너뜀이 변수 초기화를 우회할 수는 없습니다.

try { 실행문 } catch (매개변수-1) { 실행문-1 } [catch (매개변수-2) { 실행문-2 }] …

예외가 발생할 수 있는 실행문의 코드를 실행합니다. 여기서 던져진 예외는 catch문이 처리해야 합니다.

던져진 값과 '비슷한' 타입의 매개변수-n이 있는 catch문을 찾아 해당 catch문의 본문에 속한 실행문-n의 코드를 실행하여 예외를 처리합니다. 여기서 '비슷한'은 던져진 값이 매개변수와 같은 타입이거나 매개변수 타입에서 파생된 타입이라는 것을 의미합니다.

catch문의 형식이 catch (...)라면 처리되지 않은 모든 예외를 처리합니다.

만약 예외 타입과 일치하는 catch문이 없으면 해당 try문을 둘러싼 가장 가까운 try문으로 예외를 전달합니다. 적절한 try문이 없으면 프로그램을 종료합니다.

throw 표현식;

프로그램을 종료하거나 실행 중인 try문의 catch문으로 제어를 전달합니다. catch문이 처리할 수 있는 예외 타입을 결정하는 **표현식**을 전달합니다. 적절한 try문이 없으면 프로그램을 종료합니다.

흔히 예외는 클래스 객체며 주로 한 함수에서 던져지고 다른 함수에서 처리됩니다.

라이브러리 요약

표준 라이브러리는 C++의 표준화에 크게 기여합니다. 여러분은 이 책을 살펴보는 동안 라이브러리에 의존하여 간결하고 자연스러운 C++ 프로그램들을 작성했습니다. 부록 B에서는 지금까지 사용한 라이브러리 기능을 다시 살펴보고 사용하지 않은 몇 가지 유용한 기능을 설명합니다. 각 절에서는 관련 기능의 사용 방법을 보여주고 라이브러리 클래스나 관련 클래스 집단을 소개합니다.

일반적으로 표준 라이브러리는 네임스페이스 std에 이름을 넣습니다. 따라서 표준 라이브러리 기능을 사용하는 프로그램에서는 이름의 앞에 std::를 붙이거나 using 선언문을 추가해야 합니다. 여기에서는 네임스페이스를 명시하지 않습니다. 예를 들어 std::cout을 cout으로 표기합니다.

부록 B 예제 코드에서 일반적으로 사용하는 이름의 의미는 다음과 같습니다.

- n: 정수 타입 값을 반환하는 변수 또는 표현식
- t: T 타입 값
- s: 문자열 값
- cp: null 문자로 끝나는 문자 배열의 첫 번째 요소를 가리키는 포인터
- c: char 값
- p: bool 또는 bool로 변환 가능한 값을 반환하는 서술 함수
- os: 출력 스트림
- is: 입력 스트림

- strm: 입력 또는 출력 스트림
- b: 순차열의 시작 지점을 가리키는 반복자
- e: 순차열의 마지막 지점 다음을 가리키는 반복자
- d: 목적 지점을 가리키는 반복자
- it: 요소를 가리키는 반복자

B.1 입출력

istream, ostream, ifstream, ofstream 클래스의 객체들은 순차 스트림을 가리키며 객체 하나는 항상 스트림 하나에 바인딩됩니다. 이러한 타입의 객체는 복사 및 할당이 불가능합니다. 따라서 스트림을 함수에 전달하거나 함수에서 전달받는 유일한 방법은 포인터 또는 참조를 사용하는 것입니다.

기본 사항

코드	설명
#include ⟨iostream⟩	입출력 클래스와 관련 있는 연산을 선언합니다.
Rcout cerr clog	표준 출력(cout) 및 오류(cerr, clog) 스트림에 바인딩된 ostream 타입 객체입니다. cout과 clog의 출력은 기본적으로 버퍼링되지만 cerr의 출력은 기본적으로 버퍼링되지 않습니다.
cin	표준 입력 스트림에 바인딩된 istream 타입 객체입니다.

읽기 및 쓰기

코드	설명
is ≫ t	선행 공백을 무시한 값을 is에서 t로 읽어 들입니다. 입력은 t 타입으로 변환하기에 적합한 형태여야 하며 const가 아니면서 lvalue여야 합니다. 적합하지 않은 입력은 요청 실패가 발생하고 is.clear()가 호출될 때까지 is는 실패 상태로 남아 있습니다. 라이브러리는 기본 타입의 입력 연산자와 문자열의 입력 연산자를 정의합니다. 클래스를 작성하는 프로그래머는 이를 따르는 편이 좋습니다
os ≪ t	.t의 타입에 알맞은 형태로 t 값을 os에 보냅니다. 라이브러리는 기본 타입의 출력 연산자와 문자열의 출력 연산자를 정의하며 클래스를 작성하는 프로그래머는 이를 따르는 편이 좋습니다.

코드	설명
is.get(c)	공백 문자에 상관없이 다음 문자를 is에서 c로 읽어 들입니다.
is.unget()	스트림 is를 하나의 문자씩 되돌립니다. 특정 문자에 도달할 때까지 스트림을 읽고 후속 과정을 위해 해당 문자를 스트림에 남기려고 할 때 유용합니다.

반복자

코드	설명
#include ⟨iterator⟩	입출력 스트림 반복자를 선언합니다.
istream_iterator⟨T⟩ in(is);	is에서 T 타입 값을 읽을 때 사용하는 입력 반복자로 in을 정의합니다.
ostream_iterator⟨T⟩ out(os, const char* sep = " ");	T 타입 값을 스트림 os에 출력할 때 사용하는 출력 반복자로 out을 정의합니다. 각 요소 뒤에는 구분자 값으로 sep을 출력합니다. 기본적으로 구분자는 null 문자열이지만 문자열 리터럴(10.2/284p)일 수도 있고 null 문자로 끝나는 문자 배열을 가리키는 포인터일 수도 있습니다.

파일 스트림

코드	설명
#include ⟨fstream⟩	파일에 바인딩된 스트림의 입출력 기능을 선언합니다.
ifstream is(cp);	is를 정의하고 이름이 cp인 파일에 바인딩합니다. ifstream 클래스는 istream 클래스의 파생 클래스입니다.
ofstream os(cp);	os를 정의하고 이름이 cp인 파일에 바인딩합니다. ofstream 클래스는 ostream 클래스의 파생 클래스입니다.

출력 형태 제어

코드	설명
#include ⟨ios⟩	streamsize 타입을 정의합니다. streamsize 타입은 입출력 버퍼 크기를 나타내기에 적합한 부호 있는 정수 타입입니다.
os.width() os.width(n)	os에 바인딩된 스트림이 이전에 갖던 너비를 streamsize 타입으로 반환합니다. n이 주어지면 너비를 n으로 설정하며 다음 순서로 스트림에 들어오는 항목은 왼쪽에 스트림 너비만큼의 공백을 갖습니다. 그 후 너비는 다시 0으로 설정됩니다.
os.precision() os.precision(n)	os에 바인딩된 스트림이 이전에 갖던 정밀도를 streamsize 타입으로 반환합니다. n이 주어지면 정밀도를 n으로 설정하며 다음 순서로 스트림에 들어오는 부동 소수점 값은 주어진 유효 자릿수만큼 표시됩니다.

조작어

코드	설명
#include 〈iomanip〉	〈iostream〉에 선언된 endl 이외의 조작어들을 선언합니다.
os 《 endl	현재 출력 행을 끝내고 os에 바인딩된 스트림을 비웁니다.
os 《 flush	os에 바인딩된 스트림을 비웁니다.
os 《 setprecision(n) os 《 setw(n)	os.precision(n) 및 os.width(n)과 각각 같습니다.

오류 및 EOF

코드	설명
strm.bad()	유효하지 않은 데이터 때문에 strm의 마지막 연산이 실패했는지 나타내는 bool 타입 값을 반환합니다.
strm.clear()	유효하지 않은 연산 이후에 strm을 사용할 때 다시 설정합니다. strm을 다시 설정할 수 없으면 ios::failure를 던집니다.
strm.eof()	strm이 EOF에 도달했는지 나타내는 bool 타입 값을 반환합니다.
strm.fail()	하드웨어 문제나 다른 시스템 문제 때문에 strm의 마지막 연산이 실패했는지 나타내는 bool 타입 값을 반환합니다.
strm.good()	strm의 마지막 연산이 성공했는지 나타내는 bool 타입 값을 반환합니다.

B.2 컨테이너와 반복자

이 책에서는 순차 컨테이너인 **벡터**vector와 **리스트**list, 연관 컨테이너인 **맵**map, 다양한 컨테이너 속성을 공유하는 **문자열**string **클래스**를 다룹니다. 모든 컨테이너가 제공하는 특정 연산은 컨테이너 종류에 상관없이 비슷한 인터페이스가 있습니다. 여기서는 공통 연산을 먼저 살펴본 후 컨테이너 종류에 따른 고유 연산을 살펴볼 것입니다.

프로그래머가 순차 컨테이너를 사용할 때는 별다른 이유가 없는 한 벡터를 사용합니다. 일반적으로 리스트는 컨테이너의 마지막이 아닌 지점에서 많은 요소의 삽입 및 삭제가 일어날 때 사용합니다. 이는 리스트 클래스가 벡터 클래스보다 더 효율적으로 제공하는 연산입니다.

B.2.1 일반적인 컨테이너 연산

모든 컨테이너 및 문자열 클래스는 다음과 같은 인터페이스를 제공합니다.

코드	설명
컨테이너⟨T⟩::iterator **컨테이너**⟨T⟩::const_iterator	**컨테이너**⟨T⟩::iterator와 관련된 반복자 타입이며 두 가지 타입의 객체를 사용하여 컨테이너 요소에 있는 값을 읽을 수 있습니다. **컨테이너**⟨T⟩::iterator 타입 객체를 사용하여 요소를 수정할 수도 있습니다.
컨테이너⟨T⟩::reference **컨테이너**⟨T⟩::const_reference	각각 T&, const T&와 같은 의미입니다.
컨테이너⟨T⟩::reverse_iterator **컨테이너**⟨T⟩::const_ reverse_iterator	컨테이너 요소에 역순으로 접근하는 반복자 타입입니다.
컨테이너⟨T⟩::size_type	가장 큰 컨테이너 크기를 저장할 수 있는 부호 없는 정수 타입입니다.
컨테이너⟨T⟩::value_type	T와 같은 의미입니다.
컨테이너⟨T⟩::difference_type	반복자 하나에서 다른 반복자를 뺀 결과의 타입입니다.
c.begin() c.end()	각각 c의 첫 번째 요소를 가리키는 반복자와 마지막 요소 다음을 가리키는 반복자입니다. 두 함수 모두 c가 const인지에 따라 const_iterator 타입이나 iterator 타입 값을 반환합니다.
c.rbegin() c.rend()	c의 요소에 역순으로 접근하는 반복자입니다. 두 함수 모두 c가 const인지에 따라 const_reverse_iterator 타입이나 reverse_iterator 타입 값을 반환합니다.
컨테이너⟨T⟩ c;	c를 c.size() == 0인 비어 있는 **컨테이너**로 정의합니다.
컨테이너⟨T⟩ c2(c);	c2를 c2.size() == c.size()인 **컨테이너**로 정의합니다. c2의 각 요소는 상응하는 c 요소의 복사본입니다.
c = c2	c의 요소들을 c2의 요소들의 복사본으로 대체합니다. c를 lvalue로 반환합니다.
c.size()	c에 있는 요소 개수입니다.
c.empty()	c가 비어 있으면 true를 반환하고 그렇지 않으면 false를 반환합니다.
c.clear()	컨테이너 c를 비웁니다. c.erase(c.begin(), c.end())와 같습니다. 연산이 끝나면 c.size() == 0입니다. void를 반환합니다.

B.2.2 순차 컨테이너

문자열과 순차 컨테이너(벡터 및 리스트)는 일반적인 컨테이너 연산 외에 다음과 같은 연산도 지원합니다.

코드	설명
컨테이너⟨T⟩ c(n, t);	n개 요소가 있는 c를 정의하며 각 요소는 t의 복사본입니다.
컨테이너⟨T⟩ c(b, e);	c를 정의하고 입력 반복자 b와 e가 나타내는 순차열에 있는 요소들의 복사본으로 초기화합니다.
c.insert(it, t) c.insert(it, n, t) c.insert(it, b, e)	c에서 it가 가리키는 위치에 요소를 삽입합니다. c가 벡터 또는 문자열이면 이 연산은 삽입 지점과 그 이후를 참조하는 모든 반복자를 무효화시키며 무효화된 c의 모든 반복자를 재할당합니다. 벡터와 문자열은 it가 마지막 요소에서 멀리 떨어져 있을수록 연산이 느려질 수 있습니다. 첫 번째 형태의 insert 연산은 t의 복사본을 삽입하고 새롭게 삽입한 요소를 참조하는 반복자를 반환합니다. 두 번째 형태의 insert 연산은 t의 복사본 n개를 삽입하고 void를 반환합니다. 세 번째 형태의 insert 연산은 입력 반복자 b와 e가 나타내는 순차열에 있는 요소들의 복사본을 삽입하고 void를 반환합니다. 반복자 b와 e가 c의 요소들을 참조하면 안 됩니다.
c.erase(it) c.erase(b, e)	it가 가리키는 요소를 제거하거나 c의 [b, e) 범위 요소들을 제거하며, 제거된 요소들을 참조하는 모든 반복자를 무효화시킵니다. c가 벡터 또는 문자열이면 제거한 요소의 다음에 오는 요소들을 참조하는 모든 반복자도 무효화됩니다. 제거한 요소의 바로 다음 지점을 참조하는 반복자를 반환합니다. 벡터나 문자열은 제거한 요소가 컨테이너의 마지막 요소에서 멀리 떨어져 있을수록 erase 연산이 느립니다.
c.assign(b, e)	c의 요소들을 입력 반복자 b와 e가 나타내는 순차열의 요소들로 바꿉니다.
c.front()	c의 첫 번째 요소에 관한 참조를 반환합니다. c가 비어 있는 컨테이너라면 정의되어 있지 않습니다.
c.back()	c의 마지막 요소에 관한 참조를 반환합니다. c가 비어 있는 컨테이너라면 정의되어 있지 않습니다.
c.push_back(t)	c에 t의 복사본을 추가합니다. 그리고 c의 크기를 1씩 증가시킵니다. void를 반환합니다.
c.pop_back()	c의 마지막 요소를 제거합니다. void를 반환합니다. c가 비어 있는 컨테이너라면 정의되어 있지 않습니다.
inserter(c, it)	c에서 it가 가리키는 지점의 앞에 값을 삽입하는 출력 반복자를 반환합니다. ⟨iterator⟩ 헤더에 선언되어 있습니다.
back_inserter(c)	c.push_back 함수를 호출하여 c의 마지막 지점에 새로운 값을 추가하는 출력 반복자를 반환합니다. ⟨iterator⟩ 헤더에 선언되어 있습니다.

B.2.3 그 외의 순차 연산

일부 연산은 연산을 효율적으로 실행할 수 있는 컨테이너에서만 지원합니다. 여기에는 다음과 같은 연산들이 있습니다.

코드	설명
c[n]	첫 번째 요소의 인덱스가 0일 때 c의 n번째 요소에 관한 참조입니다. c가 const라면 참조는 const고 그렇지 않으면 참조는 const가 아닙니다. n이 범위를 벗어나면 정의되어 있지 않습니다. 벡터와 문자열에만 유효한 연산입니다.
c.push_front(t) (from( ) 함수 세분화)	c의 시작 지점에 t의 복사본을 삽입하고 c의 크기를 1씩 증가시킵니다. void를 반환합니다. 문자열 또는 벡터에는 유효하지 않은 연산입니다.
c.pop_front( )	c의 첫 번째 요소를 제거합니다. void를 반환합니다. c가 비어 있는 컨테이너라면 정의되어 있지 않습니다. 리스트에만 유효한 연산입니다.
front_inserter(c)	c.push_front 함수를 호출하여 c의 시작 지점에 새로운 값을 추가하는 출력 반복자를 반환합니다. 〈iterator〉 헤더에 선언되어 있습니다.

B.2.4 연관 컨테이너

연관 컨테이너는 키를 기반으로 둔 빠른 접근에 최적화되어 있습니다. 연관 컨테이너는 B.2.1/491p에서 살펴본 일반적인 컨테이너 연산 외에 다음과 같은 연산도 지원합니다.

코드	설명
컨테이너〈T〉::key_type	**컨테이너**에 있는 키의 타입입니다. 키의 타입이 K고 요소 타입이 V인 연관 컨테이너의 value_type은 V가 아닌 pair〈const K, V〉입니다.
컨테이너〈T〉 c(cmp);	c를 비어 있는 연관 컨테이너로 정의하며 요소들을 정렬하는 서술 함수로 cmp를 사용합니다.
컨테이너 c(b, e, cmp);	c를 입력 반복자 b와 e가 나타내는 순차열에 있는 값의 복사본으로 초기화된 연관 컨테이너로 정의합니다. 요소들을 정렬하는 서술 함수로 cmp를 사용합니다.
c.insert(b, e)	입력 반복자 b와 e가 나타내는 순차열에 있는 요소들을 c에 삽입합니다. 맵 컨테이너라면 아직 c에 없는 키에 있는 요소들만 삽입합니다.
c.erase(it)	c에서 반복자 it가 가리키는 요소를 제거합니다. void를 반환합니다.
c.erase(b, e)	c에서 [b, e) 범위의 요소들을 제거합니다. void를 반환합니다.
c.erase(k)	c에서 키가 k인 모든 요소를 제거합니다. 제거한 요소 개수를 반환합니다.
c.find(k)	키가 k인 요소를 참조하는 반복자를 반환합니다. 해당 요소가 존재하지 않으면 c.end( )를 반환합니다.

B.2.5 반복자

표준 라이브러리는 반복자에 크게 의존하여 알고리즘의 데이터 구조를 독립적으로 만듭니다. 컨테이너 요소의 접근을 허용하는 반복자 연산이 배열 요소의 포인터 동작과 비슷하다는 점에서 반복자는 포인터의 추상화라고 할 수 있습니다.

반복자는 라이브러리를 '반복자 카테고리'로 분류할 수 있다는 요구 사항을 충족하며 표준 알고리즘은 이를 가정하여 작성되었습니다. 특정 카테고리의 반복자를 사용하는 모든 라이브러리 알고리즘은 해당 카테고리에 속하는 반복자를 제공하는 라이브러리 클래스 및 사용자 정의 클래스에서 동작할 수 있습니다.

- **출력 반복자**: 반복자를 사용하여 컨테이너 내부를 한 번에 하나의 요소씩 이동할 수 있으며 방문한 각 요소에 한 번씩만 쓰기 동작을 할 수 있습니다(예: ostream_iterator 클래스는 출력 반복자며 copy 알고리즘의 세 번째 인수에는 출력 반복자의 속성이 필요합니다).
- **입력 반복자**: 반복자를 사용하여 컨테이너 내부를 한 번에 하나의 요소씩 이동할 수 있으며 다음 요소로 이동하기 전까지 필요한 만큼 각 요소를 읽을 수 있습니다(예: istream_iterator 클래스는 입력 반복자며 copy 알고리즘의 첫 2개 인수에는 입력 반복자의 속성이 필요합니다).
- **순방향 반복자**: 반복자를 사용하여 컨테이너 내부를 한 번에 하나의 요소씩 이동할 수 있으며 이전의 반복자가 참조하는 요소들을 다시 방문할 수 있고 필요할 때마다 각 요소에 읽기 또는 쓰기 동작을 할 수 있습니다(예: replace는 순방향 반복자 속성이 필요한 알고리즘입니다).
- **양방향 반복자**: 반복자를 사용하여 컨테이너 내부를 한 번에 하나의 요소씩 순방향 또는 역방향으로 이동할 수 있습니다(예: 리스트와 맵은 양방향 반복자를 지원하며 reverse는 양방향 반복자 속성이 필요한 알고리즘입니다).
- **임의 접근 반복자**: 포인터가 지원하는 모든 연산을 사용하여 컨테이너 내부를 이동할 수 있습니다(예: 벡터, 문자열, 기본 배열은 임의 접근 반복자를 지원합니다. sort 알고리즘은 임의 접근 반복자 속성이 필요합니다).

모든 반복자 카테고리는 동등성 판별을 지원합니다. 임의 접근 반복자는 모든 관계 연산을 지원합니다.

모든 순방향 반복자는 입력 및 출력 반복자이기도 하고 모든 양방향 반복자는 순방향 반복자이기도 합니다. 또한 모든 임의 접근 반복자는 양방향 반복자이기도 하다는 점에서 반복자 카테고리를 '누적'이라는 개념으로 생각할 수 있습니다. 따라서 반복자 타입을 인수로 받아 들이는 모든 알고리즘은 임의 접근 반복자를 허용합니다. 예를 들어 ostream_iterator 클래스와 삽입 반복자 어댑터는 출력 반복자를 지원하므로 출력 반복자 연산만 필요로 하는 알고리즘에서만 사용할 수 있습니다.

모든 반복자가 지원하는 연산은 다음과 같습니다.

코드	설명
++p p++	컨테이너 내부에서 다음 지점으로 p를 이동시킵니다. ++p는 p를 이동시킨 후 lvalue인 p를 반환합니다. p++는 p 이전 값의 복사본을 반환합니다.
*p	p가 참조하는 요소입니다. 출력 반복자라면 *p는 =의 왼쪽 피연산자로만 사용할 수 있으며 각 p 값은 이러한 방식으로 한 번만 사용할 수 있습니다. 입력 반복자라면 *p는 읽기 전용으로 사용할 수 있으며 p를 증가시키는 동작은 p 이전 값들이 참조한 모든 복사본을 무효화시킵니다. 출력 및 입력 반복자를 제외한 다른 모든 반복자라면 *p는 p가 참조하는 컨테이너 요소에 저장된 값의 참조를 반환합니다. p가 참조하는 요소가 계속 존재하는 한 p는 유효한 값입니다.
p == p2	p가 p2와 같으면 true를 반환하고 그렇지 않으면 false를 반환합니다.
p != p2	p가 p2와 같지 않으면 true를 반환하고 그렇지 않으면 false를 반환합니다.

출력 반복자를 제외한 모든 반복자는 다음과 같은 연산도 지원합니다.

코드	설명
p->x	(*p).x와 같은 의미입니다.

양방향 반복자와 임의 접근 반복자는 감소 연산도 지원합니다.

코드	설명
--p p--	이전 요소를 참조하려고 p를 역방향으로 이동시킵니다. --p는 p를 이동시킨 후 lvalue인 p를 반환하며 p--는 p 이전 값의 복사본을 반환합니다.

임의 접근 반복자는 다음과 같은 '포인터'의 모든 연산을 지원합니다.

코드	설명
p + n	n >= 0일 때 연산 결과는 p가 가리키는 요소 이후의 n번째 지점을 참조하는 반복자입니다. p가 가리키는 요소 이후에 n − 1개 이하의 요소들이 존재할 때의 연산은 정의되어 있지 않습니다. n < 0일 때 연산 결과는 p가 가리키는 요소 이전의 n번째 지점을 참조하는 반복자입니다. 해당 요소가 컨테이너 범위를 벗어날 때의 연산은 정의되어 있지 않습니다.
n + p	p + n과 같은 의미입니다.
p − n	p + (−n)과 같은 의미입니다.

코드	설명
p2 − p	p와 p2가 같은 컨테이너 내부 지점을 참조할 때만 정의됩니다. p2 >= p 면 [p, p2) 범위에 속한 요소들의 개수를 반환합니다. p2 < p면 [p, p2) 범위에 속한 요소 개수의 음수값을 반환합니다. 연산 결과의 타입은 ptrdiff_t(10.1.4/283p)입니다.
p[n]	*(p + n)과 같은 의미입니다.
p < p2	컨테이너 내부에서 p가 가리키는 지점이 p2가 가리키는 지점보다 앞일 때에 참입니다. p와 p2가 참조하는 위치가 동일한 컨테이너 내부가 아니면 정의되어 있지 않습니다.
p <= p2	(p < p2) || (p == p2)와 같은 의미입니다.
p > p2	p2 < p와 같은 의미입니다.
p >= p2	p2 <= p와 같은 의미입니다.

B.2.6 벡터

벡터 클래스는 동적 할당과 타입 독립적인 배열을 제공하며 임의 접근 반복자를 지원합니다. 벡터는 일반적인 순차 컨테이너 연산(B.2.1/491p, B.2.2/492p) 외 다음 연산도 지원합니다.

코드	설명
#include <vector>	벡터 클래스 및 관련 연산들을 선언합니다.
v.reserve(n)	더 이상의 재할당 없이 최소 n개 요소를 수용하도록 확장할 수 있게 v를 재할당합니다.
v.resize(n)	n개 요소가 있도록 v를 재할당하고 v의 요소를 참조하는 모든 반복자를 무효화시킵니다. 첫 n개 요소는 보존합니다. 새로운 크기가 이전 크기보다 작으면 초과한 만큼의 요소가 소멸됩니다. 새로운 크기가 이전 크기보다 크면 새로운 요소는 '값 초기화'(9.5/264p)됩니다.

B.2.7 리스트

리스트 클래스는 동적 할당, 타입 독립성, 이중 연결 리스트를 제공하며 임의 접근 반복자를 지원하는 벡터와는 달리 양방향 반복자를 지원합니다. 리스트는 일반적인 순차 컨테이너 연산(B.2.1/491p, B.2.2/492p) 외에 다음 연산도 지원합니다.

코드	설명
#include <list>	리스트 클래스 및 관련 연산들을 선언합니다.

코드	설명
l.splice(it, l2)	l에서 it가 가리키는 지점에 l2의 모든 요소를 삽입하고 l2의 해당 요소들을 제거합니다. l2를 가리키는 모든 반복자와 참조를 무효화시킵니다. 연산이 끝난 후 l.size()는 기존 l과 l2 크기를 합한 것과 같으며 l2.size()는 0입니다. void를 반환합니다.
l.splice(it, l2, it2) l.splice(it, l2, b, e)	l에서 it가 가리키는 지점에 it2가 가리키는 요소를 삽입하거나 [b, e) 범위가 나타내는 순차열에 있는 요소들을 삽입하고 l2에서 해당 요소들을 제거합니다. it2가 가리키는 요소 또는 [b, e) 범위에 속한 요소들은 전부 l2 내부에 있어야 합니다. 이동한 요소의 기존 반복자 및 참조를 무효화시킵니다. void를 반환합니다.
l.remove(t) l.remove_if(p)	l에서 값이 t인 모든 요소를 제거하거나 서술 함수 p가 true를 반환하게 만드는 모든 요소를 제거합니다. void를 반환합니다.
l.sort(cmp) l.sort()	요소를 비교하려고 < 연산자나 서술 함수 cmp를 사용하여 l을 정렬합니다.

B.2.8 문자열

문자열 클래스는 가변 길이 문자열과 각 문자에 접근하는 임의 접근 반복자를 제공합니다. 문자열은 순수 컨테이너가 아니지만 앞서 살펴본 컨테이너 연산(B.2.1/491p, B.2.2/492p)들을 지원하며 여러 알고리즘(B.3/500p)과 함께 사용할 수 있습니다.

또한 문자열 클래스는 다음 연산도 지원합니다.

코드	설명
#include <string>	문자열 클래스 및 관련 연산들을 선언합니다.
string s(cp);	s를 cp가 가리키는 문자들의 복사본으로 초기화된 문자열로 정의합니다.
os << s	s에 있는 문자들을 os로 출력합니다. os의 참조를 반환합니다.
is >> s	s에 있는 이전 내용을 지우며 is에서 s로 단어 하나를 읽어 들입니다. is의 참조를 반환합니다. 단어들은 공백(스페이스, 탭, 행 바꿈)으로 구분됩니다.
getline(is, s)	행 바꿈 문자를 발견할 때까지 해당 행 바꿈 문자를 포함하여 입력 스트림 is를 읽어 들입니다. 그리고 행 바꿈 문자를 제외하고 읽어 들인 문자들을 s에 저장합니다. s에 있는 이전 내용은 지웁니다. is의 참조를 반환합니다.
s += s2	s2를 s에 덧붙이고 s의 참조를 반환합니다.
s + s2	s와 s2를 결합한 결과를 반환합니다.

코드	설명
s relop s2	관계 연산이 참인지 나타내는 bool 타입 값을 반환합니다. 문자열 라이브러리는 〈, 〈=, 〉, 〉=, ==, !=와 같은 모든 관계 연산자와 항등 연산자를 정의합니다. 각각의 요소가 일치하는 문자열 2개는 같은 문자열입니다. 문자열 하나가 다른 문자열의 전위에 해당하면 짧은 문자열이 긴 문자열보다 작다고 간주합니다. 그 외에는 두 문자열 사이에 처음으로 차이를 보이는 문자끼리 비교하여 연산 결과를 결정합니다.
s.substr(n, n2)	s의 n 지점에서 복사된 n2개 문자가 있는 새로운 문자열을 반환합니다. n 〉 s.size()일 때 연산은 정의되어 있지 않습니다. n + n2가 s.size()보다 크면 n 지점에서 s의 마지막 지점까지 문자들을 복사합니다.
s.c_str()	s에 있는 문자들의 복사본을 포함하며 null 문자로 끝나는 문자 배열을 가리키는 const 포인터를 반환합니다. 해당 배열은 s를 다루는 const가 아닌 멤버 함수가 호출될 때까지만 유지됩니다.
s.data()	c_str 함수와 같지만 배열이 null 문자로 끝나지 않습니다.
s.copy(cp, n)	s에 있는 첫 n개 문자들을 null 문자를 제외하고 cp가 가리키는 문자 배열로 복사합니다. 해당 배열은 사용자가 제공하는 문자 배열입니다. 최소 n개 문자들에 필요한 저장 공간을 마련하는 것은 호출자의 몫입니다.

B.2.9 쌍

pair〈K, V〉 클래스는 K 타입과 V 타입으로 이루어진 쌍에 추상화를 제공합니다. pair〈K, V〉 클래스가 지원하는 연산은 다음과 같습니다.

코드	설명
#include 〈utility〉	pair 클래스 및 관련 연산들을 선언합니다.
x.first	이름이 x인 pair 객체의 첫 번째 요소입니다.
x.second	이름이 x인 pair 객체의 두 번째 요소입니다.
pair〈K, V〉 x(k, v);	x를 K 타입 값 k, V 타입 값 v가 있는 요소들로 구성된 새로운 pair 객체로 정의합니다. 즉, x.first의 타입은 K고 x.second의 타입은 V입니다. pair 객체를 명시적으로 선언하려면 멤버의 타입을 알아야 합니다.
make_pair(k, v)	요소 값이 k와 v인 새로운 pair〈K, V〉 객체를 만듭니다. 이 연산을 사용하려고 k와 v의 타입을 알아야 할 필요는 없습니다.

B.2.10 맵

맵 클래스는 동적 할당과 타입 독립적인 연관 배열을 제공합니다. 맵 클래스는 보조 클래스로 pair 클래스를 사용하여 맵의 요소인 (이름, 값) 쌍을 저장합니다. 양방향 반복자를 지원합니다. 맵 객체 각각은 const K 타입의 키에 대응하는 V 타입 값을 갖습니다. 따라서 맵의 요소에 저장된 값은 바꿀 수 있지만 키는 바꿀 수 없습니다. 맵 클래스는 일반적인 컨테이너 연산 (B.2.1/491p)과 연관 컨테이너 연산(B.2.4/493p) 외에 다음 연산도 지원합니다.

코드	설명
#include 〈map〉	맵 클래스 및 관련 연산들을 선언합니다.
map〈K, V, P〉 m(cmp);	m을 const K 타입 키에 대응하는 V 타입 값으로 맵에 요소들을 삽입합니다. 이때 이들을 비교하려고 P 타입의 서술 함수 cmp를 사용하는 비어 있는 새로운 맵으로 정의합니다.
m[k]	m에서 인덱스가 k인 지점의 값에 관한 참조를 반환합니다. 만약 해당 요소가 존재하지 않으면 V 타입으로 '값 초기화'된 요소가 맵에 삽입됩니다. 잠재적으로 m[k]의 판별이 m의 내용을 바꿀 수 있으므로 m은 const가 아니어야 합니다.
m.insert(make_pair(k, v))	m에서 키 k가 나타내는 지점에 값 v를 삽입합니다. 키 k가 나타내는 지점에 값이 이미 존재하면 해당 값이 바뀌지 않습니다. 주어진 키가 있는 요소를 참조하는 first와 새로운 요소의 삽입 여부를 나타내는 second로 구성된 pair〈map〈K, V〉::iterator, bool〉 객체를 반환합니다. make_pair 함수가 생성하는 pair〈K, V〉 객체는 insert 함수를 이용해 pair〈const K, V〉 객체로 변환됩니다.
m.find(k)	키 k가 있는 요소를 참조하는 반복자를 반환합니다. 해당 요소가 존재하지 않으면 m.end()를 반환합니다.
*it	it가 가리키는 지점에 있는 pair〈const K, V〉 객체를 반환합니다. 즉 it→first의 타입은 const K이며 키를 나타냅니다. 그리고 it→second의 타입은 V이며 키에 대응하는 값을 나타냅니다.

B.3 알고리즘

표준 라이브러리가 포함하는 많은 제네릭 알고리즘은 반복자로 동작하도록 작성되었습니다. 그리고 특정 데이터 구조 및 타입에서 독립적입니다. 연관 컨테이너는 pair〈const K, V〉와 같은 복합 타입을 참조하는 반복자가 있습니다. 따라서 이러한 알고리즘을 연관 컨테이너에 사용할 때는 심사숙고할 필요가 있습니다.

알고리즘 대부분은 반복자 쌍으로 구분된 순차열로 동작합니다. 반복자 쌍에서 첫 번째 반복자는 순차열의 첫 번째 요소를 가리키고 두 번째 반복자는 마지막 요소의 다음을 가리킵니다. 따로 언급하지 않는 한 모든 알고리즘은 ⟨algorithm⟩ 헤더에 정의되어 있습니다.

코드	설명
#include ⟨algorithm⟩	제네릭 알고리즘들의 선언문을 포함합니다.
accumulate(b, e, t) accumulate(b, e, t, f)	⟨numeric⟩ 헤더에 정의되어 있습니다. t와 같은 타입과 값이 있는 일시적 객체 obj를 생성합니다. 호출한 accumulate 함수 형태에 따라 [b, e) 범위 각 입력 반복자 it에 obj = obj + *it 또는 obj = f(obj, *it)를 실행합니다. 연산 결과는 obj의 복사본입니다. + 연산자는 오버로딩할 수 있으므로 첫 번째 형태의 accumulate 함수는 기본 산술 타입 외의 타입에서 동작할 수 있습니다. 예를 들면 컨테이너에 있는 모든 문자열을 결합할 때 accumulate 함수를 사용할 수 있습니다.
binary_search(b, e, t)	순방향 반복자 b와 e가 나타내는 (정렬된) 순차열에 값 t가 있는지 나타내는 bool 타입 값을 반환합니다.
copy(b, e, d)	입력 반복자 b와 e가 나타내는 순차열에 있는 값을 출력 반복자 d가 가리키는 지점으로 복사합니다. 이 함수는 복사한 값을 저장하기에 충분한 저장 공간이 d가 가리키는 지점에 존재한다고 가정합니다. d가 가리키는 지점으로 복사한 마지막 요소의 다음을 가리키는 값을 반환합니다.
equal(b, e, b2) equal(b, e, b2, p)	입력 반복자 b와 e가 나타내는 순차열에 있는 요소가 입력 반복자 b2가 가리키는 지점에서 시작하는 같은 크기의 순차열에 있는 요소와 같은지 나타내는 bool 타입 값을 반환합니다. 서술 함수 p를 사용하여 판별하거나 서술 함수가 주어지지 않으면 == 연산자를 사용하여 판별합니다.
fill(b, e, t)	입력 반복자 b와 e가 나타내는 순차열에 있는 요소를 값 t로 설정합니다. void를 반환합니다.
find(b, e, t) find_if(b, e, p)	입력 반복자 b와 e가 나타내는 순차열에서 값 t의 첫 번째 발견 지점을 가리키는 반복자를 반환합니다. 또한 서술 함수가 주어지면 서술 함수 p가 true를 반환하게 만드는 반복자를 반환합니다. 해당 요소가 존재하지 않으면 e를 반환합니다.
lexicographical_compare(b, e, b2, e2) lexicographical_compare(b, e, b2, e2, p)	[b, e) 범위에 있는 요소의 순차열이 [b2, e2) 범위에 있는 요소의 순차열보다 작은지 나타내는 bool 타입 값을 반환합니다. 요소를 비교하는 데 서술 함수 p를 사용하며 서술 함수가 주어지지 않으면 < 연산자를 사용합니다. 순차열 하나의 다른 순차열 전위에 해당하면 짧은 순차열이 긴 순차열보다 작다고 간주합니다. 그 외에는 두 순차열 사이에 처음으로 차이를 보이는 요소끼리 비교하여 연산 결과를 결정합니다. b, e, b2, e2는 입력 반복자여야 합니다.
max(t1, t2) min(t1, t2)	max 함수는 t1과 t2 중 더 큰 것을 반환합니다. min 함수는 t1과 t2 중 더 작은 것을 반환합니다. t1과 t2는 같은 타입이어야 합니다.

코드	설명
max_element(b, e) min_element(b, e)	순방향 반복자 b와 e가 나타내는 순차열에서 가장 큰 요소 또는 가장 작은 요소를 가리키는 반복자를 반환합니다.
partition(b, e, p) stable_partition(b, e, p)	서술 함수 p가 true를 반환하게 만드는 요소들이 컨테이너 앞에 오도록 양방향 반복자 b와 e가 나타내는 순차열을 분할합니다. 서술 함수가 false를 반환하게 만드는 첫 번째 요소를 가리키는 반복자를 반환합니다. 서술 함수가 모든 요소에 true를 반환하면 e를 반환합니다. stable_partition 함수는 분할한 각 카테고리 요소 사이에서 입력 순서를 유지시킵니다.
remove(b, e, t) remove_if(b, e, p)	값이 t와 일치하지 않는 요소 또는 서술 함수 p가 false를 반환하게 만드는 요소가 순차열의 앞쪽으로 모이도록 순방향 반복자 b와 e가 나타내는 순차열 요소를 재정렬합니다. 제거되지 않은 요소의 다음을 가리키는 반복자를 반환합니다.
remove_copy(b, e, d, t) remove_copy_if(b, e, d, p)	remove 함수와 비슷하지만 값이 t와 일치하지 않는 요소 또는 서술 함수 p가 false를 반환하게 만드는 요소를 출력 반복자 d가 가리키는 지점으로 복사합니다. d가 가리키는 지점으로 복사한 마지막 요소의 다음을 가리키는 반복자를 반환합니다. d가 가리키는 지점에는 복사한 값을 저장하기에 충분한 저장 공간이 있다고 가정합니다. 반복자 b와 e가 나타내는 순차열의 요소는 바뀌지 않습니다. 따라서 b와 e는 입력 반복자여야 합니다.
replace(b, e, t1, t2) replace_copy(b, e, d, t1, t2)	순방향 반복자 b와 e가 나타내는 순차열에서 값 t1을 값 t2로 교체합니다. void를 반환합니다. 두 번째 형태는 t1을 t2로 교체하고 해당 요소를 출력 반복자 d가 가리키는 순차열로 복사합니다. 그리고 d가 가리키는 순차열로 복사한 마지막 요소의 다음을 가리키는 반복자를 반환합니다. replace_copy 함수의 b와 e는 입력 반복자여야 합니다.
reverse(b, e) reverse_copy(b, e, d)	첫 번째 형태는 양방향 반복자 b와 e가 나타내는 순차열에 있는 요소를 반전시키고 void를 반환합니다. 두 번째 형태는 출력 반복자 d가 가리키는 지점에 반전시킨 순차열을 저장하고 복사한 마지막 요소의 다음을 가리키는 반복자를 반환합니다. d가 가리키는 지점에는 반전시킨 순차열에 있는 값을 저장하기에 충분한 저장 공간이 있다고 가정합니다.
search(b, e, b2, e2) search(b, e, b2, e2, p)	순방향 반복자 b와 e가 나타내는 순차열에서 순방향 반복자 b2와 e2가 나타내는 하위 순차열의 첫 번째 발견 지점을 가리키는 순방향 반복자를 반환합니다. 서술 함수 p를 사용하여 판별하거나 서술 함수가 주어지지 않으면 == 연산자를 사용하여 판별합니다.

코드	설명
transform(b, e, d, f) transform(b, e, b2, d, f)	b2가 주어지지 않는 함수 f는 인수 하나가 있어야 합니다. transform 함수는 입력 반복자 b와 e가 나타내는 순차열에 있는 요소에 함수 f를 호출합니다. b2가 주어질 때의 f는 b와 e가 나타내는 순차열과 입력 반복자 b2가 가리키는 지점에서 시작하는 같은 길이의 순차열로 이루어진 인수 2개가 있어야 합니다. 두 가지 모두 transform 함수는 함수 f의 호출 결과로 얻은 순차열을 출력 반복자 d가 가리키는 지점에 저장하고 마지막 요소의 다음을 가리키는 반복자를 반환합니다. d가 가리키는 지점에는 생성된 요소를 저장하기에 충분한 저장 공간이 있다고 가정합니다. d는 b 또는 b2와 같을 수 있으며 이때는 인수로 주어진 순차열을 함수 f의 호출 결과로 얻은 순차열로 바꾸는 것과 같습니다.
sort(b, e) sort(b, e, p) stable_sort(b, e) stable_sort(b, e, p)	임의 접근 반복자 b와 e가 나타내는 순차열을 정렬합니다. 서술 함수 p를 사용하여 판별하거나 서술 함수가 주어지지 않으면 〈 연산자를 사용하여 판별합니다. stable_sort 함수는 같은 요소 사이의 입력 순서를 유지시킵니다.
unique(b, e) unique(b, e, p)	연속으로 같은 요소가 있는 각 하위 순차열의 첫 번째 인스턴스가 컨테이너 시작 지점에 오도록 순방향 반복자 b와 e가 나타내는 순차열을 재정렬합니다. 재정렬되지 않은 첫 번째 요소를 가리키는 반복자를 반환하거나 인수로 주어진 순차열에 연속으로 같은 요소가 없으면 e를 반환합니다. 서술 함수 p를 사용하여 판별하거나 서술 함수가 주어지지 않으면 == 연산자를 사용하여 판별합니다.
unique_copy(b, e, d, p)	입력 반복자 b와 e가 나타내는 순차열에서 요소의 연속 중복을 제거하며 출력 반복자 d가 가리키는 지점에서 시작하는 순차열로 복사합니다. 복사한 요소 개수만큼 증가시킨 d를 반환합니다. d가 가리키는 지점에는 만든 요소들을 저장하기에 충분한 저장 공간이 있다고 가정합니다. 서술 함수 p를 사용하여 판별하거나 서술 함수가 주어지지 않으면 == 연산자를 사용하여 판별합니다.

INDEX